高职高专"十二五"资源库精品教材·经管系列

公共关系理论与实务

（第三版）

李兰英　陈小明　主　编
葛红岩　孙晓黎　副主编

上海财经大学出版社

图书在版编目(CIP)数据

公共关系理论与实务/李兰英,陈小明主编. —3 版. —上海:上海财经大学出版社,2015.8
(高职高专“十二五”资源库精品教材·经管系列)
ISBN 978-7-5642-2160-7/F·2160

Ⅰ.①公…　Ⅱ.①李…②陈…　Ⅲ.①公共关系学-高等职业教育-教材　Ⅳ.①C912.3

中国版本图书馆 CIP 数据核字(2015)第 098743 号

□ 责任编辑　李成军
□ 封面设计　钱宇辰

GONGGONG GUANXI LILUN YU SHIWU
公 共 关 系 理 论 与 实 务
(第三版)

李兰英　陈小明　主　编
葛红岩　孙晓黎　副主编

上海财经大学出版社出版发行
(上海市中山北一路 369 号　邮编 200083)
网　　址:http://www.sufep.com
电子邮箱:webmaster @ sufep.com
全国新华书店经销
上海新文印刷厂印刷装订
2015 年 8 月第 3 版　2019 年 4 月第 2 次印刷

787mm×1092mm　1/16　18.25 印张　467 千字
印数:12 001—13 000　定价:36.00 元

前 言

《公共关系理论与实务》自2006年出版以来，受到众多读者的支持。我们继续本着务实求真、与时俱进的思想，在汲取该教材第一版和第二版的经验基础上，对本教材做一次修订。

本次修订的原则是：第一，保持第一版和第二版的生动版面、务实知识体系的优点；第二，进一步将理论与实际相结合的特点，用案例引领教学的方式来修订本书，做到有丰富多彩的实践案例来说明公共关系理论；第三，在案例内容上去旧更新，主要是去掉过时的案例，选择最近几年发生的较新颖的、具有典型性的案例，并更新了大部分"引入案例""微型案例""案例研究""实验实训"等内容；第四，保留了部分经典案例；第五，增加了网络媒体和新媒体的知识点，并融合了国家公关员职业资格鉴定的内容；第六，根据多年来实际教学的反馈，将原有不适当的文字进行了删减，将有些文字和数字错误进行了更正。

在第三版中，具体分工如下：第一章、第五章、第七章、第八章由上海工商外国语职业学院李兰英老师负责编写及修订；第二章由上海工商外国语职业学院陈小明老师负责修订；第三章、第六章由上海金融学院葛红岩老师负责编写及修订；第四章、第九章由上海民远职业技术学院孙晓黎老师负责修订。李兰英老师设计了全书的框架与体系，并负责全书的统稿、整理与修订工作。

感谢上海财经大学出版社和上海工商外国语职业学院对"公共关系理论与实务"课程项目的重视和支持，感谢广大读者对本书的厚爱和建议，所有这一切将始终鞭策我们不懈地努力和不倦地追求。我们衷心希望第三版教材能够得到广大读者的认同，能为读者们的学习、工作提供应有的帮助。但是，由于我们水平有限、时间仓促，书中难免存在疏漏与不妥之处，敬请读者批评指正，以便在教材修订时进行完善。相关意见可发电子邮件至lshhl2001@163.com。

另外，为了方便教师的教学，上海财经大学出版社备有教师教学用的课件。如有需要，请致电或者E-mail联系。联系人：李成军，电话：021－65904706，E-mail：littlelcj2@163.com。

编 者

2015年7月

目　录

第一章　公共关系概述

学习目标

通过本章学习，你应能够：

掌握公共关系的概念、原则及意识；

了解公共关系发展的历史脉络；

了解公共关系在中国的发展过程；

了解公共关系的就业前景。

引入案例

阿里巴巴借助“马云”进行公关形象塑造

提起阿里巴巴集团，人们脑海里会第一时间出现一个人，他似乎正在侃侃而谈、永不疲惫，且不时冒出惊人之语，那就是马云。

美国《福布斯》杂志对马云的相貌做过精彩的描述：“颧骨深凹、头发弯曲、露齿欢笑、顽童模样、5 英尺高、100 磅重。”当然除了外在形象，最能让人记住马云的还要数那独一无二的人格魅力。作为阿里巴巴集团主席和首席执行官，马云在公众视野内外，不断地传播着企业、品牌给公众带来的独特信息。

无论是创业初期，还是后来坐上全球电子商务的头把交椅，马云都以其人格魅力征服了人们，并带着阿里巴巴创下了商业的奇迹，也谱写了自己的传奇。其个人品牌和企业品牌已经紧密联系在一起，相互推动，相得益彰。

在企业一步步发展壮大的过程中，马云的个人品牌在许多方面影响甚至推动着企业走向成功。很多时候，他的个人品牌形象可以使公众不由自主地关注起阿里巴巴集团，由对个人品牌形象的认同到对该企业的产品和服务产生较高的接受度。而在个人品牌传播的过程中，把媒体作为一个传播的渠道，无疑是最佳选择。

在阿里巴巴初创时期，最先关注它的是国外的媒体。《亚洲华尔街日报》的总编写道：“没日没夜地工作，房间地板上放着一个睡袋，谁累了就钻进去睡一会儿。”数月后，《福布斯》杂志记者也参观了阿里巴巴创业时的房子，并做了详细的描述。

紧接着，马云开始在国内外各种重要场合频频曝光：2002 年中国企业高峰年会上演讲；

入选 CCTV2004 中国经济年度人物；出席 2005 年西湖论剑论坛；出席 2007 年达沃斯世界经济论坛。

高调的亮相中，马云总是适时地推销一下阿里巴巴。他多次在公开演讲中提到："十多年的生活水平会产生这么巨大的影响。"专家认为，CEO 除了站在品牌的高度来管理自身的公众形象，还应向公众传播关于自身及品牌的核心信息。

阿里巴巴企业品牌得益于马云不遗余力地推广。这个演讲的天才，时而口若悬河、滔滔不绝，时而口吐狂言、一鸣惊人。演讲的场所从国内扩大到了全世界，他多次应邀在哈佛大学、斯坦福大学、耶鲁大学、沃顿商学院等培养 MBA 的全球顶尖学府以及达沃斯论坛、世界企业峰会上演讲。

阿里巴巴也因马云而不断地闯入公众的视野。马云非常了解媒体，也时常给媒体创造报道的机会。铺天盖地的"传奇式马云""狂妄式马云""执着式马云"等各种鲜明形象在媒体上大肆传播。

马云在媒体中表现的这种狂妄也好、执着也罢，正好迎合了想通过互联网有所作为的公众的口味，让他们相信，阿里巴巴是一片肥沃的黑土地，只要敢想敢做，就能在这片土地上收获果实。而马云的形象也被媒体不断地传播：挥着拳头，收紧两腮，表达信心。这个形象给公众留下了很深的印象，仿佛在不断地传递给公众一个信息：加入阿里巴巴是个明智的选择。

总之，马云不仅塑造了自己的明星 CEO 品牌，也让阿里巴巴品牌更鲜活生动，成为一个全球知名的强势品牌。

资料来源：杜惠清：《阿里巴巴 CEO 代言》，《国际公关》，2010 年第 3 期，58～59 页。

第一节 什么是公共关系

"公共关系"一词是英语"Public Relations"的中文译称，简称 PR。它有两种理解：一是"公开的、公共的关系"，二是"公众的关系"。因此，也有些专家学者，尤其是海外学者，将"Public Relations"译作"公众关系"。

一、公共关系的含义

公共关系本质上是社会主体与公众对象之间双向的信息沟通、信息传播关系。公共关系作为一种经营管理学科，主要研究社会组织如何运用各种信息传播、双向沟通的手段，为组织发展创造良好的社会关系环境和社会舆论环境，使组织与环境之间相互适应，同步发展。

对公共关系含义的理解和定义的表述是多层次的。人们普遍认为它既可以是一种状态，又可以是一种活动，还可以是一种学说，更可以是一种观念和职业。

（一）公共关系是一种状态

任何组织都处在一定的公共关系状态之中，这是一种客观存在的形态。

公共关系状态是指一个组织所处的社会关系和社会舆论状态，也就是这个组织在公众心目中的现实形象。社会关系状态是指一个组织与其相关公众之间联系的程度，如相互间的关系是紧密还是疏远、是融洽还是紧张、是合作还是对抗，等等。社会舆论状态是指一个组织在公众舆论中的反应程度，如是赞赏还是反对、是热情还是冷漠，等等。当人们说要"注意组织的公共关系”的时候，就是指要注意维护和完善组织良好的公共关系状态。

从公共关系的本质上看，社会组织的公共关系状态可以分为良好的公共关系状态和不良的公共关系状态。

(1)良好的公共关系状态。公共关系处于积极、有利的社会关系环境和社会舆论气氛之中。处于这种状态，组织的各项工作、业务的开展必然顺畅，到处受到社会公众的欢迎和支持，这是一种宝贵的无形资产，可使一个组织的有形资产增值。良好的公共关系状态是公共关系所追求的目标，具体表现为一个组织在社会公众中享有美好的形象，以与公众的利益彼此兼顾为准则，强调成功的人际关系、和谐的人事气氛和良好的社会舆论，以赢得社会公众的了解、信任和支持。这种公共关系状态会给组织或企业带来无形的财富。

微型案例

蒙牛集团的公关形象

2005年可谓是拥有上千家企业的中国乳品业的多事之秋，几家被曝光、几家被收购；几家欢喜几家忧。在这纷纷扰扰中却始终有一个品牌独树一帜、高歌猛进，它就是来自内蒙古草原的蒙牛集团。

看看其2003年品牌宣传的轨迹，我们就不难理解其之所以最风光、最耀眼、最惹人嫉妒的原因。2003年3月份伊拉克战争期间，蒙牛集团抓住“央视”大规模战争报道形成的收视高峰，率先进行事件营销，获得了极大成功，此后，它们与“央视”协商建立了一个应对突发新闻事件的快速反应机制，以确保蒙牛广告能在第一时间赢得商机；“非典”期间，很多企业纷纷停下广告，蒙牛集团不但没有撤出广告，反而加大投放，并增加了公益广告的力度，“非典”过后，马上得到了市场的回报；10月份，蒙牛集团又利用获得“航天员专用牛奶”称号这一机会、进行大规模“举起你的右手，为中国喝彩”的公关活动；到11月，蒙牛集团则一举夺得中央电视台的广告标王，再次成为社会关注的焦点。可以说，正是这娴熟的公关营销技巧使蒙牛品牌的知名度和美誉度大幅提升，并由此树立起一个具有民族内涵的大品牌形象，同时使蒙牛的产品销量一路奋进，目前已由行业的乳业第四一举上升至榜眼之位，而液态奶部分更是攀升为行业霸主，值得我们借鉴和推广。

2005年，“蒙牛酸酸乳超级女声”在沸沸扬扬中举办，这次由蒙牛乳业集团与湖南卫视联合打造的青春女孩秀可谓办得风风火火，无论是前期造势还是活动的举办，其亮点都可圈可点。但是笔者认为，最成功的当属蒙牛集团利用这次娱乐活动的整合传播宣传。

整合传播的要义就在于充分利用各种有效媒体，将品牌思想这个声音放大、再放大，最终树立品牌形象并提高产品销量。可以说，蒙牛集团这次活动的举办是继“神舟五号”之后最成功的一次整合宣传。利用“超级女声”这一内地最有轰动效应和影响力的大众娱乐活动，不仅将高附加值的新品有效地推介给了消费者，同时还树立了鲜明的品牌形象。而这一形象的推出与蒙牛集团的品牌核心价值“强壮每个中国人”又不谋而合，这就是整合传播的真谛所在！

蒙牛集团正是通过这样的宣传力度为自己在市场中树立了一个大品牌、大企业的信誉，同时也创造了良好的公共关系状态。

资料来源：中国公关网，http://www.chinapr.com.cn。

(2)不良的公共关系状态。公共关系处在消极的、不利的社会关系之中,必然会给组织或企业带来负面的影响,使其声名狼藉,最终导致组织或企业失去长远的利益。

微型案例

南京冠生园自毁声誉

2001年9月3日中午,中央电视台名牌节目《新闻30分》以《南京冠生园:年年出炉新月饼,周而复始陈馅料》为题,对南京冠生园食品有限公司用陈年馅料翻炒后再制作成月饼出售的事实加以曝光。

据报道,南京冠生园食品有限公司早在1993年就开始回收卖不完的月饼,以备来年再用。2001年9月3日央视《新闻三十分》曝光后,全国其他新闻媒体很快对它展开了讨伐。

9月7日,《华商报》报道:倒了国人胃口,冠生园月饼添加剂竟过期4年。

9月7日,《北京晨报》报道:"陈馅新饼"事未平,冠生园又曝用冬瓜馅冒充凤梨。

9月10日,《北京晚报》报道:各地"冠生园"减产50%以上,月饼节将变成"声讨会"。

9月15日,《北京晨报》报道:冠生园阴影难除,今年月饼销量锐减四成。

9月17日,《长春日报》报道:上千万元订单成废纸,众"冠生园"月饼被退货。

9月18日,《北京青年报》报道:"恶名"株连九族,"亲友团"欲告南京冠生园。

更为严重的是,在月饼市场以"冠生园"为名的月饼厂家,占据着相当大的市场份额。在南京冠生园陈馅事件曝光后,全国以"冠生园"命名的30多家企业,全部受到"株连"。

由于月饼市场的有效销售期极短,这次事件给全国的"冠生园"造成的打击是灾难性的,冠生园企业想力挽狂澜几乎是不可能的。各地的冠生园企业唯一可做的就是拼命与南京冠生园划清界限。

武汉冠生园多次通过媒体强调"武冠"和"南冠"完全没有关系。上海冠生园集团受牵连最重,老字号"冠生园"信誉受到重创。上海冠生园随即宣布,将以法律武器来维护自己的权益。9月17日,《中国商报》被上海冠生园集团诉至法院,索赔高达300万元,原告的理由是:该报道仅笼统写了冠生园月饼"陈馅问题",而未注明系南京冠生园,使消费者以讹传讹,让原告产销深受其害。

资料来源:杨晨:《现代公关案例精选》,高等教育出版社2005年版。

(二)公共关系是一种活动

组织的公共关系活动是一个组织长期进行社会交往、沟通信息、广结良缘、树立自身良好形象的过程,它表现为日常公共关系活动和专项公共关系活动两大类。

微型案例

伊利集团借奥运塑造组织新形象

随着食品安全成为全社会的焦点问题,国内各大媒体都投入很大的力度围绕企业的食品质量管理进行传播。在北京奥运临近之际,伊利集团作为唯一一家为北京2008年奥运会提供乳制品的企业,在食品安全方面的突出表现得到了相关部门的支持。为此，伊利集团入选2007年8月5日中央电视台2套节目的相关栏目，成为中国食品企业中的安全典范。

为了更好地在公众面前呈现伊利国际化的品质和健康优质的内涵，伊利集团的策划者开展了一系列的公关活动。

1. 媒体投放

经过仔细筛选，项目最终选择了北京的《京华时报》、上海的《新闻晚报》、广州的《南方都市报》、香港的《东方日报》4家强势媒体。各家媒体10月15～30日内进行了6次强势集中投放。

2. 走进《新闻联播》的奥运牛奶

2007年8月，新华社、中央电视台《新闻联播》《人民日报》《经济日报》等权威媒体共同走进伊利集团，对伊利集团的品质安全管理进行了全程采访。伊利集团董事长潘刚认为："作为食品行业，伊利集团追求100%的安全和100%的健康。只有做到了每一个细节的完美，才能赢得消费者的安全和满意。"《新闻联播》对伊利集团给予了高度评价："管理提前一小步，安全迈出一大步！"

3. 走进哈佛大学的伊利

哈佛商学院高级副院长麦伟略在参观伊利集团并与潘刚进行交谈之后认为："伊利集团是一家拥有伟大基因的公司，对品质的不懈追求，以及强大的创新能力是伊利能够成为唯一一家符合奥运标准、为奥运会提供乳制品企业的保证。伊利的发展体现了一家民族企业的崛起和未来发展的广阔空间，将伊利的成长故事带进哈佛学堂是开始，我更希望能够通过这种形式将伊利的成长故事传播到全世界！"

4. 征服博鳌亚洲论坛的潘刚和伊利集团

在博鳌亚洲论坛2006年年会上，潘刚向参会的政要和企业明星代表们隆重介绍了伊利金典纯牛奶和LGG酸牛奶，并提出了"作为领导者，一定要一只眼睛带着望远镜、一只眼睛带着显微镜，不仅可以看到企业的未来发展战略，还可以做到精细化管理"的"两个眼镜理论"，给与会嘉宾留下了深刻的印象。菲律宾前总统拉莫斯对潘刚和伊利集团给予了高度评价，他握着潘刚的手激动地说："你的企业能够代表中国乳业甚至是中国企业，在中国乳品的企业家中，没有人比得上你，你是中国企业家的杰出代表。"

5. 征服奥运会的伊利集团

2005年7月，正值伊利集团申奥合作的紧张进程中，国际奥组委市场开发部主席海斯·博格突然带着北京奥组委领导"空降"伊利集团进行考察。此时，潘刚出差无法及时赶回。焦急的员工打电话给潘刚，潘刚镇定地说："放心大胆让他们看……"当海斯·博格参观伊利集团不到一半的时候，就情不自禁地称赞道："哇，这就是我们要找的奥运会的合作企业。"

6. 伊利优酸乳2007大学生音乐节

作为中国乳业领导者，伊利集团为每一位有才华、有梦想的年轻人搭建实现梦想的舞台，成就他们的青春梦想。4月22日，伊利集团正式启动了"伊利优酸乳2007大学生音乐节"。作为伊利优酸乳与新生代互动的独特代表，青春可人的刘亦菲、健康向上的易建联和动感时尚的潘玮柏都前来为此次可谓是迄今为止中国内地规模最大的大学生音乐节喝彩，将伊利优酸乳一直强调年轻、时尚、青春、随意、健康的品牌主张呈现给在场的每一位观众。

7. 张韶涵带你体验梦幻冰品

作为冷饮行业的老大，伊利冷饮连续12年产销量居全国冷饮行业第一的地位，其主推产品巧乐兹在2003年一上市就创造了2亿元的业绩。伊利冷饮启用中国台湾人气偶像张韶涵诠释“喜欢你，没道理”的品牌主张，在2007年4月9日，伊利冷饮与TOM玩乐吧联合开启“伊利巧乐兹&TOM玩乐吧2007年城市集结赛”全国高校巡演活动，将健康和时尚带给广大的消费者，掀起一场“喜欢你，没道理”的酷炫城市风暴……说出了年轻一代的心声，有力地支撑了巧乐兹系列产品时尚、甜美、健康的产品特点。

资料来源：中国国际公共关系协会编著：《最佳公共关系案例》，中国市场出版社2009年版。

以上系列活动的开展为伊利赢得了声誉，获得了公众的认可，同时也使公众充分认识并了解伊利的冠军品质。

公共关系作为组织的一项有意识的实践活动，是一项在利他行为基础上的利己行为。在改善公共关系状态的活动中，那些社会组织成员人人都能进行的公共关系活动称为日常性的公关活动，而那些需要完整的计划和专门性的技术才能进行的公共关系活动称为专门性的公共关系活动。

（三）公共关系是一种观念

公共关系观念影响和指导着个人或组织决策与行为的价值取向，从而反作用于人们的公共关系活动，并间接影响实际的公共关系状态。公共关系观念主要包括形象观念、公众观念、传播观念、协调观念、互惠观念。此外，公共关系观念还包括团队观念、创新观念、服务观念、社会观念等。

微型案例

安徽砀山梨花观赏活动

砀山酥梨是中外驰名的名、优、特水果，已有2 500年的栽培史。据国家统计局农业经济调查总队统计，1997年砀山水果总产量位居全国第6位，进入中国水果强县之列。为进一步提高砀山酥梨知名度，达到广交朋友、招商引资、聚天下有识之士、建设开发砀山、振兴梨都经济的目的，由县委办公室、政府办公室组织举办起梨花观赏活动，多年来在国内外引起很大反响，收到较大的经济效益和社会效益。

历届梨花观赏活动分别冠以具有诗情画意，又颇耐咀嚼、引人遐想的景点名称，如“乌龙披雪”“鳌头观海”“瑶池烟霞”“武陵胜境”“贡梨园”“故黄映雪”“古渡晓月”等，树碑勒石，营建曲径回廊的观赏亭、台，修复观赏道路，美化沿途村容、村貌，设立沿途弯道指示标牌，把一年一度的梨花观赏活动提高到一个新的档次。

每年梨花观赏活动中，数万名中外宾朋好友云集砀山，砀山人民载歌载舞，到处洋溢着浓郁的节日气氛。西南门镇曹官庄村的龙灯、舞狮、旱船走上街头，青年书画展、机关干部书画展、个人书画展届时开幕，白天活动丰富，晚上晚会连台，整个砀城的各个景点彩旗飞舞、气球飘扬、欢歌笑语、锣鼓喧天。砀城呈现出万民狂欢的新景象。

梨花观赏活动办公室每年适时地组织稿件、图片，印刷《梨花报》《梨都砀山画册》《砀山酥梨》《砀山县旅游交通图》《梨花观赏景点介绍》《砀山名优特产品介绍》等宣传资料，无偿赠送给来宾，使来宾在观花赏景中全方位地了解砀山、认识梨都，收到很好的宣传效果。

资料来源：砀山梨花节大放异彩，新华网，2011年3月30日。

从砀山公关宣传的案例中可见，砀山在公众中营造了一种公共关系的观念。

（四）公共关系又是一种实务

公共关系实务，是作为组织管理职能的公共关系业务工作的总和。它包括公关调查、公关咨询、公关宣传、公关交际、公关服务及各种公关专题活动。

提醒您

对公共关系定义的理解可以概括为：

(1)公共关系的主体是社会组织或代表社会组织的个人。

(2)公共关系的客体是社会公众，而社会公众是由与社会组织有利益关系的个人、群体或组织构成的。

(3)公共关系的途径是利用传播手段进行社会组织与其社会公众之间的双向沟通。

(4)公共关系的目标是使社会组织获得社会公众的理解、支持和合作，为组织树立良好的形象，为事业的发展创造良好的社会环境。

(5)公共关系既是一种状态、一种活动，又是一种观念、一种实务。

二、公共关系的构成要素

微型案例

第29届奥运会会徽发布

项目主题：中国印·舞动的北京

项目主体：第29届奥林匹克运动会组织委员会

项目执行：第29届奥林匹克运动会组织委员会

获奖情况：第六届中国最佳公共关系案例大赛杰出公关大奖

项目背景

奥运会会徽是奥运会形象景观的核心元素，是当今世界最具价值的无形资产，因而构成奥运会市场开发和奥运会形象宣传的重要载体。因此，北京奥运会会徽发布活动是奥运筹备阶段具有里程碑意义的重大事件。会徽发布恰逢北京“非典”之后，是北京及全中国恢复国际形象的重要契机，也是中国人民恢复信心的重要时机，这无疑使会徽发布活动显得更加意义非凡。

项目调研

根据北京在举办大型活动方面取得的经验，北京奥林匹克运动会组织委员会（以下简“奥组委”）多次组织国内活动创意精英，就北京奥运会会徽发布方式进行讨论。经过深入的研究讨论，北京奥运会会徽发布活动方式确定为采用大型推广活动的形式，将会徽形态融入恢宏的、富有中国特色的表演中。通过电视和互联网方式向全世界进行直播，体现全国各地对北京奥运会会徽的企盼以及对奥运会筹备工作的关注与支持。

项目策划

(1)聘请国内外大型活动和奥林匹克策划专家,组成核心创意国际团队。

(2)严格保密,保证会徽发布前的悬念。

(3)消息披露层层递进,以预热宣传营造强大的新闻悬念。

(4)整合政府、社会各方有利资源,组成活动实施团队。

(5)聘请专业制作公司制作实施。

(6)充分做好各项预案,如天气变化预案,反复演练,确保电视直播成功。

(7)聘请国际专业公关公司,确保充分的境外媒体宣传。

项目执行

1. 活动准备

(1)成立核心创意国际团队和制作团队。

(2)成立发布活动领导小组和指挥部。

(3)协调北京市各委办局进行任务部署和分工;提前做好场地技术保障工作。

(4)多次彩排,制定详细的活动脚本,程序安排精确到秒;充分做好天气变化预案。

(5)设计并制作会徽宣传片、会徽海报,制作会徽纪念品。

(6)设计制作全面的媒体报道手册,制订危机处理方案。

2. 媒体预热和报道准备

(1)充分利用有关会徽评选过程中的各种新闻点,组织媒体宣传,保证前期关注热度。

(2)利用多种媒体平台。提前组织记者撰写通讯稿《会徽诞生记》;请中央电视台、北京电视台体育节目中心提前录制专题节目;请电视台播放预告性片花;安排公关公司通过多媒体传播技术向全球媒体定向发出报道安排,使媒体关注度不断升温。

(3)发布前两周组织 9 次新闻发布和新闻访谈,激发报道热情,引起公众期盼。

(4)协调国际奥委会果断、完善地处理国外某网站对会徽图样恶意猜测性泄露和负面报道事件。

3. 现场发布

(1)发布仪式地点选定在中华古老文明的象征性建筑天坛祈年殿,为会徽发布搭建了一个前所未有的寓意东方文明的背景和平台。

(2)会徽从世纪坛经长安街运送到天坛,由邓亚萍、成龙护送会徽入场。其间通过电视直播,向全世界展示现代化北京的风采,为发布会活动做了精彩铺垫。

(3)全国人民代表大会常务委员会委员长吴邦国和国际奥委会协调委员会主席维尔布鲁根为会徽揭幕,活动提升到了国家庆典的水平。

(4)播出国际奥委会主席罗格的电视致辞和张艺谋执导的宣传片。

(5)诠释会徽元素和理念的文艺表演。

(6)中央电视台和北京电视台对发布仪式进行互动式现场直播,奥组委官方网站进行网上直播。

(7)仪式后,现场举行简短新闻发布会,邀请会徽设计者、评审等相关人员会见媒体。

4. 后续宣传

(1)安排中央电视台、北京电视台各套频道在黄金时间、重点栏目于会徽发布当晚和之后一周全面推出有关会徽的专访、专题节目。

(2)组织平面媒体和电台进行后续新闻报道和专访,深度挖掘会徽诞生的故事。

(3)首届奥林匹克文化节期间,在世纪坛举行会徽展,推出会徽专题论坛,加深公众对会徽的了解。

(4)在青岛、沈阳、天津、上海等奥运会协办城市举办会徽巡展,继续扩大会徽在全国范围的影响力。

(5)利用举办一系列文化活动的方式公开宣传、推广会徽。

(6)开展严密的媒体监控,针对一些不属实报道(如专利注册问题)及时展开纠正性报道。

项目评估

(1)2008年奥运会会徽发布仪式圆满成功,隆重、典雅、富有中国文化特色的会徽发布仪式得到社会各界一致好评。

(2)媒介的热烈反响是会徽发布活动取得空前效果的最好注脚。

(3)会徽的成功推出,同时也为之后北京奥运会市场开发的顺利启动奠定了坚实的基础。

资料来源:吴建勋、丁华:《公共关系案例与分析教程》,清华大学出版社2013年版。有删减。

由奥运会会徽发布的公关活动可以看出,公共关系活动,是社会组织运用各种传播手段来维持和发展组织与公众之间良好关系的过程。公关活动举办过程中,需要主体、对象与媒介的参与,三者缺一不可。公共关系运作的要素构成是:公关主体——社会组织;公关客体——公众;公关手段——信息传播。了解公关要素的构成及其相互联系,是有效开展公关活动的前提。

(一)公关活动的主体

社会组织是公关活动的主体。社会组织在社会学中一般指具有特定目标和职能,并具有一定独立性的社会群体。作为公共关系运作主体,它是主动开展公共关系活动、向公共关系客体施加影响的社会群体。最早的公共关系主体是企业与公司。目前已经形成了三大公关主体:一是政府;二是经济组织;三是非营利组织。它们共同构成了当今公共关系活动的多元化主体。

(二)公关活动的客体

公关活动对象一定是与该组织具有直接或间接关系的组织、群体或个人,统称为“公众”。公共关系学中的公众是一个特定的概念,它是组织公关活动对象的总称,即任何因面临某个共同问题而形成的并与组织运行发生互动关系的群体。

主体与客体,或组织与公众之间的地位是相对的、经常互换的,任何组织、机构、群体或者个人都是公关主体,同时也是公关对象(公众),绝不存在单纯的公关主体或单纯的公关对象。公众的范围十分广泛,一般从组织的角度可分为内部公众与外部公众两大类。内部公众主要指组织内部员工、股东等。外部公众包括顾客、社区、新闻媒介、政府、供应商、竞争者等。公众构成了组织生存和发展的人文环境和社会环境。因此,一个组织要想获得生存与发展,就必须处理好与各类公众的关系。

(三)公关活动的媒介

公共关系活动的媒介是公关主体借以与公关对象联系、沟通、交往的信息传播工具。传播沟通是公共关系工作的基本手段，是公共关系的实现机制，也是组织与公众之间沟通的桥梁和纽带。在公共关系活动中，组织将公关活动信息通过媒介传递给社会公众，从而影响公众对组织的认识、看法和态度，达到取得公众理解、信任、支持的目的。公关的媒介包括各种信息沟通工具、社会交际手段和大众传播渠道，例如，报刊、书籍、电视、电话、电影、图像、传真、网络、大小会议等都是公关媒介。

公共关系就是以一定的组织机构为主体，与大众对象之间通过传播媒介的手段进行沟通。

在公共关系工作中，必须做到组织、公众、媒介三要素高效、有机配合，组织必须通过高效的传播媒介把有效的信息传递给目标公众，公众的意见和建议也通过媒介反馈给组织，从而实现组织与公众之间的双向沟通。

三、公共关系的原则和意识

（一）公共关系的原则

公共关系的原则，就是社会组织及其工作人员为实现公共关系目标和保证公关工作的效果，在开展公关活动中必须遵循的基本工作原则。

社会组织有效地开展公共关系，就必须坚持和遵循以下基本原则：

1. 诚信原则

所谓诚信原则，就是在公共关系活动中必须坚持以客观事物为基础的工作准则，公共关系主体必须如实地向组织和公众反映实际情况，既报喜又报忧，不回避问题和困难，坚持做到客观、真实、全面、公正。这一原则是公共关系的首要原则，它要求必须及时、准确、全面、公正地向组织或公众传播信息。

提醒您

诚信原则的具体要求：

第一，向组织或公众提供信息必须是准确真实的，即有一说一，既不夸大，也不缩小。只有准确真实的信息，才能得到组织和公众的信任；

第二，要全面、公正地向组织或公众提供信息，即要向人们提供事实的全部，而不只是某一个侧面。

第三，在处理组织与公众的双方关系时，应不偏不倚，给予同等的机会和条件，这样才能促成组织与公众的真诚合作，才能在公众中真正树立起良好的组织形象和信誉。

2. 真实性原则

真实性原则反映了公共关系工作人员的业务素质和道德准则。公共关系的真实性，是指传播信息应该守信用、重承诺。科学的公共关系建立在“双向对称”的基础上，“双向对称”的公关模式依赖于信息的真实、准确和双向交流及分享。因此，公关信息传播不仅要客观真实，而且要力求全面，否则，容易引起公众对事实真相的猜测和对组织诚实性的怀疑。真实性也是公关道德规范的要求。公共关系工作绝不能文过饰非，它是建立在讲真话基础上的一种友善平等的行为。一名中国游客在谈到他对德国一些百货公司的感受时说：“步入百货公司，内部典雅的装潢、巧妙的布局、柔和的组合灯光，再加上不时更换的轻音乐，使人犹如置身于艺术殿堂；而营业员彬彬有礼的举止、真诚友善的微笑，更使人无形中提升了自身的价值。‘顾客是上帝’在这里不再是空洞的说教，而是一种真实的感受。”正是这种真实全面的公关艺术，构成了德国企业形象的魅力。

2. 公开性原则

所谓公开性原则，就是坚持公众对社会组织的状况、运作程序及决策过程，有了解、参与、评价的权利。现代公共关系实践证明，增强社会组织的透明度，引导公众参与组织管理，对于提高员工的主人翁精神，提高工作效率，增强公众对组织的亲善感、向心力和忠诚态度，以及保证组织决策的民主化、科学化，都有很大的作用。为此，组织就应该将封闭式管理向透明式经营管理转变，同时组织的决策过程要争取公众的参与。

3. 长期性原则

所谓长期性原则，就是在公共关系活动中要坚持立足于平时、靠长期努力的原则。长期的努力是形成良好公共关系的基础。任何一个社会组织及其公众之间的良好关系，都不是一蹴而就的，它需要长期坚持不懈的努力，不断地维护、调整和改进。因此，公共关系和急功近利的思想是格格不入的。为了坚持公共关系长期性的原则，在具体的公关活动中应坚持从平时做起、从我做起，自觉维护组织的形象及声誉，为保证组织长远利益的实现，应将公众利益放置于首位。

4.科学性原则

所谓科学性原则，就是公关工作不仅要坚持以科学理论为指导，而且要坚持以调查研究为基础的工作原则。现代化组织的公共关系活动再也不能单凭直觉行事，处于不自觉地公共关系状态，而必须借助于现代科学的理论和方法，有组织、有计划、有步骤地开展公关活动，以求达到最佳效果。

提醒您

科学性原则要求在实际的公关工作中做到：

第一，不能只凭经验和灵感，而是要做到凡事先调查，在调查的基础上进行科学的研究分析，做到有根有据，提高公关决策和计划的科学性；

第二，要尽可能采用现代调查研究的方法和手段；

第三，调查研究工作要制度化、规范化，并确立为公关工作程序的一部分。

公共关系是一门科学，有一套完善的采集、分析、研究、了解公众意愿的组织管理机制，严格做到调查研究工作的规范化、公关决策的系统化、公关实施的制度化，并以此作为组织运作的支持系统。以“为公关未来导向”为主题的第48届美国公关协会年会，对国际公共关系的新态势走向做了如下概括：(1)高技术的双向交流；(2)公关投资重点是知识和头脑；(3)互动广告；(4)公关市场“准个人化”；(5)同步操作的互联网，改变了传统的公关操作模式；(6)亚洲成为国际公关的重点；(7)公关、广告、营销一体化趋势；(8)公关事务系统化、公开化；(9)第三方说话；(10)企业公关不再着眼于企业形象策划(Corporate Identity，CI)，而是重点分析企业的个性、企业的市场、行业和竞争关系，分析企业的立场、人格，从而给企业以准确的定位。

国际公共关系的这种新态势和新走向，要求作为社会科学和管理艺术的现代公共关系学必须以科学为指导，积极适应社会发展需要，创立新的公关理论，开拓新的公关活动领域。

（二）公共关系的意识

微型案例

花旗银行的公共关系意识

花旗银行是世界上最大的银行之一，每天的营业额高达数亿美元，业务十分繁忙。一天，一名陌生的顾客走进美国花旗银行的营业大厅，仅要求换一张崭新的100美元钞票，准备作为当天下午的礼品。银行职员微笑着听完他的要求之后，立即先在一沓沓钞票中寻找，又拨了两次电话，15分钟后终于找到了一张这样的钞票，并把它放进一个小盒子里递给这名顾客，同时附上一张名片，上面写着"谢谢您想到了我们银行"。时隔不久，这名偶然光顾的陌生顾客又回来了，并在这家银行开设账户。在以后的几个月中，这位顾客所在的那家律师事务所在花旗银行存款25万美元。

正是花旗银行员工强烈的服务意识、责任意识等公关意识驱使员工能够急顾客之所急、想顾客之所想，全心全意为顾客服务，将正确的公关意识融入平时工作的一点一滴中，才最终造就了花旗银行这艘金融界的巨轮。

资料来源：陈丽清主编：《公共关系学》，电子工业出版社2014年版。

公共关系意识是指对组织运行过程中发生的各类公共关系的认识和态度的总和，是公共关系实践在人们意识中科学、系统地反映，是公共关系管理的基本原则、观念和思想。公共关系意识是公共关系人员应具备的各项基本素质中最为重要的一项素质。公共关系人员应具有的公共关系意识主要有公众意识、形象意识、沟通意识、协调意识、开放意识、互惠意识和创新意识等。

1. 公众意识

公众意识是公共关系意识中的导向意识，以公众为导向不仅是公共关系理论中的基本观点，而且日益成为公共关系实践中的普遍共识。这是因为，社会组织要在公众中树立良好的信誉和形象，得到社会各界的信赖和支持，就应该在从事各种活动的同时，既要考虑本组织的利益，又要考虑社会大多数公众的利益，并且把公众的利益放在首位，把满足公众的需要作为组织工作的出发点，做到为公众服务、对公众负责。公众的需求是组织形象塑造所追求的目标，组织也正因为公众的存在，才有了它存在和发展的意义。

2. 形象意识

形象意识是公关意识中的核心意识。要树立公关意识，必须树立形象意识。如今，形象、信誉已成为一个社会组织谋求生存、争取发展的重要基础和条件，良好的形象和信誉可以赢得公众的信赖、支持和合作。如果组织没有良好的形象意识，就会失去公众的支持，那么组织的发展也无从谈起。

良好的形象是组织的无形资产，公共关系的一切工作都是围绕形象目标而展开的，没有形象，也就没有组织存在的价值。在公共关系工作中，只有具有明确的形象意识的从业人员，才能够深刻理解知名度和美誉度对社会组织的生存和发展的重要性，才能在行动中敏锐体察组织形象的关键所在，自觉维护组织形象。一个具有良好形象的组织或企业会获得公众的信任，从而为自己赢得更大的市场空间。

3. 沟通意识

沟通意识是指管理者注重信息的双向沟通，主张依靠信息沟通去赢得公众的理解、信任、合作与支持。任何组织都需要公众的理解与合作，只有这样，组织才能以更快的速度发展、进步。而争取理解与合作最有效的方式是与公众的信息沟通，公共关系传播的主要功能，就是通过信息交流的沟通实现组织与公众之间的相互理解，让公众掌握组织的真实情况、了解组织的诚意，同时也可以了解公众的需求取向和实际想法，进而协调组织与公众的关系。

4. 协调意识

组织公共关系的性质既有对立的一面，也有合作的一面。促使组织与其相关的公众建立信任与合作的关系，调节其对立性因素，并使其向合作方面转化是公共关系工作的重要一面。因此，只有在协调的状态下，社会组织和公众才能各得其所，才能获得更为广阔的发展空间。

5. 开放意识

组织既要适应社会的发展，又要了解社会，更要面向公众敞开自己的大门，开放自己的门户，才能有更大的发展。社会组织应主动在公共关系行为活动中寻求建立良好公共关系的途径。开放意识倡导的就是社会组织要以开放的姿态和胸怀向公众及社会袒露自己，这种诚挚的举措是实现公共关系协调发展的重要基础和条件，增强社会组织行为的透明度，可以使社会组织坦诚、全面地融入社会、面向公众。

6. 互惠意识

公共关系活动是一种追求利益的活动，是有明确目的的活动。互惠意识是公共关系意识中的功利意识。然而，公共关系活动追求利益的方式和最终目的与其他单纯的利益行为有着明显的不同：首先，社会组织的利益是在满足公众利益需求的前提下实现的；其次，公共关系中的互惠互利不是直接的等价交换，是对物质和精神上的投入，不能要求产生立竿见影的经济成果，更不能急功近利，而是要相信“精诚所至，金石为开”，坚信平时的真诚必能得到应有的回报。组织在自身的发展过程中，能否想到信任、理解和支持自己的公众利益，能否想到自己对公众的回报，是组织是否具有互惠互利意识的表现。

优秀企业的互惠互利意识对自身任务的认识是：按照社会需要，提供适销对路的优质产品和服务，按时足量缴纳税金，维护社会的正常秩序；而不是制造假冒伪劣商品，偷税漏税，依靠坑蒙拐骗获取暴利。

优秀企业的互惠互利意识对自身行为引起的后果所持的态度是：对经营后果负责到底，积极开展售后服务，治理环境污染，关心职工待遇和工作环境的改善；而不是见利忘义，无责任感和短期行为。

优秀企业的互惠互利意识对社会的关注程度是：追求社会环境和谐，社会责任感强，积极融入社会公益事业，推动社会风尚良好发展；而不是事不关已，高高挂起。

7. 创新意识

创新意识是从事任何工作都必须具备的意识，创新意识也是公共关系意识中的特殊意识。它集中、深刻地反映和体现了公共关系的创造性这一本质特征。作为一种创造性的活动，公共关系活动要根据不同的对象、不同的目标，创造出与之相对应的公关活动方案，社会组织能够通过求新、求变、求发展的公关活动，不断地给组织的公共关系增添新的营养，注入新的活力，使之在日益激烈的竞争中立于不败之地，创新是公共关系具有生命力的源泉。

公共关系的每一个过程都需要创新意识。公共关系是一门科学和技术，是因为它有可遵循的客观规律，有相对稳定的操作程序。而说公共关系是一门艺术，则是指它有突破固定程式、追求不断变化的特点，唯有创新，才能塑造具有个性的组织形象；也唯有创新，才能使组织的良好形象打动公众、征服公众。

第二节 公共关系发展的历史脉络

公共关系作为一门学科，仅仅具有百余年的历史，但作为一种社会活动、一种商业现象，不管是在国内还是在国外，都历史悠久。我们追溯公共关系源流，了解其发生与发展的历史过程，把握国内外公共关系现状，对全面、准确、科学地把握公共关系的思想和理论，开创我国公共关系事业的新局面具有重要意义。

一、公共关系的起源

公共关系“Public Relations”一词最早出现于1882年美国律师多尔曼·伊顿在耶鲁大学法学院毕业班所做的《公共关系与法律职业的责任》演讲中，但那时的公共关系并非表示现代意义的“公共关系”，而是“大众利益”的意思。真正具有现代意义的公共关系第一次正式使用是在1897年，出现在美国铁路协会的《铁路文献年鉴》上。公共关系不是凭空产生的，它的形成是有一定历史渊源的。

现代公关的奠基人爱德华·伯纳兹这样写道：“公关的三个要素实际上是同社会史一样久远的：告知公众、说服公众以及整合公众。当然，达到这些目的的方式随着社会的变迁也在变化。”对于伯纳兹和其他这一领域的历史学家来说，公关与人类文明史是相生相伴的。在他们眼中，许多历史事件都可以作为公关行为加以解释。

原始社会主要通过恐吓和威胁进行统治，先进一点的文明则借助于商讨和辩论。随着统治者开始寻求达成共识，说服工作逐渐摒弃了武力，转而借助于对话，但是武力或以武力相威胁仍然经常会取代对话。随着文字的出现，真正意义上的公关诞生了。

（一）外国古文明时期的公共关系起源

为了树立他们作为战神或国王的形象，苏美尔、巴比伦、爱沙尼亚和波斯等古文明的统治者借助诗歌和其他作品来宣扬其在战场上和政治斗争中的所向披靡。在埃及，许多艺术和建筑（雕塑、庙宇、坟墓）的初衷就是在人们心目中树立神职人员、贵族和抄写员的伟大形象。在古代以色列，《圣经》和其他宗教著作成为影响公众思想强有力的武器。随着希腊的崛起，书面语和口语成为社会整合的工具。雅典市场成为公众讨论的中心，人们在这里谈论商业和公众生活问题。讲演术盛行，公众利益成为哲学思想主要的关注点。

在古罗马，“公众的声音就是上帝的声音”和“公众事务”这样的短语及语句向我们展现了公关的影响力。据记载，古罗马的独裁统治者尤里乌斯·恺撒为了让罗马人做好公元前49年跨越卢肯河的准备，精心发布像《恺撒的高卢战争》（公元前52年）这样的宣传册，宣扬他作为高卢统治者的丰功伟绩。由于认识到了新闻对舆论的影响力，恺撒出版了名为《每日记闻》的日报，将元老院国民会议活动的简要记录、官吏使节或军队调动、宗教仪式等记载下来放在公共场所供人民观看，这一日报持续了400年之久。

基督教在罗马鼎盛时期兴起，耶稣和他的传道者在争取用宗教支配公众思想的斗争中取得了决定性的胜利。传教者根据国家不同的民族文化心态，开展各种形式的教义宣传，通过“礼拜”“弥撒”等形式来传播教义，使民众坚持对“上帝”的信仰。

(二)中国古代公共关系思想与活动

1. 中国古代公共关系思想

中国古代的历史文化中,蕴含着丰富的公共关系思想。

《国语》中的《邵公谏弥谤》,先叙述了周厉王的残暴引起民怨的情况,然后批评了周厉王“防民之口,甚于防川”的做法,强调了民众言论与政权的关系。其中就包含着政府形象、政权形象的公共关系观念。

春秋战国时期,诸子百家争鸣,各自从自己的立场出发阐述人际关系的观点。如老子提倡“鸡犬之声相闻,民至老死不相往来”的小国寡民思想;墨子主张“兼爱”“非攻”的与人为善的交往原则;兵家认为“攻城为下,攻心为上”,推崇“不战而胜”思想;法家以“性恶说”为理论依据,向帝王宣传“法”“术”“权”“势”的治民之道;纵横家则主张“远交近攻”“纵横捭阖”的政治、外交政策等。但在公关上最有代表性的成熟观点,还是以孔孟为代表的儒家。

孔子提出了仁、义、礼、信的道德准则,并想以此来调节人们之间的关系。孔子还提出了实现人际和谐关系的具体办法,即“己欲立而立人,己欲达而达人”“己所不欲,勿施于人”。“礼”是孔子的重要观点之一,他提倡“克己复礼”,要人们“非礼勿视,非礼勿听,非礼勿言,非礼勿动”。孔子的这些观点,都被现代公共关系所接受,并在现代公共关系中起到了很大的作用。

孟子提出了“民贵君轻”的观点,强调民心向背对政权安危的作用。他论证道:“桀纣之失天下也,失其民也;失其民者,失其心也。”关于君臣关系,孟子认为:“君之视臣如手足,则臣视君如心腹;君之视臣如犬马,则臣视君如国人;君之视臣如土芥,则臣视君如寇仇。”而孟子的“天时不如地利,地利不如人和”说,更加强调了和谐的公众关系在国家管理中的重要性。

至汉武帝“罢黜百家,独尊儒术”之后,儒家思想对后世的影响越来越大。唐朝魏徵提出的“水可载舟,亦可覆舟”便是孟子“民贵君轻”思想的发展。

古代思想家们也阐述了公共关系思想在日常生活中的作用。孟子的“人和说”也可以用到日常生活中,指人与人之间的协调关系。良好的环境、协调的关系,正是现代公共关系活动所遵循的基本原则和追求的美好目标。

2. 中国古代的公共关系活动

中国古代的政治生活和经济生活中都存在着公共关系活动和技巧。

春秋战国时期,诸侯征战,此消彼长。为了争取公众的支持,各国霸主纷纷招募“外交人员”(当时称“士”)到各国游说,宣传自己的主张。这些“外交人员”的主要职责就是协调各诸侯国的关系,树立自己君主和国家的形象,以谋求本国的发展、壮大。如东周的苏秦,周游列国,到处宣传政治上的“合纵”主张,促使当时的齐、楚、燕、韩、赵、魏六国结成同盟。而魏国的张仪则凭借雄辩的口才,宣传“连横”的主张,对东方六国采取各个击破的政策,瓦解了六国“合纵”的政治军事同盟。苏秦和张仪所从事的游说和宣传、劝服和沟通工作,十分类似现代的公共关系活动。

《烛之武退秦师》(《左传》)中记载,在“秦晋围郑”的危急关头,郑公派烛之武去劝说秦国退兵。烛之武对秦工展丌了“危机公共关系”,他晓之以理、诱之以利,终于劝退了秦军,保证了郑国的安全。

商鞅变法是大家熟悉的历史事实。商鞅在制定改革制度和法令时也运用了“取信于民”的公共关系思想。新法令制定之后,为使老百姓心服口服地去执行,商鞅先派人在城南门竖了一根三丈长的木头,并下令:谁能把木头扛到北门,就赏50两金子,这件事才轰动了秦国。秦国老百姓自此无人不信服商鞅。从此,秦国的改革得以顺利进行,国家日益强大。

公元前206年,刘邦率军攻入咸阳,本想住在豪华的王宫里,但樊哙和张良告诫他别这样做,免得失掉人心。刘邦接受他们的意见，下令封闭王宫，并留下少数士兵保护王宫和藏有大量财宝的库房，随即还军霸上。并“与父老约，法三章耳；杀人者死，伤人及盗抵罪”，来宣传自己的主张。

中国古代人除了在政治上利用公共关系来处理问题外，在古代商业活动中，也自觉或不自觉地运用各种传播手段和沟通技巧以招徕顾客，从而实现自己的经济目标。汉代张骞出使西域，开辟了中西文化交流的新纪元，从公共关系的角度说，这是中国古代一次规模宏大、富有成效的国际公共关系活动。明代郑和下西洋也是典型的国际公共关系活动，他率领商船，每到一处，都以瓷器、丝绸等物交换当地的产品，并与各国加强了经济和文化联系。这两件事在国际公共关系史上占有十分重要的地位。

中国古代“中庸”思想、“侠义”精神、“和”的原则、“士”的游说活动等，都是非常具有公共关系价值的。

二、现代公共关系的产生与发展

即使在中世纪，公共关系也没有停止前进的步伐，那些宣扬自由的伟大文件明确了舆论的力量。例如，13世纪英国的权利和自由宪章《真名法典》就成为美国宪法的思想源泉。

“宣传”一词来源于天主教会。17世纪，天主教会成立了“信徒宣传圣会”。圣会的成立表明教会认识到了由第三方加强政府与公众沟通之间的必要性。随着以新形式为载体的新知识的丰富，如《圣经》在15世纪由拉丁文翻译成日常用语，面向大众的书籍和报纸的发行，与公众沟通的程度得到提升。

法国大革命使公共关系又上了一个新台阶。在《人类与公民权利宣言》中，法国革命的领导者们宣称公民可以自由地表达和交流他们的思想。1792年，法国国民会议成立了第一个宣传部门。它是国内事务部的一部分，称为“民意局”。“民意局”向新闻记者提供资助，向全国各地派遣代表，以寻求公众对法国大革命的支持。

在美国，英国在北美的殖民地造就了一大批公关行业的精英，他们用讲演、报纸、会议、委员会、手册和通信等方式来寻求人们对他们的信任与支持。保尔·瑞威尔、本杰明·富兰克林、约翰·彼得·曾格、萨缪尔·亚当斯、亚历山大·汉密尔顿、吉姆·麦迪逊和约翰·杰就是其中的代表。亚当斯被认为是美国革命的杰出媒介代理人，是他推动了政治变革。汉密尔顿、麦迪逊和约翰·杰立了大功，通过出版他们在1787～1788年写给媒体的信件，他们使宪法得以批准通过。这些信件的结集出版物就是《联邦主义者文集》。

美国独立战争的领导人起草的其他重要文件——《独立宣言》《宪法》《权力法案》——都可以看作是公共关系的杰作。这些文件使个人命运与公众利益休戚相关，正是这样一种观念使美国成为公共关系行为的孵化地，公共关系被看作是一种代表民主与自由事业多元利益的职业。

19世纪媒介代理的杰出代表是菲尼斯·巴纳姆。1871年，他的马戏团“地球上最伟大的表演”组建。作为一名技艺超群的杂技演员，巴纳姆掀起了一股宣传与报道的热潮，马戏团每到一处都受到人们的热烈追捧。他的一个信条是“凡宣传旨好事”，善于制造舆论宣传。他曾经制造过这样一次宣传：马戏团里有个叫海斯的黑奴在100年前曾经养育过美国第一任总统乔治·华盛顿。报刊发表这一消息后，引起了轰动。巴纳姆又借机以各种不同笔名给报纸寄去“读者来信”，人为地引起一场讨论。在海斯死后，医生对她的尸体解剖，结果表示海斯不过80岁，并非像巴纳姆所说的160多岁。巴纳姆的第二个信条是“公众要被愚弄”。因为这一时期的报刊宣传活动置公众利益于不顾，不择手段来制造新闻，欺骗公众而受到人们的批评，有人称为“公众受愚弄时期”“反公共关系时期”，但同时又被公认为是现代公共关系产生时期。

1903 年，美国记者艾维·李在美国开办了第一家正式的公共关系事务所，真正使公共关系成为一门职业并获得社会广泛承认，这标志着现代公共关系得问世。他是第一个提出“说真话”宣传思想和第一位提供公关职业服务的人，因而被奉为“公共关系之父”。至今，艾维·李所用的很多技术和倡导的原则还被公关人士利用着。他坚持与媒体公开交流，他对媒体的态度也是坦诚的。他认为良好的宣传来源于企业良好的表现。

1904 年，他与乔治·帕克一起成为公关顾问。他认为企业必须诚实、准确和公开地向外界传递信息，唯有如此才能赢得公众的理解和支持。他的两个非常有名的客户分别是宾夕法尼亚铁路公司和洛克菲勒家族公司。

为了维护客户的利益，他提出了“公众告知”这一宣传方针，与金融家威廉姆·范德比尔特臭名昭著的“公众该死”形成了鲜明的对比。在向媒体发布新闻和其他信息的时候，艾维·李都会附上他的“原则宣言”。部分内容如下：

> “我们所有的工作都是公开进行的。我们的目的是提供新闻，我们不是一家广告公司。如果你认为所有我们掌握的信息都应该原封不动地进入您的办公室，那么请您不要用它。我们的信息是准确的。我们所着手处理的任何事件的进一步的信息都会在第一时间提供，我们也很乐意协助记者直接验证信息的可靠性。简言之，我们的指导思想就是，代表企业和公共机构的利益，坦白而公开地向媒体和美国公众提供他们所关心事件的及时而准确的信息。”

他认为，一个社会组织，欲在公众之中获得良好的声誉，就必须把“真情告诉公众”；如果披露真情对公司不利，那么就应当调整公司自身的行为，求得社会谅解。他的宣传信条就是“公众应被告知”。在 1914 年，约翰·洛克菲勒请他处理 1913 年南科罗拉多发生的所谓“路德罗大屠杀”事件。1914 年 4 月，大约9 000人举行了罢工，一起意外的枪击事件引发了一场争斗，几名矿工、2 名妇女和 11 名儿童遇害。艾维·李建议洛克菲勒秉承公开的方针。在无烟煤业大罢工、宾夕法尼亚州铁路公司伤亡事件中，他也都遵循“讲真话”的原则，取得了卓越的成绩。更重要的是，通过他的活动使人们看到公共关系的重要性和必要性，从而使公共关系的作用被社会普遍认可，也为公共关系的进一步扩展和深入奠定了坚实的基础。

小资料

艾维·李与洛克菲勒家族

执掌着美国遭受毁谤及误解最深的富有家族之一的约翰·D.洛克菲勒二世在 1914 年雇用了艾维·李。正如艾维·李的传记作者雷·埃尔顿·赫伯特所指出的，艾维·李为克菲勒家族所做的最大的贡献不在于改变其公司的方针，而在于使他们能更多地聆听公众的意见。例如，当洛克菲勒家族由于破坏了家族企业科罗拉多石油和钢铁公司的工人大罢工而受到公众的严厉指责时，该家族在艾维·李的建议下，雇用一名劳工关系专家，由他来负责处理那次造成多人死亡的事故。最终结果是，成立了一个包含各方面成员的劳工管理委员会，负责调解工人在工资、劳动时间及工作条件等方面存在的诸多不满。洛克菲勒在多年以后承认，在科罗拉多的罢工中所取得的公关成果“是洛克菲勒家族历史上最重要的事件之一”。

在为洛克菲勒工作的时候，艾维·李试图使他们更加“人性化”，所以积极向外界展示他们真实的生活状态，比如打高尔夫球、参加教会活动以及庆祝生日等。艾维·李的最终目的很简单，就是通过对洛克菲勒家族日常生活的宣传，获得每一位公众的理解和欣赏。尽管多年以后社会上仍存在很多针对这个家族的批评，但是，洛克菲勒家族毕竟已经成为美国慈善捐助事业的榜样。实际上，当今的很多亿万富翁，从比尔·盖茨到沃伦·巴菲特再到特德·特纳，无一不在效仿洛克菲勒当年的慷慨与乐于助人。

资料来源：[美]弗雷泽·P. 西泰尔著，梁洨洁等译：《公共关系实务》，机械工业出版社2004年版。

真正促使公共关系走向正规化、科学化的重要人物是美国著名的公共关系理论家和实践家爱德华·伯纳斯。爱德华·伯纳斯原是奥地利人，他一生致力于公共关系研究。他于1913年受聘于美国福特汽车公司，担任该公司的公关部经理。第一次世界大战期间，他又在威尔逊总统成立的官方公共关系机构“克里尔委员会”担任委员，专门负责向国外的新闻媒体提供有关美国参战情况的背景和解释性材料。1917年，在第一次世界大战期间，公关信息委员会组建起来，目的就是帮助销售战争债券和加大对战争的支持力度。伯纳斯就是投身战争宣传战线的人之一。第二次世界大战期间成立了战争信息办公室，为了赢得对美国参战的支持，办公室组织了有史以来最大的公关活动。两次世界大战期间，罗斯福政府利用大量的公关技术来推进他的新政立法。

第一次世界大战结束后，伯纳斯和夫人在纽约开办了公共关系公司。1923年出版了他的名著《舆论明鉴》，这是历史上第一本公共关系的专著。在该书中他第一次提出了“公共关系咨询”的概念，爱德华·伯纳斯的思想明确肯定了公共关系的重要职责是要向组织提供政策咨询，而非仅仅向社会做宣传。同年，他把公共关系带入大学教育，在纽约大学首次讲授公共关系课程。1925年，他又撰写了《公共关系学》教科书。

“投公众所好”是爱德华·伯纳斯公共关系思想的一个重要部分。他认为：首先应该了解公众喜欢什么，对组织有什么期待和需求，在确定公众价值观和态度的基础上，再进行有组织的宣传工作，以迎合公众的需要。爱德华·伯纳斯对公共关系原理与方法已形成一个较为完整的体系，他是使公共关系走向正规化、科学化的关键人物。

小资料

权威访谈：爱德华·伯纳斯访谈

1995年，公共关系领域的先行者爱德华·伯纳斯与世长辞，享年103岁。我们的采访是在他98岁那年进行的。

问：当您第一次教授公共关系课程时，有没有想到这个领域会获得今天这样的地位？

答：我是1923年教授第一堂公共关系课程的，也就是在《舆论明鉴》一书出版之后。我当时感到，要想提高公关咨询的地位，方法之一就是在大学开展有关这一新职业的理论、实践和道德准则方面的讲座。纽约大学采纳了我的建议。不过，当时我并没有想到将来这一职业会在美国及世界其他地区如此普及。

问:您第一次教授公共关系课程的目的是什么?

答:目的就是提高这一新兴职业在社会上的地位。当时有很多人仍然认为,“公关咨询”一词不过是宣传人员、新闻机构,广告代理和媒体的委婉说法。就连H.L.孟肯在他出版的《美国语言》一书中也对公关咨询做了类似解释。但是,几年以后,他在《美国语言补遗》中对这一观点做出了更正,采用了我对这个术语的定义。

问:使得公关活动的地位获得提高的重要因素有哪些?

答:最重要的原因是群众力量的增强和领导层对公共关系的重视。西奥多·罗斯福的公平交易论促进了公关的发展。伍德罗·威尔逊的新自由论、富兰克林·德拉诺·罗斯福的新政也对公共关系的发展起到了促进作用。而且这些传统随着时间的流逝会继续保持下来。

问:您对今天的公关实务有何不满意的地方吗?

答:当然有。在美国,公关一词就像肥皂泡一样有着不确定性。除非它能像法律、医院和建筑等职业一样,由规章制度界定它在公众心目中的地位,否则每个人都可以使用它。如今,任何水管工、汽车推销员,甚至是毫无道德规范可言的人都可自称为公关从业人员。而这些人并未接受过任何相关的教育和培训,有些人甚至不清楚“公关”究竟为何。公众也一样不清楚“公关”的含义。如果不引入相关的认证体系和注册机制,这种状况仍将继续下去。

问:目前公共关系实务的哪方面让您感到最满意?

答:我最满意的是,有些公关从业人员确实将他们的工作看作一种职业、一门包含科学规律的艺术。在这一领域,人们考虑的主要是公众利益而不是金钱动机。同时,社会上的一些卓越的领导人物也逐渐认识到了公共关系活动的重要性。

问:您认为现在公共关系从业人员的才干与过去相比如何?

答:如今的公关产业人员大多数在所从事的领域受过良好的教育。然而,不尽如人意的是,这方面的教育仍会因开设课程的机构不同而导致水平有很大差异。这种情况主要是由于缺乏统一的行业标准造成的。公共关系活动应该是将社会科学知识与公众态度、员工或客户行为有机融合在一起的实践过程。

问:您认为20年后公共关系会变成什么样子?

答:对20年后的公共关系状况做出预测是很难的。但我不喜欢广告代理商兼并大型公关机构的趋势,这就像外科手术器械生产商兼并外科医学院或者法律书籍出版商兼并法学院一样不合理。无论如何,如果引入认证体系与注册机制,那么公关业只要在民主社会下,就能得到持续的发展。

资料来源:[美]弗雷泽·P.西泰尔著,梁洨洁等译:《公共关系实务》,清华大学出版社2008年版。

20世纪50年代以来,公共关系的实践和理论研究都进入了一个全新的现代发展时期,全球掀起了公共关系热。这一时期的代表人物是斯科特·卡特李普。

卡特李普和森特在1952年提出的“双向对称”公共关系模式,成为现代公共关系的重要标志。他们认为,公共关系的最终目的,是要在组织与公众之间建立一种和谐而良好的关系。因此,一方面必须把组织的想法和信息传播给公众,另一方面又必须把公众的想法和信息反馈给组织，只有这样，一个组织才能求得双向沟通和对称平衡的最佳生存发展环境。他们的代表作是《公共关系咨询》、《当代公共关系导论》和《有效公共关系》等。

20世纪60年代后，现代公共关系进入了新的发展时期，公共关系的应用范围越来越大，公共关系的职业化程度越来越高，公共关系学术研究进一步发展和普及。美国公共关系专家卡特李普和森特合著的《有效公共关系》受到广泛重视。詹姆斯·格鲁尼格的《公共关系管理》和他的公共关系实践活动闻名遐迩。英国公共关系专家弗兰克·杰夫金斯也出版了大量的公共关系学著作，为公共关系的理论发展做出了重要贡献。到2008年，国际公共关系大会已召开第18届大会，为推动国际公共关系理论和实践的发展做出了贡献。

这一时期公关发展的驱动因素之一是席卷全球的政治风暴。另外的因素包括逐渐兴起的消费者运动——保护普通大众免受不安全产品、不卫生工作条件、不公平定价和其他违背"顾客是上帝"这一逐渐被接受的社会契约的行为侵害。尤其是企业界，他们发现自己正在为顾客起草"权利法案"，正在用"平实的语言"重签他们的信用协定，正在为了满足消费者而进行各种各样的变革。

到20世纪60年代末，公关已经发展成为一个成熟的专业化的行业，在美国有大大小小的几百家公关机构，有超过100 000名个人从业者。随着时间的推进，昔日公关业的"传奇人物"和"明星"逐渐被一群有高技能的经理层所取代，他们的名字和报纸头条相对于其作为专业宣传员的日常工作成绩来说已显得微不足道，已不是衡量他们成功与否的重要标准。公关专家成为高层管理不可或缺的角色，通常直接向其服务的机构的董事长或首席执行官报告工作。

第三节　公共关系在中国的发展

一、公共关系在我国的发展概况

公共关系从20世纪60年代开始进入我国。当时日本、美国、西欧国家的一些跨国公司，在我国台湾、香港地区建立子公司，在子公司中设置公关部，聘用受过专业训练的公关人员从事有关业务。这种外来影响使公共关系理论和实务工作方法在港台地区发展起来。

1979年，我国开始创办经济特区，大批港商到深圳了解投资环境，商谈合作协议。他们中很多人运用公关方法在经济特区广交朋友，组织各种公关活动。随后在深圳和广州兴建一批合资酒店，设立公关部门，从中国香港地区或海外聘请公关人员主持工作。至此，"公共关系"这个新鲜的名词随着改革开放的大潮在我国由南向北、由沿海向内地逐渐流传开来。

1980年，深圳蛇口华森建筑设计顾问公司率先成立，这是我国第一家公共关系性质的专业公司，它主要是适应特区建设的需要，提供经验与技术。随后公共关系迅速传播和延伸到北京、上海等中心城市。广州花园酒店聘请美国企业管理硕士林美玲女士担任公关部经理；北京长城饭店的第一任公关部经理是美国经理露丝·布朗女士，并且制定了《长城公共关系指南》；广州中国大酒店第一任公关经理是美籍华人田士龄小姐；等等。国有企业第一个设立公共关系部的是广州白云山制药厂。1984年白云山制药厂设立公关部以后，就每年拨出总产值的10%作为"信誉投资"，以提高企业的知名度。同年12月，《经济日报》以《如虎添翼》为标题，报道了广州白云山制药厂公关工作的成功经验，并编发了《认真研究社会主义公共关系》的社论。接着《文汇报》《北京日报》《广州日报》等30多家报刊先后报道、介绍了我国公关事业的新兴和发展状况。

公共关系活动的另一个重大发展就是我国第一家公共关系专业公司——中国环球公关公司——在北京正式成立。1985年两家世界上最有影响的公共关系公司——伟达公司和博雅公司——先后进入我国。博雅公司与中国新闻发展公司达成协议，成立了中国第一家公共关系公司——中国环球公关公司。公共关系活动由设立公关部到专业公司的成立，表明公共关系已作为一种社会性的职业活动被人们接受，从而使中国公共关系的发展进入了一个新的历史阶段。1986年12月，上海成立全国第一家省级公共关系协会。1987年5月，中国公关协会成立。1988年1月，中国第一家公共关系专业报纸《公共关系报》在杭州创刊并向全国发行。1988年9月，全国省市公共关系组织第二届联席会议在西安通过了《中国公共关系职业道德准则(草案)》，这标志着公关已推广到全国各地和各行各业；同时，也表明公共关系向更加规范、更加专业化的高目标、高层次方向发展，最能反映这一高层次发展特征的就是中国环球公关公司所走的公关专业文化之路。

与博雅公司合作的7年间，中国环球公关公司都是以博雅公司在中国的代理身份开展公关业务的。1992年底，“环球”毅然结束和“博雅”维系7年之久的合作关系，完全凭借自己的智慧和努力，闯出了一条中国职业公关公司的专业化新路。公共关系的专业化不是光凭几个点子所进行的即兴单项式的策划或组织几次大型的公关活动。专业化的公共关系公司实际上是把公共关系作为企业战略管理的一个极其重要的组成部分，以顾问公司的身份与客户建立长期合作的伙伴关系，这种业务关系绝不是“一锤子的买卖”。因此，公关专业化之路，不仅是环球公司的发展方向，更是中国公关事业发展的必由之路。经过多年的艰苦奋斗，环球公司从1993年的一个长期客户都没有，到1996年底已经赢得了海内外数十家长期客户和项目客户，其中包括美国美林集团、可口可乐公司、英国GPT电讯公司、英美烟草公司、奔驰集团、瑞士欧米茄制表公司、香港九龙仓集团、广东健力宝集团、西安杨森制药公司、常州林业机械股份有限公司等中外驰名企业。1995年6月，中外八大公关公司在京签署的《对在中国开展公关业务的职业标准立场》的文件中，环球是唯一的中国专业公关公司。由此可以说明，环球公司已成长为可以与国际著名的跨国公关公司相抗衡的中国公关公司。环球公司还拥有一支业务精、素质好的公关专业队伍，并在北京、上海、香港、辽宁等地成立了一批子公司。环球公司的发展充分说明，中国公关公司作为一种新兴的智力产业，正伴随着中国市场经济的发展而奋力崛起。

随着中国加入WTO、北京申奥和上海申博的成功，中国公关业呈现快速发展的势头。中国公关市场与国际接轨的步伐大大提速，而“非典”、禽流感等灾难事件客观上为危机公关提供了广阔的市场。

1991年4月在北京成立的中国国际公共关系协会，在行业发展和协调指导方面发挥了领军作用。中国国际公共关系协会从1994年起，每两年举办一届全国公关案例大赛。2000年3月，劳动社会保障部第6号令将公关员正式列入持证上岗的90种职业之一。这一系列的活动在推动公关职业化、规范化、专业化等方面做出了突出贡献。中国公关协会学术委员会在组织全国学术研究方面迈出了新步伐，对促进中国公关市场的成熟和发展做出了积极而有成就的探索。《公关世界》经过十余年的努力成为国内外公开发行的主流媒体，反映公关界心声，推动中国公关业的发展。高教公关理论研究对大学生素质教育的推动也呈现出科学有序、健康发展的态势。

回顾中国公共关系发展历程可以看出，行业协会基本成型，本土公司与跨国公司良性竞争，服务对象走向理性，教育层次比较完整，理论研究不断深入，中国公关业走向全面、平稳、健康的发展阶段。

二、我国公共关系的特点

经过几十年的吸收、改造、发展乃至形成自己的公共关系理论和实践，我国的公共关系呈现出与西方公共关系不同的特点：

(一)主体多元化

主体的多元化在我国则表现为组织内部业务部门的公关主体多元化，如工会、妇联、团委、办公室、信访办等单位虽不是职业的公关部门，但包含一些属于公共关系性质的工作。这些非公关部门仍是公共关系的主体，这种公共关系主体的多元化对公共关系的开展是极为有利的。

(二)理论先行化

我国公共关系的发展是先有理论后有实践，这使我国的公共关系实践可以少走一些弯路，用理论来指导实践。

(三)教育社会

西方国家的公共关系人员一般要接受正规的公共关系教育。在我国，为满足社会对公关人才的需要，采取了以社会教育为主的方法，通过短期、长期培训班，函授教育等途径培养人才。这种非学历教育层次虽低，但形式多样，参加人数较多，同时也有为数不多的正规教育可以满足对公共关系高级人才的需要。

(四)人员年轻化

西方国家公关人员的年龄一般在28～45岁，且无性别不均的现象；而我国从事公关工作的人员年龄普遍在30岁以下，且女性占绝大多数，这是由我国公关业发展不平衡造成的。由于我国的公关业起步于酒店、宾馆、旅游业，在这些行业中，年轻女性占有优势，从事接待工作的机会较多，这也是公共关系在传入我国不久便被人们理解为交际工作的直接原因。

三、公共关系发展机遇

(一)公共关系服务的社会化

微型案例

北京申办2008年奥运会

2001年7月13日，国际奥委会在莫斯科举行全会，北京从五个申办城市中脱颖而出，赢得了2008年奥运会的主办权。

在奥委会投票表决前3个小时，北京奥申委向国际奥委会做了最后也是最关键的陈述。从公共关系的角度看，在李岚清副总理率领下的北京奥申委的陈述也是一次绝佳的公共关系提案会，主题就是“新北京、新奥运”。提案的程序如下：

李岚清副总理陈述报告，北京市市长、北京奥申委主席刘淇进行3分钟陈述，中国奥委会主席、北京奥申委执行主席袁伟民陈述1分钟，北京奥申委体育主任楼大鹏和北京奥申委秘书长王伟分别陈述6分钟和5分钟，运动员代表邓亚萍陈述1分钟，著名主持人、北京申奥文化顾问杨澜陈述4分钟，国际奥委会委员何振梁最后富有感情地总结了北京申办奥运会的历史意义。北京奥申委的代表全部要用英语发言，既有庄严承诺，又要求真实介绍；既有宏伟蓝图描绘，也有以情动人、娓娓道来的讲述……配以制作精美、气魄宏大的多媒体演示，多角度、多层面地表达了一个共同的主题：新北京、新奥运。

《香港经济日报》7月14日报道：北京赢得2008年奥运会主办权，看似一路大热跑出。但其实北京在最后阶段为争夺票源的匠心部署和公关策略，相信对最后又以大比数胜出起到了关键作用。

令人耳目一新的是，9位上台陈述的代表，包括副总理李岚清、北京市市长刘淇和运动员代表邓亚萍等，都能用流利英语发言。此举显然是对外界长期质疑北京举办奥运会可能存在语言障碍问题所进行的针对性部署，也希望凭此拉近北京与国际奥委会委员之间的距离。北京陈述的另一大亮点是，李岚清承诺"如果此次奥运会发生盈余，我们将用它来建立一个奥林匹克友谊基金，来帮助发展中国家的体育事业；如果发生赤字，将由中国政府承担"，此举即引起国际奥委会委员的兴趣。

资料来源：杨晨：《现代公关案例精选》，高等教育出版社2005年版。

北京申奥成功后，北京市市长刘淇亲自到中国国际公关协会感谢公关界对申奥工作的支持。中国国际公关协会常务副会长兼秘书长郑砚农介绍："在北京申办2008年奥运会中，协会精心策划、组织了许多配合申奥的公关活动，特别是当国际奥委会评估报告发表后，协会发挥行业指导机构的优势，召集爱德曼、安可、伟达、宣伟等著名公关公司负责人献计献策，就申奥冲刺阶段的对外宣传口径和节奏、陈述报告润色、陈述人培训以及媒体宣传报道等方面问题进行了充分探讨。由于有了在国际上具有广泛的工作渠道和丰富的策划经验的专业公关公司介入，使申奥过程更加科学化、国际化，中国在世界的形象更具亲和力，更能为世人所接受。"

北京申奥成功的案例表明：公共关系已在政府重大活动中发挥了积极作用。除此之外，上海申办2010年世博会的成功、2003年防控"非典"的积极应对，以及第五、第六届中国最佳公共关系案例大赛参赛案例所涉及的IT、电信、汽车、制药、金融、房地产、交通运输、航空运输、化妆品、家电、食品、能源、化工、网络、酒店、轻工、文化等20个行业以及众多非营利机构和政府部门，范围之广、融合之深，充分显示了公关服务社会化的趋势和功能。

自"非典"之后，我国政治生活中悄然发生着一个变化：新闻发言人在全国出现。目前，国务院各部委和上海、北京、山东、安徽、广东、辽宁、四川、甘肃、河南、重庆、吉林、南京、南昌、青岛、广州、深圳、石家庄、扬州、汕头、佛山等省(市)的地方政府都相继推出了自己的专职新闻发言人。据2004年3月21日新华网浙江频道报道：宁波市首届新闻发言人培训班结业。学员来自市县政府有关部门。这表明专兼职新闻发言人制度已在我国各级政府部门普遍实施。这是中国政治体制改革，推进政府与社会公众实施良好沟通，更好地保障公众知情权，以共同维护社会稳定和发展的有力举措。建立新闻发言人制度是政府公共关系的重要组成部分，新闻发言人就是政府的"公关人"。新闻发言人的职责是让政府、企业等机构与社会公众进行良好的沟通，主要体现在制度的规范化、透明化上。世界各国均在政府的管理过程中大量使用新闻发言人制度，来向社会各界及大众媒体发布权威信息，以此提高政府在公众中的美誉度和公信力。

(二)公共关系手段现代化

沃尔玛是全球最大的商业零售企业，早在世界刚刚进入计算机时代的1969年就租用IBM360型计算机进行货物配送管理。20世纪80年代初，沃尔玛投资2 400万美元发射了企业自己的人造卫星，用于企业信息系统的管理。它建立了庞大的信息中心，建筑面积达1.2万平方米，电脑服务器多达200余台。其电子信息通信系统成为全美最大的民用系统，规模超过电信业巨头美国电报电话公司。沃尔玛之所以能够进入世界500强前列，关键在于沃尔玛高度重视并利用现代高科技手段，建立畅通的信息沟通渠道，联络公众，监控环境，及时调整对象，使最传统的行业实现了最辉煌的业绩。

海尔集团是我国进军国外市场并取得成功的知名企业。它在实施国际化战略目标、打造全球知名品牌的过程中，运用先进的信息网络，了解消费者需求，随时以用户的难题作为科研开发课题，力求超前满足消费者需求。海尔与世界级的大公司摩托罗拉、飞利浦、东芝等结盟，保持在所处领域的世界先进水平。海尔集团还十分注重网络公关传播的运用，注意竞争性情报的研究，面对可能出现的危机做出快速反应。在2003年6月美国对中国的家电反倾销中，注意网络信息的分析和收集，在第一时间给管理层提供家电行业反倾销项目报告。高速度、高质量的报告对于应对迎面而来的反倾销起了十分重要的作用，维护了国际知名品牌的地位。

网络化是公共关系手段现代化的新标志。人类社会已进入知识经济时代。知识经济是建立在知识和信息的生产、存储、使用、消费之上的经济，是以知识和信息的传播、增值、应用等作为商品。信息技术和网络的应用不仅直接推动了全球经济一体化，而且为公共关系运作提供了新的传播方式和手段。互联网是继报刊、广播、电视后的新型媒体，其信息传播具有鲜明的特点：一是传播范围广，不受地域限制；二是信息容量大，可以存储大量信息且费用低廉；三是传播速度快；四是信息发布自主性强；五是信息内容形象生动，精彩活泼，给受众带来极强的视觉和听觉冲击力的综合信息传播效果；六是互动性强，实现了即时沟通，即时交流。有专家预测，随着网络传播的发展，公共关系将变成具有互动功能的"个性化"关系，与成千上万有名有姓的个人来谈心，将成为企业与"公众"新的对话方式。

网络公关的机遇和挑战。计算机与手机的轻松联网使现代化传播和沟通手段变得更加简单。随着中国企业国际化与经济全球化进程的加快，企业网络化是一个必然趋势。公共关系工作本质上是一个信息流动的过程，互联网为其提供了绝佳的信息通道。如果不充分利用网络开展公关，公关则失去优势。中国公关网和相关职业网站的建立和运作已做了有益探索。公关网络化是必然趋势，公关要在运用现代化传播手段方面始终走在前头，要领先一步。公共关系的发展需要整合所有传播媒体的优势，发挥现代网络传播功能，推动公共关系的发展。

微型案例

千万点击下的直面沟通——潘石屹博客推广

伴随着Web2.0时代的到来，博客作为一种新型的互联网应用开始进入主流。由于潘石屹在地产业界的影响力，其受关注的程度已经达到一定量级，其所擅长的地产业也正是公众关注的焦点。在这个时期，潘石屹也充分意识到博客可能会为SOHO中国带来新的机遇。双方一拍即合，他加入了新浪博客名人开博的阵营，开始探寻新的网络营销形式。

1. 新媒体和传统媒体之间形成舆论共振，产生最大效果。博客在新浪博客网频道第一时间刊登后，沟通中央、地方的核心纸媒刊发重点推荐文章，再通过新浪、搜狐等核心网站予以转载，最后借助核心网站的覆盖力和辐射力，影响其他网站的二次转载，以滚雪球的方式达到最大化的传播范围。

2. 关注社会热点，创造行业话题，引发业界和公众关注，促进互动。博客内容重点关注房地产话题，阶段性地抛出对行业政策、市场动向的观点，提升潘石屹在业界的话语权，披露企业发展的进程，塑造优秀企业品牌形象；兼顾社会热点话题，引发公众关注，扩大其行业外的知名度；凸显建筑、慈善、信仰等潘石屹擅长的生活话题，彰显其社会主流价值观人士的形象。

3. 打破行业疆界，塑造一种丰富的多元化的企业领导人的形象。博客的推广需要遵循博客自身的特性，让话题丰富、多元，展现一位成功的企业领导人，一位具有社会影响力和社会责任感的公众人士，其广博的视野、专业的知识体系、深邃的思考理念，打破行业疆界，被社会各界广泛接受和高度关注。

4. 传播主导，兼用各方资源。博客整体传播以文章推荐为主要形式，兼顾其他公关手段，如户外广告、出版书籍、网友互动等，凡是有助于博客传播的渠道都酌情考虑运用。

5. 中央为主，重点影响区域城市为辅。博客传播，除了提升个人形象，还需带动品牌形象，以及推进项目的销售。因此，潘石屹博客在中央、北京媒体推广的同时，覆盖上海、广州、深圳和地区一级城市，以及山西、山东的重点销售区域，传播观点和见解，引起关注和扩大影响。

通过一系列的策划与推广，博客改变了公众对开发商的统一负面形象的认知，以新的眼光重新看待。由博客推广之前"潘石屹一谈房价要涨，就被认为恶贯满盈"，到主动去关注潘石屹对于行业政策的解读、对于社会现象的评述；由不认识、不了解潘石屹及 SOHO 中国，到逐渐了解潘石屹丰富的生活和 SOHO 中国的项目及企业发展进程。公众对潘石屹的态度由质疑到认可甚至赞誉，发生了很大的转变。

资料来源：中国国际公共关系协会编著：《最佳公共关系案例》，中国市场出版社 2009 年版。

第四节　公共关系与就业

一、公共关系职业前景

（一）公共关系职业是 21 世纪最富前景的朝阳行业

公共关系已经成为一个创造潮流也创造奇迹的职业，被看作是 21 世纪最富前景的朝阳行业，也是 21 世纪平均收入最高的行业之一。

据美国劳动统计局统计数字显示，在美国，公共关系业已经拥有一支由 20 万人组成的专业队伍，行业规模达数十亿美元。此外，该机构还将公共关系列为最具潜力的行业之一。与此同时，在美国有近 200 所高校设有公关专业或授予相关学位的教学项目，而公共关系也成为学生注册选修率最高的课程之一。据有关数据显示，仅美国政府的信息中心就聘请了大约9 000名传播人员，另外还有1 000名左右的传播专业人士在国防部任职，美国最大的 20 家公关咨询公司每年的服务费收入超过 20 亿美元。

《中国公关业 2004 年度调查报告》显示，2004 年度，公共关系服务市场（不包括港澳台地区）增长速度明显提高，公共关系服务呈现全面发展的势头，公共关系服务年营业额超过 45 亿元人民币，比 2003 年度的 33 亿元人民币增加 12 亿元人民币，年增长率超过 36%；公共关系公司数量超过2 000家,专业公司从业人数超过 2 万人。《中国公共关系业 2009 年度行业调查报告》中,中国国际公共关系协会对京、沪、穗、蓉四个地区公关服务机构的抽样调查显示,2009 年度中国公关服务市场遭受全球金融危机严重影响,增速明显减缓,年增长率为 20%左右(上一年度为 29.6%),整个行业年营业额估测为 168 亿元人民币。调查显示,传播顾问、媒体执行、活动传播和整合传播仍是公共关系机构的主营业务。据统计,入榜的 40 家公司中,20 家以传播顾问业务为主,8 家以整合传播业务为主,5 家以顾问业务为主,3 家公司以活动代理业务为主,2 家以媒体执行为主,1 家以活动执行业务为主,1 家以网络公关业务为主。网络公关、事件营销、危机管理、CSR 以及世博公关等服务成为 2009 年度公关服务的亮点。据统计,40 家公司中,36 家开展网络公关业务(90%),18 家开展事件营销业务(45%),16 家开展危机管理业务(40%),15 家开展 CSR 业务(37.5%),10 家开展世博业务。另外,城市营销开始受到关注,有 3 家公司已开展此类业务。

小资料

2013 年中国公共关系行业发展分析

2013 年,中国公共关系市场继续保持稳定增长。据调查估算,整个市场的年营业规模约为 341 亿元人民币,年增长率为 12.5%。调查显示,TOP25 公司的年营业额增长达到 10.3%,略低于行业平均增长速度。相比上一年度,行业增长速度有所放缓,这表明公共关系行业也受到了整体经济增长放缓的影响。

随着新媒体时代的来临,公共关系业务正在发生结构性变化。传统公关形态业务增速放缓,而新兴公关业务(诸如数字化传播、新媒体营销等)出现了迅猛发展的势头。总体而言,作为新兴产业的公共关系行业,行业的成长速度仍然要高于整体经济发展的增速。

1. 行业保持稳定增长态势,但增速有所放缓。通过对提交问卷的 80 家公司数据分析,2013 年无论是在营业额还是营业收入方面,都有一定增长。但相比上一年度,增速有所放缓,这与整体经济环境有密切关系。根据调查数据测算,2013 年度全行业营业额达到 341 亿元人民币,增幅约为 12.5%。

2. 调查显示,2013 年度中国公共关系服务市场的前四位为汽车、快速消费品、制造业、房地产,市场份额分别为 25%、15.5%、7.5%、6.9%。与 2012 年相比,制造业、房地产市场首次在本年度位列服务市场前四位;IT、金融和政府及非营利机构业务呈现明显的下降趋势,分别由 8.2%、6.8%、4%下降到 6.3%、3.1%、2.2%;通信、医疗保健、互联网等其他行业均呈现稳步增长趋势。由此可见,2013 年度中国公共关系服务市场服务范围越来越广,继续呈现出行业扩散化趋势。

3. 汽车行业份额在经历大幅下滑后恢复快速增长。数据显示,2013 年度中国公共关系服务市场中,汽车行业一扫 2012 年度的颓势,市场份额迅速增长,从 2012 年的 19%增加到 2013 年的 25%,尽管这个数字还没有达到 2011 年的 32.9%,但依然占据整个行业市场份额的 1/4。这表明,汽车行业在经历中日关系低潮影响后,开始恢复增长。

4. 2013 年公共关系市场业务分布较为均衡。数据显示，通信、医疗保健、互联网等其他行业均呈现稳步增长趋势。尽管 IT、金融和政府及非营利机构业务呈下降趋势，但依然占据了一定的市场份额。这表明，中国公共关系市场业务呈现均衡分布格局。

5. 新媒体环境对公共关系市场产生明显影响。随着数字化时代的到来，传统公关业务增长放缓，个别公司此类业务甚至出现停滞或负增长的现象；而快速整合传统公关和数字传播的新型业务则保持了迅猛的增长势头，部分公司此类营业收入比重甚至占到了一半。这表明，公共关系市场与传播环境的关系越来越紧密，公关公司必须适应传播环境的变化，实现转型并寻找新的机会。

6. 国际公关公司继续加大在华战略布局。随着中国经济占全球比重的不断增加，2013 年国际公关公司继续加大在华拓展力度，它们继续在一线和二线城市尝试开展业务。调查显示，本次参与调查的国际公司的营业成本控制较好，个人平均绩效很高。另外，这些公司的年签约客户数及连续签约客户数非常稳定，均在 40 家以上。这表明，国际公关公司的客户资源和专业化服务水平有其独到的优势，国际公司和本土公司互相竞争的趋势也将更加明显。

7. 中国公关行业面临的挑战与机遇。

第一，人才问题仍然是影响行业发展的“瓶颈”。由于行业整体稳定增长带来的人才需求，与 2012 年相比，中国公关市场人才专业化问题并没有得到缓解。人才频繁流动、无序流动、供需脱节等问题依然困扰着公关行业。调查显示，公关行业人力资源成本上升较快，也影响了公关公司的营业收入和业务拓展。除人才外，资金也是制约从业公司做大做强的因素之一。

第二，把握公关行业的趋势。目前的公关行业开始呈现一些新的趋势，如公关与广告的边界开始消失，业务出现竞争。另外，大数据时代来临，业务模式会发生相应的变化。因此，公关行业在业务模式、管理方式、新媒体应用等方面，都需要不断地进行创新，进一步提升行业的整体水平。

第三，随着行业逐步走向成熟，行业集中度的趋势开始进一步显现。行业强势公司依靠资金优势和规模优势，市场份额进一步加大，体现了强者恒强的竞争格局。行业的兼并整合趋势，未来将会进一步加强。

为了更加积极地推动中国公共关系行业的可持续和健康发展，中国国际公共关系协会将继续推进公共关系行业的专业化、规范化和国际化建设；继续加大力度，提升行业的社会影响，改变社会对公共关系行业的负面认知；继续与政府相关部门沟通，让政府更加重视公共关系的作用，并使行业获得应有的地位；继续推进公共关系的业务整合和资本运作，推动更多的优秀公关公司做强做精；鼓励它们在通过创新模式、兼并收购等手段发展壮大的同时，承担更多的行业责任和社会责任。

资料来源：中国公关网，http://www.chinapr.com.cn/templates/T_Second/index.aspx?nodeid=25&page=ContentPage&contentid=6995。

（二）公共关系专业人才需求旺盛

随着国外先进公共关系理念的日益渗入和实践，公共关系事业日益专业化、规范化，原来低层次的"公关人"在规范的公共关系运作之中因力不从心而渐被淘汰，日益规范起来的公关事业急需正规的公共关系人才；中资公共关系公司壮大，外资公共关系公司抢滩，对人才的争夺十分激烈；同时公关专业服务趋向细化，公共关系人才更需专业背景。

快速增长的公共关系行业，带来的是旺盛的人才需求。据人力资源和社会保障部统计数字显示，在近几年的岗位需求中，公共关系行业一直占前几位。这种需求既包括对基础人才和初级人才的需求，更包括对中高级人才的需求。

目前，专业公共关系公司的从业人员加上在企业、政府、媒体等组织从事与公共关系相关的人员大概有50万人。我国目前各类工商企业已达几千万家，若每10家设置1名专职人员，就能形成几百万人规模的职业大军。

从2013年初北京、上海、太原等地的人才招聘市场看，公共关系与销售人员、公共关系与市场策划人员、具备公共关系综合素质的文员等人才成为企业招聘的主要对象，具有公共关系综合素质和能力的人在市场准入中显示出明显优势，体现了人才标准的变化趋势和时代要求。

政府机构新闻发言人制度的建立，地市级政府机构新闻发言人的设立和培训，政法系统在地市级法院、检察院设立新闻发言人，也使政府对公共关系专业人才的需求呈快速增长趋势。

（三）公共关系进入国家职业管理系列

公关员职业认证是为了推进中国公共关系业的职业化、专业化和规范化发展，提高从业人员的地位而设立的。公关员职业认证是劳动就业制度的一项重要内容，也是一种特殊形式的国家考试制度。它是指按照国家制定的职业技能标准或任职资格条件，通过政府认定的考核鉴定机构，对劳动者的技能水平或职业资格进行客观公正、科学规范的评价和鉴定，对合格者授予相应的国家职业资格证书。

1999年，国家劳动和社会保障部正式将公共关系列入国家职业分类大典，并制定了国家职业标准。从2000年起开始全国每年两次的公关员职业资格考试，到2003年已有5万人参加。2004年，《公关员国家职业标准(新版)》通过鉴定，在原有的"初级公关员"(国家职业资格五级)、"中级公关员"(国家职业资格四级)和"高级公关员"(国家职业资格三级)上，增设了"公关师"(国家职业资格二级)和"高级公关师"(国家职业资格一级)，以适应公共关系职业发展的需要。新标准反映了本职业在我国的发展水平，涵盖了各等级的职业功能和工作内容，突出了能力要求。新标准的实施，将使我国公共关系职业的专业认证和教育培训工作迈上新的台阶，对于加强全国公共关系专业人才队伍的建设，提高从业人员的专业素质，促进公共关系行业的发展具有重要意义。

小资料

公关员报考条件

一、初级公关员（具备下列条件之一者）

1. 经本职业初级公关员正规培训达规定标准学时数，并取得合格证书。
2. 连续从事本职业或相关职业（新闻、广告、营销、管理、秘书）2年以上。
3. 取得经人力资源和社会保障行政部门审核认定的，中等以上职业学校公共关系或相关专业(新闻、广告、营销、管理、秘书)毕业证书。

二、中级公关员(具备下列条件之一者)

1. 取得本职业初级公关员职业资格证书后,连续从事本职业或相关工作(新闻、广告、营销、管理、秘书)2年以上,经本职业中级公关员正规培训达规定标准学时数,并取得合格证书。

2. 取得本职业初级公关员职业资格证书后,连续从事本职业或相关工作(新闻、广告、营销、管理、秘书)3年以上。

3. 具有公共关系专业或相关专业(新闻、广告、营销、管理、秘书)大学专科以上学历,并从事本职业工作1年以上。

三、高级公关员(具备下列条件之一者)

1. 取得本职业中级公关员职业资格证书后,连续从事本职业或相关工作(新闻、广告、营销、管理、秘书)2年以上,经本职业高级公关员正规培训达规定标准学时数,并取得合格证书。

2. 取得本职业中级公关员职业资格证书后,连续从事本职业工作3年以上。

3. 具有大学本科学历,并连续从事本职业或相关工作(新闻、广告、营销、管理、秘书)2年以上。

4. 具有公共关系本科学历,并从事本职业工作1年以上。

四、公关师(具备下列条件之一者)

1. 取得本职业高级公关员职业资格证书后,连续从事本职业工作4年以上,经本职业公关师正规培训达规定标准学时数,并取得合格证书。

2. 取得本职业高级公关员职业资格证书后,连续从事本职业工作5年以上。

3. 具有公共关系本科学历并连续从事本职业工作5年以上,或具有大学本科学历并连续从事相关工作(新闻、广告、营销、管理)6年以上。

4. 具有公共关系(方向)硕士以及MBA、MPA学位并从事本职业或相关工作(新闻、广告、营销、管理)1年以上。

五、高级公关师(具备下列条件之一者)

1. 取得本职业公关师职业资格证书后,连续从事本职业工作5年以上,经本职业高级公关师正规培训达规定标准学时数,并取得合格证书。

2. 取得本职业公关师职业资格证书后,连续从事本职业工作6年以上。

3. 具有公共关系本科学历并连续从事本职业工作10年以上,或具有相关专业(新闻、广告、营销、管理)本科学历并连续从事本职业工作12年以上。

4. 具有公共关系硕士(方向)及以上学历或MBA、MPA学位并连续从事本职业工作5年以上。

5. 具有大学本科学历,职业表现突出者或担任本职业高级管理职务(总经理或总监以上职务),为职业发展和行业建设做出重大贡献的资深专业人士,须由国家职业资格工作委员会公关专业委员会2名委员推荐。

资料来源:职业培训教育网,http://www.chinatat.com/webhtml/zhinan/gongguanyuan.shtml。

（四）公共关系教育培训任重道远

我国公共关系专业人才的培养主要依靠院校教育和社会培训来进行。院校教育从中专、大专、本科到研究生教育，已形成较完整的公共关系专业教育体系。全日制本科教育，通过四年规范化学习，学生可以比较快地适应社会，成为社会上各大专业公共关系公司和企业公共关系部的高级公共关系人才。我国中山大学、中国传媒大学、东华大学等五所大学率先开设公关本科专业，目前公共关系专业是各个大学普遍开设的专业之一。研究生教育在专业方向和专业硕士点的建立上已经成型，这为培养公共关系高级专业人才创造了条件。值得注意的是，众多高职院校开设了公共关系专业和在非专业中开设公共关系课程，这对培养具有公共关系素质和沟通能力的复合型技能人才发挥了积极作用。

社会培训也随着公共关系市场的不断扩大而逐渐形成规模。以国家人力资源和社会保障部实施的公关员国家职业资格鉴定考核为依据而实施的国家职业培训、由原国家人事部高级公务员培训中心和中国公关协会合作针对公务员和企业管理人员举办的公关专业证书考核培训、由中国高等教育学会公关教育研究会主持的大学生公共关系素质培训和由中国国际公关协会举办的公共关系公司等高层公关专业技术人才培训等模式，逐渐趋于稳定并形成多层次相融合的公共关系社会培训体系。值得重视的是，公共关系社会培训向普及和提高两个方向发展。一方面，企业和院校合作举办的以大公关为角度，融公关、营销、礼仪服务为一体的公共关系综合能力培训，适应了众多中小企业提高员工素质，提高企业核心竞争力的需求。例如，山西HM超级商场有限公司组织百名柜组长以上管理人员在公共关系职业培训中心接受公共关系专业培训，有80人分别获得国家初、中级公关员职业证书，公司经理获得高级公关员证书。近年来，公司实施“超前发展，领先一步”的战略，不断提高管理水平，以良好的形象、旺盛的人气和规范化的运作，成为雄踞晋西北的商业巨型企业。另一方面，公共关系公司内部的职业培训也在升温。随着市场竞争的加剧，公共关系公司都在注重提高员工的专业素质。较为成熟的公共关系公司，如蓝色光标、伟达等都建立了自己的培训模式，对入门的初级人员和中高级人才都有相对应的培训机制。国际公共关系公司的培训侧重实战演练，培训效果明显。但整个培训体系还不够完善，培训内容、方式、体系还需进一步改进。

（五）公共关系职业专业化是公共关系业健康发展的必然趋势

公共关系作为一项智力产业，专业化智力劳动的价值将得到前所未有的尊重。由于市场经济体制的发展，各类组织均已改变了以往那种大而全的组织管理架构，并接受了资源稀缺的市场新观念，这势必促使组织在开展公共关系活动中，考虑吸纳最优秀的公共关系人才加盟，让组织有限的传播资源取得最大的效益。公关市场的发展与不断成熟，激活了公共关系人才市场。公共关系人才的争夺战已打响。公共关系公司为开拓市场，想尽一切办法从其他公司挖人才，这种人才的激烈竞争既促进了中国公共关系事业的发展，也促进了公共关系职业的专业化。众多专业公共关系公司力争打造“专业团队、卓越执行”的实力形象，因为“业精于专”方显核心竞争力。公共关系业内人士已认识到，公共关系是人才密集、知识密集、经验密集和资源密集的职业，是一种讲求专业技术、独立的、有期限的顾问性质的商业服务。采用规范的服务流程，有明确的公司运营战略，重视专业服务的营销推广，重视专业服务技术的研发和新型服务手段的使用，才能进一步提升行业地位，促进公关专业服务市场规模的进一步扩大，以及服务领域、服务层次和服务水平的进一步提高。

二、企业公共关系最需要的人才

"入世"之后，加快了中国企业与国际经济接轨的步伐，塑造企业新形象、创建跨国公司、打造世界品牌已成为有志企业家的追求，但在此过程中难免会碰到各类危机事件需要企业及时处理好，如果企业处理得恰当，就会转危机为机遇；如果企业处理得不好，就会导致危机急转而下威胁到企业的生死存亡。实践证明，传统的公共关系人才已无法满足企业与国际接轨的需要，企业公共关系迫切需要"新鲜血液"。

（一）危机公共关系人才

俗话说："不怕一万，只怕万一。"这种危机尤其是以工商业居多，如近年来发生的电视机起火、食品不符合指标、化妆品出现违禁成分等，对企业来说，都是危机。在紧急关头，危机公共关系人员就显得尤为重要。如能临危不惧，处理得当，便可化险为夷，将危机转为契机，同时企业还可以得到更多消费者的关心和支持。危机公共关系人才可谓"临危受命"，要在短时间内帮助组织渡过"形象危机"，并维持、重塑企业形象。这要求从事危机公共关系的人员，必须具备下列基本素养与能力：

1. 反应敏捷

公共关系人员要在危机发生时做出相应的反应，赶赴现场，迅速了解事件的来龙去脉，找出根源，分清责任及承担者，确保企业对危机事件的立场在第一次新闻报道中就得到正确的描述。

2. 具有良好的判断能力和处理问题的能力

在危机发生后，通过进一步分析公众心理和企业所处的特定环境，对危机进行准确定位，采取相应的对策。公共关系人员在对危机进行审视时，应站在一个客观、公正的立场上，找出问题症结所在，运用有效的公共关系手段，消除公众的误会，争取多方支持，同时需根据企业形象受损程度，开展弥补企业形象缺陷的公关活动，重塑企业良好的形象，维护企业的信誉。

3. 善于与各类媒体打交道

危机发生后，企业往往会成为公众关注的焦点，媒体也将会对危机事件进行连续报道，使企业面临一个不利的舆论环境。这时，危机公关人员应积极主动地配合媒体工作，真实、客观、及时地提供给他们所需的信息，保证企业与公众之间信息传递的及时与畅通，正确引导公众，给公众一个肯定的答复，争取在最短的时间内将各种对企业不利的传闻、猜测、流言等扼杀在摇篮里。

（二）企业新闻发言人

国家有国家的新闻发言人，企业同样也需要有自己的新闻发言人。企业通过新闻发言人发布信息，可以引导舆论提升企业的市场形象和社会形象，以及在遇到危机事件后，将不良的影响降到最低。新闻发言人制度，是当今世界许多大企业推行的一种基本的信息发布制度，这一制度体现的公开性和透明度，在促进企业经营方式向现代开放式经营模式的转变中具有重大意义。

企业新闻发言人是企业及企业负责人的形象包装师，是企业与新闻媒体及社会公众的中介人，是企业公关部门的核心人物，也是企业的高级管理人才。他们受企业委托，向公众表达企业对某些事情的意见与主张。发言人可以及时向公众和媒体发布企业发展的各种信息，吸引媒体关注，保持企业声誉；同时通过发言人，企业也可以更好地与顾客沟通，使顾客对企业产生信任感，让顾客不断了解企业，关爱企业。在时下的中国社会中，企业聘请专职新闻发言人的机会并不多，很多时候新闻发言人的角色是由企业负责人的助理或秘书充当，有时由企业负责人亲自出面充当新闻发言人，但他们可能不具备专业新闻发言人的素质，偶尔也会影响企业形象。作为企业新闻发言人，要有良好的综合素质：气质非凡，仪表出众，交际广泛，敏捷善言有口才，知识渊博有思想，沉着冷静善应对等。专家认为，一名成功的企业新闻发言人，不仅要精通新闻业务，还要具有公共关系学、市场营销学、企业管理学、社会学等多方面的知识，是一名复合型的技能型人才。

小资料

新闻发言人制度的规范要求

第一，建立健全日常工作机制。要成立固定的新闻发言工作小组，对有关新闻发布工作进行明确的分工。例如，确定由谁担任新闻发言人、谁接听记者日常来电、谁组织策划新闻发布会、谁起草新闻发布稿和准备应答口径等。

第二，应该具备较高的职业素质。企业的新闻发言人需直接与记者打交道，任何一点失误都可能对企业造成极大的影响。新闻发言人应该熟悉企业内部公关传播工作，而且能掌握企业经营的实质层面信息，能及时、巧妙应对记者提出的诸如企业发展战略、营销策略等问题。

第三，建立规范的媒介记者档案。企业要在新闻发布活动中把握主动权，就应该事先对出席发布会的各位记者的特点做到心中有数。这就要求企业的新闻发言人平时建立规范的记者档案。

第四，建立舆论跟踪分析机制。新闻发言人平时要指定专人收集报纸、电视、网络等公众和记者对企业报道的信息，对报道内容加以分析，为新闻发布和回答记者提问提供参考。

第五，建立新闻发布后的评估机制。在新闻发布会后，新闻发言人要跟踪了解媒介对新闻发布会是如何报道的、新闻发布会是否达到预期目的。

三、公共关系的职业准则

随着社会经济的飞速发展以及公共关系的社会化、专业化、职业化，公共关系人才的需求大增，对公共关系人员的要求也越高。为了适应公关事业的发展需要，对公共关系人员应经常进行培训和深造。

（一）专业培训

专业培训是对各类公共关系人员进行的业务培训，公共关系人员担负的任务不同，培训的内容和要求也有所不同。

1. 专职人才培训

专职人才是指负责组织公共关系工作的组织、设计和实施，协调内外各种关系，领导组织各种重大公共关系活动策划的智囊型人才。他们必须具备较全面的知识结构和能力结构，系统地掌握公共关系学和其他相关学科的知识，并具有比较丰富的社会经验和工作经验。他们是组织开展公关的骨干，组织领导要创造学习条件，让他们有进修、提高、深造的机会。

2. 专业人才培训

专业人才担负着公共关系活动中技术要求较高的工作，如绘画、摄影、广告设计、社会调查、新闻写作、市场分析、商情预测等。对他们应着重培养较深造诣的专业知识和相应的业务技能，要求他们能成为某一项或几项业务的专才。

3. 工作人员培训

组织公共关系部门的一般人员主要承担日常公共关系事务和辅助公共关系活动，应能自觉、主动、高效地完成本职工作，并在实践中不断积累经验、摸索规律，提高工作能力。因此，对他们的培训要求是养成良好的职业道德风尚，对工作热情、勤恳，兴趣广泛，应变能力强，在繁杂的日常事务中能抓住工作重点，有条不紊，能掌握一技之长。

(二)培训内容

1. 基础课。包括以下四类：①经济管理类：管理学、经济学和市场营销学。②社会科学类：社会学、人类学和相关法律课程。③语言文字类：中文写作、新闻采访、英语等。④应用技术类：计算机应用等。

2. 专业基础课。主要包括传播学、企业文化、动作语言学、媒介学、广告管理学、组织环境学等。

3. 专业课。主要包括公共关系原理、公共关系实务、社会调查、演讲、谈判、摄影、表演等课程。

公共关系人员的培训内容，可以是全面系统的，也可以选择其中几门公共关系理论，因人、因需要而定。

(三)培训方式

培训方式可以是全脱产或业余的办班学习，可以送入设有公共关系专业的院校或参加有关高校开办的函授学习，可以派员到专业公共关系公司实习进修，也可以以自修为主，兼请公共关系专家定期上门讲课辅导等。

理论教育固然必要，实践锻炼更为重要。各行"状元"、各业"尖子"，都是在生产和社会实践活动中造就出来的。公共关系的优秀人才，也只能在公关实践中培养造就。

小资料

公共关系人员资格鉴定表

此表供公共关系人员自我评定，或供公共关系部门招聘公共关系人员时参考。下列问题，每题答案为"是"计2分、为"否"计0分，满分100分。

(一)性格

1. 是否有幽默感？
2. 是否性情中庸、平易近人？
3. 待人接物是否从容不迫？
4. 是否能来往于大庭广众之间而不畏怯？
5. 是否乐观？
6. 是否有耐心？

7. 是否有决心和毅力面对困难和挫折?
8. 做事是否拟定计划?
9. 思想是否敏捷?
10. 是否健谈?
11. 仪表是否动人?
(二)品德
12. 为人是否公道正派?
13. 是否有明断是非的能力?
14. 做事是否有良好的责任感和道德感?
15. 是否认为集体利益胜过个人利益?
16. 是否相信人性本喜悦?
17. 是否关心他人并赢得同事的信赖?
18. 是否能遵守诺言?
(三)智慧
19. 对人对事是否有好奇心和保持浓厚兴趣?
20. 是否精于观察他人的言行?
21. 是否能当一个好听众来欣赏别人的谈话?
22. 是否善于处理尴尬的局面?
23. 是否有说服别人的能力?
24. 写作是否流畅?
25. 是否有较强的学习能力?
26. 每天是否抽空读书看报?
27. 做事是否富于想象力和创造力?
(四)教育和经验
28. 是否大学毕业?
29. 是否懂得经济学的基本知识?
30. 是否懂得社会学的基本知识?
31. 是否懂得经营和管理的基本知识?
32. 是否受过哲学和逻辑学的思维训练?
33. 是否了解传播学?
34. 是否对心理学有兴趣?
35. 是否能够撰写新闻稿件?
36. 是否有与新闻界打交道的经验?
37. 是否有推销、广告或人事管理的经验?
38. 是否有社会交际和社会活动的经验?
39. 是否了解舆论调查和民意测验的方法?
40. 是否有谈判的经验?
41. 是否了解党和国家的组织机构和方针政策?
(五)行政领导能力

42. 是否有制定计划方案的能力？
43. 是否能合理地分授职权？
44. 是否能用人所长、发挥部属的积极性？
45. 是否善于协调不同性格的人一道工作？
46. 对不同的意见是否有分析和概括能力？
47. 是否理解上级意图及接受指示？
48. 是否能创造轻松愉快的组织工作环境？
49. 是否善于支持会议？
50. 是否能尽快恳切地承认自己的错误并坦然接受惩罚？

这份鉴定表并不是100%的准确可靠，但可以作为一个参考。对此表的回答，60分以下者不适于从事公共关系工作；60分以上者及格，但需要设法改进自己的弱点；70分以上者有资格从事公共关系工作；90分以上者可以充当公共关系专家。

资料来源：沈永祥、洪霄主编：《公共关系学》，化学工业出版社2003年版。

小　结

关键术语

公共关系　公共关系的起源　公共关系在中国的发展　公共关系与就业

本章小结

1. 公共关系的定义可以概括为：(1)公共关系的主体是社会组织或代表社会组织的个人；(2)公共关系的客体是社会公众，而社会公众是由与社会组织有利益关系的个人、群体或组织所构成的；(3)公共关系的途径是利用传播手段进行社会组织与其社会公众之间的双向沟通；(4)公共关系的目标是使社会组织获得社会公众的理解、支持和合作，为组织树立良好的形象，为事业的发展创造良好的社会环境；(5)公共关系既是一种状态又是一种活动，同时又是一种实务。

2. 公共关系的要素包括公关活动的主体、公关活动的客体、公关活动的媒介。

3. 公共关系的原则包括诚信原则、真实性原则、公开性原则、长期性原则、科学性原则。

4. 公共关系人员应具有的公共关系意识主要有公众意识、形象意识、沟通意识、协调意识、开放意识、互惠意识和创新意识等。

5. 我国公共关系的特点包括主体多元化、理论先行化、教育社会化、人员年轻化。

6. 公共关系的职业前景主要有以下几个方面：公关职业是21世纪最富前景的朝阳行业；公关专业人才需求旺盛；公共关系进入国家职业管理系列；公关教育培训任重道远；公关职业专业化是公关业健康发展的必然趋势。

知识结构图

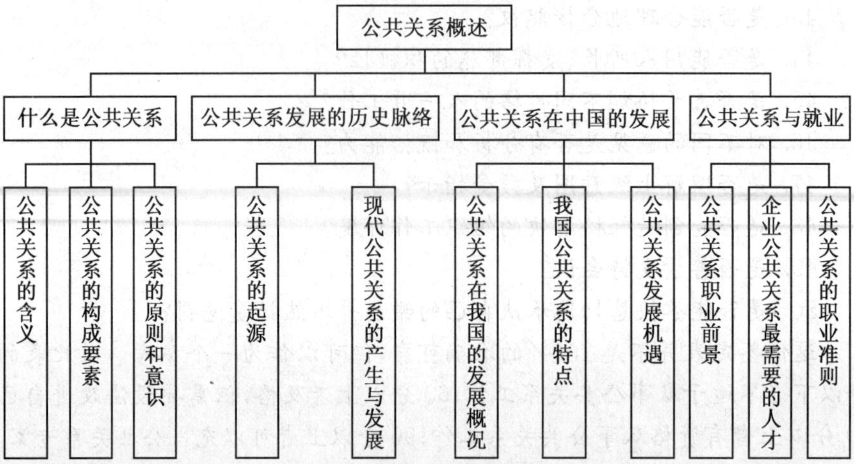

应　用

案例研究

案例一

蓝色光标公共关系机构助联想成功植入《北京遇上西雅图》

“上映 6 天票房 1.1 亿元”“网上‘无差评’”“影院排片逐日递增”，最终国内票房超过 5 亿元，这是 2013 年由薛晓路导演，汤唯、吴秀波领衔主演的热映影片《北京遇上西雅图》取得的优异成绩。除了优异的票房成绩外，这部被网友戏称为“当寂寞遇上温暖”的影片中浪漫的剧情和经典的台词也给观众带来了深深的感动。

影片中除了剧情和台词之外，巧妙植入的联想电子产品也给观众留下了深刻的印象，不少网友纷纷吐槽：“好喜欢汤唯那款橙色的联想手机啊”“联想的计算机还能弹钢琴，好高端”……

据了解，联想这次在《北京遇上西雅图》的成功植入，是由蓝色光标娱乐营销部门为其量身打造的。任何一个成功的植入都不是偶然的，最开始，蓝色光标娱乐营销凭借自身独有的电影植入评估体系，对影片题材、主要演员、导演及制作团队，以及发行方实力方面进行了详细的评估和大胆预测，然后独具慧眼地发现了这部优秀的影片，当然，更重要的是“联想也慧眼识珠地接受了我们的推荐”，蓝色光标娱乐营销业务主管何玉涛表示。

此外，在项目初期，联想娱乐营销团队、蓝色光标娱乐营销团队和影片制作团队三方共同对植入的情节进行了精心的设计，制定出了联想产品要随着剧情的发展和演员的情绪进展进行曝光的策略。在影片拍摄和后期制作中，蓝色光标娱乐营销派出了专业的植入人员到剧组跟踪和协助植入镜头的拍摄。影片上映期间，还为联想提供了以植入为基础的，包括形象授权、首映式合作、联合预告片、联合宣传等全方位的整合营销服务，使植入影响扩展到更深远的范围，而这点是那些单纯的植入公司所不具备的能力。

据悉，蓝色光标娱乐营销是蓝色光标公共关系机构旗下四个业务版块之一，为客户提供“影视植入”“明星/名人管理”“院线整合营销”三个领域的专业服务；此前曾参与投资出品了王家卫导演的电影《一代宗师》，并为捷豹路虎、JEEP 牧马人、广汽丰田、北京现代、北京汽车、大众汽车、蒙牛特仑苏、西铁城等客户提供专业的娱乐营销服务。

资料来源:陈丽清等:《公共关系学》,电子工业出版社2014年版。

问题:

1. 请结合案例分析,蓝色光标娱乐营销为联想的成功植入《北京遇上西雅图》做了哪些工作。这些工作体现了公共关系内涵的哪些方面?

2. 请结合案例谈谈公共关系对企业发展的重要性体现在哪些方面。

案例二

法国白兰地的"精彩"亮相

1957年的某一天,美国首都华盛顿的主要干道上竖立着巨型彩色标牌:"欢迎您,尊贵的法国客人!""美法友谊令人心醉!"整洁的售报亭悬挂着美法两国的小国旗,它们精致玲珑,在微风中轻柔地飘拂,传递着温馨的情意,报亭的主人特意设计绘制的"今日各报"的广告牌上,最鲜艳夺目的是美国"鹰"和法国"鸡"干杯的画面,以及"总统华诞日 贵宾驾临日"和"美国人醉了!"等大标题,它们吸引着络绎不绝的路人驻足观看。

马路上,许多轿车、摩托车、自行车涌向白宫……

白宫周围已是人山人海,人们满面笑容,挥动法兰西小旗,期待着贵宾的出场。

贵宾是谁呢?不是政府要员,不是社会名流,在美国总统艾森豪威尔诞辰日,光临华盛顿的法国特使却是两桶法国白兰地!

这两桶法国白兰地是法国人民赠送给美国总统艾森豪威尔67岁寿辰的贺礼。这两桶窖藏长达67年的白兰地酒由专机送往美国,在白宫的花园里,举行隆重的赠送仪式。由四名英俊的法国青年身穿法兰西传统的宫廷侍卫服装,抬着这两桶白兰地正步前行,进入白宫。

当这两桶仪态不凡的美酒亮相时,群情沸腾,欢声四起。有些人甚至大声唱起了法国国歌《马赛曲》。

从此,法国白兰地就昂首阔步地迈进了美国市场。

资料来源:沈永祥、洪霄主编:《公共关系学》,化学工业出版社2003年版。

问题:

1. 法国白兰地的精彩亮相是如何运用公共关系的?

2. 这个案例体现了公共关系的哪些原则?

实验实训

1. 以小组的形式对我国公共关系的发展情况进行调研,并在全班报告调研结论。

2. 走访学校就业部门老师并搜集相关资料,以公共关系与就业为主题举办班级座谈会。

复习思考题

1. 什么是公共关系?

2. 公共关系的意识和原则是什么?

3. 我国公共关系的特点是什么?

4. 你如何看待我国在加入WTO后中国公共关系的发展前景?

第二章 公共关系的主体

学习目标

通过本章学习,你应能够:

了解公共关系主体的类型和业务范围;

了解公共关系的职能和作用;

了解公共关系人员的基本素质和培训;

掌握公共关系的主要活动模式。

引入案例

中国公共关系业 2013 年度行业调查报告

为反映 2013 年度公共关系服务市场的运行态势,正确评价中国公共关系业的发展状况,为专业机构提供积极的行业指引,2014 年 2 月 20 日～3 月 12 日,中国国际公共关系协会(CIPRA)对中国大陆境内主要公共关系公司进行为期 21 天的调查活动。该项活动由协会研究发展部具体实施。

项目组采用问卷调查的方法对 2013 年度全国主要公关公司进行抽样调查,内容涉及运营管理、业务发展和可持续发展等方面。本次调查向行业主要规模公司发送问卷 100 份,收回问卷 81 份,其中有效问卷 80 份。

项目组对问卷所取得的数据进行了科学统计,并依据行业经验和历史数据进行了相关核实和判断,在科学分析的基础上形成本调查报告。本报告由年度排行榜、行业调查分析、TOP25 公司研究、国际性公司研究、最具成长性公司研究及行业发展与挑战六个部分组成。

报告说明:

1. 本报告所涉及的调查内容仅涉及中国内地的公共关系服务,不包括被访者的广告及其他制作业务;

2. 本报告所依据的调查数据为被访者所提供的数据,尽管访问者对这些数据进行了相关核实,但本报告并不为这些数据的真实性提供保证;

3. 本报告所访问的对象为公司主要负责人,他们在接受调查时均声明代表公司的意志，所提供的信息均是真实、准确和有效的；

4. 本报告所发表的数据和结论以被访者提交的数据为基础，经过统计分析和行业判断，并加以测试和修正，这些数据不一定完全符合真实情况，但能反映行业发展基本面的情况；

5. 本报告相信，有关数据和分析确实具有非常好的参考价值，能为中国公共关系市场的健康发展提供积极的引导和推动力。

年度排行榜

2013年度公司排行榜包括TOP公司和最具成长性公司两个榜单，其中TOP公司25家，最具成长性公司10家。该榜单以自愿参与调查活动、提交完整数据、能够接受考察核实的公关公司为评选对象，以TOP公司评选标准为评选依据，通过加权指数计算产生最终结果。

榜单统计分析由CIPRA研究发展部执行，CIPRA公关公司工作委员会常委会审议。

关于“营业收入”注释：

本调查中所使用的“营业收入”一词，专指公共关系服务收入（不含广告、制作等业务），该收入为含营业税的服务收入，须扣除第三方费用（包括外购劳务、媒体购买等）。

2013年度TOP公司榜单

（按公司品牌英文名排序）

AcrossChina	信诺传播	Hill+Knowlton	伟达公关
APR	注意力	HRH	恒瑞行
BlueDigital	蓝标数字	KEYPOINT	关键点
Burson-Marsteller	博雅公关	Linksus	灵思营销
CHUAN	传智传播	Marketing Resource	嘉利恒源
CYTS Linkage	中青旅联科	MSL China	明思力中国
D&S	迪思传媒	NTI	新势整合
Daniel J. Edelman China Group	爱德曼中国	Ogilvy	奥美公关
EVISION	时空视点	Ruder Finn	罗德公关
FleishmanHillard	福莱希乐	Shunya	宣亚国际
Genedigi	际恒集团	Weber Shandwick	万博宣伟
HighTeam	海天网联	Zenith-Utop	哲基友拓
HIGHTRAN	海辰恒业		

2013年度最具成长性公司榜单

（按公司品牌英文名排序）

Cenbo	森博公关	SDPR	深度传媒
Energize	英智传播	TIMES LEADER	上海德沪
GlobalRaytur	环球瑞都	Topline	尚诚同力
Linksense	联华盛世	Waggener Edstrom	万卓环球（北京）
Revo	睿符品牌	WINS	汪氏整合

TOP25 公司研究

营业情况

TOP公司平均年营业收入13 583万元，比上年12 416万元增长了9.4%；平均年营业额31 142万元，比上年28 234万元增长了10.3%；年营业收入超过1亿元人民币的有19家，比上年增加5家。

行业龙头公司蓝标数字凭借上市公司的优势，年增长率高达40%以上，远超行业的平均增速。2013年，蓝标数字的营业额达137 250万元，营业收入达68 625万元，大幅领先于TOP公司榜单中的其他公司。这表明，龙头公司在行业的发展过程中，体现了强者恒强的竞争优势。

TOP公司人均年营业收入与上年相比有所增加，达到49.7万元/年。

签约客户数和日常代理客户比重分别达到43个和71.3%，与上年相比略有下降。外资客户比重则由上年度的56%上升为60.6%，连续签约客户数达到39个，战略客户数为21个。

统计表明，除受整体经济环境的影响外，随着数字化时代的到来，传统公关业务增长放缓，个别公司此类业务甚至出现停滞或负增长的现象；而快速整合传统公关和数字传播的新型业务则保持了迅猛的增长势头，部分公司此类营业收入比重甚至占到了一半。

受制于政府有关会议及活动的相关政策，部分专注于活动传播类的公司，整体业务受到了一定的影响。

运营管理

年平均员工人数由上年的319人增加到343人，增加24人；管理团队平均人数由39人增加到43人，管理效率与上一年度相比有所提高。

女性雇员仍然继续保持60%以上的比重(达到62%)，职业平均年龄维持在28.9岁左右；平均留任时间为3年(人员流动率达到26.9%)，周平均工作时数43.3小时。

年人均培训时数121小时(增加50.6小时)，年培训预算超过70万元，主要培训集中于专业技能、业务认知、岗位技能和业务管理四个方面，一般通过内部业务交流、部门岗位培训和公司课程训练来解决。

年平均工资水平为8 134元/月(2012年9 442元，下降13.9%)。客户经理平均月薪10 888元(2012年11 390元，下降4.4%)，大学生转正平均月薪3 818元(2012年3 835元，下降0.4%)，人员成本与上一年相比略有下降。

TOP公司更加重视公司CSR建设，同时积极参与行业及社会公益事业。CIPRA鼓励各公司积极发挥自身优势，积极参与行业CSR建设，不断提高公共关系行业社会认知度，为促进行业可持续发展、促进社会经济的和谐做出贡献。

TOP公司对照统计表

	TOP公司 2013年(均值)	TOP公司 2012年(均值)	TOP公司 变化百分比
年营业额(万元)	31 142	28 234	10.3%
年营业收入(万元)	13 583	12 116	9.1%
年增长率	10.3%	15.5%	−5.2%

续表

	TOP 公司 2013 年(均值)	TOP 公司 2012 年(均值)	TOP 公司 变化百分比
年人均营收(万元)	49.7	43.2	6.5
年签约客户数	43	47	−4
签约客户比重	71.3%	75%	−3.7%
外资客户比重	60.6%	56%	4.6%
年平均员工人数	343	319	24
管理团队人数	43	39	4
女性雇员比例	62%	60.8%	1.2%
员工平均年龄	28.9	28.6	0.3
人员流动率(%)	26.9	19.6	7.3
平均留任时间(Y)	3	2.7	0.3
周劳动强度(H)	43.3	41.7	1.6
年培训时间(H)	121	70.4	50.6
平均工资(元/月)	8 134	9 442	−13.9%
客户经理工资	10 888	11 390	−4.4%
大学生转正工资	3 818	3 835	−0.4%

资料来源:中国公关网,http://www.chinapr.com.cn/templates/T_Second/index.aspx?nodeid=25&page=ContentPage&contentid=6995。

第一节 公共关系主体的类型

一、公共关系主体的表现形态

从狭义上说,公共关系的主体是指公共关系的专职机构和专职人员。从广义上说,公共关系的主体是各种类型的社会组织。从更广泛意义上理解公共关系的主体,公共关系需要全员参与,每一个员工都是本组织公共关系活动的主体。

公共关系是一门"内求团结,外求发展"的艺术,处理的是组织内外的各种人和人之间的关系,需要高超的技巧,依赖于健全的公共关系机构和具备良好素质的公共关系人员。随着社会的发展,公共关系的职业化特点越来越明显,现代社会需要专门的组织机构来从事公共关系工作。在现有的公共关系机构中,主要分为两类:一类是社会组织内部设立的公共关系部门,如组织内部的公共关系部(或公共事务部等);另一类是专门承接公共关系委托业务、代理其他社会组织公共关系业务的服务性机构(如公共关系公司、公共关系事务所等)。当然,任何组织的公共关系活动,又都离不开公共关系人员,以下分别加以介绍。

(一)公共关系部门

随着社会分工的发展,公共关系的职业化特点越来越明显,为了强化组织的公共关系职能，许多社会组织设置了专门性的公共关系部门。

1. 职能地位

有人把组织的公共关系机构称为组织的“五官”，即眼、耳、鼻、舌、喉。眼——观察组织与公众之间联系和沟通的状况；耳——聆听来自各方面对组织的意见、批评和建议，并及时传递给组织；鼻——嗅出对组织和公众利益不利的“气味”，及时通报并加以调“味”；舌——品尝和体味公众的“酸、甜、苦、辣”，为公众解决困难，送去温暖和情谊；喉——向组织的一切公众传播有关组织及与公众相关的信息，让公众了解组织。

其实，组织内部公共关系机构的地位不是“五官”所能全部概括的，从总体上衡量，公共关系机构在组织内部应该成为五个中心。

(1)资料存储中心

它要搜集、处理、存储与组织有关的内外部各类信息、资料，使之程序化、系列化，便于随时调用。

(2)信息发布中心

它是企业的“喉舌”，向组织内外部公众发布各种信息，类似于一个组织的新闻发言人。

(3)环境监测中心

它随时观察组织内外部环境的变动，掌握这些环境具体变化的状况，类似于组织的“侦察兵”。

(4)趋势预测中心

它分析和预测组织内部环境变化的速度和方向，以及这些变化对组织产生的影响和应采取的对策。

(5)公众接待中心

它将接待组织内外部各类公众的来访，处理各种社交活动，与社会和公众建立广泛而密切的联系。

当然，并不是所有的组织公共关系机构都具有这样的地位，这取决于组织公共关系机构的具体模式、企业领导人对公共关系的认识和公共关系机构负责人在组织中的影响。

2. 设置原则

(1)需要原则

一些大中型企业和其他一些社会组织相继成立了公共关系部门，亮出了牌子。有的没有设立专职机构，但在其他部门中设置了公共关系的人员，如公关秘书。不是所有的组织都有必要设置公共关系部门。一个组织是否有必要设置公共关系部门，要根据组织自身的运行和发展需要来决定。有些规模较小、初创阶段的组织，就不一定需要设置专门的公共关系机构。但是，不一定需要设置专门的公共关系机构的组织，同样需要公共关系工作。总的趋势是，公共关系职能会不断加强，专职公共关系部门逐渐增加。

(2)精简原则

所谓精简原则，即要求完成该机构所担负的任务，有最精干的成员配置、最简单的工作程序和组织机构。它体现在两个方面：一是人员不多，精干高效；二是机构内部的层次不多，因事设职，因职设人，不搞小而全。

(3)自动调节的原则

即公共关系部具有相对的独立性，能够在确定的范围内自主地履行职责，并能适应客观环境的变化。在公共关系部内部也要给各个环节一定的灵活性，使其能够在不断变化的客观环境中主动地去处理问题。当然，这种灵活性是以实现总目标为前提的。

(4)专业性原则

公共关系部是专门开展公共关系工作的组织机构；它的每一项工作都涉及组织的声誉和影响。因此，在组织上和工作内容上都要保证其正规性。如果把与公共关系无关的事务性工作都交给公共关系部去办理，势必会影响其正常工作。在公共关系工作内容专业化的同时，还应做到队伍的专业化，即公共关系部的全体人员应具有强烈的公共关系意识、受过一定的专业训练、具有一定的专业水准和能力、具有开拓创新精神等。

(5)协同性原则

在实现公共关系目标时，公共关系部要依赖其他部门的配合。公共关系部主要起沟通、协调、组织的作用。同时，要考虑到公共关系部与其他职能部门的关系。通过公共关系部协调多方面、多层次错综复杂的关系。对外起到主动沟通的作用，这是组建公共关系部的目的之一；对内能够维系组织各方面关系的平衡，这是实现公共关系目标的必要条件。

(6)服务性原则

公共关系接受组织最高领导层的领导，并对其负责。它不是领导部门，也不是直接的经营管理部门，在指导思想上必须明确公共关系部服务的性质；否则，工作就会偏离正确的轨道。

(7)针对性原则

在组建公共关系部时，要根据不同的工作性质和组织面对的不同公众来设置机构、安排人员，不一定用一个固定的模式。只有这样，才能使机构富有特色，更加有效和实用。

(8)权力与责任相适应的原则

公共关系部及其人员均应有在规定的范围内从事某项工作的权力，同时承担一定的责任。责任是权力的基础，权力是责任的保障。责任与权力不相适应，工作则不能正常进行。

3. 公共关系部门的类型

(1)部门所属型

这种类型的公共关系通常附属于行政部门、销售部门或广告宣传部门(见图 2—1)，其地位不是很突出。公共关系工作只是一种偶然性的活动。该类型一般适合小型企业或组织采用。

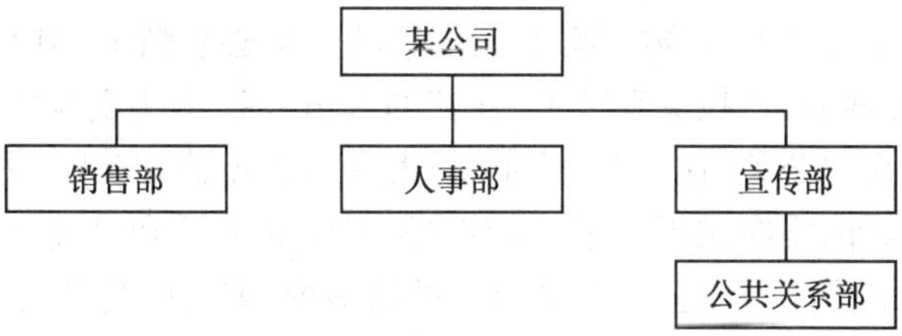

图 2—1

(2)部门直属型

这种类型公共关系部与企业其他的销售财务、人事、技术各部门处于同一层次(见图 2—2)，是二级部门，地位十分突出，要成功地开展工作，还要积极与其他部门密切配合。

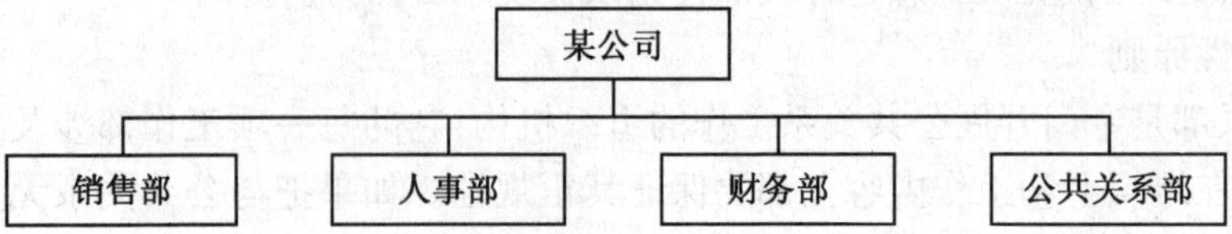

图 2—2

(3)领导直属型

这种类型的公共关系部从组织系统和组织地位来看,属于第三级机构,公共关系部归属于总经理负责领导(见图 2—3),是一个有相当自主权的职能机构。这种设置类型综合以上两种类型的优点,有利于公共关系工作灵活全面地开展。

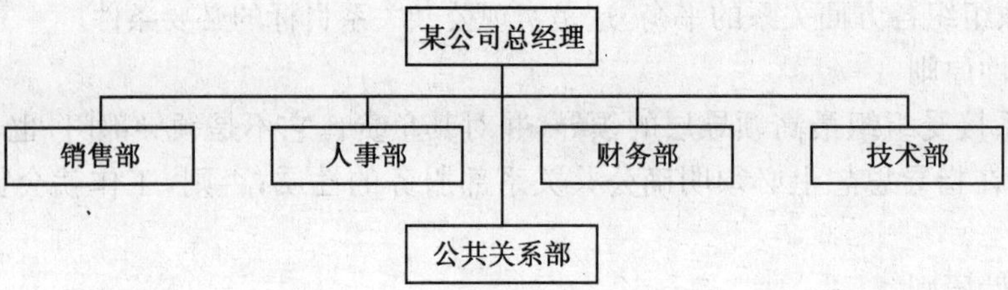

图 2—3

(4)职能分散型

在许多企业的机构设置系列中,不设公共关系部,但可将公共关系的职能分解在其他部门。例如,有的企业在营销部门中设有专门从事企业及产品形象宣传和调研工作的职位,在宣传部门中,有专门负责与新闻媒介联系的工作职位等。

4. 人员配备

公共关系部应配备两类人员:一类是从事调查研究、分析判断、策划审核的人员;另一类是所谓的行动人员。第一类人员应具有科学调查(如抽样调查)的知识、较高的分析问题能力、较高的政策水平、较宽广的视野和战略眼光。第二类人员包括宣传广告设计人员、接待人员、摄影录像人员、组织内部刊物的编辑人员等。

公共关系部是一个专业性很强的部门,其配置的人员必须精干,绝不能随便拉一两个人来滥竽充数;更不能把那些善于"拉关系""走后门"的人请来挂羊头卖狗肉。现在社会上少数单位招聘几个漂亮姑娘在搞公关,这些"公关小姐"大多素质不高,又无一技之长,除了代老板陪客、陪酒、陪歌、陪舞以外,实在派不上用场,不时还闹出点笑话和丑闻,既有损于组织的形象,也有损于公共关系的名声。至于公共关系部人员的多少,据有的公共关系著作介绍,美国年产值超过 10 亿美元的巨型企业,平均 44 人;一般的大中型企业平均 10 余人;其他文教、医疗、工会、基金会等非营利性组织平均为 6~7 人。在我国,一般大中型企业的公共关系部约有 10 人;也有超过 10 人的,如我国著名的仪征化纤公司配备了 80 多名公共关系工作人员。在我国社会组织内设置公共关系机构的还是少数,能真正从事公共关系工作的人才更缺。因此,公共关系人员只能根据需要和可能进行配置,掌握宁缺毋滥的原则,因地制宜。

(二)公共关系公司

公共关系公司是指由公共关系专家和专业人员组成,以提供咨询服务为主要内容的知识密集型的商业机构。公共关系公司以现代的高科技为手段，广泛运用现代化的办公设备、通信工具为其客户提供高质量、高效率的服务。目前全国各地已出现了一批公共关系公司（如中国环球公共关系公司），已形成一定气候，咨询水准、实务操作水平也已经有了较大的提高。公共关系公司面对中国加入 WTO 后其广阔的公共关系市场，正在大显身手。

1. 基本特征

公共关系公司自身的性质决定了它具有以下特征：

（1）专业性

公共关系公司是一个职业化的机构，专门为客户提供某一种公共关系技术服务，或者为专门的行业（如政治组织、经济组织、文化体育等组织）提供公共关系咨询业务。这些公共关系公司往往在某一行业有广泛的关系资源，具有丰富的专业知识和实践经验。

（2）客观权威性

由于公共关系公司与委托业务的客户之间没有上下级关系，只是合同关系，因此观察问题和分析问题的立场比较客观。同时，公共关系公司由各具专长的专家所组成，他们提出的方案具有权威性，更有说服力和可行性。

（3）经济性

公共关系公司开展公共关系活动具有整体规划的经济性。作为商业机构，按照一定的标准提供有偿服务，通过经营、服务活动取得盈利。对于一些规模不大的组织来说，专门设置公共关系部门，未必是经济的。

2. 经营方式

（1）公共关系咨询

公共关系公司可能根据客户的要求，凭借现代化的通信、办公技术，众多的专门人才，为客户提供社会、政治、经济、文化、教育、科技等方面的情报，提供市场信息、公众态度、社会心理倾向及社区文化习俗的分析资料；为客户进行公共关系问题的分析与诊断；为客户的形象设计、形象评价及公共关系政策或决策提供咨询等。如中国公共关系公司、中国环球公共关系公司，它们不仅承接一般社会组织的公共关系课题，还接受政府、国外机构委托，进行大范围的重大公共关系实务操作。在这类公司中，广州博利公共关系公司、广州公共关系公司于 1988 年成立以来，曾策划、组织过"广东改革开放十件大事评选""我是亚洲人迎亚运系列活动""市长与企业家新年登高对话""中国青年时装设计大奖赛"，取得了良好的业绩，赢得社会公众的赞誉。

小资料

《公关咨询业服务规范》（指导意见）（节选）

第五十一条　公关顾问们应该严格遵守职业准则，养成良好的职业操守。特别应该注意以下 10 项从业原则：

——服务意识。公关顾问服务是一种专业服务，应该以客户为中心，以满足客户的专业需求为服务目标；在服务过程中，充分尊重客户，不以自己的专业技术而炫耀。

——教育引导。公共关系是一种对公众的教育和引导，应该从社会文明和社会进步的角度出发，有效、积极、正确地引导社会舆论和公众态度，不损公利己。

——公正公开。公关顾问们主要通过信息传播手段来开展工作，应该以公平、公开的态度对待客户、公众乃至竞争对手，创建良好的商业环境，促进社会进步。

——城市信誉。公关顾问服务讲求诚信，依赖信誉，应该以诚实的态度服务客户和公众，准确、真实地传播信息；讲求商业信誉，将公众利益放在首位。

——专业独立。公关顾问服务是一种独立服务，应该充分运用专业技术和经验服务客户和公众，提供客观、独立的建议和服务。

——保守秘密。保守秘密是专业服务的一个普遍原则，也是本职业的立足之本，既不能泄露客户的任何秘密，也不能利用这些秘密为自己或其他客户谋求利益。

——竞争意识。专业技术需要得到不断提升，行业发展需要优胜劣汰，应该尊重平等的竞争，避免因竞争而损害竞争对手的行为发生。

——利益冲突。专业服务中不可避免会出现各种利益冲突，应该避免现在、潜在的利益冲突，个人利益服从客户利益，客户利益服从公众利益，建立广泛、持久的信任。

——社会效益。公关顾问服务除了创造经营利益外，应该考虑广泛的社会效益。在专业服务过程中，还应该考虑动用其专业所长促进社会文明和社会进步。

——行业繁荣。没有行业的繁荣，也就没有个体的利益，应该积极传播公共关系知识，不断提升专业技术，维护行业地位，促进行业繁荣。

资料来源：中国国际公共关系协会于2004年在中国国际公共关系大会上发布，2004年7月1日起正式生效。

(2)传播信息

代为客户进行各种信息传播，包括为客户撰写新闻稿件，选择新闻媒体，建立媒体关系，举行记者招待会(或新闻发布会)；为客户设计、印制宣传资料和纪念物品及统一的标识制品；为客户制作宣传影片、录像带或光盘等视听资料；为客户制订广告投资计划，设计制作产品广告及公共关系广告；协助客户推广产品信息，制造有利的市场气氛；等等。

(3)组织活动

协助客户与相关公众进行有效的联络沟通，帮助客户与政府、社区、媒体等公众建立并维持良好的关系；为客户安排、组织重要的交往活动，如贵宾和社会政要的参观访问等；为客户策划组织各种专题活动，如剪彩仪式、庆典、联谊以及各种社会赞助活动等；组织各种会议，如信息交流会、产品展销会及洽谈、谈判会等。

(4)人员培训

公共关系公司代为客户进行各类人员的知识或技能培训，使其具有足够的公共关系理论知识和实际操作技能，以适应岗位的需要。

以上是专业公共关系公司的基本职能，需要特别指出的是，一家专业公共关系公司不应承接超出自己特定职能的业务项目，对有损客户整体形象的委托项目，也应力劝客户慎重考虑，不能简单顺从地听命于客户的主张。

小资料

深圳市某公共关系顾问有限公司的业务范围

第一,公共关系调研:提供涉及企业形象、产品品牌、名人形象等各方面的公共关系调查与研究服务,为社会各界提供可靠的决策依据。

第二,公共关系策划和实施:针对社会各界的公关需求,提供相应的公共关系策划方案与组织实施服务。

第三,危机公关:针对企业、产品、名人等形象受损时产生的各种危机,提供专业的危机公关服务,使其快速摆脱困境,维护和提升公众形象。

第四,产品营销策划:针对企业的各类产品提纲做出行之有效的市场营销策划方案,协同企业开拓广阔的市场及增创更高的效益。

第五,企业形象策划:针对能充分宣传企业形象的诸如礼品、宣传册、演出活动、艺术灯饰、展示展览、专项庆典、新闻发布会等,提供专业性的创意、设计制作、策划和组织实施服务。

第六,广告设计制作:针对公司或产品的特性,度身定做具有创意和冲击力的各类广告。

第七,庆典用品研发与代理:本公司拥有自身知识产权的各类庆典用品(如彩花手炮等),并广泛用于庆典市场的其他各类产品进行代理与销售。

第八,项目与资金互动:针对有市场潜力的项目或资金构架的互动平台,是商家或投资人的最佳选择场所。

3. 工作原则

(1)客户导向

公共关系公司必须根据客户的需要进行公共关系的策划和实施,要站在客户的利益立场上考虑费用预算。

(2)职业忠诚

公共关系公司必须为客户严守机密。尤其是当不同的客户之间是相互竞争的对手时,公共关系公司既要忠诚于过去的客户,又要对现在的客户表现忠诚。此外,公共关系公司在任何时候,都不得干涉客户内务,不损害客户利益。

二、公共关系主体的应用领域

(一)公共关系主体应用领域的多元化

公共关系在开创期主要的应用领域是工商企业界。当代公共关系活动已经发生了重大的变化。一方面,公共关系在社会上已经成为一个独立的行业,成为一种专门的职业,已经被社会普遍接受;另一方面,公共关系活动的主体不仅仅是企业、公司,主体应用领域已经扩展到政府部门、事业团体、军事组织、宗教组织、慈善机构等各类社会组织。目前已经形成了三大公共关系领域:一是政府、政界;二是企业、经济实业界;三是非营利组织。

政治组织是在社会中从事政治活动的组织,是一定阶级、阶层、集团的代表。政治组织包括政党和政权组织。在现代社会中,一定的政治组织为向其代表的社会群体及整个社会表明自己的政治见解、主张及方针、政策,必须开展公共关系活动,争取广泛的社会认同、社会支持和社会赞誉,必须搞好与社会民众的关系。因此,它必然成为现代社会中一个重要的公共关系主体。当然,由于政治组织对整个社会的广泛影响力,它又必然成为社会其他社会组织的重要公共关系的对象。

经济组织是人类社会中最基本、最普遍的社会组织,履行社会的经济功能。现代公共关系主要发生在社会的各个经济组织之间,它是公共关系的主体,也是市场经济条件下公共关系的最大市场所在。

非营利组织是指不以营利为目的的社会组织,一般包括各类专业学术团体、事业单位和民间组织等。这类组织不以营利为目的,旨在通过组织努力,宣传普及某种观念、知识,推动某项事业的发展。因此,非营利组织也日益成为公共关系的主体之一。

(二)不同主体的公共关系特点

1. 政府公共关系

政府公共关系是以各级政府为主体、以广大内外公众为客体的一种特殊的公共关系类型。政府公共关系活动是指政府为了更好地管理社会公共事务,争取公众对政府工作的理解和支持,塑造良好的形象,运用传播手段与社会公众建立、协调、改善关系的政府行为。

政府公共关系的目标是塑造廉洁、务实、民主、人道和负责任的政府形象。政府公共关系的对象涉及一切社会公众。政府公关活动的最终目标是提高社会效益,在价值追求上表现为公共取向,即政府的一切活动都必须奉行公众利益、社会利益至上的原则。

政府公共关系活动要遵循公开的原则,主要形式有公开政务活动、公开办事、公众参政议政、开展电子政务等。

微型案例

广州越秀区委常委殴打空姐事件

2012年8月29日晚,微博认证为南航保卫部安全员、乘务长的"天赐之洋"在其微博中称,8月29日下午,在合肥飞往广州的CZ3874航班上,有乘客因为行李放置问题产生不满,用包打砸当事空姐,在乘务长协调后,仍对其又抓又打。打砸空姐者的身份被搜索确认为"广州市越秀区委常委、区人民武装部政委方大国"。8月31日晚21:14,广州越秀区宣传部授权大洋网发文称,方大国并未殴打南航空姐,系其家属与空姐发生拉扯,且网传"军车威胁当事人"的情况并不存在,称该事件已"妥善解决"。然而,次日一名现场的中非留学生却对此结果曝出了反证。在网友的强势"围观"和媒体的持续报道压力下,9月3日传出方大国已被停职检查,接受组织进一步处理的消息,但并未得到广州越秀区相关政府部门的确认,而整个事件的最终处理结果也在其他热点事件的爆发后成了不了了之的"烂尾案"。

此次事件由于当事者和相关政府部门不适当的应对处理,以及自媒体时代广大网民的强势"围观"和各大媒体的跟踪报道,逐渐演变成一场公关危机事件。

资料来源:李华君、陈先红主编:《中国危机公关案例研究报告2012卷》,华中科技大学出版社2014年版。

2. 企业公共关系

以美誉为目标。追求美誉、塑造良好的企业形象，是企业公共关系活动的基本目的。这样才能使企业获得良好的生存和发展环境。企业不能依赖公共关系去粉饰一个不好的品牌，也不可能去创造一个不存在的品牌。公共关系所做的工作就是尽可能真实地叙述一个故事的发生，同时又要设法迎合客户的需求。有时候，公共关系只是企业整个营销方案中的一个部分，这个营销方案就是为了帮助创建一个品牌，或者让一个现有的品牌常推常新。如果认为仅仅依靠公共关系就能创造出一个品牌，那便是非常严重的错误。但是，若人们认为公共关系无足轻重、可有可无，那就更加错误了。公共关系旨在为一个产品、一家企业、一个个人或者实体建立一个积极的公众形象。公共关系必须和其他工作一起开展，才能使得企业品牌的塑造活动收到效果。

(1)以公众为对象。企业是公共关系的主体，公众是客体。企业通过公共关系活动求得公众的信任与支持，这就意味着企业必须将公众利益置于首位，通过信息交流和行为互动，才能达到相互协调、共同发展的目的。

(2)以长远为方针。企业追求永续发展，公众对企业的认识与评价也是在长期中逐渐形成的。因此，企业公共关系活动必须着眼于长远效果。急功近利，只会适得其反。

(3)以真诚为本。公众对企业的理解、信任都是建立于企业以诚为本这一基础上的。否则，企业无法与公众进行有效的沟通，更谈不上取得公众的信任与支持。

(4)以沟通为手段。沟通是形成和发展企业与公众关系的桥梁。企业要想更富有实效地开展与公众的种种联系，必须重视对多元化沟通手段的研究与利用。

(5)以互惠为原则。企业公共关系的形成是以一定的利益关系为基础的。换言之，在市场经济中，互惠互利是企业与社会共同发展的基本保证。这意味着，只有实现和增进公众与企业利益，形成相互依存、相互促进的"双赢"局面，才能推动经济社会的长久发展。

微型案例

迪士尼公司的品牌形象塑造

迪士尼公司的名字和商标在世界上任何地方都是被认同的。不管是在美国加州的比弗利山庄，还是在黎巴嫩的首都贝鲁特，都是如此。曾经有人做过统计，米老鼠的知名度是世界上最高的，它高过了美国总统，高过了美国著名的影星汤姆·克鲁斯，甚至高过了圣诞老人(因为他也只在世界上 1/3 的国家中受欢迎)。

从表面上看，迪士尼似乎是为所有的人提供了所有的东西。该公司不仅以"迪士尼"的品牌拍摄电影和电视节目，还在"点石"(Touch Stone)和"好莱坞"(Hollywood)的旗号下提供各种娱乐节目。迪士尼公司拥有属于自己的电视网络(美国广播公司)，也同样在有线电视上通过迪士尼频道和美国广播公司家庭频道播放节目。这家公司在加州、佛罗里达州、日本、法国和中国都设有主题公园。它还拥有 ESPN 电视体育频道、多家出版公司、视频销售公司、房地产公司、零售商店等。迪士尼的商标以各种形式出现，有米奇老鼠的耳朵、各种著名设计师设计出来的时尚用品、电子产品、日历、家具、乐器、音像制品和手表等。迪士尼公司还组织百老汇的演出，它甚至还拥有佛罗里达州的一个镇。

但是，无论它怎样扩大自己的影响，迪士尼总是对自己的顾客承诺同样的事情：高品质、热情的顾客服务，以及对家庭的奉献。它会在自己的主题公园中设置一些刺激项目，但公园的街道永远都是干净的，公园里的"演员"会帮助在公园里游玩的人解决各种问题。迪士尼世界的顾客永远都不会听到"对不起，我们办不到"这样的话，至少他们会得到如何解决问题的选择机会。如果迪士尼在百老汇上演节目，你可以放心，节目都是适合孩子们观看的，家长们绝不会提出异议。

如今，迪士尼已经成了一个超级品牌，它始终保持着公司创立之初对顾客的承诺，矢志不渝。任何东西只要挂上了迪士尼的品牌，就值得信赖，因为品牌与消费者之间有着一个约定，并且迪士尼每时每刻都在兑现自己的承诺。

人们很容易认为迪士尼对它的员工的要求有些荒唐，因为它们要求员工成为"演员"，员工说的每一句话都要经得起推敲，就像要对外直播；公司不允许男性员工留胡子，要求主题公园的所到之处一尘不染。但是，攻击迪士尼品牌的形象，或是无视它所享有的前所未有的成功将是十分愚蠢的。这家公司一直在发展，却从来不敢对自己给顾客的承诺有丝毫的懈怠。

虽然迪士尼公司的品牌理念没有直接以文字的形式呈现给消费者，但是消费者却很容易体会和理解得到。迪士尼能够为你提供上乘的质量、良好的客户服务，并且注重家庭的和睦。所有这些理念在网站上、主题公园里或以迪士尼品牌提供的娱乐节目中，人们都能体会到。无论何时何地，公司都不会违背自己做出的承诺，只要出现的是迪士尼的品牌，其品牌特征始终保持不变。有时候，人们会对品牌的承诺提出一些异议，公司会及时加以纠正，对于影片会删减一些被认为不适合孩子们的镜头。迪士尼从来都是十分严肃地对待自己的承诺。

资料来源：[美]迈克尔·莱文著，庄晖、时启亮译：《品牌化世界——公共关系与品牌塑造》，格致出版社、上海人民出版社 2008 年版。

3. 非营利组织公共关系

非营利组织公共关系主要用于扩大影响、发展成员、争取公众支持以及推广观念、筹措资金等。非营利组织通过有效的公共关系，促使组织的使命得到认可，如学术团体旨在促进学术交流，工会旨在维护工人利益，消费者组织就是为保护消费者利益而组建的，建立起与组织公众沟通的渠道，争取公众支持，创造和保持筹集组织活动经费的有利环境，推动有利于组织使命的公共政策的制定和施行，告知和动员组织的关键成员（如雇员、志愿者、委托人）。

第二节 公共关系的从业人员

一、公共关系从业人员的基本要求

在一些行业外的人看来，公共关系工作对人的要求就是"俊男靓女"加"口若悬河"，这其实是对公共关系工作的极大误解。公共关系工作是一项专业性很强的工作，对其从业人员也有特殊的要求。俊男靓女固然好，口若悬河亦所求，综合素质若不佳，两者齐备也枉然。作为一名专业的公共关系从业人员，首先应具备合理的知识结构和专业技能，其次应有较强的综合能力，此外还必须有良好的心理素质和道德素质。

小资料

公关人的四个段位，从“菜鸟”变专家

俗话说：外行看热闹，内行看门道。其实公关行业并不浅显，其学问之高深，值得每一位从业人员认真学习钻研。就分类而言，公关可以细分为很多种，如企业公关、媒体公关、危机公关等。新来的你若想在公关行业有所建树，就需要经历以下四个阶段的磨砺。

1. 第一个阶段，需要合理看待“低”门槛

任何一个行业，都需要专业的人才来运营，公关行业也一样。由于大学缺乏相关的专业授课，所以新人步入公关行业第一个要面对的就是专业不对口的问题。部分初入行业者简单地认为“公关就是陪客户吃吃饭、喝喝酒”，或者“公关就是写稿、发稿，开开新闻发布会”。其实，任何一个身处公关行业的资深工作者都清楚公关行业对从业人员的高要求，不仅需要有出众的口才、出色的逻辑思维、脱颖而出的创意，还需要有时刻把控项目发展节奏和核心的魄力，以及进入项目循环后强大的抗压能力。如果新人在入行之后不能正确看待所谓的“低”门槛，没有在合理时间内完成硬性素质的积累，进一步的成长和发展就会举步维艰。

很多同行都见过大学应届毕业生在公关圈没有沉淀多久就离开了，转而选择其他行业。这一现象的根本原因在于，这部分新人没有适应公关行业的“低”门槛。入行前的“低估”和入行后的高标准要求使他们迅速产生“理想很丰满，现实很骨感”的巨大心理落差，届时个人又不能马上调整好心态，于是只能选择逃避，做得不长久也情有可原。但是，人在社会中生存，就是一个不断发现问题、思考问题、解决问题的过程。公关行业对个人的塑造作用是巨大的、效果是明显的。如果你能成为一个合格的公关人，那么对于其他相关行业的工作就都能迅速胜任。更重要的是，个人在生活中解决问题的能力会得到较大幅度的提高。因此，公关“攻”的不仅仅是别人，还有自己。

2. 第二个阶段，如何成为一名合格的公关人

经过一段时间的工作和学习，新人对公关行业已有初步了解，并在逐步成长。但是想要晋升为合格的公关人，他们还需要积累更多的经验。在这个阶段保质保量保时地完成手头上的工作最为重要，这一要求看似简单，实际上并不容易达到。这不仅需要你对工作要求有正确的理解，还需要对工作指令进行初步预估和分析，对可能产生的后果进行备选方案的规划，关键一点在于，要在规定时间内完成这些全部的工作内容。这个阶段对每一个公关人而言都是漫长的煎熬，但是只有经历过如此强大的工作压力的洗礼，并从中逐渐学会合理分解工作压力，将工作压力成功转化为工作动力的实用技能，才能真正成为一名合格的公关人。

笔者的团队里曾经有个新人，刚入行时是个新媒体编辑。她在工作中总能提前完成既定的工作量，同时还能保证工作质量。后来在与她交流的过程中，我发现了她高效工作的方法：第一，文案工作中总有另一套方案备选，让客户做选择题，而非被迫接受已有方案。第二，将被清洗掉的文案放入素材库，作为之后同类型工作的参考；

第三，工作之余，在新媒体平台上搜集值得关注的账号，时刻关注，并定期整理有趣的传播元素，学习独特的传播思维。在浏览过她的文案库和传播亮点汇总后，笔者深感佩服。此时笔者明显感觉到她已经不仅仅是一个编辑了，现在的她甚至可以参与一些项目创意策划。在与她的交流中，妙语连珠的她脑海中总有源源不断的创意冒出，这定与她平日里的不断积累有关。当时，笔者就确定她已经具备了合格公关人的必备素质：保质保量保时完成手头上的工作，同时具有前瞻精神，不断提升自我的业务能力。如今的她已是一名独当一面的项目经理，过手的大小项目无数。我们可以放心地将她推荐给任何合作伙伴，因为她那份骨子里的倔强与坚持是如此耀眼。

3. 第三个阶段，量变如何成为质变，这是一个很重要的问题

这个阶段将面临一个问题——如何进行自己的职业规划？对一个公关人而言，积累最为重要。如果说第一阶段看中的是与生俱来的优秀素质，第二阶段看中的是专业性，那么第三阶段看中的则是身为公关人的主观能动性。在工作中肯定会有人去教导你工作的步骤、工作的优先级以及工作的核心，但仅仅掌握这些是远远不够的。从执行人员到项目经理不是对工作的持续累加，而是实现螺旋式的进步。这个过程给予每一个公关人站在更高的角度去了解客户需求和行业发展的机会。若期望在这条工作线中实现量变到质变的飞跃，首先要去了解更多的行业背景，以更专业的角度站在谈判桌前；其次在保证完成已有工作量的同时，充分了解客户的多元化需求，并将需求合理转化成团队的具体工作内容；尔后，了解身边同事的工作内容和工作量，明白每个人在项目进行中不可或缺的地位，并根据每个人的特点有意识地调整项目分工，实现团队效益最大化。处在第三阶段的公关人，只有从简单的重复性的劳动中抽离出来，用更多的时间了解客户需求、优化团队、思考行业发展，才能真正做到全盘把控，成为公司的舵手，引领整个团队乘风破浪，同时也实现了自我的华丽蜕变。

笔者现在的团队里有个人总是问各种问题，人送外号"百科"。他会询问公关行业的当前态势、客户需求的新动向、新媒体发展新趋势等各种问题。无论是在午饭时间还是在去见客户的路上，他都从未停止过问问题。当然，一有时间我们就会一起探讨如何把方案做得更好，如何顺利推进项目，如何更合理地规划排期。"学习狂人"是他给同事留下的最深刻的印象。有一天有个很难啃的小项目，笔者决定拿他试试，因为这个项目即便丢了也不可惜。然而，他的表现却让我大吃一惊。他从项目提案PPT的撰写，到执行排期的制作，再到与客户的沟通都十分顺利，一路绿灯。最终他顺利拿下了项目并配合其他部门漂亮地完成了该项目的所有工作。从那一刻起笔者知道他完成了蜕变。毫不夸张地说，当时我们都嘲笑的小"百科"，如今已经成为左膀右臂，是笔者工作中最得力的助手。

4. 第四个阶段，思考者一直思考着

这个阶段你已经成为一名成功的领导者，此阶段的主要任务是对客户进行行业培训，同时积极开辟市场，让更多的客户选择你、信任你，甚至依赖你。这个阶段的你能明显感受到行业的发展是永不停息的，"逆水行舟，不进则退"。新媒体的迅猛崛起，社交平台的弱肉强食，电商赔钱的跑马圈地，大数据时代的精准需求，这一切的变化都来得猝不及防。有人担心传统的公关行业会因为时代的变迁而落寞。其实正因为时势的瞬息万变，才更需要公关人来进行全程把控。公关人甚至公关领袖此时都

需要结合新兴资源，在时代的变迁中，将传统公关行业留下的精华结合新媒体的优势整合成全新的产品包，将公关行业做成产业链，实现合纵连横。当然这仅仅是一个方面，笔者相信在这个阶段的你一定对这个行业的发展有更为深刻的理解，因为那时的你或许已经成为行业的领袖，正坐看风起云涌，描绘行业未来。

我们一直在公关界努力着，就是因为我们享受每个项目完成之后的成就感。当你从“菜鸟”变成资深人士的时候，你就能真切地感受到这个行业的独特魅力。公关行业的发展还有很长的路要走，这一路我们将与你并肩前行。

资料来源：中国公关网，http://www.chinapr.com.cn/templates/T_Second/index.aspx?nodeid=46&page=ContentPage&contentid=9061，2015-02-02。有删减。

（一）公共关系从业人员的知识结构

公共关系从业人员与其他行业人员的最大区别，在于他们具有从事公共关系工作的必要知识和专业技能，特别是有了职业准入制度以后，是否具备公共关系理论和实务知识更是成为公共关系人员的必要条件。要成为一名合格的公共关系从业人员，掌握以下几方面知识是非常有帮助的。

1. 公共关系的基本理论知识

这方面的知识主要有公共关系的基本概念、职能作用，公共关系的由来和历史沿革，公共关系的核心概念和基本理论，公共关系的三要素及其相互关系，公共关系工作的基本程序等。

2. 公共关系的基本实务知识

公共关系是一种实践性强、重视经验积累的职业，当然也重视公共关系基本实务知识和技巧。事实上，公共关系调研知识、公共关系策划知识、公共关系谈判技能、公共关系传播方法等，是每个公共关系从业人员都应该掌握的实务知识。

3. 相关学科专业知识及开展特定公共关系工作所需的专业知识

公共关系从业人员为了更好地开展工作，还应该掌握一些相关学科的理论知识。与公共关系学科联系最紧密、对公共关系理论和实务影响最大的学科有管理学、传播学、社会学、心理学、行为科学，而市场营销学、广告学、人际关系学则因为与公共关系学科的理论和实务有很多交叉而颇具借鉴意义。除此以外，公共关系从业人员在接受特别的委托公共关系业务（如国际市场公共关系、行业公共关系）时，还要了解相应的地区文化传统、风俗习惯以及特定行业的基础知识。

现代社会是信息爆炸、知识爆炸的社会，公共关系人员再勤奋，也不可能全部掌握所需的公共关系知识，但每个公共关系人员都应以此为目标激励自己，不断地学习和吸收最新的公共关系理论、实务知识和公共关系技巧，努力使自己成为知识结构合理的公共关系人员。

（二）公共关系从业人员的能力结构

美国一位公共关系专家坎托曾在《公共关系杂志》（*Public Relations Journal*）上撰文，阐述成功的公关从业人员应具备的几大特征：(1)对于紧张状态做出反应；(2)个人主动性；(3)好奇心和学习；(4)精力、活力和抱负；(5)客观的思考；(6)灵活的态度；(7)为其他人提供服务；(8)友善；(9)多才多艺。分析这几大成功因素，我们发现大多与公共关系人员的工作能力相关，由此可见，较强的综合能力对公共关系人员十分重要。

一般来说，合格的公共关系人员应努力使自己具备以下几方面的能力：

1. 表达能力

它包括口头表达能力与书面表达能力。

口头表达能力，就是通常所说的口才。口头表达是公共关系工作中实现信息双向交流沟通最主要、最直接、最迅速的传递手段：有在特定场合对公众发表专题讲话，以争取公众，创造和导向舆论的演讲形式；也有在人际交往中与个别公众面对面沟通，进行解释、说服等的交谈形式；还有为争取组织利益而与其他组织采取的谈判形式。为此，公共关系人员要掌握口头表达的规律和艺术，能充分借助面部表情、动作体态等辅助语言，增强口头表达的说服力、亲和力和感染力。

书面表达，就是写作能力、文字能力。公共关系人员在工作中涉及写作的范围非常广，从日常的信件函牍、公文告示到公共关系计划、调查报告、总结报告，从新闻稿、演讲词、广告语到公共关系手册、公共关系策划书，都需要公共关系人员有熟练的文字功夫和写作技巧。

因此，公共关系人员要熟练掌握包括新闻、信函、计划、总结、分析报告等各种类型文体，同时要注重严谨的逻辑思维和朴实流畅的文风。

2. 社交能力

公共关系人员工作的大量内容是直接面对各方面、各类型的社会公众，去迅速建立双向的有效沟通，赢得好感、认同与合作。这就要求公共关系人员必须具备与人打交道的较强本领（即社交能力）。只有这样，公共关系人员才能在各种社交场合从容应付，广交朋友，广结良缘，树立自己的良好形象，也为组织赢得更多的发展机会。

3. 组织管理能力

公共关系人员要善于调动、组织和协调组织内外公众的力量和关系；善于制定公共关系工作的日常计划和专题计划，并适当有效地组织实施与评价；善于组织和参与各种公共关系原理与实务常见的会议和活动，并恰当有效地选择和运用多种传播手段，推动组织预期目标的实现与完成。

4. 自控应变能力

公共关系活动中经常会遇到各种意想不到的突发事件和问题，此时公共关系人员要能做到镇定自若、头脑清醒、正确判断、机智应变，圆满解决问题。

5. 创新能力

公共关系工作在某种程度上说就是以变促变，不同时间、不同地点、不同对象，同一内容的工作方式也会不尽相同。因此，公共关系人员的工作是一种富于创造性、创新性、开拓性的工作，它要求公共关系人员思维活跃，激情勃发，摒弃成规与陋俗，不断开创公共关系工作的新境界。

（三）公共关系从业人员的生理和心理素质

谈到公共关系从业人员的心理和生理方面的素质，对公共关系了解不深的人便会认为：外向型性格的人比内向型性格的人更适合从事公共关系工作，相貌英俊、漂亮的人比相貌平平的人工作得更出色，善于应酬和交际的人比不善应酬的人更有优势。其实这是一种误解，我们当然不能否认那些性格外向、热情奔放、英俊潇洒、善于交际的人可以从事公共关系工作，但后者同样可以在公共关系行业找到自己的位置。因为：

第一，性格的内向和外向、相貌的俊美与否、交际能力的高下是相对的，并无统一的标准，很外向的人也有沉默寡言的时候，很内向的人在知己面前同样会滔滔不绝，更何况还有“情人眼里出西施”的俗语，因此这种区分本身就不科学。

第二，公共关系工作是多样化的，既有公共场合的交际应酬，也有独处一室的日常工作。整理资料要求细致，分析问题需要严谨，接待来访要求耐心，文案工作也与人的美丑关系不大，因此正如一句广告语所说：每个人都有机会。

第三，尽管我们经常讲“江山易改，本性难移”，但事实上，通过适当的学习和培训，人们还是可以改变自己的。闻名世界的日本魔鬼训练、美国的卡耐基成功学训练和希尔成功学训练，就是通过卓有成效的培训使人达到特定要求的典范。

当然，公共关系作为一种职业，还是需要具备一定的生理和心理素质。但这些生理和心理素质是可以培养出来的，只要通过一定的努力，使自己具备或努力培养以下方面的心理素质，成为一名合格的公共关系人员就并非难事。

1. 兴趣广泛

公共关系人员的职业特点决定了他必须与各种专业、各方面、各层次的人物打交道，具有广泛的兴趣是建立交往的基础，是寻找共同点和接近点，实现与公众沟通、交流的主要手段。同时，对于公共关系人员来说，具有广泛的兴趣可以博采众长、见多识广，在复杂的环境和关系中机智应变，顺利开展工作。

2. 意志坚强

公共关系人员应该在错综复杂的公共关系活动中，在面临诸多棘手的困难面前，保持较强的心理承受力、忍耐力和自制力，保持很强的自信心、上进心，敢于承担责任、承认错误，善于动员自身力量从容处置，迎难而进，以达到既定目标。

3. 性格开朗

人的性格在公共关系交际中具有重要意义。开朗外向型性格的人，常常充满热情、富于朝气，可以使人感到亲切，易于创造交流思想、交流感情的环境，能够使人在困难面前保持乐观向上的情绪，形成宽容豁达的精神。因此公共关系人员具有开朗、开放的性格，是促进公共关系工作开展的重要条件。

4. 保持心理健康

心理健康（心理卫生）是指保持良好的持续的心理，不但没有心理疾病，而且能对外界做出良好的适应，并能充分发挥身心潜能，创造性地进行工作。心理健康的最基本条件是没有心理疾病，即情绪正常、精神愉快、意志坚定。心理健康的本质含义是具有积极发展的心理状态，它要求个体能随环境条件的变化而不断调整自己内部的心理结构，以达到与外界的平衡。凡是心理健康的人，既能为社会所接受，又能为自身带来愉悦。

5. 保持良好的仪表和风度

生理素质是指公共关系人员的体形、长相、外表、风度等方面的要求。公共关系工作要求经常与公众打交道，从生理的角度看，匀称的体形、强健的体格、端正整洁的仪表和潇洒飘逸的风度，会对公众产生天然的吸引力和首因效应，为进一步发展交往、增进友谊、开展工作奠定相应的基础和条件。

（四）公共关系从业人员的道德修养

一个学科、一个行业、一种职业的真正成熟，其标志并不是从业人员的大量增加，也不是营业额或客户数量的迅速增长，而是形成该行业的职业道德准则。所谓职业道德，是社会对各种不同职业、行业所提出的专门化的道德要求，是一种系统化、条理化的规章准则。任何一种行业、职业，只有认真履行自己的职业道德准则，才会得到社会的认可、支持和理解。公共关系行业在长期的社会实践中，其职业道德准则也得到了不断完善。

在公共关系发展史上，美国公共关系协会是最早推出自己职业道德准则的专业协会，到1988 年推出新的《职业标准准则》时，该准则已先后修订过 6 次。在美国公共关系协会的带动下，很多公关协会推出了自己的道德准则。

1. 国际公共关系协会的《国际公共关系道德准则》

在所有的公共关系道德准则中，《国际公共关系道德准则》无疑是影响最大的。很多国家直接采用此准则，或以此为范本制定自己的职业道德准则。长期以来，国际公共关系协会致力于推动各国公共关系工作职业化和规范化。该协会的第一个《国际公共关系道德准则》(《雅典准则》)于 1965 年 5 月推出，其后，经多次修订，形成了现在的《国际公共关系道德准则》。

小资料

《国际公共关系道德准则》的主要内容：

Ⅰ. 国际公共关系协会成员必须竭诚做到以下各条：

第一条 为建设应有的道德、文化条件，保证人类得以享受《联合国人权宣言》所规定的诸种不可剥夺的权利做贡献。

第二条 建立各种传播网络与渠道，以促进基本信息自由流通，使社会的每个成员都有被告知感，从而产生归属感、责任感与社会合一感。

第三条 牢记由于职业与公众的密切联系，个人的行为——即使是私人方面的——也会对事业的声誉产生影响。

第四条 在自己的职业活动中尊重《联合国人权宣言》的道德原则与规定。

第五条 尊重并维护人类的尊严，确认各人均有自己做判断的权利。

第六条 促成真正进行思想交流所必需的道德、心理、智能条件，确认参与各方都有申述情况与表达意见的权利。

Ⅱ. 所有成员都应保证：

第七条 在任何时候、任何场合，自己的行为都应赢得有关方面的信赖。

第八条 在任何场合，自己均应在行动中表现出对所服务的机构和公众双方的正当权益的尊重。

第九条 忠于职守，避免使用含糊或可能引起错误的语言，对目前及以往的客户或雇主都始终忠诚如一。

Ⅲ. 所有成员都应力戒：

第十条 因某种需要而违背真理。

第十一条 传播没有确凿依据的信息。

第十二条 参与任何冒险行动或承揽不道德、不忠实、有损于人类尊严与诚实的业务。

第十三条 使用任何操纵性方法与技术来引发对方无法以其意志控制因而也无法对之负责的潜意识动机。

资料来源：蒋楠主编：《公共关系原理与实务》，中国人民大学出版社 2013 年版。

2. 英国公共关系协会(IPR)的职业行为标准

英国公共关系协会的职业行为标准同样在国际公共关系领域享有盛誉。该准则共有16条,第一条开宗明义地规定了公共关系人员的职业行为标准,"各会员在其职业活动中应尊重公众利益和个人尊严"。在任何时候都应忠诚、公正地对待他目前及以往的客户与雇主、其他会员、传播媒介及公众。该准则还注意维护准则本身的权威性,其第15条维护准则规定:"各会员均应维护准则,并团结其他会员在实际中加以贯彻,如果其会员发现另一个会员参与破坏准则的行为,应向协会报告,全体成员都应自觉支持协会推行此一准则,协会亦应支持它的会员。"该准则还对传播媒介、信息保密、利益冲突、职业声誉、中伤他人、影响他人等条款,制定了相应的规范和要求。

3. 中国公共关系职业道德准则

具有中国特色的全国省市公共关系联席会议在我国的公共关系工作中,特别是公共关系职业道德的制定上扮演了非常重要的角色。在1989年9月的第二次联席会议上,提出了《中国公共关系职业道德准则》(草案);1991年5月的第四次联席会议上,正式通过了经过国内公共关系专家反复修订的《中国公共关系职业道德准则》。

小资料

《中国公共关系职业道德准则》

1. 公共关系工作者应当坚持社会主义方向,自觉地遵守我国的宪法、法律和社会道德规范。

2. 公共关系工作者开展公关活动,首先要注重社会效益,努力维护公关职业的整体形象。

3. 公共关系工作者在公共关系活动中,应当力求真实、准确、公正和对公众负责。

4. 公共关系工作者应当努力提高自己的政治水平、文化修养和公关的专业技能。

5. 公共关系工作者应当将公关理论联系中国的实际,以严肃认真、诚实的态度来从事公共关系学教育。

6. 公共关系工作者应当注意传播信息的真实性和准确性,防止和避免传播使人误解的信息。

7. 公共关系工作者不能有意损害其他公关工作者的信誉和公关实务。

8. 公共关系工作者不得借用公关名义从事任何有损公关信誉的活动。

9. 公共关系工作者应当对公关事业具有高度的责任感。不得利用贿赂或其他不正当的手段影响传播媒介人员真实、客观的报道。

10. 公共关系工作者在国内外公共关系实务中,应该严守国家和各自组织的有关机密。

资料来源:蒋楠主编:《公共关系原理与实务》,中国人民大学出版社2013年版。

二、公共关系人员的培养和考评

成为一名合格的公共关系人员并不是一件容易的事，达到公共关系人员的基本要求只是第一步，而接受公共关系教育和培训是必经之路。

(一)公关关系人员的培养

公共关系工作从一定意义上说是一种手段，手段的成功与否关键在于人的运用与把握。公关人员的素质并非天生，而是后天有意识、有组织地不断加强教育培养、培训的结果。

1. 培养规格

(1)通才型

就是知识面广，有较合理的知识结构，有良好的心理素质和综合能力素质，在工作中能独当一面，较好地处理复杂问题的公共关系领导人才或专职管理人员。有人把此类人才结构形象地称为“三个 1/3”，即：

①1/3 的企业家，有企业家头脑和强烈的经济效率的观念，敢于竞争，有追求卓越的自信，具备深刻的洞察力、敏锐的判断力、丰富的想象力、果断的判断力和较顽强的意志力。

②1/3 的宣传家，有较强的形象观念和信息观念，能说会写，富有传播技巧，信息灵通，左右逢源。

③1/3 的外交家，待人热情真诚，说话幽默高雅，举止端正，态度谦和，善交朋友。

(2)专才型

比较精通于某方面的公共关系技术技能，如编辑、写作、设计创意、市场调查、绘画摄影、设计广告等。这类人才是公共关系工作不可或缺的人才，是某方面的专家，较适宜于公共关系工作中某些具体的业务工作。

2. 培养途径

(1)学校正规的教育培训

这是一条专门培养公共关系人才的正规途径，也是社会培养公共关系人才的一种方式。在这种方式下，学生可以系统地学习公共关系理论，潜心研究公共关系技巧，掌握信息传播工具，并参加适当的实践与模拟活动。学校正规培养的优点是：课程学习安排具有系统性和科学性，专业基础知识学习具有广泛性和厚实性。

(2)在职进修培训

在职进修是我国公共关系教育培训中最受欢迎的形式之一，其主要特点是：教学的现实针对性较强，周期短，见效快；学生的学习目的明确，且已有实践经验，故易于理解、接受和领悟，而且能学以致用。

(3)短期培训

由高校、企业或行业组织(如公共关系协会)举办，时间长短不一，有半月、一月、半年等。培训对象是有一定实践经验的人员，培训目标和重点是专业基本理论与知识，着力于理论水平的提高。此外还有岗前培训，主要是进行专题讲座与报告，属于角色培训。

(4)见习培训

这种方式的特点是在实践中学习与提高，让见习者在一段时间内充任本组织或外部组织公共关系人员的助手，见习并实际参与公关实践，学习别人处理公共关系事务的技术和方法，增强感性认识。

(5)聘请专家、学者指导

聘请公共关系专家来单位指导和咨询，帮助解决公共关系工作中的疑难问题，对公共关系人员进行业务的实际辅导和点拨。这种方式针对性强，启发性大，实际效果好。

(6)其他培养形式

例如，组织员工参加自学考试、函授刊授教育及电视广播教育，并为之提供参加辅导、面授等条件，多途径、多形式地提高专业理论水平和业务水平。

(二)公共关系从业人员的资格证书

早在1953年，美国著名公共关系专家爱德华·伯纳兹就看到不合格的公共关系人员滥竽充数的危害性，提出对公共关系从业人员实行职业许可证制度，以保证公共关系职业的权威性。但直到1965年美国公共关系协会才开始实行专业资格认证制度，到20世纪80年代中期，该协会11 700名会员中的1/3通过了APR资格认证考试。

相比而言，英国公共关系协会主持的CAM考试虽然比美国的APR要晚，但其影响力更大。CAM是传播(Communication)、广告(Advertising)和市场(Marketing)教育基金会的缩写。

CAM考试分两个等级。第一等级有7门考试课程：市场学、广告、公共关系媒介、调查与行为研究、传播实践、商业与经济环境。公共关系、广告和市场营销人员只要通过其中6门课程考试，就可获CAM传播研究证书，获此证书后再参加第二等级考试。第二等级的考试分开进行，针对公共关系人员的考试课程有4门——商业组织公共关系、非商业组织公共关系、公共关系战略、管理资源，考生只要通过其中3门就可获得CAM公共关系文凭和公共关系从业资格。该项考试和专业资格不仅在英国被认可，而且得到了国际广告协会的正式承认。已经有越来越多的外国人报名参与这项考试。

1993年，中国公共关系协会也开始推进“公共关系专业资格证书”培训活动。经过几年的实践探索和不懈努力，从2000年起，在全国举行统一的公共关系从业人员任职资格考试，合格者获“公关员”称号，有资格从事公共关系工作。

(三)公共关系人员的考核方法

考核是指组织对本单位公共关系人员的思想、品行、技术业务、工作态度、工作能力、工作绩效以及健康状况等进行评价。

1. 考核内容

主要有德、勤、能、绩四个方面。

(1)德

即思想政治素质，包括是否遵守国家政策、法律法规，是否具备良好的职业道德和社会公德，以及敬业精神、奉献精神、廉洁自律和团结协作精神等。

(2)勤

即勤奋精神，包括工作出勤率、工作积极性等。

(3)能

即完成各种公共关系专业性活动的能力，包括知识水平、业务水平、表达能力、交际能力、分析判断能力、组织管理能力、预见反应能力、应变耐久力、开拓与创新能力等。

(4)绩

即工作的实绩(数量与质量)，包括工作业绩、工作效率、工作质量等。

2. 考核方法

考核的方法要坚持科学性原则，即做到客观、公正、全面。常见的考核方法有：

(1)量表评定法

量表评定法是以一种标准化的等级量表为工具,采用组织评、群众评、自己评等多种途径,对公共关系人员进行全面评定的方法。

量表评定法的优点是评定项目设计严格,定义明确,计量方法统一合理,评定结果既可以反映一个人的实际水平,又可以进行相互间的比较。因此,这是一种比较好的判定方法。

这种方法是根据各考核要素,把所有的被考核者分别按两两一组的方式进行比较,并判断每组的优者和劣者,然后综合其结果得出最终序列和成绩。采用这种方法,考核的准确性较高;而且,由于考核者在考核过程中很难判断每个被考核者的最终成绩,因此可以避免考核者的主观影响。但这种考核方法的被考核人数有限,手续烦琐,工作量大。

(2)考试评议法

考试是检查公共关系人员专业理论、技术知识的重要考核手段,分为口试和笔试两种。公共关系人员的职位不同,对其文化程度和专业理论知识的要求也不同。

评议就是采取多种方法征求有关人员对被考核人员的意见,并组织进行分析、讨论,最后做出公平、正确的评价。这里关键是需要事先深入了解公共关系人员的全面业务工作状况,以避免评议结果的片面性和主观性。

(3)工作标准法

这种方法主要是根据从事各个职务的公共关系人员的各项具体要求(包括工作的质量、数量、时间期限、工作方法等)制定工作标准,并以此标准去衡量公共关系人员的优劣。这种方法有明确而具体的客观标准,比较公平合理,特别适合考核工作成绩。这一方法适用于调整职务津贴和奖金分配,但不宜直接套用以决定公共关系人员的晋升和调配。因为有些职务不易制定标准,尤其是复杂的脑力劳动更难制定标准。因此,这种方法的适用范围有一定的局限性。

除上述方法外,公共关系人员的考核方法还有很多,如代表比较法、评分法、因素评级法等。各种方法都有优劣,而且考评的侧重面也不同,因此在选择考核方法时,必须从实际出发,不能套用一种模式。

小资料

奥美公关公司对员工的要求:

1. 性格方面:(1)有幽默感;(2)性情随和,平易近人;(3)待人接物从容不迫;(4)健谈;(5)不畏挫折;(6)有感召力;(7)仪表动人;(8)往来于大庭广众而不畏怯;(9)有创造性;(10)思维敏捷;(11)做事喜欢拟订计划。

2. 品德方面:(1)相信大多数人的本质是好的;(2)赢得同事间的依赖;(3)有判断是非的能力;(4)遵守诺言;(5)为人公道正派;(6)做事有良好的道德和责任感;(7)处理各种事项有伦理观念;(8)集体利益胜过个人利益。

3. 智慧方面:(1)具有说服他人的能力;(2)善于与人交往;(3)欣赏别人谈话,做一个好听众;(4)有好奇心;(5)对其他人的行为有兴趣;(6)写作流畅;(7)每天抽空读书看报。

4. 教育程度方面(涵养):(1)大学毕业(相当大学毕业水平);(2)懂得经济学基本知识;(3)了解经营和管理学的基本知识;(4)受过哲学和逻辑学的思维训练;(5)了

解宣传学;(6)能演讲;(7)写文章能正确使用方法;(8)懂社会学;(9)能撰写新闻稿及其他稿件;(10)有谈判的经验;(11)对心理学有兴趣;(12)有社交试验或社会活动的经验;(13)有销售、广告或人事管理经验;(14)了解舆论调查方法;

5. 行政能力方面:(1)能主持会议;(2)能合理地分授职权;(3)善用人之所长,发挥部属的积极性;(4)尽快恳切承认自己的错误,并坦然接受教育;(5)能创造轻松愉快的工作气氛;(6)有耐心;(7)善于协调不同性格的人一起工作;(8)理解上级意图及接受指示;(9)能自我克服偏见;(10)了解政府的组织机构和方针政策。

资料来源:百度文库,http://wenku.baidu.com/link? url=l-liRX8CJCZJQ6ZeOarrYjkw5JCXYFAHmUc-TuK7lZBEqLc7DVy6YtuDQL2QnL1uGaJRm-C13wvN5txzdDqYYchL3pYPWECZ7P7xMXLWG27。

第三节 公共关系的职能

公共关系作为一种管理职能,在组织的经营管理中具有明确的职责范围,发挥着特定的功能和作用。而这些职能和作用的发挥,不仅为组织的生存和发展创造了良好的外部环境和内部条件,而且渗透到社会生活的每一方面,对社会产生了积极影响。公共关系职能和作用的发挥,还能使公共关系从业人员观念不断更新,素质逐渐提高。因此,了解公共关系的职能作用,对进一步了解公共关系在现代社会中的重要地位,有着十分重要的意义。

公共关系以建立对社会组织的良好形象为目标。围绕这一目标所开展的具体工作形成其职能范围。在现代社会中,公共关系之所以能迅速发展起来,其根本原因在于公共关系自身的职能对组织的生存、发展有着不可替代的作用。公共关系的职能广泛而复杂,国内外学者对它的看法和概括也不尽一致,国内外公共关系职能部门的职责范围也有很大差别,但一般来说,可以从组织职能、个人职能和社会职能三个方面认识公共关系的职能。

一、公共关系的组织职能

(一)采集信息,监测环境

1. 采集信息

信息是预测和决策的基础,因此要发挥预警功能,首先要充分地掌握环境信息。公共关系采集的信息主要是有关组织信誉和形象方面的,包括以下几类。

(1)产品形象信息

产品既可以指工商企业提供给顾客的有形物品,如衣服、电脑等,也可以指无形的劳务支出或服务,如律师服务、歌星演唱等。我们甚至可以从广义的角度,把政府部门的政令通告、慈善机构的慈善活动也看作这些组织的产品。成功的组织都非常重视公众(消费者)对该组织产品的意见和评价。产品形象主要通过产品的质量、性能、品种、款式、价格、包装、服务(特别是售后服务)等来反映,因此公共关系人员应认真收集这方面信息。

(2)组织形象信息

与产品形象相比,组织形象对组织而言可能更重要。因为产品形象是公众对产品这一因素的评价，而组织形象则是公众对组织的整体印象，它更能反映组织的公共关系状态，对企业公共关系工作的效果的反映也更全面。组织形象信息包括公众对组织机构、管理能力、人员素质、服务水平等方面的看法和态度。

(3)其他社会信息

对于一个成功组织或一次成功的公共关系活动而言，除了要掌握自身的信息和组织形象信息以外，还必须对国内外的政治、经济、文化、科技等方面的状况和变化，对社会时尚潮流的更替，对人们普遍关注的舆论热点随时进行跟踪。只有这样，才能做到通观全局，立于不败之地。

2. 监测环境

采集信息并不是公共关系的最终目的，信息只有在经过加工、整理和分析后，在预测趋势时，才能真正发挥其作用。

(1)监测政府决策趋势

尽管很多组织的领导人都自称远离政治、不谈政治，但在现代社会，组织或个人还是不得不与政府部门打交道，受到政府部门直接或间接的影响。任何组织都必然受到政府的法律、法令、法规以及政治、经济、文化、外交等方面政策的影响，受到党派势力力量消长的影响，还会受到政局稳定性的影响。

因此，任何组织的现实行动必须符合政府的现行政策，未来行动则必须符合政府的未来政策走向。这就要求公共关系部门密切关注政策环境，随时掌握政府决策动态和方向，及早预测与组织有关的各种现行政策可能发生的变化，以及这种变化可能带来的机遇和挑战，以使组织提前准备应对之策。

(3)监测社会环境变化趋势

社会文化是人们在长期的社会实践中积累起来的全部精神财富，既包括民族传统、风俗习惯、伦理道德、价值观念、文化水准和宗教信仰等相对比较稳定的因素，也包括自然环境、经济环境、科技环境等变化相对较快的因素。这些因素都可能对组织的公共关系工作产生或强或弱的影响。例如，社会需求和市场环境的变化会从整体上影响组织的经营；公众需求、公众心理的变化将很快给产品开发提出挑战；社区内的重大问题可能引起公共关系纠纷，也可能使组织在不经意间形象变得更好；日益兴起的环境主义和绿色主义则将对组织的未来发展带来持久的长远影响。因此，组织必须密切注视社会环境的发展动态，以使组织能根据环境变化主动出击，获得更大的发展空间。

(3)监测竞争对手的发展动态

孙子兵法云：知己知彼，百战不殆。尽管很多公共关系专家在正式场合都会说，在公共关系学者眼中没有竞争对手，只有合作伙伴；但为了更好地与这些伙伴合作，你必须了解他们，了解其长处，清楚其弱点，然后才能在相互合作中取长补短，各取所需。因此，洞察竞争对手的公共关系状态，借鉴竞争对手的成功经验和失败教训，分析竞争对手的优劣所在，预测竞争对手的未来走向，同样是公共关系的重要工作。

(二)引导舆论，塑造形象

1. 通过公共关系活动，引导公众理解并接受组织

(1)当公众对组织缺乏认识和了解时，组织应主动地宣传自己、介绍自己，促进公众的认知和了解。

(2)当一个组织及产品有了基本的公众印象及良好的评价之后，组织应继续努力，强化这

种良好的舆论态势，使组织形象深入公众心中。

(3)当公众对组织的评价游离不定、好坏莫辨时，组织应谨慎地发挥引导作用，使舆论尽可能向有利于组织的方向发展。

(4)当组织形象受损时，组织应该根据不同情形采取相应措施。如果是因组织自身失误危害了公众利益，就应该本着实事求是、有错即改的态度，坦率认错，尽快采取补救措施，将损失减少到最低限度，并把组织处理事故的过程以及整改措施及时告知公众，求得公众谅解，以期重获支持和信赖。如果是因为公众误解，应及时向公众澄清事实真相，消除误会；对于他人陷害则应尽快揭露其阴谋，并将本组织采取的预防措施向公众宣布，以防事态扩大，然后再逐步恢复公众对组织的信心。

2. 通过社会交往，塑造组织的良好形象

公共关系的对象——公众，是特定的人群而不是单个的人，但任何公共关系工作总是要落实到个人身上。因此，除了通过大众传播引导舆论从而影响大量公众外，借助各种社交活动即人际交往，为组织建立广泛的社会联系，广结良缘也是公共关系的重要功能。

当然，我们在理解这种社会交往(人际交往)的作用时，特别要注意：人际交往只是公共关系的一种手段，绝不是唯一的手段；不能把公共关系看作人际应酬，更不要把它同庸俗关系即所谓的"关系学"混同起来。

(三)沟通内外，协调关系

1. 减少摩擦

由于作为公共关系主体的组织和公共关系对象的公众处于不同地位，它们之间必然会存在利益的种种差异和矛盾。又由于它们在信息的掌握上总是不对称的，因此，摩擦在所难免。这就要求组织充分运用公共关系，努力减少摩擦，协调内外关系。

2. 化解冲突

摩擦是小的冲突，冲突是大的摩擦。对于社会组织来说，有冲突并不是什么丑事，只有有了冲突而不思化解、不求改进才是不可原谅的。发生了冲突，公共关系便可充分发挥其协调功能，运用各种有效的交际手段和沟通方式，化干戈为玉帛，解冲突于无形。

3. 平衡关系

在公共关系发展过程中，不平衡模式一直占据主要地位，最初是组织完全以己为主，根本不考虑公众利益。后来人们提出公众是上帝，一切为了公众，这种思想仍是一种不平衡观。现代公共关系理论认为，组织和公众都是公共关系的主体，双方都有自己的利益，两者同样重要。当双方利益出现分歧和矛盾时，组织既不能牺牲公众利益，也不要一味地牺牲自己利益，而应通过平等的对话、协商，使双方达成共识，双方都应该做出必要的让步和妥协。因此，公共关系的任务便是在双方利益得到维护的前提下，实现利益平衡下的新的合作。

(四)咨询建议、参谋决策

决策咨询的重要性体现在：

(1)决策的基础是信息。

(2)决策者根据各类咨询建议制定与公众意见一致的战略。

(3)方案实施后，也需要公共关系部门收集信息评价。

(4)为决策者提供服务的同时，也为公众服务，利用各种传播沟通，提高知名度、美誉度。

(五)团结员工，发展组织

(1)关心职工的物质精神需要，增加感情投资。

(2)重视信息共享。

(3)塑造与创造企业文化。

(4)正确处理与非正式组织的关系。

微型案例

徐静蕾的多重角色公关

徐静蕾是谁？她是演员，是导演，是作家，是编辑，是老板……总而言之，是文化市场上长盛不衰的名人。从大陆演艺圈的“四小花旦”之一，到频频获奖的年轻导演；从点击量超亿的人气博主，到国内点击量最高的免费电子杂志主编；从人见人爱的青春偶像，到经营自己字体的“书法家”……短短十年时间里，徐静蕾走出了一条令人瞠目结舌的道路。

1. 作为明星

作为明星，徐静蕾懂得和粉丝打成一片，赢得了最广泛的受众支持。徐静蕾的出色表演和独特个性，吸引了很多粉丝。这些粉丝们组织了一个团体——静盟，以此来表示对徐静蕾的支持和追随。

在《老徐的博客》出版之后，徐静蕾制订了针对静盟注册会员的新书发放计划并且赠送静盟部分新书，还通过中信出版社组织了书源，以报答粉丝们这些年对她的厚爱。《老徐的博客》的发放从静盟的注册会员开始，注册会员可以优惠价格购得新书，另外还赠送光盘。通过这些活动，徐静蕾不仅加强了与粉丝们的联系，还能吸引新的粉丝加入她的核心粉丝团——静盟，以此扩大自己在演艺圈和博客圈的影响力。

2. 作为导演

作为电影圈内的人，她深谙夯实文化底蕴的重要性，当与她同期的女星还沉浸在演戏所带来的鲜花与掌声中时，她已然默默地开始转型做导演，在更远、更艰辛的路途上跋涉。

2003 年由徐静蕾自编自导自演的处女作《我和爸爸》荣获第 23 届中国电影金鸡奖最佳导演处女作奖，并引起了国际电影界的关注。该片还在 2004 年荣获第 4 届华语电影传媒大奖最佳编剧和最佳新导演殊荣。

2004 年 9 月，由徐静蕾自编自导自演的《一个陌生女人的来信》，荣获第 52 届西班牙圣塞巴斯蒂安电影节最佳导演奖。

2005 年 6 月，在美国《时代》周刊名为《中国新革命》一文中，徐静蕾作为中国唯一一位导演及演员入选，被称为“中国电影界有革命性的代表人物”。这是徐静蕾作为导演取得成功的一个历史性标志。

3. 作为传媒人

作为传媒人，她紧跟媒体时代的变迁。在新媒体时代，徐静蕾并没有走传统演艺人“头脑简单，四肢发达”的路线，而是充分利用了新媒体带来的便利，并依靠自己的力量发展了中国的新媒体经济。2005 年 10 月，她的新浪博客“开博”，2007 年 7 月，她的博客点击量突破 1 亿人次，成为中国名副其实的“博客女王”。她创办了“鲜花村网站”，该网站中徐静蕾个人日志中的内容与她在新浪博客中的内容同步更新。惊人的浏览量、粉丝和博友的高忠诚度及到位的前期推广似乎已经预示了“鲜花村网站”的未来。

4. 作为商人

作为商人，徐静蕾懂得将注意力进行转移，从而创造出无尽的注意力经济。在博客点击率不断创造新的神话的同时，徐静蕾不失时机地推出了她的第一部博客文集——《老徐的博客》，收集了她博客中的精彩片段，并由中信出版社出版。

在拍摄《梦想照进现实》的时候，为了配合电影的发行与宣传，徐静蕾又成立了自己的电影投资和发行公司。她能自导自演电影，一个包括电影投资、制作和发行的一整套的电影产业链已经逐渐成形了。徐静蕾在2007年4月创办并主编了电子杂志《开啦》。虽然这份电子杂志在2011年底停刊，但是这个杂志曾经因为徐静蕾的存在而风靡一时，引起很大的社会反响。2007年，徐静蕾与方正公司合作，推出了我国首款个性化字体——静蕾简体。"静蕾简体"是根据徐静蕾的手写字而创作的字库，用户只要花10元，下载安装此款字体后，就可像使用其他字体一样使用徐静蕾的"手写体"。

资料来源：网络相关报道和张岩松主编：《现代公共关系案例教程》，清华大学出版社、北京交通大学出版社2011年版。

二、公共关系的个人职能

（一）公共关系推动个人观念不断更新

1. 注重个人形象的观念

尽管我们常常说"爱美之心，人皆有之"，但事实上，总有些人对自己的形象并不是很在意，在言谈举止、姿态动作及穿着打扮方面表现得漫不经心。组织会通过公共关系活动向人们灌输形象意识，它甚至会要求个人在公共场合和社交场合要尽量地修饰自己的外表和仪容，保持得体的形象和风度。如IBM公司要求它的白领员工（办公室人员）上班时西装革履、衣冠整洁；很多营业性场所，要求其员工仪态大方，保持职业微笑。

2. 尊重他人的观念

在公共关系活动特别是与人交往和沟通过程中，我们特别强调要尊重他人。在企业看来，消费者是衣食父母、是上帝，当然要尊重；在党派领袖看来，选民是水，他们是舟，水能载舟亦能覆舟，不尊重选民，自己就得下台。其实从人际交往的角度来看，尊重他人就是尊重自己，你尊重别人，别人才会尊重你。所以在公共关系活动中，应该培养人们学会尊重他人的观念。

3. 合作观念

社会分工和专业化不仅需要人们交往、沟通，更需要人们进行合作。企业与企业之间的合作日益加强，如麦当劳、可口可乐和迪士尼就因为共同的利益走到了一起；国家和国家之间的关系也日益紧密。在一项工作中，人与人的合作也正变成一种社会要求，是否具备合作精神或合作观念，甚至成了某些组织录取新员工的一个重要标准。而在提倡合作观念方面，公共关系可以说是不遗余力的。因此，公共关系确实有助于人们树立合作观念。

（二）公共关系促使个人能力得到提高

1. 交际能力

在从事公共关系活动时，公共关系人员的交际能力和水平往往会对公共关系活动效果产生很大影响，有时甚至是决定性的。比如在新中国成立之初，周恩来总理就以其卓越的交际能力在国际政治舞台上纵横捭阖，为新生的中华人民共和国创造了良好的外部环境。交际能力在公共关系活动中的这种极端重要性，使得公共关系人员必须努力学习和掌握各种交际礼仪和规范，不断提高自己的交际能力和水平。

2. 自我调节能力

在公共关系活动中，公共关系人员常常要与不同的组织和个人打交道，经常会面临各种突发事件，其自身的心理状态也会随时发生变化。但工作不能不做，而且必须要做好，这就促使公共关系人员随时调整自己的心态，摆正自己的位置，不管在何种情况下都能以职业态度和乐观心情去面对工作和生活。这样，当然会对提高自我调节能力有所帮助。

3. 应变能力

公共关系是一门实践性很强的工作，而现实中的公众和环境都是比较复杂的，会时刻发生变化，根据变化的环境做出正确决策就是公共关系人员的必修课。因此，公共关系人员在从事这些公共关系工作时，应变能力自然而然地得到了锻炼而且逐步提高。

三、公共关系的社会职能

(一)净化社会风气，调控社会行为

以追求交流、协作、互惠互利为特色的公关意识和以运用公平、公正、公开的手段为特征的公关活动，在20世纪逐渐得到了社会的认同，进而成为现代占主导地位的社会观念和价值标准的一个非常重要的方面。由此，使得人际交往和社会经济生活中那种你死我活的生存斗争、势不两立的激烈对抗逐渐趋于缓和，也使得那种暗箱操作、权钱交易、权色交易、钱色交易等丑恶行为越来越受到社会舆论的谴责。通过公平、公开、互惠互利的公共关系活动，组织完全可以达到目标，人们当然没有必要再去用那些有违法律和道德的不正当手段。这样，公共关系就在无形中起到了净化社会风气、调控社会行为的作用。

(二)消除心理障碍，优化心理环境

现代社会的一个突出现象是：人们在享受高度物质文明的同时，精神方面的失落感却越来越强。有了汽车、火车、飞机、高速公路、高速铁路等，人们的地理距离越来越近了，但人们之间的心理距离没有缩短反而拉大；很多人天天见面，却熟视无睹，形同路人；很多人心情苦闷、精神压抑，却无处倾诉。所以，一些有识之士不无忧虑地说，现代特别是当今社会，对人类威胁最大的不是战争、不是原子弹，而是越来越严重的心理障碍、心理疾病。

按照心理学理论，每个人都有合群的需要、情感的需要、交往的需要。如果这些需要得不到满足，就会导致人的心理失衡；这样的人多了，就会形成社会问题。而公共关系恰好可以提供给社会一种良好的关系氛围，它可以用真诚广泛的社会交往、双向交流的沟通，帮助人们摆脱孤独、恐惧、忧虑和隔阂，帮助人们提高心理适应能力和心理承受能力，从而营造一种良好的社会心理环境。

正如美国黑人运动领袖马丁·路德·金所说，人们之所以会互相仇视，是因为他们之间害怕；他们之所以害怕，是因为他们互相不了解；他们之所以互相不了解，是因为他们互相不能交流；他们之所以互相不能交流，是因为彼此隔离。因此，接触、对话、交流这些公共关系的基本观念，是优化社会心理环境的绝妙良药。

(三)繁荣社会经济，增进整体效益

首先，公共关系有助于营利性组织获得更好的经济效益，从而促进整个社会发展。其次，公共关系有助于建立和维护地区、国家良好的经济环境，为该地区、国家内的企业提供良好的发展条件，也有利于吸引更多的外部资源(如投资、技术、人才)进入该地区，从而促进该地区整

体经济的发展。再次，公共关系活动的进行还可促进现代社会中信息的共享和交流，大幅降低市场交易成本，使经济活动变得更为规范和有序，使社会资源得到更为有效的利用。

（四）促进民主政治，倡导社会文明

公共关系是民主政治的产物，公共关系的不断发展又会反过来促进民主政治的发展。公共关系强调“公众至上”，主张社会组织的一切行为都应立足于满足社会成员的各种需要，热忱为他们提供各种优质服务。这种观念的培养和树立及其在整个社会的不断普及，会使管理人员和政府公务员形成公仆意识，使他们自觉深入民众，关心公众欲望，倾听公众声音，解决他们的实际问题。另一方面，当社会成员看到自己的意见得到重视、自己的权利得到尊重，又会唤起他们对社会事务、国家事务的主动参与意识，这样就会在社会中形成一种积极、健康的政治环境，这将大大有利于民主政治的健全和发展。

第四节　公共关系的活动模式

不同类型的组织机构，或同一组织的不同发展阶段，或同一阶段中针对不同的公众对象及不同的公共关系目标，都需要选择不同的公共关系活动模式。

一、宣传型公共关系

宣传型公共关系，即运用各种传播媒介和沟通方法开展宣传工作，树立良好组织形象的公共关系活动模式。根据宣传对象不同，此种模式又可分为对内宣传和对外宣传。具体形式多种多样，如内部刊物、职工手册、黑板报、宣传窗、闭路电视、演讲会、讨论会、记者会、新产品展示会、经验或技术交流会、公共关系广告、对外开放参观、各种典礼和仪式等。例如，青岛海尔集团总裁张瑞敏在公司创立初期，当众砸毁不合格产品，向消费者表示歉意的公关“广告”，极大地提高了该集团的信誉和知名度，获得了意想不到的经济效益。

微型案例

美国野生救援协会拯救濒危野生动物的宣传型公共关系

美国野生救援协会是一家在美国注册的致力于保护野生动物及其栖息的非营利性、国际性的民间慈善机构。2004 年该协会在北京成立办事处后，便积极投身于中国的野生动物保护事业，但是该协会在中国知名度较低，还没有被中国广大的受众了解，中国的明星也很少参与此类完全公益性质的活动。该协会为了扩大其在中国的知名度及社会影响力，唤醒中国公众野生动物保护意识，吸引更多的中国企业、意见领袖、传媒等投入到保护濒危野生物种的事业中，2006 年 8 月 2 日在北京举行了“护鲨行动从我做起——姚明等亲善大使公益宣言暨鲨鱼保护行动新闻发布会”，2007 年 8 月 23 日在北京举行了“野生救援协会·航美传媒合作签约新闻发布会”，2007 年 10 月 18 日在北京举行了“让奥运冠军点亮生命之光——野生动物保护协会携手中国奥运冠军公益宣言新闻发布会”，2007 年 11 月 29 日在北京举行了“文武卓越爱心护天下——赵文卓携手野生救援协会暨亲善大使公益宣言新闻发布会”。

资料来源：中国国际公共关系协会编:《最佳公共关系案例》，中国市场出版社 2009 年版。

二、交际型公共关系

交际型公共关系是在人际交往中开展公共关系工作的一种模式。目的是通过人与人的直接接触，进行情感上的联络，为组织广结善缘，建立广泛的社会关系网络，形成有利于组织发展的人际环境。其方式是进行团体交际和人际交往。团体交际包括各式各样的招待会、座谈会、宴会、慰问、舞会等。个人交往有交谈、拜访、祝贺、个人署名、信件往来等。交际型公共关系具有直接性、灵活性、人情味。需要注意的是，开展交际型公共关系要坚决杜绝使用各种不正当的手段，而且切记这只是公共关系的手段之一，不是公共关系的目的，更不能把一切私人交际活动都作为公共关系活动。

微型案例

某年夏天，北京出现了历史上罕见的高温天气。天气闷热，酷暑难挨，每天茶余饭后，京城不少大商场门口便坐满了“借凉”的人们。北京某商厦门口也不例外。一天，大厦门口出现了两位该商厦的礼仪小姐，她们向门口的“凉客”和顾客们一一分发印有该商厦字样的折扇，并热情地同他们寒暄攀谈。某年的大年初一清早，某些家住商厦附近的居民开门时惊喜地发现，不知是谁给他们的房门上贴上了喜气洋洋的“春”字，仔细一看，原来又是该商厦的杰作。

事情虽小，只是一点一滴，却悄悄地拨动了公众的心弦。该商厦正是以这种“润物细无声”的举动和点点情怀，时时影响、感动着消费者，在企业和公众之间建立起一条深厚的情感纽带。

三、服务型公共关系

服务型公共关系是一种向社会公众提供优惠、优质、特色服务为主的公共关系活动。目的是以实际行动来获取社会的了解和好评，建立自己的良好形象。服务型公共关系最显著的特征是有实在的行动。组织以特殊的媒介——服务——来密切组织与公众之间的关系。优质的服务不能仅靠公共关系部门的工作，而是需要依靠组织中所有成员的共同努力来实现。因此，它是一种最实在的公共关系。服务型公共关系绝不仅仅限于专门的服务行业，社会上任何一种组织都以自己独特方式向公众提供必要的服务。

微型案例

海尔售后服务公关

1994 年的“无搬动”服务；1995 年的“三免服务”；1996 年的“先设计后安装”服务；1997 年的“五个一”服务；1998 年的“星级一条龙”服务，其核心内容是从产品的设计、制造到购买，从上门设计到上门安装，从产品使用到回访服务，不断满足用户新的要求，并通过具体措施使开发、制造、售前、售中、售后、回访 6 个环节的服务制度化、规范化；1999 年海尔专业服务网络通过 ISO9000 国际质量体系认证；2000

年星级服务进驻社区；2001 年海尔空调的“无尘安装”；2003 年海尔推出了“全程管家 365”。海尔的服务已经历了十次升级，每次升级和创新都走在同行业的前列。

我们常说海尔服务好，其实海尔产品的返修率也挺高，但就是售后问题抓得快、抓得狠，问题一旦出现，就在最短时间内解决，不惜代价。这种做法虽然成本较高，但问题的实质把握得准，对后续销售的负面影响不大。中国有句古话“好事不出门，丑事传千里”，海尔正是凭借服务，把个别产品存在问题的“丑事”转化为服务第一的“好事”，从而成就了中国市场家电第一品牌。

在产品同质化日益严重的今天，售后服务作为销售的一部分已经成为众厂家和商家争夺消费者的重要领地，良好的售后服务是下一次销售前最好的促销，是提升消费者满意度和忠诚度的主要方式，是树立企业口碑和传播企业形象的重要途径，在这方面海尔无疑是做得最出色的，也是做得最早的。

资料来源：百度文库，http://baike.baidu.com/view/151891.htm?fr=aladdin。

四、社会型公共关系

社会型公共关系是社会组织利用举办各种社会性、公益性、赞助性活动塑造组织形象的公关模式。其目的是通过积极的社会活动，扩大组织的社会影响，提高企业的社会声誉，赢得公众的支持。这种公共关系模式从近期看，往往不会给组织带来直接的经济效益；但长远来看，却为组织树立了较完备的社会形象，为组织创造了一个良好的发展环境。

微型案例

农夫山泉的社会型公共关系活动

农夫山泉爱心送水能够赢得社会赞誉，也与这位“农夫”对这次活动做出的快速反应密切相关。2003 年 7 月 28 日，公司得到消息，《××晚报》记者将前往温州地区旱情严重的村庄体验生活。当天，农夫山泉总部就派人到报社联系，希望通过捐赠饮用水的形式带动企业帮助灾区抗旱。7 月 29 日，农夫山泉《××晚报》爱心送水活动方案确定，报纸报道方案提纲出炉，公司广告中心及浙江市场部、储运部、行政部等相关部门的协调工作也安排妥当。7 月 30 日早上，晚报编委会为突出报道效果，临时决定把农夫山泉送水的版面紧跟旱情体验报道在次日编发，这就意味着企业送水车到达莲头村要提前 1 天。接到改动消息后的短短 4 个小时内，农夫山泉各部门通力合作，储运安排、送水车包装等均提前完成。下午 15:00 左右，爱心送水车从农夫山泉总部杭州出发。与此同时，《××晚报》前方记者对旱情重灾区文成县富岙乡莲头村的抗旱体验报道见报。7 月 31 日凌晨 1:00，经过 10 个小时的长途跋涉，爱心送水车到达文成县。为加强宣传报道效果，晚报记者和农夫山泉工作人员商定，赶在旱灾区村民做早饭前把水运到。凌晨 4:00，天还漆黑一片，送水车就和晚报记者、县政府代表、文成电视台记者、富岙乡乡长等一行准时出发，凌晨 6:00 多，爱心送水车终于到达目的地莲头村。村民们有好些已经提着水桶在等了，看到装满农夫山泉的送水车，他们高兴得忙着招呼大伙儿来领水。每户人家都分到了一箱多的农夫山泉,记者们拍照、摄像、采访。早上7:00,晚报的新闻报道现场完成,通过村里唯一的一部电话发信息给报社。待送水车8月1日启程回杭,此时农夫山泉爱心送水活动的报道已经在报纸上刊发,占用两个版面,赢得了很好的社会反响。

资料来源:百度文库,http://wenku. baidu. com/link? url = PzESPw36NJGeqj42_3ekfRKix-OL5lTF9Z8iuk0AQNZk2wvpq3_hoMTFbE9D6FM0kXhZJ2TAjzZNXPXh4q-JUSvEq75_dt39uXr8Ftmb7nbe。

五、征询型公共关系

征询型公共关系是以采集社会信息为主的公共关系模式。目的是通过信息采集、舆论调查、民意测验等工作,了解社会舆论,为组织的经营决策提供咨询,使组织与环境保持动态平衡。

号称“拥有世界第一饮料”公司通过征询调查,掌握了主动权,战胜了强劲的竞争对手。广州市政府“假如我是广州市市长”的征文活动,为政府角色的转换提供了有力的帮助。北京××饭店更是将调查研究经常化,坚持日调查、月调查、半年调查相结合。这种全方位的调研制度,宏观上使饭店决策者高瞻远瞩地了解全世界旅游业的形势,进而可以了解本地区的行情;微观上可以了解本店每个岗位、每项服务及每个员工工作的情况,从而使他们的决策有的放矢。

微型案例

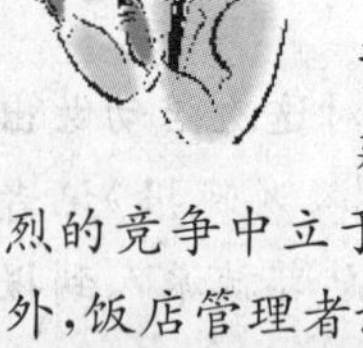

长城饭店的日常调查

北京喜来登长城饭店是1979年6月由国务院批准的全国第三家中外合资合营企业,1983年12月开始试营业。随着改革开放的深入发展,北京新建的大批高档饭店投入运营,饭店业竞争日益激烈。长城饭店之所以能在激烈的竞争中立于不败之地、成为京城饭店的佼佼者之一,除了出色的推销工作和优质服务外,饭店管理者认为公共关系工作在塑造饭店形象上发挥了重要的作用。

长城饭店的日常调查研究通常由以下几个方面组成:

1. 日常调查

(1)问卷调查。每天将调查表放在客房内,表中的项目包括客人对饭店的总体评价、对十几个类别的服务质量评价、对服务员服务态度评价,以及是否加入喜来登俱乐部和客人的游历情况等。

(2)接待投诉。几名客户经理24小时轮班在大厅内接待前来反映情况的客人,随时随地帮助客人处理困难、受理投诉、解答各种问题。

2. 月调查

(1)顾客态度调查。每天向客人发送喜来登集团在全球统一使用的调查问卷,每日收回,月底集中寄到喜来登集团总部,进行全球性综合分析,并在全球范围内进行季度评比。根据量化分析,对全球最好的喜来登饭店和进步最快的饭店给予奖励。

(2)市场调查。前台经理与在京各大饭店的前台经理每月交流一次游客情况,互通情报，共同分析本地区的形势。

3. 半年调查

喜来登总部每半年召开一次世界范围内的全球旅游情况会，其所属的各饭店的销售经理从世界各地带来大量的信息，相互交流、研究，使每个饭店都能了解世界旅游形势，站在全球的角度商议经营方针。

这种系统的全方位调研制度，宏观上可以使饭店决策者高瞻远瞩地了解全世界旅游业的形势，进而可以了解本地区的行情；微观上可以了解本店每个岗位、每项服务及每个员工的工作情况，从而使他们的决策有的放矢。

综合调查表明，任何一家饭店，只有较高的知名度是远远不够的，要想保持较高的“回头率”，还要靠优质的服务使客人满意。怎样才能使客人满意呢？经过调查研究和策划，喜来登集团面对竞争提出了“宾至如归”的方案。计划中提出在3个月内对长城饭店上至总经理、下至一般服务员进行强化培训，不准请假，合格者发证上岗。在每人每年100美元培训费基础上另设奖金，奖励现金。其宗旨就是向宾客提供满意的服务，使他们有宾至如归的感觉。随着这一方案的推行，饭店的服务水平又有了新的提高。

资料来源：吴建勋、丁华主编：《公共关系案例与分析教程》，清华大学出版社2013年版。

六、建设型公共关系

建设型公共关系模式是一种主动自我介绍，引导公众“认识—理解—行动”的公关模式。这种模式一般用于组织的开创阶段或新产品上市时期。

北京市环境科技公司的“××”牌加湿器成功打进天津市场、法国白兰地顺利进入美国市场等活动都是建设型公关模式的典范。

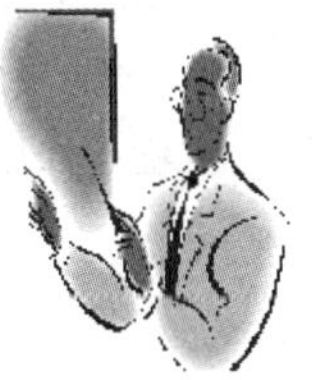

微型案例

可口可乐的“中国情结”

2002年8月8日，全球品牌管理咨询公司与美国《商业周刊》合作，公布了全球100个最有价值的品牌。可口可乐战胜微软和IBM，又一次登上榜首，成为名副其实的全球第一品牌。在中国，可口可乐公司系列产品在软饮料市场的占有率达33%，81%的中国消费者都知道可口可乐品牌。在整个中国地区，可口可乐雇用了大约1.5万名员工，从董事长到工人都是中国人。

2003年2月18日，可口可乐(中国)饮料公司对外宣布：正式更换包装、启用新标识。这是可口可乐公司自1979年进入中国市场以来首次改用中文新标识，目的是使它更贴近中国消费者的生活。

可口可乐非常重视对社会的回馈，到目前为止，可口可乐在中国各地兴建了50所希望小学，为贫困地区的100所农村小学各捐赠了一套希望书库。1998年洪灾，可口可乐还捐赠了“帐篷希望小学”。1998年3月，可口可乐公司前董事长格拉斯·艾华士访华，宣布向“希望工程”捐赠人民币500万元，专门用于资助失学儿童。1999年在中国青年基金会的发起下，可口可乐(中国)饮料有限公司设立了“可口可乐第一代乡村大学生奖金”，资助包括北京大学、清华大学等55所大学在内的近700名大学生完成学业。这些大学生都来自偏僻的乡村，并且是第一代在村里考取大学的青年。奖学金金额为8 000元，分4年提供。

资料来源：吴建勋、丁华主编：《公共关系案例与分析教程》，清华大学出版社2013年版。

七、维系型公共关系

维系型公共关系是一种通过各种传播媒介，以较低的姿态，持续不断地向公众传递组织的各种信息，推动公众对组织有更新、更深的认识与了解的公关模式。

维系型公共模式的目的是不断巩固企业形象。它一般用在组织的发展期。某快餐各分店每年推出大量与儿童直接有关的丰富多彩的公共关系活动，也是通过不断加深儿童对该快餐的印象和好感，从而维系了企业与孩子的父母——真正的顾客——之间的关系。

微型案例

惠普的经营之道

惠普公司作为一家世界知名的电脑公司，其核心价值观被人们称作“惠普方式”。惠普创始人比尔·休利特对“惠普方式”这样描述：关心和尊重每个人，并承认个人的成就。他认为企业存在的真正目的是向公众提供某种独特、有用的东西，从而向社会做出贡献。惠普的三份重要公司文件都把员工和顾客(而不仅仅是利益)放在重要的位置，明显宣扬了道德价值观。

惠普公司强调对雇员的信任和尊重，给予雇员大量自由。员工可在保证完成公司制定的工作目标的基础上自由决定上班时间。公司强调开放式交流，每个员工有权利与任何级别的管理层讨论以解决他们的问题，管理者不能以任何一种形式阻止雇员与他们的交流，这能够让每个员工都积极融入公司的发展之中。惠普公司提倡雇员们分享利益、分担责任，并重视在日常业务经营中培养团队工作意识和合作意识。公司关心员工，竭力避免解雇员工。公司为员工提供就业保障，并大力鼓励雇员发展；实行内部提升，为雇员提供培训机会。

惠普公司的核心价值是诚实和正直，对雇员提出了四个方面的义务：对惠普的义务、对顾客的义务、对竞争者的义务、对供应商的义务。并且公司审计部门负责监督雇员是否遵守标准、有无违反标准的行为。惠普总裁约翰·扬说，惠普的最终目标是通过向顾客提供好的服务，让顾客满意，从而获得成功，在此基础上利润会自然而然地获得，不能只是最大限度地追求利润。

八、进攻型公共关系

进攻型公共关系是一种在组织与环境之间发生严重不协调时，以攻为守，以积极主动的方式改造环境，创造局面的公关活动模式。

微型案例

2004年4月24日，一家水饮料公司突然宣布退出纯净水市场，而只做天然水，同时在中央电视台推出一则广告，以水仙花的生长来强调自己的诉求点，认为天然水比纯净水更有益于健康。5月25日，又紧锣密鼓地开展“争当小小科学家”活动，倡议小学生进行天然水、纯净水比较实验。这一举措引发了中国水市场的一场大战，也因此引发了与以另一家公司为代表的诸多纯净水厂家之间的系列矛盾。媒体对此争相报道，并给纠纷双方提供辩论的舞台。全国同仁更是密切关注，并积极参与讨论。这一场战役打得有声有色，深入人心。这家水饮料公司的名字几乎家喻户晓。

这家公司的行为属于很典型的进攻行为。当时这家水饮料公司与另两家品牌在市场上的占有率本来相差无几，但在另两家公司都与法国××公司合资之后，这家水饮料公司自然感到了压力和威胁，于是情急之下主动出击、先发制人。

资料来源：沈永祥、洪霄主编：《公共关系学》，化学工业出版社2010年版。

九、防御型公共关系

防御型公共关系是组织为针对或防御经营和管理上可能出现的“失调”或“危机”而采取的一种公共关系模式。其出发点是抓住潜在公众形成的时机，及时寻找对策，把问题消灭在萌芽状况，并借此作为宣传组织形象的契机。

微型案例

百事可乐的“针头丑闻”事件

1993年6月10日，西雅图一家电视台报道当地一对夫妇在一听百事可乐罐中发现了一个注射器针头。很快，第二起投诉又出现在西雅图。这种情况促使美国食品和药物管理局(FDA)发布了一个地区性的声明，提醒消费者在饮用百事可乐前将其倒入玻璃杯。这条警告引起了全国媒介的注意，24小时内，在全国各地发现百事可乐罐中有针头的消息见于各种媒体。由此引发的公众紧张、例行的调查、社会对针头已被感染可能性的恐惧，以及危机对7月4日达到假日最大销售额预期目标的负面影响，都使百事可乐公司面临前所未有的挑战，其商标及声誉受到严重威胁。由于并未在生产上找到一系列奇怪事件的起因，FDA宣布不回收产品。然而媒介方面不习惯厂方在如此严重的产品污染事件发生后持此种态度，开始持续报道“受害者”的申诉并坚持向公司寻求答复。

危机发生后，百事可乐公司危机小组迅速展开工作。首先与FDA紧密合作调查事件的真正原因。西雅图的瓶装供应商允许当地记者到工厂参观高科技的瓶装线，并举办新闻发布会向公众保证将找到答案。百事可乐公司的首席执行官在主要的广播新闻节目中宣布，公司“99.9%确信”这些针头不可能出现在工厂中。随后，危机小组发布了大量信息、录像新闻、新闻发布会、消费者谈话节目、厂商建议、员工公告、商业信函、照片、图片和采访等，来帮助百事可乐公司和FDA迅速结束丑闻。最后调查表明是一些居心不良的人制造的，旨在向百事可乐公司索取赔偿。7天之后，针头风波平息了。尽管危机使百事可乐公司的销售额下跌，损失了2 500万美元，但到夏季就开始恢复增长并在季末取得了5年以来最高销售额，比上年同期增长了7%。危机后做的调查显示，消费者对百事可乐公司是信任的。美国众议院在国会记录中也赞扬了百事可乐公司在遏制这起全国性丑闻时采取的迅速、有效的措施。

资料来源：《百事可乐针头丑闻与三菱帕杰罗的公关败笔》，中国公关门户网，2006年9月29日。

以上分别对不同的公共关系活动模式进行了分析说明，有时在运用时，往往是几种公关模式同时采用，而不能机械地去理解。

小 结

关键术语

公共关系部门　公共关系公司　公共关系人员　宣传型公共关系　交际型公共关系　服务型公共关系　征询型公共关系　建设型公共关系　维系型公共关系　进攻型公共关系　防御型公共关系

本章小结

1. 公共关系机构是专业从事公共关系工作的组织机构，代理特定组织的公共关系工作，其实质是公共关系的实施主体。在现有的公共关系机构中，主要分为两类：一类是社会组织内部设立的公共关系部门；另一类是专门承接公共关系委托业务，代理其他社会组织公共关系业务的服务性机构。

2. 公共关系机构在组织内部充当资料存储中心、信息发布中心、环境监测中心、趋势预测中心、公众接待中心等角色。

3. 公共关系公司是指由公共关系专家和专业人员组成，以提供咨询服务为主要内容的知识密集型的商业机构。

4. 公共关系组织职能主要包括：采集信息，监测环境；引导舆论，塑造形象；沟通内外，协调关系；咨询建议、参谋决策；团结员工，发展组织；等等。

5. 公共关系的个人职能主要表现在：公共关系推动个人观念不断更新；公共关系促使个人能力得到提高。公共关系的社会职能主要是：净化社会风气，调控社会行为；消除心理障碍，优化心理环境；繁荣社会经济，增进整体效益；促进民主政治，倡导社会文明。

6. 宣传型公共关系，即运用各种传播媒介和沟通方法，开展宣传工作，树立良好组织形象的公共关系活动模式。

7. 交际型公共关系是在人际交往中开展公共关系工作的一种模式。目的是通过人与人的直接接触，进行情感上的联络，为组织广结善缘，建立广泛的社会关系网络，形成有利于组织发展的人际环境。

8. 服务型公共关系是一种向社会公众提供优惠、优质、特色服务为主的公共关系活动。目的是以实际行动来获取社会的了解和好评，建立自己的良好形象。

9. 社会型公共关系是社会组织利用举办各种社会性、公益性、赞助性活动塑造组织形象的公关模式。其目的是通过积极的社会活动，扩大组织的社会影响，提高企业社会声誉，赢得公众的支持。

10. 征询型公共关系是以采集社会信息为主的公共关系模式。目的是通过信息采集、舆论调查、民意测验等工作，了解社会舆论，为组织的经营决策提供咨询，使组织与环境保持动态平衡。

11. 建设型公共关系模式是一种主动自我介绍，引导公众“认识—理解—行动”的公关模式。这种模式一般用于组织的开创阶段或新产品上市时期。

12. 维系型公共关系是一种通过各种传播媒介，以较低的姿态，持续不断地向公众传递组织的各种信息，推动公众对组织有更新、更深的认识与了解的公共关系模式。

13. 进攻型公共关系是一种在组织与环境之间发生严重不协调时，以攻为守，以积极主动的方式改造环境、创造局面的公共关系活动模式。

14. 防御型公共关系是组织为针对或防御经营和管理上可能出现的“失调”或“危机”而采取的一种公共关系模式。其出发点是抓住潜在公众形成的时机，及时寻找对策，把问题消灭在萌芽状况下，并借此作为宣传组织形象的契机。

知识结构图

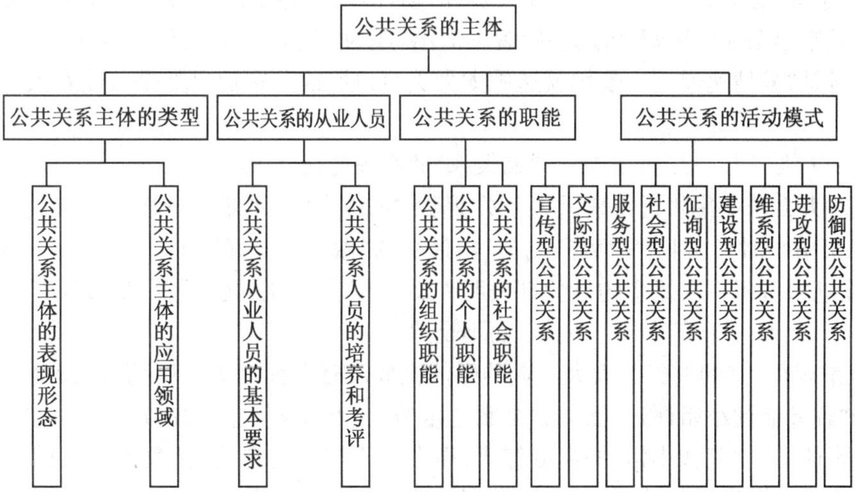

应　用

案例研究

太太药业的公关启示

成立于1992年的深圳太太药业股份有限公司（2003年易名为健康元药业集团）是一家民营保健品公司。经过短短12年的“自我发展”和不断的“攻城略地”，如今它已经由一家单纯的保健品医药公司发展为横跨保健品、处方药和OTC三个领域，下辖太太、鹰牌、丽珠得乐、喜悦等多个品牌的综合性制药集团，年销售额近30亿元。在它辉煌的业绩背后，可圈可点的地方实在很多，本文仅从公关的角度切入，寻找“太太人”公关的智慧，以供业界参考。

“太太”重大公关回眸

1.1995～2000年“亚姐”公关。太太药业连续5年赞助由香港亚洲电视台举办的“亚洲小姐”评选活动。“亚洲小姐”的入选标准为高学历、高素质、身材好、有女人味、秀外慧中，与太太药业传达的理念高度吻合。企业借此盛事树立了品牌形象。

2.2001～2002年高潮迭起。首先是2001年的“太太口服液魅力大使”全国巡回演出活动。10位在1999年和2000年“美在花城”广告新星大赛中获奖的“魅力大使”，在广州天河宏城商业广场将太太口服液“十足女人味”的主题演绎得淋漓尽致，她们向现代都市女性传递了美丽的资讯和新生活的主张：新世纪、新女人、新魅力。接着是2002年举办的寻找“喝太太口服液的出色女人”和“第三届金鹰艺术节——电视新秀晚会”活动。前者把企业发展同女性的成长联系起来：太太的关爱让女人更自信、更成熟、更有魅力。太太依靠优良品质逐渐走向成熟，与公众真诚相约、激情互动；后者将金鹰艺术节丰富的文化内涵和艺术品质融入产品中，拓展了品牌发展的空间。

3.2003～2004年不断创新。2003年太太药业与“快乐大本营”联手举办了“太太口服液出色女人颁奖嘉年华”晚会。这既是对2003年举办的寻找“喝太太口服液的出色女人”公关活动的延续，同时也是企业回馈社会关爱的一种形式。这次晚会在全国广大女性朋友中引起了强烈反响，相继推出了一系列真实感人的“太太”的美丽故事。2003年另一大亮点是企业与《女友》杂志携手推出的“2003年封面女友大赛”活动，活动席卷了深圳、西安、北京和无锡等城市，最终西安姑娘李薇从4 000多名选手中脱颖而出，成为《女友》杂志的封面人物。今年企业推出的公关口号是“爱情速递——爱她就送她太太美容口服液”，宗旨仍然是关爱女人，但角度有所不同。

“太太人”的公关智慧

通过对太太药业集团近年来重大公关活动的回顾，我们不难发现以下亮点：

1. 积极引领时尚，创造生活新主张。由最初的“做女人真好”到“十足女人味”和“新世纪、新女人、新魅力”，每一次概念的延伸都表明“太太人”是潮流的引领者，是女性新生活、新观念的创造者。“太太人”的智慧在于创新，而不是追随。

2. 找准媒体，有的放矢。太太药业的媒体投放没有选择相关的医药、健康类杂志，而是盯上了诸如“香港亚洲小姐评选”活动、“金鹰艺术节”、《女友》杂志等看似不相关，实际上却是高度相关的媒体——“亚洲小姐”的靓丽健康、高贵气质与公司宣传的“美丽女人的理念”高度契合。这不仅最大限度地传播了自己，而且有效地抓住了目标受众。

3. 淡化商业气息。在商言商是本分，在商不言商是境界。太太药业的公关活动做得颇有几分境界，他们没有直接宣传自己，而是为不同层面的人，如为那些想成为“亚洲小姐”“电视新秀”或想上杂志封面的人，提供活动空间，搭建个性舞台。这种宣传手法客观上却收到了润物细无声的效果。

4. 真情互动，关爱第一。太太药业一改企业公关名人化的作风，从产品的目标消费者和潜在目标消费者入手，通过消费者的集体参与，从中选出公认的代表，参与公司的公关活动。这种活动方式，消费者参与度高、反响大，使企业在无形中与公众形成了良性的互动。此外，“太太人”以关爱女人为公司决策的出发点，深刻地体会、理解现代女性内心深层的需求，并以个性化的产品来满足这种不断变化的需求。当“做女人真好”的观念已经不能体现女性内心需求时，太太药业及时开拓了做新世纪女人、做知性女人的视野。

5. 巧挖潜在的目标消费者。从“喝太太口服液出色女人颁奖嘉年华”晚会到《女友》杂志封面人物之争，表面上是舞台主角的变换——由靓丽的太太到年轻的姑娘；实质是品牌目标策略的延伸——由成熟的太太级别的女性延伸向更年轻的受众层。因为活动中的主角是特定目标消费层的代表，在不知不觉中太太药业把目标受众延展了一个年龄段，高也！

“太太人”留给业界的思考

事实上，太太药业公关的智慧也许远不止以上几点，但是以上几点却是其智慧中的亮点，留给我们以下启示：

1. 不断的品牌赋值策略。产品的生存发展靠品牌，品牌的建设靠企业领导、员工的细心呵护及长远而一贯的规划。品牌是动态的，要不断地根据时代、社会的实际需求，进行新的赋值。当人们在追问新世纪做什么样的女人时，企业就不能重复昨天的理念——“做女人真好”，而是提升为“做有味道的女人”。

2. 媒介创新策略。这里的媒介泛指所有能表现产品内涵的任何的人、事、物及各种活动。现代社会缺乏的不是媒介，而是对新媒介的发现，尤其是与自己产品高度相关的媒介、能诠释产品内涵的媒介。太太药业选择“亚洲小姐”评选活动为产品的载体是一种创新，农夫山泉开拓贫困山区体育活动的“阳光工程”也是一种创新，这两个企业的媒介策略都取得了意想不到的成功。

3. 以人为本的基调。21 世纪是一个人文回归的时代，呼唤人性、推崇人文关怀是时代的主旋律。因此，企业公关活动要以关爱为圆心，以诚信为半径，画一个企业与社会、公众和谐发展的真心圆，这样才能使企业立于不败之地。

4. 双向沟通，良性互动。真正健康的公众关系是双向的、平衡的。因此，企业公关一要尽力让公众唱主角，提高参与度；二要建立完善的信息反馈机制，对潜在和已出现的问题做出积极的反应。

5. 持续公关，功夫放在平时。公关不同于广告，其效果有很大的滞后性，所以企业要进行持续公关，制定长期的公关计划和目标；平时公关要放出交情，重在交心、沟通，培养和公众的感情。这样在企业出现危机时，才能最大限度地获得公众的理解和支持，所谓“养兵千日，用兵一时”。

6. 以质量为依托。把产品质量放在最后一点谈，不是说质量不重要；恰恰相反，质量是企业生存发展的基础，是企业公关活动的依托。公关活动能协调企业与公众的关系、能够改变消费者对产品的态度，但永远无法弥补产品本身质量的缺陷。如果产品本身存在质量问题，公关活动做得越好，产品和企业可能死得越快。

12 载的努力，12 载的收获，沉淀在“太太”日渐成熟的运作中，沉淀在“太太”日趋丰满的羽翼中，也沉淀在“太太人”日臻大化的智慧中。这是医药界的奇迹，这是中国短命品牌时代的奇迹。所以说，太太药业值得我们去思考。

资料来源：王单、涂红琴：《长袖兮，善舞兮——太太药业的公关启示》，中国营销传播网，2004 年 7 月 2 日。

问题：

1. 通过这个案例，你从中得到怎样的启示？

2. “太太药业”在自身的成功历程中，运用了哪些公共关系策略？

实验实训

1. 以班级为单位模拟组建公共关系公司，为公司制定经营范围、工作规范，设计部门与岗位。

2. 全班同学分组分别为各公共关系活动模式在网上或图书馆搜集案例，并做成 PPT 的形式在课堂上进行宣讲。

复习思考题

1. 公共关系部门设置的原则是什么？
2. 如何理解公共关系的职能？
3. 公共关系从业人员应该具有什么样的素质和能力？
4. 举例说明公共关系活动模式。

第三章　公共关系的客体

学习目标

通过本章学习，你应能够：
掌握公众的概念及特征；
了解组织内部公众的类型和作用；
理解组织外部公众的类型和作用。

引入案例

大连万达集团的公关

早在20世纪90年代，大连万达集团(公司)积极与大连市政府沟通，主动出资近百万元为大连市人民广场更换草坪，集团董事长王健林说，“我们民营企业靠的是政府的支持才有今天，政府有需要、有困难，我们要义不容辞地肩负起社会责任”。在这种理念的支持下，万达集团在1990年捐赠100万元建立了大连西岗区幼儿园；1993年捐资2 000万元兴建了大连市西岗区体育馆；1994年，万达又出资5亿元建立了“大连大学”。

生于红色家庭、当过18年兵的王健林，在短短20多年间建起了万达商业帝国。从为政府分忧解难，到政府上门求援，王健林对官员追求政绩心理的准确掌握，使万达的商业综合体模式发挥得淋漓尽致。“从拿地到开发，我们能做到在18个月内开一个万达广场。对于五年一届急于出政绩的地方政府来说，万达模式是再受欢迎不过的了。”但是，“万达只与政治上有追求的官员打交道”。

在20世纪90年代，让王健林声名鹊起的招牌莫过于大连万达足球队，中国足球专业联赛的“八冠王”，后无来者。2000年，王健林在声望的顶点退出足球圈，同时让人不可思议的是，他决定淡出住宅地产，转向商业地产开发。在经历第一代单体盒子以及第二代盒子组合的试错后，2006年，宁波万达广场开业，王健林的第三代综合——“盒子＋街区＋高层”综合体——一下子开启了宝藏之门。随后的几年里，万达广场以每年十几家的速度迅速在全国批量诞生。以万达广场的就业、税收和形象效应低价获取核心地段的紧缺土地资源，以万达广场周边住宅销售支持商业地产运营，是王健林实现“资金平衡”与“快速扩张”的主要筹码。

“一座万达广场，一个城市中心”的口号开始在全国叫响。商业综合体变成了品牌，地方政府引进万达也构成实在的政绩体现——万达在随后几年里确立了议价权。

对此，王健林也并不避讳。王健林称万达每年做二三十个项目，百分之百来自政府"邀请"。每年来万达北京总部上门邀请的城市超过100个，他一方面抱怨过多应酬挤占了私人时间，一方面为万达对地方城市的议价权而得意："但我们还没有这么多能力，只能筛选其中最多30%的项目进行开发，现在稍微贵一点儿的地方我就放一放，放一放他着急了，可能第二年把价钱降下来了又请我去。"

显然，地方政府视王健林为解决就业、提升城市形象的骑士。王健林也称万达是一个与政府关系比较良好的企业。

资料来源：《王健林：万达敢说不行贿》，华夏经纬网，2012年4月28日。有删改。

开展公共关系活动，首先要根据公共关系目的确定工作对象，然后从实际出发选择合适的工作模式。公共关系也称为公众关系，因为公共关系的工作对象就是公众。了解和研究公众是做好公共关系工作的前提。

第一节　公众的概述

微型案例

丑陋玩具风靡全美

美国艾士隆公司董事长布希耐有一次在郊外散步，偶然看到几个儿童对一只肮脏并且面貌丑陋的昆虫爱不释手。布希耐突发异想：市面上销售的玩具一般都是形象优美的，假如生产一些丑陋玩具，又将如何？于是，他让自己的公司研制一套"丑陋玩具"，并迅速推向市场。结果一炮打响，"丑陋玩具"给艾士隆公司带来了巨大收益，并使同行们也受到了启发，于是"丑陋玩具"接踵而来。如"疯球"，就是在一串小球上面，印上许多丑陋不堪的面孔；又如橡皮做的"粗鲁陋夫"，长着枯黄的头发、绿色的皮肤和一双鼓胀且带血丝的眼睛，眨眼时发出非常难听的声音。这些丑陋玩具的售价虽然超过正常玩具，却一直畅销不衰，而且在美国掀起了一场行销"丑陋玩具"的热潮。

分析：研究公众对象的一个重要内容就是分析公众心理和行为，以便使传播与沟通工作具有较强的针对性和科学性。此案例就是一个组织利用公众的求新欲望和逆反心理，成功地把自己的产品推向市场的公关活动。

一、公众的概念

1. 公众的含义

所谓公众，就是具有某种共同利益，与特定的公共关系主体相互联系、相互作用的个人、群体或组织的总和，是公共关系工作对象的总称。

公共关系中的"公众"与一般意义上的"人民群众""人群"几个概念容易混淆，应注意它们之间的区别。人民群众是一个政治哲学及社会历史概念，从本质上讲，人民群众是指一切对社会历史发展起推动作用的人们。所以，人民群众是指以劳动群众（包括体力劳动者和脑力劳动者）为主体的、占居民绝大多数的、对社会发展起到推动作用的人们。而人群作为一个社会学用语，从本质上讲，是个松散的结构，凡是人聚在一起均可称之为人群。“公众”作为公共关系学的概念，特指与公共关系主体有相关利益的公共关系客体，即公共关系主体的工作对象。

2. 公众的特征

(1)群体性。从观念上说，公众总是作为群体出现的，它是与某个社会组织相关的所有个人、群体或组织的集合。每一个社会组织的生存与发展都不会只和某一个人或某一类人相关，而会涉及社会的各个方面，如生产企业至少要与原材料供应商、经销商、政府主管部门、内部职工、消费者等密切相关；商业企业的消费者公众也往往是一个庞大的社会群体。就公众个体来说，他是作为某一类公众或者说是这个社会群体中的一员出现的。

(2)整体性。公众不是单一的群体，而是与某一社会组织运行有关的整体环境。任何组织的生存和发展都离不开一定的公众环境。公众环境是指组织运行过程中必须面对的社会关系和社会舆论的总和。这些社会关系和社会舆论范围很广，涉及组织内部和外部，而且相互关联，构成复杂。公共关系工作不能只注意其中某一类公众而忽略其他公众，对其中任何一种公众的疏忽都可能导致整个公众环境的恶化。因此，应该将组织面对的公众视作一个完整的环境，要用全面、系统的观点来分析自己面临的公众。

(3)共同性。公众是具有某种内在共同性的群体。这种共同性表现为公众成员之间的某种共同点，如共同的利益、共同的目的、共同的问题、共同的背景、共同的兴趣等。正是这些共同点，使某些社会群体具有相同或类似的态度和行为，形成组织所面临的一类公众。例如，在地理位置上与企业接近的居民，客观上成为企业行为最直接的感受者，从而使他们的态度和行为与企业具有内在联系，形成企业的社区公众。再如，当企业危机出现时，那些因为企业行为而致使自身利益受到侵害的个人、团体或社会组织，会不约而同地对企业施加同样或类似的压力，这是因为企业行为对他们产生了共同的影响。所以，共同的利益和共同问题使这些公众成为企业公共关系必须立即处理的危机公众。2001 年 1 月 27 日，发生在日本东京关西机场的“日航事件”的受害者有共同的遭遇、共同的要求，他们作为一个整体对“日航”形成一定压力。

(4)变化性。“没有永远的敌人，只有永远的利益”，组织公共关系工作面对的公众无时无刻不处于变化之中。这种变化表现在公众的性质、结构、数量、重要程度等诸多方面。公众的这些变化可能给组织的发展带来新的转机，同时也蕴含着挑战与危机，因此，要求公共关系工作在战略、方针、目标和手段上必须做出相应的调整与反应，以帮助企业抓住机遇或避免危机，得到更好的发展。所以，公共关系工作应随时注意公众的变化，必须用发展的眼光来分析、认识自己的公众。

提醒您

从群体性、整体性、共同性和变化性这几个方面来把握公众的特定含义，才能深刻理解“公众”的含义，从而为成功开展公共关系工作打下坚实的基础。

二、公众分类的方法和标准

不同的组织有不同的公众，同一组织有不同的公众，而同一种公众又可以根据不同的标准做不同的区分。

1. 按公众的归属，可将其分为内部公众和外部公众。内部公众是一个社会组织内部的公共关系对象。

企业的内部公众有职工、股东等，其与企业荣辱与共，是企业发展的核心力量。内部公众既是社会组织的公共关系主体，也是公共关系客体。

外部公众是社会组织的外部公共关系对象。它主要包括与组织相关的协作者、竞争对手、消费群体、政府部门、舆论传播者等，他们一起构成了企业的外部经营环境。

微型案例

杭州的香格里拉饭店位于西湖之滨，景色宜人，是浙江省第一家中外合资豪华宾馆。其公关部在全省也是最早建立的。除了做好对外宣传和协助饭店做好管理工作外，公关部还用了很大的精力做好其内部员工的公关工作。

饭店有一条硬性规定，凡客人剩下的菜肴酒水，哪怕没有沾唇也一律倒掉，不准员工私留。这条规定就是公关部出的主意。用意有二：一是培养员工的民族自尊心，不可因贪小便宜而有失尊严；二是防范有人给顾客多上酒菜，维护饭店信誉。但饭店里同时还有一条规定，内部搞活动时，可随便吃喝，喝得烂醉都无妨。

外国管理者在监督、检查、纠正方面的要求都很严格。为了抵消员工的不满情绪，使其有合理的宣泄渠道，杭州香格里拉饭店办了一份内部刊物《微笑》。员工一旦有建议、意见、不满、埋怨等都可以投稿，公关部根据情况适时给予回音。在内部公关计划中，业余时间开展各种活动，在员工中形成亲和力是其主要的内容。

资料来源：何春晖编著：《中外公关案例宝典》，浙江大学出版社 2006 年版。

2. 按公众的重要程度，可将其分为首要公众和次要公众。

首要公众即关系组织的生死存亡，决定组织成败的那部分公众。组织为了维护与重要公众的关系，往往要投入比较多的时间、人力和财力。

次要公众是指对一个组织的生存发展有一定的影响作用，但不具有决定性作用的公众。

当然，这种首要和次要的划分只是相对的，而且两者之间也可能存在着转化关系。次要公众也不能完全放弃。社会组织应根据内外环境的变化，及时调整自己的工作重点，既要保证首要公众，又要兼顾次要公众。

微型案例

在长城饭店宴请美国前总统里根，英国女王伊丽莎白下榻白天鹅宾馆，对饭店、宾馆来说，这些重要人物就是它们的首要公众。如果对首要公众照顾得好，就会迅速提升其知名度和美誉度；否则，就会带来很大的负面影响。对首要公众必须投入大量的人力、物力与时间。

3. 根据公众对组织的态度，可将公众区分为顺意公众、逆意公众、中间公众。顺意公众、逆意公众、中间公众对组织的态度可以分别用赞同、敌对、冷漠来形容，也就是说，顺意公众是对组织持支持和赞同态度的公众；逆意公众则与之相反；而中间公众是对组织持冷漠或不明确态度的公众。组织的公共关系工作是指通过多方面沟通、协调、影响公众的态度，精心维护与顺意公众的关系，转变逆意公众的态度，尤其是要花大力气引导中间公众成为顺意公众。

4. 根据公众的稳定程度，将其划分为临时公众、周期公众、稳定公众。

(1)临时公众：因某一临时因素、偶发事件或专题活动而形成的公众，比如因为飞机航班误点而滞留机场的旅客、足球场闹事的球迷、促销活动现场挤伤的顾客等。虽然这些公众是临时的，但如果不予以重视，往往导致危机的发生，给组织带来不可预料的负面影响。

(2)周期公众：按一定规律和周期出现的公众，比如每逢假日、黄金周出现的旅客，招生时的考生及其家长等。周期公众的出现是有规律的，可以预先做准备。应该利用各种手段进行比较准确的预测，并做好充分准备。对某些社会组织来说，周期公众的一部分可以转化为稳定公众。

(3)稳定公众：成为社会组织会员或者贵宾级别的公众，可被看成是社会组织的稳定公众。对于一个组织来说，必须具有一定的稳定公众的比重，社会组织才能有更稳定的发展前景。

临时公众、周期公众和稳定公众的划分是制定公共关系的临时对策、周期性政策和稳定策略的依据。

5. 按公众在其形成过程中不同阶段的特点，可将其分为非公众、潜在公众、知晓公众和行动公众。非公众是公共关系学的特殊概念，社会学中没有这个概念。非公众指目前与某社会组织不存在任何相互影响、相互作用的公众。划分出非公众可有助于减少公共关系工作的盲目性，避免不必要的浪费。

(1)潜在公众：是指与某社会组织的关系处于潜伏状态的公众。往往是由于某个公共关系问题尚未充分显露或这些公众本身还未意识到问题的存在，所以作为公共关系主体的社会组织应该未雨绸缪，防患于未然。但是“潜在公众”也不都是“隐患公众”，可能是对该组织不了解的盲目公众。例如，偶然选择了某商品的顾客，如果企业利用有效传播手段让这些顾客充分认识到该商品的优点，那么这些“潜在公众”就成为稳定的顺意公众。

(2)知晓公众：是潜在公众逻辑发展的结果。即公众已经明确自己与该组织的利害关系，迫切希望了解更多的真实信息。这时，该社会组织必须本着“公众必须被告知”的原则，及时传播沟通，以引导知晓公众成为理解和支持组织的顺意公众。尼克松在处理“水门事件”时，由于没有正视知晓公众的要求，失去了引导舆论的时机，使自己越来越被动，最后只好辞职下台。

(3)行动公众：自然就是知晓公众的发展结果，当公众对社会组织的了解足够多时，就会采取积极或消极的行动。这时公共关系工作就不仅仅是引导的问题，而必须采取相应的更为积极的公关活动，使与顺意公众的关系更为稳固，使逆意公众得到安抚，尽力挽回危机造成的损失。

每一个公共关系工作者都应该灵活运用各种分类方法，对不同的组织进行细化的公众分类，以提高工作效率，增强工作效果。

第二节　组织的内部公众

一、职工

职工是指企业的构成人员，包括一线操作工、营业员、技术人员、行政后勤管理人员等。职工是企业内部公关的主要对象，同时也是外部公关的有力支持力量之一，这种双重角色，使得职工在公共关系中的地位特别为重要。

职工是企业生存和发展的基本力量。企业的工作需要依靠全体职工的合作努力才能完成。要想调动全体职工的积极性,必须做到尊重职工的人格,为他们提供一个展现个人才能、实现人生价值的平台,营造融洽的工作气氛,增强职工的主人翁意识,为职工提供优厚的福利待遇和终身保障,使他们获得幸福感、认同感、归属感。

小资料

使员工成为公司最忠实的拥护者

我们的首要目标不是将员工变成狂热的吹捧者——这是事情发展到一定程度自然出现的结果。要想达到这一步,应该营造一个很好的工作氛围,使员工非常乐意在这个公司工作。一个和谐的工作团体容易被激励,而且可以帮助公司在内部员工和外部环境之间建立起更加有效、良好的沟通关系。

因此,员工可以成为公司最忠实的拥护者,但是他们也可能成为最严厉的批评者。每一位公司领导都应该努力去了解、激励这一群体,同时也尽量避免在沟通过程中犯错误——这会使精心策划的内部沟通计划功亏一篑。

对员工进行引导,需要三个步骤来完成:

第一步:理解。员工通常都需要掌握自己的工作和所作所为在公司整个大规划中所起的作用。他们必须知道自己的行为和态度是如何影响公司的经营表现的。

第二步:接受。当公司员工知道可以通过自己的行为来影响公司财富时,他们就可以接受自己的公司了。在这一阶段,员工仍然需要被激励,从而不断改变自己的行为,努力改善自身的表现。另外,需要引进一些新的工作程序,以允许这些改变发生,不断修改评估员工表现的方法和及时奖励员工的新做法。

第三步:支持。这一阶段是应该尽全力努力争取的最高境界,那就是员工在每天的交流活动中总是主动支持自己所在的公司,比如员工与顾客、供应商、竞争对手、朋友、家庭成员等进行交流。他们不仅会传递沟通的信息,还会全心全意地工作,用自己最好的表现来保证公司特定目标的实现。

资料来源:[美]克里斯·杰纳斯著,宋庆云、杨桦译:《赢取信誉——如何成为优秀的公关专家》,人民邮电出版社 2003 年版。

职工也是企业组织对外公共关系的生力军。职工是组织与外部直接接触的触角。其言行举止不同程度地代表着组织形象,所以他们时常站在对外公共关系的第一线。当组织内部职工的积极性被广泛调动起来的时候,他们就会积极主动地充当对外公共关系员的角色,这时组织对外公共关系的成功才能有最大保障。

微型案例

大众汽车集团(中国)奥运火炬手选拔活动

大众汽车集团(中国)是德国大众在中国的独资企业,公司员工近 500 人。这是一家典型的德国公司,管理严明、办事风格一丝不苟、重视规矩和流程。公司的员工普遍文化层次较高,而且呈现多元化状态。很多中国籍员工有多年工作经历，而更多的外籍员工则来自世界各地。多元化、多背景、高学历、高层次的员工架构形成了公司部门之间、高层与普通员工之间、员工彼此之间沟通较少、了解不够的层面。所以，大众汽车集团（中国）希望通过这次火炬手的选拔，不仅能推选出代表大众参加奥运会火炬接力的10名人选，更重要的目的是增进全体公司员工的交流，提高团队凝聚力，进一步提升员工对于公司作为奥运赞助商身份的荣誉感。而这也是此次实行内部公关活动的传播目标和重点。利用这次难得的契机，有效宣传推广能够提升员工对企业文化以及奥运精神的认识高度，有助于激发大众员工的激情、骄傲、自豪等所有向上的积极的情感元素，让他们成为“最可信赖”的人，从而缔造大众汽车成为中国汽车行业最可信赖的企业公民，以及2008年北京奥运会最可信赖的合作伙伴。

资料来源：中国国际公共关系协会编：《最佳公共关系案例》，中国市场出版社2009年版。

二、股东

股东是股份公司股票的持有者。他们是企业的投资者，依法享有一定的权利和义务。股东是企业的内部公众，然而从行政隶属关系来看，绝大部分股东并不是属于企业内部成员。因此，股东公众又是企业的外部公众。

股东与公司利益休戚与共，密不可分。良好的股东关系可以为企业赢得更多的投资者，保持公司股价的稳定和上升，还可以通过广大股东的“口碑”作用，扩大企业的知名度和美誉度，为企业在社会上树立良好的企业形象。

依据不同的标准，股东可以有不同的分类：按照股票归属对象不同，可以分为国家股股东、法人股东、外资股股东、自然人股东；按持有股票的多少，可以分为大户股东和散户股东；按股东在公司的地位不同，分为普通股东和董事会成员股东。

企业或组织需与股东建立和保持良好的关系，应尊重股东的权益，经常性及时地就组织的经营状况、发展规划、资金状况和债务情况等与股东沟通，要真实、不欺瞒地通报给股东，以赢得股东的信任，坚定股东的信心。

微型案例

“二纺机”的新课题

在上海，乃至在中国，上海二纺机股份有限公司（以下简称“二纺机”）早已闻名遐迩。尤其是1992年以来，随着二纺机股份有限公司A、B股票先后上市交易，二纺机的名声已越出国界，可谓是“天下无人不识君”了。

但人们是否真的了解二纺机？同样，企业股份制改革以来，二纺机人又如何处理转制后的各种问题，再塑企业形象？这是摆在二纺机人面前的公关新课题。

郑克钦——二纺机股份有限公司董事长兼总经理，一个在企业界赫赫有名的人物，在原厂长黄关从主动请缨调任中纺机后，是他接过了前任留下的重担，直接领导二纺机向股份制企业转制的工作，干出了一番有声有色的事业。作为上海市公关协会理事，他深谙公关之道。

对外——高度重视股东关系

"从公关角度说,我们二纺机转制后面临的第一个大问题,就是如何处理好与股东的关系。"郑总颇为感慨地说,"以前,只要协调好上级关系和内部职工关系就可以了,问题比较简单。改为股份制企业后,股权分成了国家股、法人股、社会个股三大块,要处理好这几个方面的股东关系,问题就不那么简单了,这就需要有一套新的思路。"

对此,二纺机很是动了一番脑筋。

首先,公司成立了金融投资科,专门收集来自股东的意见、建议和各种信息,负责接待股东们的来信、来电和访问。这一科室人员不多,工作量却不少,每逢年度报告或中期财务报表披露,这以后的一个月内该科的电话铃声几乎从早到晚响个不停。境内外股东纷纷来电,就某些财务数据提出咨询。有些境外股东从大洋彼岸打来国际长途,常常一谈就是一个多小时。还有的境外股东做得更妙:先来一个传真,提出数十个问题,然后再来电话,请你一一详细解答。一段时间下来,负责接电话的员工嗓子都嘶哑了。许多股东还亲自来二纺机查看经营情况。公司方面,或由副总接待,或由该科人员接待。通过交谈和参观,股东们了解了二纺机产品达到了国际先进水平和广阔的市场前景,个个满意而归。有时来访者不是股东,二纺机人也一样热情接待、安排参观,结果不少人回去后也投资购买了二纺机的股票。

其次,在一切牵涉股东权益、股东关系的问题上,二纺机人建立了一整套与国际惯例接轨的规划化制度和程序,具体如下:

(1)按持股比例调整董事会。在二纺机整个股本结构中,B股占了14%,但原来的董事会中,境外董事只有1人。公司认为这样不合国际惯例,立即与境外承销商联系,请他们推荐人选,不久董事会中境外人士就增加到3人。这3名境外董事积极参与二纺机公司的经营决策,热心介绍国外最先进的产品技术、生产流程和管理法方法。同时,他们在海外也主动宣传二纺机,大大提高了二纺机的知名度。

(2)按照国际惯例编写年报。在上海的几十家上市公司中,二纺机是这样做的第一家。年报采用的是国际上最流行的大16开本,中英文对照,纸张考究,印刷精美,各种财务数据详尽而准确,让人拿在手里就能掂出分量。目前,这份年报是向持股达一定数额的境内外股东免费赠阅的。

(3)股东大会的规范化。每次召开股东大会前,二纺机公司都按国际惯例,仔细统计好有资格出席大会的股东人数,认真准备好各种资料和议案,分送各位股东代表审阅。他们还主动邀请新闻单位的记者前来旁听,实施舆论监督。在股东大会表决时,他们又采用了按股权数记名投票的方式,这是对股东代表权利的尊重。正因为组织程序的高度规范化,二纺机的几次股东大会都非常成功。

(4)对于敏感的分红送股问题,二纺机也煞费苦心,注意协调好境内外股东的关系,充分照顾各方利益。

资料来源:吴建勋、丁华主编:《公共关系案例与分析教程》,清华大学出版社2013年版。有删减。

第三节　组织的外部公众

一、顾客

顾客是指购买使用本组织产品或服务的个人或团体，是最主要的外部公众。这里的"顾客"含义是广义上的，它不仅包括狭义上所指的生活资料的购买者和各种服务的享受者，而且包括生产资料供应者、各种服务的提供者和其他业务对象。

微型案例

推销创造"上帝"

国外某企业的两名推销员到南美洲一个全是土著人居住的岛上推销皮鞋，由于土著人从来都不穿鞋，因而一双鞋也没有推销出去。其中有一个失望而归；而另一个则留下来，先是自己穿上皮鞋做示范，然后向岛上的人宣传穿鞋的好处，并教会了他们穿鞋，最后成功地把鞋卖给了他们。这位推销员成功地开垦了市场"处女地"，创造了"上帝"——顾客。

企业与顾客之间存在着相互依存的关系。企业为顾客提供所需的物质产品、精神产品或服务，而企业的生存和发展离不开顾客的信赖和支持。良好的顾客关系是企业发展的"原动力"。随着市场经济的发展，企业间竞争的加剧，对每一个企业来说，顾客关系都是必须要处理好的关系。"顾客就是上帝"，不是一个空洞的口号，必须赋予它实在的内容。要处理好与顾客的关系，不仅要为顾客提供优质价廉的产品、满意的服务，还要及时沟通，甚至帮助顾客渡过难关，从而与顾客建立一种相互信任、相互支持、风险共担的良好关系，以达到共存双赢的目的。江苏南京的××电器集团就创建了一种全新的厂商购销模式——××模式，即"商家淡季支持厂家，厂家旺季支持商家"。该集团着眼长远，雪中送炭换来了厂家的投桃报李，从而迅速发展壮大。只十年间，它就由一个不起眼的小公司，发展成年销售额达40.3亿元的全国最大的电器销售企业。

微型案例

泰国东方饭店

一位朋友因公务经常出差泰国，并下榻在东方饭店，第一次入住时良好的饭店环境和服务就给他留下了深刻的印象，当他第二次入住时几个细节更使他对饭店的好感迅速升级。那天早上，在他走出房门准备去餐厅的时候，楼层服务生恭敬地问道："于先生是要用早餐吗？"于先生很奇怪，反问："你怎么知道我姓于？"服务生说："我们饭店规定，晚上要背熟所有客人的姓名。"这令于先生大吃一惊，因为他频繁往返于世界各地，入住过无数高级酒店，但这种情况还是第一次碰到。于先生高兴地乘电梯下到餐厅所在的楼层，刚刚走出电梯门，餐厅的服务生就说："于先生，里面请。"于先生更加疑惑，因为服务生并没有看到他的房卡，就问："你知道我姓于？"服务生答："上面的电话刚刚下来，说您已经下楼了。"如此高的效率让于先生再次大吃一惊。于先生刚走进餐厅，服务小姐微笑着问："于先生还要坐老位子吗？"于先生的惊讶再次升级，心想："尽管我不是第一次在这里吃饭，但距离最近的一次也有一年多了，难道这里的服务小姐记忆力那么好？"看到于先生惊讶的目光，服务小姐主动解释说："我刚刚查过电脑记录，您在去年的6月8日在靠近第二个窗口的位子上用过早餐。"于先生听后兴奋地说："老位子！老位子！"小姐接着问："老菜单？一个三明治，一杯咖啡，一个鸡蛋？"现在于先生已经不再惊讶了，"老菜单，就要老菜单！"于先生已经兴奋到了极点。上餐时餐厅赠送给于先生一碟小菜，由于这种小菜于先生是第一次看到，就问："这是什么？"服务生后退两步说："这是我们特有的××小菜。"服务生为什么要后退两步呢？他是怕自己说话时口水不小心落在客人的食品上，这种细致的服务不要说在一般的酒店，就是美国最好的饭店里于先生都没有见过。这一次早餐给于先生留下了终生难忘的印象。后来，由于业务调整的原因，于先生有三年时间没有再到泰国去，在于先生生日的时候突然收到了一张东方饭店发来的生日贺卡，里面还附了一封信，内容是：亲爱的于先生，您已经有三年没有来过我们这里了，我们全体人员都非常想念您，希望能再次见到您。今天是您的生日，祝您生日愉快。于先生当时激动得热泪盈眶，发誓如果再去泰国，绝对不会到任何其他的饭店，一定要住在东方饭店，而且要说服所有的朋友也像他一样选择。于先生看了一下信封，上面贴着一枚6元的邮票。6元钱就这样买到了一颗心，这就是客户关系管理的魔力。东方饭店非常重视培养忠实的客户，并且建立了一套完善的客户关系管理体系，使客户入住后可以得到无微不至的人性化服务。迄今为止，来自世界各国的约20万人曾经入住过那里，用他们的话说，只要每年有1/10的老顾客光顾饭店，就会永远客满。这就是东方饭店成功的秘诀。

资料来源：龙志鹤编著：《公关案例选粹与评析》，经济管理出版社2011年版。

二、社区

公共关系中所指的社区关系，是指一个社会组织与社区内的其他组织和居民的协调关系。社区指人们生活、生产和社会活动相对集中的范围。作为社会组织生存和发展的客观环境，社区对社会组织的影响表现为多个方面，例如，商店、学校、邮局、医院、机关等为企业的职工提供便利条件，社区公众可能就是该企业的顾客和劳动力来源等。所以，企业应该树立强烈的社区意识，加强与社区公众的双向沟通，利用企业自己在技术、资金、人才、设备、设施等方面的优势，为社区多办实事、办好事，促进社区的繁荣，充分体现企业的社会责任感，赢得社区公众的好感与赞誉，获得良好的"口碑"，为企业创造最佳的发展环境。

微型案例

白云山制药厂努力营造良好社区环境

坐落在广州市北郊白云山下的白云山制药厂，在完善企业自身内部机制的同时，很注重和周围乡镇建立良好的社区关系。在公关策划中，厂方制定了让利于农民、把风险留给自己的措施，帮助周围乡镇发展企业。在办厂期间，不论盈亏，厂方每年都拨款20万元给这些乡镇企业用于经营、发展。随着药厂生产规模的不断扩大，它又有计划地把农村剩余劳动力吸收到现代企业中来。其中有一个村，45岁以下的劳动力都被吸收入厂加以培养和训练，45岁以上的劳动力则给予生活补贴，符合退休年龄的老人给“养老金”，男性每月120元，女性每月100元。至于帮助周围农村修桥铺路，发展文教事业，那更是常事了。正因为这样，药厂在一定程度上达到了于周围农村的“一体化”，形成了“人和”的社区环境，实现了工农亲如一家的良好公关状态，树立起了“在自身发展的同时，带动周围农村一起前进”的良好形象。

资料来源：张玲莉主编：《公共关系原理与实务》，高等教育出版社2008年版。

三、政府

政府是国家权力机关，是任何社会组织必须面对的重要的外部公众。任何组织都不能超脱政府的管理。与政府机构及其工作人员建立良好关系，是为了争取政府对企业的了解、信任和支持。政府的认可和支持将是组织发展中最具权威性和影响力的。

处理好社会组织与政府的关系，主要应从以下几个方面着手：

(1)严格遵守国家的政策、法律法规，做一个“合法公民”。这是处理好组织与政府关系的前提。

(2)积极主动地配合政府主管部门的工作。如实汇报工作，积极配合政府的检查与监督。

(3)遵循市场规律进行组织的生产和服务活动，通过正当、合法途径提高经济效益，为国家做贡献。

微型案例

永远不结婚的恋爱，“阿里式”政府公关

我们都知道这结果会如何，难道不是吗？

2015年1月，针对工商总局披露的白皮书，阿里巴巴正式向其起诉并指责司长刘红亮程序失当、情绪执法。但最终的结果是双方握手言和，白皮书被删。

这并不是阿里巴巴第一次与监管层发生正面对峙。在一年以前，马云与国有四大银行、阿里CMO王帅与商务部聂林海，以及在更早时，针对电商征税问题，一名阿里的搜索负责人与国家税务总局，都曾有过戏剧性的交集和冲突。

在中国的互联网公司中，阿里与政府有着最多的故事。面对公开的批评和指责，它总是以一种看似激烈的方式来回击，但是结果往往并不坏。

马云曾说，“要和政府谈恋爱，但永远不要结婚”。我们梳理了在这场恋爱中发生的几个关键事件，以此来总结一些阿里的特点和风格。我们不了解更深层次的官商纠葛，仅从表面来看，这家公司总是在舆论和交涉中可进可退、游刃有余。

特点和方式如下：

1. 换手如换刀。出场人物总是在变化，从马云、王帅到中层管理者、PR、店小二，让人觉得这场戏不枯燥、不生硬。

2. 发声渠道总是在变化。有内部信、公开信、官方微博、来往上的发言以及公开演讲。

3. 控制语气、摆明立场。从来不把话说满,有底线、有让步,“随时可以把支付宝献给国家”“创造就业是政府的问题,但更是马云自己的问题。”既表忠心又表态度,从来没有只表示愤怒不表忠心。

4. 限制对象。只攻击个别人、个别事,精准打击,定点清除,从不上纲上线,不攻击既有制度和整个体系。“反贪官、清君侧”,这是很常见的政治智慧。

5. 声东击西。你和他讲道理时他跟你开玩笑,你和他耍流氓时他给你讲道理。他们善于使用政府语言,比如解决就业、帮助传统企业转型。其指责工商总局的检测结果不公平、不规范,只是找一个钉子罢了,他们更不愿意看到的是电商跨区域、跨部门监管。

四次事件如下:

(一)事件一

时间:2015 年 1 月 27 日

故事梗概:工商总局发布调查,提及“淘宝网的样本正品率最低,仅为 37.25%”。紧接着,国家工商总局披露《关于对阿里巴巴集团进行行政指导工作情况的白皮书》,列举阿里系网络交易系统五宗罪状。

出场人物:80 后淘宝网运营小二

言论:我们接受神一样的存在,但我们看不懂的是,屡次抽检和报告中,不同的标准和神一样的逻辑——尊敬的工商总局网络监管司刘红亮司长,您违规了,别吹黑哨!

事件结果:双方同意携手解决网络假货难题,白皮书被删除。

(二)事件二

时间:2014 年 7 月 11 日

故事梗概:商务部电子商务和信息化司副司长聂林海在“2014 中国国际电子商务大会”上演讲时公开批评,“马云走歪了”,称其经不起诱惑,到处建物流基地、建仓储,因为地方政府会给其便宜的地,而地会升值赚大钱。

出场人物:阿里巴巴首席市场官(CMO)王帅;菜鸟网络官方微博

言论:王帅称,菜鸟物流的事情“我们不能着急,您也不要太急”。随后,菜鸟网络官方微博转发了王帅的微博,并回复“悟空你又调皮了啊!有则改之,无则加勉,我们一起努力!”

事件结果:聂林海沉默。5 个月后在一次物流供应链千人会上,阿里和商务部表示共同探讨“在变革中实现共赢”。

(三)事件三

时间:2014 年 3 月 23 日

故事梗概:2014 年 3 月 19 日,传出央行拟限制第三方账户转账额度的消息,马云在阿里巴巴技术论坛上说,“有时候,打败你的不是技术,可能只是一份文件”。几天后国有四大银行相继下调对支付宝快捷支付额度。

出场人物:马云

言论:从 2008 年马云便开始抨击银行系统,其表示“如果银行不改变,我们就改变银行”“银行业嫌贫爱富,是中小企业资金之痛的根源”。2014 年 3 月 22 日,马云在来往“扎堆”中发表文章指责四大行滥用“垄断和权利”,“举世未闻,匪夷所思”。

事件结果:这篇来往上的文章很快被马云删除了,但是一系列印着“大银行有病,支付宝有药"的海报在互联网上被传播。2014 年 8 月，阿里申请民营银行牌照，未在首批获批名单中。

（四）事件四

时间：2013 年 3 月 7 日

故事梗概：国家税务总局公布了国家税务总局令第 30 号《网络发票管理办法》，同时在两会时期，全国人大代表、步步高董事长王填提出《电子商务税收征管法（草案）》，以及张近东在两会上关于加强网店税收监管的提案。

出场人物：一淘搜索、淘宝搜索产品负责人文德；马云；PR

言论：文德虚构了一个淘宝卖家缴税的故事：一家年销售额达到 10 万元的小店，在缴纳增值税、企业所得税、教育费和城建税等共计 9.41 万元后，净利润只剩下5 900元，以此暗示提案扼杀了淘宝上大量中小卖家的生路。

PR 发表微博称："在你眼里他们不如民工，但在我们眼里，他们和民工一样可敬。他们是今天、是未来、是希望。"

马云称："淘宝卖家的成功并不是靠一点点偷税漏税，他们靠希望在生存。我不反对征税，但是反对现在征税，这是在扼杀年轻人的未来。"

事件结果：舆论战中赢得一片掌声，阿里直到目前为止都没有配合工商总局进行网店征税，征税提案亦迟迟未出细则。

资料来源：中国公关网，http://www.chinapr.com.cn/templates/T_Second/index.aspx?nodeid=41&page=ContentPage&contentid=9087，2015-02-05。

四、新闻界

新闻界是指专门掌握和运用大众传播媒介的社会机构和组织。主要包括报社、杂志社、电台、电视台等。其主要工具是报纸、杂志、广播、电视。新闻界公众是公共关系工作对象中最敏感、最重要的一部分，是对外传播的首要公众。因为新闻界是社会舆论的权威性组织，取得了社会公众的广泛信赖，具备最广大的信息传播对象，能够在最短的时间内把最翔实的信息传播出去，因而得到新闻界的了解、理解和支持，就能帮助企业迅速与目标公众沟通，形成对本组织有利的舆论气氛，从而树立良好的组织形象。

要处理好社会组织与新闻界的关系，可以从以下几个方面着手：(1)积极主动地与新闻界取得联系，并建立经常性的联系；(2)坚持实事求是，快速高效的原则；(3)充分尊重，以礼相待；(4)冷静对待新闻界的负面报道，妥善解决。

微型案例

郭德纲师徒打骂记者事件

2010 年 7 月 28 日，北京电视台《每日文娱播报》节目首次曝光郭德纲在小区内占用公共绿地一事。8 月 1 日下午，北京电视台《每日文娱播报》栏目编导和摄像一行两人实地调查此事。摄像记者周广甫在探访郭德纲别墅时，被住在该别墅的郭德纲弟子李鹤彪打伤。根据当时拍摄的视频显示,李鹤彪先后两次对摄像记者周广甫进行殴打,并试图当着警察的面抢夺其摄像机和素材。8月2日,被打记者周广甫含泪讲述了被打全过程,他说:"我们在得知郭德纲别墅涉嫌侵占公共绿地的消息后,按照正常采访程序,到现场采访了业主,然后就到郭德纲家去求证。我们先敲门,并且表明自己是北京台记者。但是还没说几句话,出来的两个人就开始谩骂,后来就开始追着我们打。后来警察来了,他们才暂时停止。"被打记者表示:"当着警察的面他们并不承认打人,后来得知我们拍下了全过程时,他们便当着警察的面开始抢我们的录像素材。"被打记者强调,在与对方沟通时,他们曾四次向对方表明自己是北京台记者,但对方仍旧是连打带骂。3日下午,德云社在北京召开了记者说明会,郭德纲并未现身。4日凌晨,郭德纲打破沉默,更新了自己的博客,以《有药也不给你吃》为题首次对徒弟打人事件做出了回应。郭德纲在本次打人事件中,还讲了一些"牛话":"记者也是浪催的,跟中国人不能讲理,一个大嘴巴他就全明白了";"实话实说,关于北京电视台,我也是很无奈,这么些年,说大话使小钱,很龌龊的一个单位";"今儿我徒弟打人了,打就打了呗,过两天给他搞一专场,智斗歹徒民族英雄专场";"为什么只打你不打别人?断章取义,剪辑视频,混淆视听,扮猪吃虎,蒙蔽善良百姓,你们丧失了新闻工作者的本质"。

资料来源:龙志鹤编著:《公关案例选粹与评析》,经济管理出版社2011年版。

五、金融界

金融界是指专门从事信贷咨询、货币流通、证券交易等职能的社会经济组织和部门。

企业要发展,必然要对金融界产生依赖性。组织所要进行的贷款、货币结算、市场预测等活动都离不开金融界的支持。

社会组织为了取得金融界的支持,必须提高经济效益,主动与金融界保持联系,增强还贷能力,奉守诚信原则,按时还贷,取得金融界的信任,配合金融部门的检查、监督工作的进行,认真遵守法律法规,为组织的发展营造一个良好的外部环境。

六、社会名流

社会名流是那些为世人所关注、被人崇拜、尊敬的具有强大社会影响力的各类名人。它包括政界要人、文体明星、著名企业家、科学家、发明家、教育家、名记者、名作家、医学专家等公众人物。他们的共同特点是在社会上具有一定影响力的公众人物,知名度高、社会关系广泛、有一定的崇拜者,时常是新闻的焦点、舆论中心、众人关注的对象。

与社会名流搞好关系,对一些社会组织的生存和发展有以下好处:(1)社会名流的社会关系,给组织发展带来新的生机;(2)利用社会名流的社会声望,提高组织的知名度;(3)利用社会名流的知识和专长为组织出谋划策;(4)冷静对待新闻界的负面报道,妥善解决。

提醒您

组织与社会名流交往时，应注意以下问题：

（1）根据组织的自身特点，选择那些确实能给组织带来正面影响的社会名流进行交往、合作。

（2）举止得当，自尊自爱，不失礼节。

（3）提前预约，遵守时间。

微型案例

名人效应与名人策划

某出版商有一批滞销书久久不能脱手，便给总统送去一本，并三番五次去征求意见，总统忙于政务又不便与其多纠缠，就说了一句："这本书不错。"出版商便大做广告："现有总统喜爱的书出售。"于是，这些书被一抢而光。不久，这个出版商又有另外的书卖不出去，他又送了一本给总统，总统上了一次当，想奚落他，就说："这本书糟透了。"出版商听后又大做广告："现有总统讨厌的书出售。"为此，又有不少人出于好奇心理竞相购买，书又一售而尽。第三次，出版商又有书送给总统，总统吸取前两次的教训，不做任何答复。出版商却仍大做广告："现有令总统难以下结论的书出售，欲购从速。"结果，书又被迅速售完，总统为此哭笑不得，商人却大获其利。

资料来源：张云主编：《公共关系理论、实践与案例》，华东师范大学出版社 2012 年版。

七、外宾客商

随着我国对外开放的不断深入，尤其是加入世贸组织以后，各社会组织与外国公众的交往越来越广泛。处理好与外宾客商的关系，无论是对社会组织本身的发展还是对国家的总体利益，都是有好处的。

在处理与外宾客商的关系时，应注意以下几个原则：

（1）要运用各种传播媒介，传播有利于国家、民族的信息，使外宾客商对我国有一个客观的认识，为进一步合作、交流奠定基础。

（2）不卑不亢，一视同仁。不管国家大小、国力强弱、宗教信仰如何、肤色怎样，都要尊重，同时又不失自尊。

（3）了解外商习惯，按照国家惯例进行交往，避免不必要的争端。

（4）树立组织形象，扩大组织影响。组织应以优质的产品和优良的服务，向对方展示自己的完美形象，扩大自身的国际影响。维护组织信誉，建立长期友好的互利关系。

小　结

关键术语

公众　内部公众　外部公众　首要公众　次要公众　顺意公众　逆意公众　中间公众　临时公众　周期公众　稳定公众　非公众　潜在公众　知晓公众　行动公众

本章小结

1. 所谓公众,就是具有某种共同利益,与特定的公共关系主体相互联系、相互作用的个人、群体或组织的总和,是公共关系工作对象的总称。“公众”作为公共关系学的概念,特指与公共关系主体有相关利益的公共关系客体,即公共关系主体的工作对象。

2. 公众具有群体性、整体性、共同性和变化性的特征。

3. 按公众的归属,可将其分为内部公众和外部公众。内部公众是一个社会组织内部的公共关系对象。内部公众既是社会组织的公关主体,也是公共关系客体。企业的内部公众有职工、股东等,是企业发展的核心力量。

4. 外部公众是社会组织的外部公共关系对象。它主要包括与组织相关的协作者、竞争对手、消费群体、政府部门、舆论传播者等。他们一起构成了企业的外部经营环境。具体来说,组织外部公众主要包括顾客、社区、政府、新闻界、金融界、社会名流等。

5. 按公众的重要程度,可将其分为首要公众和次要公众。首要公众即关系组织的生死存亡,决定组织成败的那部分公众。组织为了维护与重要公众的关系,往往要投入比较多的时间、人力和财力。次要公众是指对一个组织的生存发展有一定的影响作用,但不具有决定性作用的公众。

6. 根据公众对组织的态度,可将公众区分为顺意公众、逆意公众、中间公众。顺意公众、逆意公众、中间公众对组织的态度可以分别用赞同、敌对、冷漠来形容。也就是说,顺意公众是对组织持支持和赞同态度的公众;逆意公众则与之相反;而中间公众是对组织持冷漠或不明确态度的公众。组织的公共关系工作是通过多方面沟通、协调、影响公众的态度,精心维护与顺意公众的关系,转变逆意公众的态度,尤其是要花大力气引导中间公众成为顺意公众。

7. 根据公众的稳定程度,将其划分为临时公众、周期公众、稳定公众。

8. 根据公众在其形成过程中不同阶段的特点,可将其分为非公众、潜在公众、知晓公众和行动公众。非公众是指目前与某社会组织不存在任何相互影响、相互作用的公众。潜在公众是指与某社会组织的关系处于潜伏状态的公众。知晓公众是潜在公众逻辑发展的结果。行动公众自然就是知晓公众的发展结果,当公众对社会组织的了解足够多时,就会采取积极或消极的行动。

知识结构图

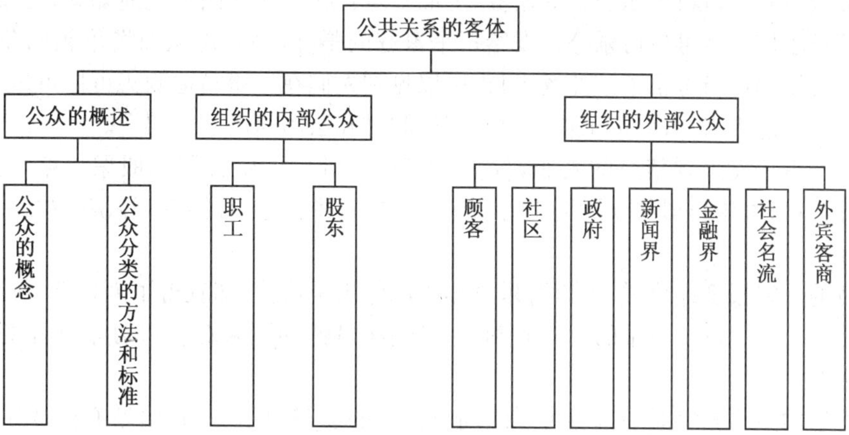

应　用

案例研究

案例一

“慢半拍”的可口可乐公共关系活动

1999 年 6 月初，比利时和法国的一些中小学生饮用美国饮料可口可乐，发生了中毒事件。一周后，比利时政府颁布禁令，禁止本国销售可口可乐公司生产的各种品牌的饮料。

已经拥有 113 年历史的可口可乐公司，遭受了历史上鲜见的重大危机。

1999 年 6 月 17 日，可口可乐公司首席执行官依维斯特专程从美国赶到比利时首都布鲁塞尔举行记者招待会。当日，会场上的每个座位上都摆放着一瓶可口可乐。在回答记者的提问时，依维斯特这位两年前上任的首席执行官反复强调，可口可乐公司尽管出现了眼下的事件，但仍然是世界上一流的公司，它还要继续为消费者生产一流的饮料。有趣的是，绝大多数记者没有饮用那瓶赠送给与会人员的可口可乐。

可口可乐公司后来的宣传攻势说明，记者招待会只是他们危机公关工作的一个序幕。

记者招待会的第二天，也就是 6 月 18 日，依维斯特便在比利时的各家报纸上出现——由他签名的致消费者的公开信中，仔细解释了事故的原因，信中还做出种种保证，并提出要向比利时每户家庭赠送一瓶可口可乐，以表示可口可乐公司的歉意。

与此同时，可口可乐公司宣布，将比利时国内同期上市的可乐全部收回，尽快宣布调查化验结果，说明事故的影响范围，并向消费者退赔。可口可乐公司还表示要为所有中毒的顾客报销医疗费用。可口可乐其他地区的主管，如中国公司也宣布其产品与比利时事件无关，市场销售正常，从而稳定了事故地区外的人心，控制了危机的蔓延。

此外，可口可乐公司还设立了专线电话，并在互联网上为比利时的消费者开设了专门网页，回答消费者提出的各种问题。比如事故影响的范围有多大、如何鉴别新出厂的可乐和受污染的可乐、如何获得退赔等。整个处理过程中，可口可乐公司都牢牢把握住信息的发布源，防止危机信息的错误扩散，将企业品牌的损失降低到最低限度。

随着这一公共关系宣传的深入和扩展，可口可乐的形象开始逐步地恢复。不久，比利时的一些居民陆续收到了可口可乐公司的赠券，上面写着："我们非常高兴地通知您，可口可乐又回到了市场。"孩子们拿着可口可乐公司发给每个家庭的赠券，高兴地从商场里领回免费的可口可乐："我又可以喝可口可乐了。"商场里，也可以见到人们在一箱箱地购买可口可乐。

中毒事件平息下来，可口可乐重新出现在比利时和法国商店的货架上。

从第一例事故发生到禁令的发布，仅10天时间，可口可乐公司的股票价格下跌了6%。据初步估计，可口可乐公司共收回了14亿瓶可乐，中毒事件造成的直接经济损失高达6 000多万美元。

比利时的一家报纸评价说，可口可乐虽然为此付出了代价，却赢得了消费者的信任。

可口可乐公司度过了艰难的危机时刻，但是这次事件却远未对可口可乐这样的欧美大公司中消除影响。

可口可乐的主要竞争对手百事可乐欧洲总公司的总裁迈洛克斯，给所有的职工发出一封电子信函。信中说："我想强调的是，我们不应将此次可口可乐事件视为一个可以利用的机会，我们必须引以为鉴，珍视企业与消费者之间的纽带。"

企业管理专家汤姆金认为，一般企业处理此类危机正确的做法大体有三步：一是收回有问题的产品；二是向消费者及时讲明事态发展情况；三是尽快地进行道歉。以此对照，可以看出可口可乐公司都做了，却迟了一个星期，而且是在比利时政府做出停售可口可乐的决定之后。连比利时的卫生部长范登波什也抱怨说，可口可乐这样全球享有盛誉的大公司，面对危机的反应如此之慢，实在令人难以理解。

专家还引用了其他著名企业面对危机时的反应，说明及时处理危机的重要性。17年前，有人想讹诈杨森制药公司，故意将杨森止痛片的标签贴在氰化物上，致使7人死亡。得此消息后，杨森公司当即决定，不惜损失1亿美元的代价，全部收回市场上所有的此种止痛片，使市场平息下来。另一个例子是烟草公司菲利浦·莫里斯。数年前，因为少量香烟的过滤嘴在加工过程中受到污染，引起了吸烟者轻微的咳嗽，该公司立即决定全部收回美国市场上同样牌号的香烟。这两家公司虽然损失不少，但因为处理及时，很快就获得了消费者的理解，利用危机处理，重新树立了公司的企业形象。

专家认为，相比这两个例子，可口可乐公司虽然此次处理危机的力度并不弱，但决策节奏显然慢了半拍。

1. 通过向媒体发布新闻稿的形式，间接透露有关信息，表明公司的立场和态度。这种方式主要适用于出现问题的原因尚未查明的情况下，企业会先表明自己愿意与媒体和消费者沟通的诚意，然后说明将在查出发生问题的原因后再向公众通报，或者先期停止问题产品的销售。而当问题已经查明，而且已经在解决或已解决得差不多的情况下，也可以采用这种方式。这种方式对企业来说，可以控制信息发布，以免发出不必要的信息。但风险是容易被媒体和公众认为态度不诚恳，从而带来不良影响。

2. 通过新闻发言人回答媒体提问的方式，向媒体和公众透露他们感兴趣的信息。采用这种方式将考验企业新闻发言人的素质和能力，但处理得好，却可以给企业树立良好的公众形象；反之，则会给企业脸上抹黑。2005年初，美国惠而浦因发现洗衣机质量问题而要召回部分产品时，由于其聘用的公关公司提供了正确的公关策略，新闻发言人面对媒体采访时表现得体，因此，一场可能的危机最终消于无形之中。

3. 通过企业高层人士主动拜访媒体有关人士，以接受专访的方式，向媒体提供第一手的信息，取得相关媒体的理解，从而争取媒体的客观报道，避免因媒体掌握的信息残缺而造成报道失实或者不全面。这种方式尤其适用消费者投诉等危机个案的处理。

4. 通过召开新闻发布会的方式，向媒体和公众主动公开有关问题的调查处理情况。如果出现问题的原因已经基本查明，公司将在发布会上通过媒体向公众致歉，宣布回收已经在市场上流通的产品，必要时甚至向消费者提供补偿或赔偿。在“苏丹红事件”真相查明之后，肯德基公司就是以召开新闻发布会的形式，主动向媒体传达自己的产品已经安全的信息。

5. 通过邀请媒体来公司现场采访的方式，传播信息，主动消除公众的疑虑和不安情绪。哈根达斯冰淇淋蛋糕卫生质量不过关事件发生后，公司为了挽回影响，邀请了一些媒体到公司在上海的中央厨房采访，表明公司食品生产没有质量和安全方面的问题。媒体对此进行报道后，一定程度上挽回了之前已造成的负面影响。

问题：

1. 结合案例分析说明，组织该如何针对其公众开展公共关系。

2. 试讨论和分析，公司应该如何利用新闻媒体进行公关活动。

案例二

摘掉总统的乌纱帽
——“水门事件”的媒介关系

1974 年 7 月底，美国国会弹劾总统尼克松。其罪名是：“妨碍司法程序，滥用职权，蔑视国会。”8 月 8 日，尼克松被迫辞职，丢掉了头上的乌纱帽。

对于尼克松，人们记忆中最鲜明的恐怕就是两件事，尼克松访华，改善中美关系；水门事件丑闻曝光后被迫辞职。作为一位对人类历史曾做出杰出贡献的美国总统，为何会被迫辞职呢？这得从“水门事件”说起。

美国社会有两大政党：共和党和民主党。这两大对手的力量对比往往突出地表现在总统竞选上。对两党而言，用尽一切办法使自己的党内成员竞选为总统，无疑是至关重要的大事。

尼克松总统是共和党领袖。1972 年在总统任上时，他手下的 5 名“争取总统连任委员会”成员于 6 月 17 日假扮维修工，潜入民主党总部大厦，在主席奥布莱恩的办公室里秘密安放了窃听器，被警方当场抓获。这件事，就是著名的“水门事件”。

丑闻被揭露后，舆论哗然，对于总统的这种不道德做法，各大媒介纷纷指责，并要求就此事展开调查。危机已经来临。面对此种情形，尼克松却采取了不明智的做法，不向公众发出任何与此事有关的信息，他认为还是“少说为妙”“人们会很快忘记这件事的”。

然而，急于得到解释的公众对白宫这种缄口不言的做法产生了激烈的抵触情绪。在此背景下，《华盛顿邮报》的两名记者穷追不舍，力图促进国会对事件的调查。

沉默的总统还想封住别人的口，他为此做了以下几件事：

1973 年初，美国参议院成立了“水门事件调查委员会”，要求总统及其助手出面协助调查，但被尼克松拒绝了，方式是采取了“行政特权”。这一不合作的态度引起了调查委员会的极大愤慨，他们立即将这一消息向新闻媒介透露，新闻界又大肆渲染，从而使总统的形象严重受损。

尼克松命令助手开列一份反政府人士的记者名单，用“可使用的联邦机器去勒紧我们的政敌”。这种对着干的态度使得美国新闻界那些本来就爱挑刺的记者们大为恼火，心中十分气愤。

在被迫向公众解释“水门事件”时，他们以“国家安全”为理由来搪塞，其陈述是：“为了国家安全，我们不得不获取情报，我们不得不在机密的情况下做这件事。”

1973 年 7 月，一名总统助理证实尼克松将他办公室里进行的谈话都秘密录了音。最高法院决定迫使尼克松交出这 64 盘录音带，但尼克松一口回绝。当特别检察官科克斯坚持这样做时，尼克松下令首席检察长理查生解除科克斯的职务，遭到拒绝后他竟然免去了检察长官职，副检察长拉克肖也遭到同样命运。

这种做法被披露出来之后，人们坚决要求弄清“水门事件”的真相。

在调查此事的过程中，尼克松一再指示手下人用不正当手段掩盖真相，包括做伪证、收买被告使之缄默等。这些后来都被公之于众。

在舆论压力和法律压力下，尼克松的助手开始分化并提供证据。在录音带风波之后，国会终于弹劾尼克松总统。

资料来源：何春晖编著：《中外公关案例宝典》，浙江大学出版社 2006 年版。

问题：

1. 上述案例中尼克松是如何处理与媒介的关系的？

2. 在处理与媒介关系时，组织应该采取什么样的处理方式？

实验实训

1. 以所在学校为公共关系主体，调研学校的外部公众有哪些，并评估学校的外部公众状况。

2. 搜集组织与公众关系的案例，在班上宣读并讨论。

复习思考题

1. 谈谈你对公共关系公众概念的理解。

2. 在公共关系中公众是如何进行分类的？

3. 组织的内部公众有哪些？他们的各自特征是什么？

4. 组织的外部公众有哪些？他们对组织开展公共关系会产生什么样的影响？

5. 谈谈你对顺意公众、逆意公众、中间公众的理解，并结合实际案例分析他们对于组织公共关系的重要意义。

6. 按公众在其形成过程中不同阶段的特点，公众可以进行怎样的划分，此种划分对于公共关系有什么重要价值？

第四章　公共关系传播媒介

学习目标

通过本章学习，你应能够：

了解传播的概念、特征及构成要素；

了解公共关系传播效果评估；

理解公共关系传播的内容与主要形式；

掌握公共关系传播的主要媒体及其选择依据。

引入案例

微博传递雀巢美禄正能量

项目简述：全球巧克力麦芽饮品市场的主导品牌雀巢美禄1996年进入中国，2012年重新包装定位上市，以“营养、活力、美味、成功”作为其核心品牌价值理念，纵横公关集团(SPRG)北京公司作为雀巢美禄的公共关系合作伙伴，为其规划了整体传播思路，通过目标赠饮、渠道促销、冠名活动等方式，并充分利用新浪微博这一新媒体平台，有效聚焦目标受众，使雀巢美绿的产品特质与品牌内涵在短期内迅速有效地深入人心。

公共关系传播：选择目标受众相对集中的新浪微博作为美禄线上主要的传播阵地，来树立美禄健康活力、积极向上、热爱运动、传递正能量的品牌形象。

1. 官方微博的作用是产品纠偏，以及建立美禄与活力的关联。主要设置“美禄产品信息”“品牌主张”“活力运动”等相关栏目，根据微博用户浏览微博的高峰时间发布；并结合当下热门话题，巧妙地关联品牌或产品，与粉丝进行互动。

2. 同时，微博还担任客服角色，针对粉丝提出的“美禄会发胖吗”“美禄放置一段时间结块了”等问题进行专业解答和评论，进一步在产品纠偏方面深入推广。

3. 通过优化粉丝的策略，与粉丝中的媒体、草根明星妈妈和爱秀的忠实用户分别互动，用他们的网络影响力来扩大品牌知名度。

4. 除了日常微博运营，还根据假日、销售旺季策划以“活力”为主题的微博活动。其中“做美禄活力达人，最IN奥运模仿秀”吸引了上万人参与，使品牌内涵“活力”得到全面的诠释。

冠名活动——轮滑大赛：根据市场调研显示：有38%的小学生因为“轮滑项目比较放

松、能够在户外运动、有竞技比赛的趣味性且能够很好地锻炼身体”而选择“轮滑作为最喜欢的户外运动方式”，这正好与美禄的“活力，号召大家积极运动”的品牌主张相吻合，并且轮滑更能将孩子们活力运动的一面表现出来。

1. 美禄于2012年9月在其重点销售城市广州举办了“美禄杯活力轮滑大赛”，现场介绍了美禄的产品益处，号召小朋友们多多进行户外运动，吸引了近百余名小学生的参与，并得到其家长的大力支持。

2. 同时，在微博活动平台将此活动做预热和线上报名的推广，有近千人转发微博并参与报名。线上、线下的配合宣传有效地将品牌内涵完美地传递给目标受众。

资料来源：陈丽清主编：《公共关系学》，电子工业出版社2014年版。

公共关系主要是利用媒介传播的手段，通过组织与公众之间双向的交流与沟通，达到塑造组织形象的目的。所以公共关系活动，实际上就是社会组织利用媒介传播来达到塑造形象的过程。

第一节　公共关系媒介传播的内容与形式

一、传播的概念与特征

(一)“传播”的概念

“传播”一词的英文是 Communication，《牛津字典》的解释是：“借着语言、文字或形象，获得观念、知识等的分享、传送或交换。”《大英百科全书》解释为：“若干人或者一群人相互交换信息的行为。”传播学中所说的“传播”主要是指人类社会中，在个人或群体中发生的流通、共享或扩散信息的行为过程。从本质上讲，传播是传递、输送、沟通、交流信息的意思，同时它还包含一层分享信息的含义。综合以上论述，我们可以将“传播”概括如下：促进传者与受者之间信息的双向交流与共享的过程，即个人与个人之间、集体与集体之间或个人与集体之间交换、传递、共享信息的过程。

社会组织的目标能否达到，很大程度上取决于其公众分享信息的有效程度。公共关系传播是指一个社会组织为了提高自身的知名度、美誉度、信誉度，借助一定的传播媒介方式，向公众进行信息或观点的传递与交流。

(二)传播的特征

1. 社会性

传播是人类社会维持社会生活的一种最常见、最基本的社会行为，没有传播就形不成社会；同时传播又是一定社会关系的体现，传受双方表述动机、内容和采用的姿态、措辞等，无不反映各自的社会角色和地位。

2. 共享性

传播的意义在于与传播对象共享信息，通过传播将个人或少数人掌握的信息化为更多人共有的信息，使传受双方达成某种程度的一致。

3. 符号性

传播者将要表达的意思转换成语言、文字、音响、图画、表情、动作等符号；信息的接受者对传递来的符号进行还原，了解信息内容。要求传播的符号要双方都能理解。

4. 互动性

信息的传播通常是在传者与受者之间进行，传者处于主动地位，但受者可以通过信息反馈来影响传者。任何一种传播都是双向交流，纯单项的传播没有任何意义。

二、传播的构成要素

1. 信源，即传播者。传播者既可以是某个个体，也可以是某个群体或某个社会组织。传播者是信息发出的源头，称之为信源。

2. 信息，即传播的内容。信息是指人们需要表达、传递的意识和行动，它可以是语言文字信息，如情报、消息、数据等，也可以是非语言文字信息，如观念、态度、动作、表情等。

3. 编码，即传播信息的设计过程。传播者根据传播对象的特点，在不违背法律和道德准则的前提下，科学合理地编排信息，便于传播对象的接受与正确理解。

4. 媒介，即传播的渠道，又称信道。即在传播过程中用以记录、保存、传递信息的载体和渠道，是信息传播的中介和途径，媒介和信息密不可分。

5. 受众，即受传者，又称信宿。受传者既可以是某个个体，也可以是某个群体或某个社会组织。受众得到信息后会根据自身的理解产生反应。

6. 译码，即受传者对信息的理解过程。受传者收到信息后，将信息译成自己理解的内容，受传者的译码能力取决于自身的受教育程度，以及是否具有相应的文化和生活背景。

7. 噪声，即附加在所传递的信息上对所传递信息的真实性产生破坏的一种信号。噪声会使信息在传递过程中失真，受众会因噪声对信息产生错误的解释而影响信息的传播效果。

8. 共同经验范围，即传播者与受传者之间的共同经验。在传播过程中，传播者总是根据自己的经验进行编码，而受传者总是根据自己的经验来译码，若两者的共同经验范围越大，传播效果越好。

9. 反馈，即受传者的反应。受传者根据自己的经验和理解译码后，会产生相应的反应，发出反馈是受传者能动性的反应。反馈既能反映传播者的信息传播效果，又能影响传播者的态度和继续传播活动。

10. 环境，即影响传播的外在构成要素，包括政治环境、经济环境、文化环境、地理环境、人口环境、区域环境等。一切传播活动都是在一定的环境下进行的，其传播效果直接受环境影响。

三、公共关系传播的内容

微型案例

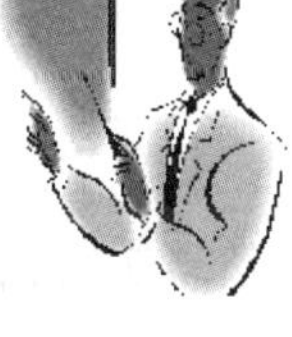

肯德基"秒杀门"

2010年4月6日，肯德基中国公司在网上推出"超值星期二"三轮秒杀活动，64元的外带全家桶只要32元，于是在全国引爆热潮。但当消费者拿着从网上辛苦秒杀回来的半价优惠券去消费时(优惠券上表明复印有效)，突然被肯德基单方面宣布无效。而中国肯德基发表声明称，由于部分优惠券是假的，所以取消优惠兑现，并向顾客致歉，但"各门店给出的拒绝理由并不一致"。消费者认为是肯德基忽悠了大家，在各大论坛发表谴责帖子，不时出现"出尔反尔，拒食肯德基"这样的言论，有网友甚至把各地的秒杀券使用情况汇总，一并向肯德基投诉。肯德基陷入“秒杀门”。4月12日，肯德基发表公开信，承认活动欠考虑，未能充分预估可能的反响，承认网络安全预防经验不足，表示应对不够及时，个别餐厅出现差别待遇带来不安全因素，承认第一次声明中“假券”一说用词欠妥。6月1日，肯德基在中国内地的第3 000家餐厅落户上海，公司高层首次就“秒杀”事件公开向消费者致歉。

资料来源：龙志鹤编著：《公关案例选粹与评析》，经济管理出版社2011年版。

公共关系进行传播的内容是多方面的。凡是从根本上有利于提高本组织知名度和美誉度，树立良好的组织形象和创造“人和”的有关信息，都是公共关系传播的内容，根据组织发展各个不同时期的特点，公共关系传播的内容大体包括如下几个方面：

（一）传播本组织解决问题和困难的情况

任何组织的发展都不可能是一帆风顺的，在其发展过程中总要出现和遇到这样或那样的问题和困难。这些问题和困难往往会影响组织与公众的关系，招致公众对组织的不理解、不支持、不合作，使组织的工作无法顺利开展，使组织的形象蒙上阴影。在这种情况下，组织的领导者和公共关系人员要沉着冷静，不要向内外公众掩饰存在的问题和困难。要运用传播手段，向公众说明问题和困难产生的原因、目前所采取的措施和解决问题的步骤等，使公众树立起对本组织的信心；否则，内部公众和外部公众都会因不了解情况或误解而对组织失去信心和信任。

（二）传播本组织取得的新成果

当组织进入正常发展时期，保持、巩固和进一步扩大组织在公众中的良好影响，对于组织今后的发展是极为重要的。公共关系人员要把本组织取得的新成绩、新成果或增设的新设备、新产品、新工艺和新的服务项目、服务方式等方面的情况及时传播给社会公众，这样才能保持和加强组织对公众的特别影响，从而取得社会公众对组织的进一步了解、支持和合作。

（三）传播本组织的独特风格和特有形象

公共关系传播本组织独特风格和特有形象的内容，主要表现在组织的创建时期。因为一个组织刚创建，它在社会公众心目中还是一片空白。为使本组织在创建初期就能给社会公众产生信任感，公共关系人员必须在本组织独特风格和特有形象方面下功夫。就企业而言，不仅要使自己企业和产品的命名，商标、广告的制作，门面的装修等独具特色，而且传播手段也要不同凡响，要善于造声势，要先声夺人，让企业的独特形象初步树立于公众心目中。

（四）传播本组织形象受到损害的真相及所采取的措施

一般来说，组织形象受到损害，通常有以下几方面的原因：

1. 公众误解

因公众误解致使组织形象受到损害时，公共关系工作的传播内容就应侧重于说明真实情况，解释公众的误解。

2. 他人陷害

由于他人陷害原因使组织形象受到损害时，公共关系的传播内容应侧重于澄清事实真相，揭露他人陷害，并提醒社会公众不要继续受骗。

3. 自身工作

由于自己工作失误而导致公众利益受损时，组织形象必然受到影响。公共关系工作的传播内容应本着实事求是、有错必纠的态度，坦率地检讨本组织的过失，并将采取的改进补救措施、整顿情况及时地向社会公众说明，求得公众的谅解，以帮助组织重振声誉。

微型案例

星巴克声明中美价格差异不基于同一维度比较

目前，媒体曝光星巴克咖啡“暴利”，以北京星巴克为例：咖啡豆1.6元＋牛奶2元＋一次性用品1元＝4.6元，每杯354毫升的星巴克拿铁物料成本不足5元，国内售价27元。相比之下，同样的一杯咖啡，伦敦售价是24.25元，芝加哥售价是19.98元，孟买的售价则只有14.6元。

“星巴克中国”官方网站对此做出公开声明，声明全文如下。

亲爱的中国顾客们：

近期我们注意到了媒体对于星巴克定价的相关报道，星巴克公司对此非常重视，并希望在此和大家沟通。

秉承星巴克一贯的价值理念，自1999年进入中国市场以来，我们始终致力于在赢利和社会良知之间取得平衡。

星巴克专注于向顾客提供全方位的体验，并带来卓越的价值。在中国，星巴克不断投入产品研发创新；同时提升门店的设计，使每家星巴克门店都成为独一无二的“第三空间”；并投入大量资源，如成立“星巴克中国大学”来培训和提升我们的星级咖啡师，保持我们与顾客之间的感情连接，并满足顾客和当地社区不断变化的需求。这些都是星巴克提供给顾客的价值所在。

与其他国家和地区相比，星巴克在中国市场的运营成本和市场动因是完全不同的。因此，对比星巴克在中美市场的价格差异并不是一个基于同一维度的比较。星巴克在全球各个国家的定价策略都是长期的，并且是根据不同产品及不同市场的具体情况，以及各种运营成本的动态变化而综合考虑、评估和制定的。

在此，我们衷心感谢中国消费者对星巴克的长期支持与认可。未来我们将继续努力，关注消费者的需求，以此为基础不断提升，向大家提供全方位的星巴克体验。在倾心提升顾客的体验和价值的同时，我们也将继续致力于星巴克伙伴（员工）的职业发展与成长，并积极回馈当地社会，努力成为社区的好公民。

星巴克中国

2013年10月21日

资料来源：陈丽清等主编：《公共关系学》，电子工业出版社2014年版。

四、公共关系传播的形式

公共关系作为一种传播行为，为有效达成组织与公众的沟通，必须运用各种不同的传播方式。因此，了解各种传播形式及其特点，有助于完整地理解公共关系的传播活动。

（一）自我传播

自我传播又称个体自身传播，指的是个人接受外部信息进行自我信息处理的活动。传递信息的主体和接受信息的客体是同一个体，交流沟通的“双方”是同一个人，是自己与自己的沟通,其表现形式是人的自言自语、自我反省、自我发泄、自我陶醉、自我斗争和沉思默想等。善于自身传播的个体,在事情发生时能做到有所准备、反应敏锐、应对自如;在困难和挫折面前能做到泰然自若、心理平衡。自我传播是人类一切传播的基础。自我交流活跃,在人际交往中就比较敏锐,反应迅速。自我心理平衡,就能形成和谐的外界关系,在遇到困难和挫折时也能泰然处之;反之,就难以适应多变的外界环境,无法抵御来自各方面的压力和挫折。

(二)人际传播

人际传播是个体与个体之间直接的信息传播与交流。它是一种最常见、最广泛的传播方式。人际传播内容丰富,既包括信息的交流,也包括情感的沟通。人际传播形式多样,但大致分两种,一种是面对面的传播,另一种是借助某种有形的物质媒介的传播。前者一般通过语言、表情、手势等直接沟通,能立即得到反馈;后者一般通过书信、电话、网络等媒介进行沟通。

人际传播,特别是面对面的人际传播,具有以下重要特点:

1. 传播方式随意。人际传播的对象特定、范围狭窄、社会影响力小,因而在进行人际传播时,传受双方承受着较小的心理压力,在信息的内容选择和信息符号的编码上可以比较随意。因此,这种传播方式是丰富多彩的,可以是严肃的主题,可以是轻松的话题,也可以是毫无意义的调侃。尤其是在较小的心理压力下,双方可以就一些不易在公众场合传播的内容进行交流甚至深入的探讨,最终达成某种默契或一致,这种传播效果在其他传播方式中是很难达到的。

2. 信息反馈灵敏。人际传播反馈快捷,基本上可以做到实时反馈。人际传播反馈细致,由于这种传播的反馈是在特定情境氛围中获得的,因此比一般的传播方式能得到更多、更为精确的反馈信息。传受双方均可以通过对方的反应修改、补充传播内容或改变传播方式,这无疑大大提高了双方达成一致的可能性。

3. 传播符号多样。人际传播是真正意义上的"多媒体"传播。人际传播所使用的符号多样化,除语言、文字、图像、音乐外,还有表情、眼神、动作、姿态、服饰等多种渠道或手段来传递信息,甚至特定的时间和空间也能成为一定信息符号。传播符号的多样性,使得人际传播具有较强的表现力,成为一种高质量的传播方式。

4. 信息沟通情感。通过人际传播,不仅可以进行信息的交流,而且可以达成情感的沟通。个人感情的沟通,一般随着对象的增加而递减,个人交往场合比在公众场合感情沟通的效果更明显。这就是组织与公众的关系为什么不能完全取代人际关系,公共关系必须广泛使用人际传播的原因所在。

5. 传播面窄、容易失真。个体之间的传播,传播面狭窄,不利于信息迅速、广泛地传播,加上传受双方受各自见识、态度和情绪等因素的影响,容易使信息在多次传播中失误。

(三)公众传播

公众传播是指传播主体面向相对集中、人数较多的公众群体进行的传播。如大型集会上向公众演讲、大型的演出和竞赛活动、展览会、庆典活动等。其特点为:

1. 面对相对集中、规模较大的公众群体。公众传播涉及比较广泛的公众层,公众因参与同一活动而聚集于同一现场。

2. 传播者与公众大规模的现场参与。依据传播的一般规律,传播的对象越多,受众的参与性就越低。但由于公众传播是在一个特定的现场、围绕一个特定的主题进行的大规模传播活动,传播者经过精心策划、周密组织激发公众的参与热情,加上规模庞大的现场公众队伍聚集了极强的人气,公众的情绪彼此激励、互相感染,会形成热烈的现场气氛,给公众留下深刻的印象。

3. 多媒体的综合使用。公众传播由于是在特定的现场中进行的，这为多种媒体的使用带来了方便。事实上，为了达到良好的传播效果，公众传播总是力求同时运用多种媒体。例如，展览会上有产品实物、文字介绍、录音录像、电脑触摸屏；大型文艺晚会有服装、舞美、灯光、音响等。与人际传播的多媒体不同，公众传播运用的各种媒体大多是先进的、专业的、高档的设备，无疑大幅提高了传播信息的表现力。

（四）组织传播

组织传播是指组织所从事的信息活动，包括组织内部个人与个人、团体与团体、部门与部门、组织与其成员的传播活动以及组织与相关的外部环境之间的交流沟通活动。组织传播既是保障组织内部正常运行的信息纽带，也是组织作为一个整体与外部环境保持互动的信息桥梁。组织传播的特点如下：

1. 传播的主体是组织而不是个人。传播的目的是为了保持组织的高效率，传播活动受组织目标和计划的制约，整个传播过程处于组织的管理和控制之下。组织传播主体的组织性并不意味着只能以组织机构的名义进行传播，有时组织传播是通过个人或以个人的名义进行的，但此时个人的传播活动不代表自己而代表组织，是组织传播的一个组成部分。

2. 组织内部正式传播的层次性和有序性。组织内部传播主要有自上而下的下行传播、自下而上的上行传播和同级部门成员之间的横向传播。组织内部传播的层次性和有序性，保证了组织系统运行的效率，但过多的不合理的层次可能会导致信息的衰减和失真。

3. 组织内部非正式传播的自由性和平等性。组织非正式传播是指在组织的制度性结构以外的传播。非正式传播能弥补正式传播的不足，在组织内部营造一个积极、健康、活泼的人文环境，增进成员的向心力。

4. 组织外部传播的公众性和大众性。组织外部的传播对象远比人际传播更为复杂和庞大。组织外部传播的公众对象多、构成复杂，有近距离的沟通，也有远距离的沟通；有相对集中的公众，也有高度分散的公众。因此，组织传播往往需要借助大众传播媒介进行。

5. 传播手段的综合性。组织传播对象是广泛的公众，在传播活动中必须综合运用人际传播、公众传播、大众传播等多种方式。单一的传播方式和媒介是不能胜任组织传播任务的。

（五）大众传播

大众传播是指专业化的媒介组织运用报纸、杂志、广播、电视等大众传播媒介，以非特定的多数人为传播对象而进行的大规模的信息生成和传播活动。大众传播的特点如下：

1. 传播内容的大众化。大众传播的对象是“受众”，任何人无论其性别、年龄、社会地位、职业、文化层次如何，只要他接触大众传播的信息，便是受众的一员。受众的广泛性，意味着大众传播是以满足社会上大多数人的信息需求为目的的大面积传播活动，也意味着它具有跨阶层、跨群体的广泛社会影响。

2. 传播主体的职业化。大众传播的传播者是从事信息生产和传播的专业化媒介组织，包括报社、出版社、广播电台、电视台以及以大量发行为目的的音乐、影像制作公司。

3. 传播手段的技术化和产业化。大众传播借助现代印刷、摄影、电话、卫星通信、互联网络等高新技术来大量复制信息，能迅速大范围地传播，成为现代信息产业的主要部分。

4. 信息反馈的间接性。大众传播属于单向性很强的传播活动，互动机制较弱。尽管受众可以通过读者来信、热线电话等形式对媒介信息进行反馈，但这种反馈大多是事后的，缺乏即时性和直接性。

微型案例

海湾战争中的舆论引导

在1990年的海湾战争中，美国政府巧妙利用舆论协调了与有关方面的关系。

海湾危机刚发生，美国就开动舆论机器同伊拉克进行较量。美国大肆宣传伊拉克侵吞科威特的不合理性，让人们感到仅靠谴责和禁运等是无法解决海湾危机的，这样就很快促成联合国授权美国可以对伊动武的678号决议出台。同时，美国又抛出了国务卿贝克与伊外长阿齐兹互访的和平努力方案。此举正好顺应了寻求政治解决海湾危机方案的需要，既是争取国内外舆论的支持，也是争取主动权的措施，还是避免"反伊联盟"破裂的有效手段。甚至在战争爆发前8天，还实现了贝克与阿齐兹在日内瓦的会谈，以此表明美国已尽了"最大的和平努力"，从而造成一种有利的社会舆论。

战争开始后，美国更加强了舆论攻势：一是向伊拉克军队的阵地散发传单，传播小道新闻，扰乱伊拉克军心；二是渲染战争成果，争取国内人民支持；三是不断谴责伊拉克，安抚以色列，保持反伊联盟的团结。

另外，还利用舆论工具传递虚假信息，给伊军造成假象，声东击西，调动伊军。

在战争处于尾声时，美国及时按照联合国决议宣布停火，在舆论和政治上取得主动，保持反伊联盟内部的合作，避免国内国际反战情绪增长，显示美国"宽厚待人"的"高姿态"，为其处理战争结束后各方关系打下基础。

海湾战争中的舆论控制，有效地引导了公众的态度，赢得了国际和国内社会的广泛支持，瓦解了对方的战斗力。美国在这场战争中对舆论的控制可谓相当高明，显示了高超的公共关系传播手段。

资料来源：孔英：《透视信息化战争中的新闻舆论战》，《解放军报》，2004年6月1日，第6版。有删减。

第二节　公共关系传播媒介选择与效果

媒介作为沟通传播主体与传播对象的桥梁，在传播系统中是非常重要的环节。在传播媒介日益丰富的现代社会，选择哪种媒介、什么地方的媒介、在什么时候使用媒介，对于最终形成什么样的传播效果起到关键性作用，媒介选择的错误便意味着信息传播的根本失误。我们依据媒介的发展演变将人类传播划分为口头传播、文字传播、印刷传播和电子传播等不同时期。而了解媒介特点、熟悉媒介作用是组织公共关系工作的基本要求。

一、人际传播媒介

以个体对个体信息交流为主要特征的人际传播是公共关系传播中最常见、最广泛的一种传播方式，而且其他的传播活动中也渗透着人际传播的内容，离不开人的接触。通过人际传播与交流创造的良好人际关系环境，是顺利开展其他传播活动的必要前提。人际传播的媒介包括：

（一）口头语言媒介

语言是面对面人际传播的主要信息载体，是人类信息、情感交流、实现交际目标的最基本工具。公共关系活动中公共关系人员的大量日常和专业的工作都离不开语言的运用。正因为如此，口头表达能力是职业公共关系人员必备的能力素质之一。在人际传播中，要实现交际目标，达到与公众的沟通，除了注意发音、遣词造句，正确使用语言工具外，还要讲究说话的艺术方法和技巧，特别是要根据不同谈话对象的特点灵活地运用。

微型案例

周恩来总理答记者问的语言艺术

一名西方记者B不怀好意地问周恩来总理："在你们中国，明明是人走的路为什么却要叫'马路'呢？"周总理不假思索地答道："我们走的是马克思主义道路，简称马路。"

美国代表团访华时，曾有一名记者C当着周总理的面说："中国人很喜欢低着头走路，而我们美国人却总是抬着头走路。"此语一出，话惊四座。周总理不慌不忙，脸带微笑地说："这并不奇怪。因为我们中国人喜欢走上坡路，而你们美国人喜欢走下坡路。"

一名美国记者D在采访周总理的过程中，无意中看到总理桌子上有一支美国产的派克钢笔。那记者便以带有几分讥讽的口吻问道："请问总理阁下，你们堂堂的中国人，为什么还要用我们美国产的钢笔呢？"周总理听后，风趣地说："谈起这支钢笔，说来话长，这是一位朝鲜朋友的抗美战利品，他作为礼物赠送给我。我无功受禄，就拒收。朝鲜朋友说，留下做个纪念吧。我觉得有意义，就留下了这支贵国的钢笔。"美国记者一听，顿时哑口无言。

一名西方记者E说："请问，中国人民银行有多少资金？"周恩来委婉地说："中国人民银行的货币资金嘛，有18元8角8分。"当他看到众人不解的样子，又解释说："中国人民银行发行的面额为10元、5元、2元、1元、5角、2角、1角、5分、2分、1分的10种主辅人民币，合计18元8角8分……"

资料来源：龙志鹤编著：《公关案例选粹与评析》，经济管理出版社2011年版。

（二）非语言媒介

在一些特殊的场合，非语言媒介在信息传播中更真实、更可靠、更具表现力和感染力、吸引力。在具体的公关活动中，一切非语言媒介都可以作为沟通的手段。

1. 体态语言

体态语言是靠人的动作、姿态、体态、表情等传递信息的一种无声语言。它在人际传播中发挥着十分重要的作用，是每一个传播者都不可缺少的传播工具。公共关系人员如果能熟练掌握和运用，不仅可以恰到好处地表达，而且能够准确无误地理解交往对象传递出的所有信息，这样就可以始终把握交往的主动权，促使交往的成功。

2. 辅助语言和类语言

辅助语言是指说话过程中的音量、音质、声调、语速等要素，是语言表达的一部分，对语言表达起辅助作用。类语言是指有声无义的功能性发声，如哭声、笑声、叹息等。在公共关系语言交际中，辅助语和类语言是伴随口语表达的一种特殊语言现象，它的巧妙运用和正确读解，对于增强表达效果、准确获取信息、实现双向沟通，有着非常重要的意义。

3. 空间距离语言

这是一种通过人在交往中所处的距离、位置来传递信息的一种无声语言。人际传播中，交往双方所处的位置和距离反映了双方现时关系的状态和进一步发展的趋势。公共关系人员应对此有所了解并正确运用，根据交往的场合和交往对象的特点，正确地选择自己的位置和把握恰当的人际距离。

二、群体传播媒介

群体传播是指按照一定的聚集方式，在一定场合所进行的信息传播。演讲会、报告会、新闻发布会、展览、大型文体活动等群体传播综合运用了各种传播媒介，主要包括：

(一)语言媒介

在群体传播中有许多场合需要传播者充分发挥语言艺术的魅力，在准确传达组织信息的同时，充分展现自身形象和组织的精神风貌。

1. 演讲、报告。这是通过演讲或报告者资料翔实、逻辑严密、情绪激昂的表现，感染、说服和影响听众。其传播效果与传播者个人的表现有直接的关系。

2. 会见、谈判。会见属礼节性沟通，一般是互致问候和祝愿，遇分歧时双方各自表达自己的原则和立场，不争论。谈判是就具体问题进行磋商，通过双方的妥协达成一致。

3. 座谈。这是由主持人代表组织听取与会者意见、发表组织观点，参与者有较多平等发表观点的机会，特别适合于双方的信息沟通、情感交流和达成谅解。

(二)文字媒介

文字媒介主要是指群体传播中运用的各类印刷品，如用于新闻发布会上散发的新闻稿和新闻背景材料；用于展览会、展销会上的产品介绍、文字说明及其他宣传材料；还有在其他场合，用于向广大公众赠送和分发的文字材料。

1. 公共关系报刊。这是有条件的组织自主出版、定期不公开发行、免费赠送的内部报纸和刊物。

2. 宣传手册。组织为配合特定主题编制的宣传资料，与内部报刊的区别在于：不定期印刷，宣传主旨单一明确，通常用于组织的对外宣传。

3. 宣传材料。组织为宣传企业形象、产品或服务特色而印制的宣传品，如产品简介、产品报价单、促销宣传品、邮寄广告等。

4. 海报、购买现场宣传品。配合某一活动主题制作的宣传海报、横幅、彩旗、悬置品或不干胶宣传品等。

微型案例

IBM 公司的《IBM 员工手册》

IBM 坚定不移地坚持下列信念，各级经理在做出决定和采取行动时都必须遵照这些策略。指导 IBM 各项业务活动的战略要点是：(1)努力提高科技的开发和运用；(2)提高市场占有率；(3)领导网络世界的开发；(4)创造客户服务的佳绩；(5)加强在高速发展市场的地位；(6)运用资源规模，再创市场利益。

三个承诺：(1)争取胜利；(2)加紧行动；(3)团结合作。

两项使命:(1)创造本行业中最先进的信息技术;(2)协助客户运用最先进的信息技术。

一个愿望:网络技术正在重新组合,IBM 正在加紧行动,成为市场先驱者,这不仅是一个契机,也是 IBM 重新成为信息行动的领导者的有利时机。无论是资源或是人才,我们在网络代售领域中占有明显优势。IBM 将继续改变我们的企业文化以加速我们的行动。我们中的每一个成员都要为实现这一目标而努力。深思熟虑,立刻行动!

资料来源:龙志鹤编著:《公关案例选粹与评析》,经济管理出版社 2011 年版。

(三)视听类媒介

这是指用于展览、展销、会议等传播活动中的视听类媒介。主要包括:

1. 图片资料。多用于展览中的宣传图片和附图的宣传材料上。可以向公众提供真实的形象资料,加深公众的印象。

2. 幻灯片。通过幻灯机放映出的幻灯画面,比单纯静止的图片展示效果更好。它主要用于会议或演讲中的文字、图表显示、展览会上有关内容的重点介绍和连续展示、产品功能介绍及所提供服务的详尽说明等。

3. 录像片。录像兼有录音、幻灯、图片的许多优点,是传播信息中比较理想的一种方式,它多用于展览、参观、会议、产品介绍和服务说明中,能使这些宣传活动更富有生机,更具有吸引力和感染力。

(四)实物媒介

实物媒介主要是指用于展览、赠送的产品样品、产品或企业建筑微缩模型等。这些用于特殊场合的样品、模型、象征物上凝聚着组织的各类信息,展现着产品和组织的形象,它们实际上充当了组织对外传递信息、沟通与公众联系的特殊媒介。

1. 产品和模型。在企业公共关系或营销活动中,产品本身就构成一种可信度较高的信息载体,通过质量、性能、外观、商标、包装等能全面、直观地传递出产品最实在可靠的信息。因此,产品作为传播媒介被广泛用于展览会、订货会和赞助活动中。

2. 公关礼品。这是指用于加强组织与公众情感交流的实物宣传品。

(五)组织形象标识系列

组织形象标识由标准字、标准色及特殊图形或吉祥物构成,如可口可乐飘逸洒脱的红底白字、海尔公司的大眼睛儿童等,主要用于增强对公众的视觉冲击,便于形成统一的、特色鲜明的视觉形象,以区别于其他组织和产品。它可以广泛用于产品外观、产品包装、广告宣传、办公用品、交通工具、员工服饰等。

微型案例

国美电器新标识发布的传播

国美永乐合并后面临苏宁的战略反攻,以及百思买(BestBuy)正式进入中国市场。中国的家电零售行业格局面临着新的调整和洗牌。苏宁电器以 500 万元聘请孙俪、潘玮柏,800 万元签约新浪,500 万元签约百度,300 万元改造网站,与中国电信合作开通全国电话购物,这些无不显示出苏宁要在短时间内追赶甚至超过国美的决心。国美准备针对标志图形、文字字体、标准色彩不统一、不规范,造成视觉形象混乱的问题进行治理。国美的新标识与以前的标识相比，最主要的区别在于它将原来的蓝色和红色变成了浅绿色和橙色，以此强调它的活力、年轻、创新和环保——国美新品牌的核心属性。通过绿色与橙色的定位，与其他品牌形成差异化。沃尔玛、山姆会员店、百思买、家乐福与苏宁都是蓝色的；电路城(Curcuit City)、乐购(Tesco)、大中等品牌的主色调都是红色的。绿色代表希望、生机、快乐、自然、放松、健康等，最重要的是还代表基业长青，永恒发展；绿色使国美更具亲和力，更有年轻活力；代表温馨，贴近个人生活，也符合行业发展的趋势；配上橙色的绿色代表积极向上的精神与理念，健康充实的生活态度，赋予品牌热爱生命、关注环境等证明意义。

资料来源：中国国际公共关系协会编：《最佳公共关系案例》，中国市场出版社2009年版。

三、大众传播媒介

大众传播是公共关系传播中最主要的传播途径，大众传播媒介也是公共关系传播中运用频率最高的媒介。

(一)印刷类大众传播媒介

印刷媒介是指借助印刷技术，以文字、图片等形式将信息印刷在纸张上进行传播的报纸、杂志和书籍。

1. 印刷媒介的优点

(1)印刷媒介的信息容量大，可不受时间、版面的限制，充分容纳和处理信息内容，增强报道的广度和深度。

(2)印刷媒介能使公众有充分的选择自由。由于印刷媒介属平面媒介，不受时间和接收顺序的限制，因此，读者可根据需要和兴趣自己掌握阅读的顺序和速度，有主动的选择权和取舍权，而且便于读者保存、检索和重复使用。

(3)印刷媒介相对成本较低，无须专门的接收设备，普及性强，影响力大。

2. 印刷媒介的缺点

(1)传播速度相对慢，时效性低。尽管印刷类媒介不断运用最新传播技术试图弥补这一缺陷，但因文字出版有个写作、编辑、印刷、传输的过程，加上受出版周期的限制，与电子类媒介的“现场直播”速度相比较慢。

(2)缺乏形象性。印刷类媒介采用的信息符号主要是文字、图画和色彩，缺乏直观性、形象性和生动性。

(3)对读者要求高。印刷媒介对受众有一定文化水平的要求，因文字是一种需经过长期教育后才能破译的信息符号，没有文化或文化水平低的人无法从此类媒介中获得信息。同时，由于交通运输等客观条件的限制，它还不能覆盖社会的整个人群。

小资料

论纸质媒介衰微与大众阅读危机

阅读是最直接有效的学习途径，人类80%的知识都是通过阅读获得的。阅读作为学习的基础、教育的根本，与现代国家倡导的“知识经济”“学习型社会”建设高度相关。构建阅读型社会关乎社会的未来、国家的未来，更直接决定了整个出版业的发展态势。

一、纸质媒介的衰微

（一）大众阅读率下降

2006年中国出版科学研究所的调查结果显示：我国国民阅读率连续6年持续走低。1999年首次调查时，国民阅读率为60.45%，2003年为51.7%，2005年为48.7%，呈现出明显的下降趋势。2005年，城镇居民的读书率为58.8%，平均每人每年读6.4本书；农村居民的读书率为43.0%，平均每人每年读3.3本书。与图书阅读率相反，近年来我国国民网上阅读率正在迅速增长，1999年是3.7%，2003年增加到18.3%，到2005年已增加到了27.8%，7年间增长了7.5倍，每年平均增长率为107%。调查得知，2005年，在识字的成人群体中，有51.3%的人连一本图书都没有读过，这一比例首次超过半数，因此可以认为目前我国正面临阅读危机。

（二）纸质媒介作用降低

纸质媒介包含的种类很广泛，是指以纸张或类似纸张的其他物质作为文字或者符号的载体的一系列媒介的总称，包括传统的书籍、报纸、信件、海报等，这里的纸质媒介主要是指书籍、杂志和报纸。自从文字发明以来，纸质媒介就在人类社会中占据着重要的位置，但是近年来伴随着多媒体尤其是网络的飞速发展，纸质媒介受到严重的冲击。纸质媒介落后于网络媒体的主要原因如下：

首先，纸质媒介及时性、互动性不强。新浪、搜狐的新闻可以每隔半小时更新一次，保持与新发生事物同步，而报纸则不可能。这是纸质媒介的先天性劣势。现代社会强调资讯的快捷，更多的上班族看新闻多去门户网站，网络媒体的先天性优势已经改变了人们接收资讯的习惯。纸质媒介的信息传播方式缺少反馈，因而造成信息不对称，这也是纸质媒介的先天性劣势；而网络媒体不同，给读者充分的发言权，而且，人们发在网上的文章和信息可以获悉反响，比如评论、跟帖之类，在纸质媒介上这些都不能做到。

其次，纸质媒介流程复杂，一篇在网络上受欢迎的文章，不见得能被报社相中。而且，现在的人都有“猎奇”心理，朝“八卦”“恶搞”之类奔去，搜狐在娱乐上的成功就是一个例子，这种状况成为一种“大势所趋”，平面媒体则无法做到，因此，被超越是一种必然。

二、国民阅读危机原因分析

（一）多媒体对纸质媒介的冲击

1. 网络媒体对纸质媒介的冲击

产生国民阅读危机的一个重要原因，就是网络的飞速发展对国民传统阅读的冲击。据悉,中国青年报甘肃记者站对兰州9所高校进行了一次关于“网络时代大学生读书状况”的调查。当问到“网络的普遍应用对于大学生读书有没有影响”时,50%以上的大学生认为影响比较大,只有5.3%的同学认为没什么影响。在进一步的调查中,37%的同学表示上网占用了读书时间,35%的同学认为上网改变了读书习惯;同时有31%的同学认为上网对读书心态有影响,17%的同学认定网络环境破坏了读书环境,两项总和高达48%。网络正在破坏学生们的读书心态,年轻人不再进图书馆,开始习惯在网上读书看报,从而使得读书成为一种“泛读”现象,不再有精读。

2. 媒体的多元化对纸质媒介的冲击

除了网络媒体的冲击以外,媒体的多元化也对传统的纸质媒介造成了很大的冲击,例如,电视、VCD、DVD、游戏的城乡普及也造成了国民的阅读危机。各种影视媒体的发达,导致人们处理不好看电视与书本阅读的关系,放任自流,从而缺乏良好的阅读环境,阅读习惯很难养成;而且人们对那些新兴的大众媒体的兴趣远远大于阅读,其中电视成为“第二上帝”,传媒成为“第四权力”(前三位是立法、行政、司法)。英国著名哲学家波普尔去世前曾发表了一篇论电视破坏力的文章,认为电视把学校、图书馆赶出了人们的生活。

(二)生存压力带来的功利性阅读心理

阅读危机的社会原因主要在于社会转型期的浮躁与喧哗,影响了人们的阅读心态。在当前的环境中,有一部分人确实在为生计而奔忙,他们生活节奏紧张,没有时间读书。中国出版科学研究所2006年完成的第四次国民阅读调查统计数据显示:“没时间”读书的主要为中青年,一半以上20多岁的年轻人认为自己“没时间”读书,比例高达54.2%;50.7%的30岁以上的人和49.2%的年过不惑者也“没时间”读书。据中国青年报记者对兰州9所高校调查显示:有17%的学生一年中未购一本课外书,8%的学生几乎未进过图书馆。年轻人的生活节奏加快,各种娱乐休闲方式增加,比如唱卡拉OK、看DVD、健身、美容等,从而导致这部分人没有时间进行阅读。

(三)纸质媒介质量不高

纸质媒介衰落,阅读危机出现的原因还在于当前纸质媒介的质量不高,缺少精品图书。如今市场上书很多,却缺乏把知识性、教育性和趣味性结合得很好的书籍,许多人总是不知道哪些书好,认为没有多少好书可读,他们说:“这是一个自由的时代,什么书都有,垃圾泛滥,知音难寻,所以书不敢读;这是一个速食的时代,书成为纸做的快餐,令人兴味索然,所以书不屑读;这是一个功利的时代,出书只为销量计,读书只为稻粱谋,所以书不会读。”图书市场琳琅满目,令人眼花缭乱,读者却无从选择,时间久了人们也就不想读书或不愿读书,所以就出现了书很多却“无书可读”的怪现象。

资料来源:曹毅梅:《论纸质媒介衰微与大众阅读危机》,贝壳阅读网,http://www.bkjpress.com/Html/Article/20091217/2095.html。

(二)电子类大众传播媒介

电子类大众传媒主要是指依靠电子技术,以电波或电缆、光缆来传播声音、文字、图像、色彩,运用专门的电器设备发送和接收信息的广播、电视、网络等媒介。

1. 广播

广播是指通过无线电波或导线传送声音符号，供公众收听的传播媒介。在我国，无线收音机和有线广播喇叭的普及率都很高。

广播传媒的优势表现在：

(1)传播迅速、传播面广。广播节目制作较电视和印刷媒体简单，传播速度快，其短波频率可做远距离的无线传播，因而信号覆盖面广。

(2)适应面广，老少皆宜，受众不受文化水平限制。广播使用口语、音响传播，形象生动、亲切随和，有较强的说服力和感染力。

(3)接收方便灵活、无独占性。广播接收设备(收音机)体积小巧，利用无线传播，接收信息不受空间环境限制，人们可以一边工作一边收听广播。

(4)成本低廉，与受众的交流性强。由于制作简便，加上广播的发送和接收设备简单，因此，广播的运作成本比电视要低得多，这就使广播与受众的交流增强。

广播也有局限性，表现在：

(1)听众接收的信息受广播电台编排的节目次序限制，听众只能按顺序接收，不能自由选择接收。

(2)广播所呈现的只是语言和音响，没有文字和图画，这就限制了广播信息的表现力，使其不适宜表现复杂的、难以理解的信息内容。

(3)信息稍纵即逝，不能重复，不便于保存。

2. 电视

电视是用电子技术传递活动图像的传播媒介。电视是我国发展最快、影响最大的大众传播媒介，也是公共关系传播的最重要手段之一。

电视的优势在于：

(1)电视综合了语言、文字、音响、图像、色彩符号等，是视听结合的新媒介，形象生动、丰富多彩，信息的表现力和现场感极强，信息接收不受文化程度的影响，具有很强的普及性。因此，其受众队伍庞大，覆盖了社会的各个群体。

(2)信息传播迅速，尤其是“现场直播”形式，做到了与事件的发生同步传播。

(3)电视的娱乐性最强。

但是，电视的局限性也是十分明显的。

(1)与广播一样，观众只能按照电视台编排好的节目顺序依次接收，缺乏主动性。

(2)电视节目制作耗资巨大，制作、播放和接收成本较高。电视观众构成复杂，不宜作受众针对性强的宣传。

微型案例

群鸽来访

美国联合碳化钙公司一幢52层新的总部大楼竣工了。一天，有一群鸽子飞进了这幢大楼的一个房间，把它当作栖息场所。公关部经理知道此事后，认为这是一次扩大公司影响的机会，便着手策划一次有声有色的新闻事件。他首先打电话给城市动物保护委员会，请他们来捕捉鸽子，紧接着又通报新闻媒介报道这座城市从未有过的"群鸽来访"的奇事。动物报务委员会为了不损伤鸽子一根羽毛,用网兜捕捉鸽子,前后足足用了3天时间。在这3天中,电视台、电台和各大报社竞相采访,跟踪报道,使这件事成了这座城市中公众关注的新闻热点。这期间,公司首脑充分利用在电台和荧屏亮相的机会,频频向公众介绍公司各方面的情况,加深了社会公众对公司的了解,从而不花一分钱就很好地宣传了公司形象,达到了扩大公司知名度、美誉度的目的。

资料来源:熊源伟编:《公共关系案例》,安徽人民出版社1994年版。

3. 新媒体

新媒体(New Media)是一个相对的概念,是报刊、广播、电视等传统媒体以后发展起来的新的媒体形态,包括网络媒体、手机媒体、数字电视等。新媒体亦是一个宽泛的概念,利用数字技术、网络技术,通过互联网、宽带局域网、无线通信网、卫星等渠道,以及电脑、手机、数字电视机等终端,向用户提供信息和娱乐服务的传播形态。严格地说,新媒体应该称为数字化新媒体。

相对于报纸、电视、广播,新媒体在传播信息方面具有以下特点:

(1)交互性。这是新媒体最独特、最别具一格的特点之一。新媒体上的信息传播,用户完全可以根据自己的兴趣和要求来决定浏览的页面,并且能及时将意见反馈给信息提供方。BBS论坛、网上调查、聊天、微信、微博等都是交互性的体现。

(2)巨量性。用"信息海洋"来形容新媒体是最贴切不过了,由于新媒体设计的"无中心化",借助其无限链接功能,新媒体上的信息是巨量的,且很容易扩展。

(3)高速性。由于新媒体上的信息经过了数字化的处理变得极易传输,高速性已成为新媒体的一个重要特征,利用这一特征,新媒体也可以进行实时、实况报道。

当然,新媒体传播也存在缺点:网上虚假信息过多,不能进行有效的监督,导致人们不完全相信新媒体的信息。

大众传播除新闻传媒外,还包括电影和书籍,在特定的公共关系传播中也可以选择使用。

微型案例

息息相关 小米故事凝聚人

诞生于互联网上的中国成长最快的品牌小米正是C2B的标志性品牌。从MiUi开始,小米就牢牢扎根于互联网上最活跃的公众群体中,让发烧友参与开发,每周五发布新版本供用户使用,开发团队根据反馈的意见不断改进,此后的米聊和小米手机皆是如此。而且小米还鼓励用户、媒体拆解手机。有人说发烧友是一个特定的用户群体,不一定代表广大用户,但小米认为这些人其实是最苛刻的用户,他们的反馈意见推动了小米手机不断改进用户体验。而且数十万人的发烧友队伍被事实证明已经成为小米口碑营销的主要力量。小米的成功在于依靠MiUi和米聊用户,以及一批用户的口口相传。

小米的营销方式是背靠几千万品牌粉丝,重复购买率很高,几乎没有渠道,而是在小米官网上进行订购,这样省去了中间环节,品牌也建立了与消费者的直接关系,以便第一时间分析需求,改进服务,因此形成了小米官网上抢购的巨大需求。新媒体时代92%的消费者相信朋友推荐,小米正是深入了解了消费者行为习惯的改变,不断加强自身品牌的影响力,把自己打造成为具有强大营销力的自媒体。小米同客户的关系不是传统的商家与客户的买卖关系,而是基于网络的朋友关系,客户的所思、所想、赞许、不满通过互联网新媒体第一时间反馈给小米,又在第一时间得到解决,用户、网友在小米"为发烧而生"的极客精神带动下,主动参与产品定义、研发、优化、评测、服务等全过程,成为自己钟爱的品牌一部分。这样的惺惺相惜、感同身受造就了互联网新媒体时代的伟大品牌故事,也成就了小米品牌、小米生态系统和小米的粉丝用户群体。每天数以千万计的用户搜索、网络讨论、媒体报道,正是小米与消费者息息相关的生动故事影响了一群又一群富有极客精神的小米粉丝,也不断催生了消费者创建的自己与小米的好故事。

资料来源:郇玉萍:《新媒体时代如何讲故事》,中国公关网,http://www.chinapr.com.cn/templates/T_Second/index.aspx?nodeid=42&page=ContentPage&contentid=8990,2015年1月16日。

(三)户外传播媒体

户外传播媒体是指利用霓虹灯、广告牌、路牌、旗帜、灯箱、车船、气球、市政公众建筑等传播宣传信息的渠道。户外传播媒体的宣传内容一般比较简单,侧重于企业名称、品牌名称的宣传,能够提高社会组织的知名度。

在城市高层建筑和市政公共场合设置五光十色的霓虹灯,由于色彩鲜艳,容易给人们的感觉系统以强烈的刺激,让人一目了然,留下深刻的印象。但是,这种媒体受到场地的限制,没有流动性,辐射面较小,即使在繁华的闹市地段,公众也难以闹中取静,驻足观看,宣传效果一般比较微弱。户外传播媒体信息载量有限,信息量不大,不能传播关于社会组织的详尽信息,不能有效地展示社会组织的整体形象,但有利于传播特色化的信息。

现在越来越多的社会组织,特别是企业利用各种交通工具,如火车、汽车、地铁、轮船、出租车等媒体或形式进行宣传。车船作为传播媒体,具有以下优点:

(1)它是一种流动性媒体,辐射范围相对较大。加上乘坐车船的人多,阅读对象遍及各地、各阶层、各职业和各年龄段,有利于提高知名度。

(2)制作简单,费用低廉。

(3)信息精简,内容集中,突出了特色形象,有利于强化知名度。

四、传播媒介选择的依据

了解各种传播媒介的特点并不是公共关系工作人员的目的,真正的目的是为了更好地进行媒介选择,搞好公共关系传播。选择传播媒介应作如下考虑:

1. 传播对象的特点

(1)公众受教育程度。公众的受教育程度高低与媒介选择存在密切关系。一般来说,受教育程度高者多选用印刷媒介进行阅读分析,获取信息;相反,受教育程度较低者多选用电子媒介来获取信息。

(2)公众年龄结构。年龄结构水平与媒介选择存在的关系是:中老年多选用印刷媒介,青少年更适合电子媒介。

(3)公众生活、工作习惯。不同的公众,生活、工作习惯不同,接受信息的时间和采用的方式都不同。生活习惯不正常的公众无法在规定时间内收听或收看,印刷媒介更适合他们。

(4)公众经济状况。公众经济生活水平高,有可能接近费用较高的媒介;相反,只能接触费用较低的媒介。

2. 传播信息的内容

(1)传播信息内容的复杂程度。如果要传播的信息是难以理解的,通常适宜采用印刷媒介,便于公众反复深入思考、研究和理解;相反,使用电子媒介更适合。

(2)传播信息内容的保存价值的大小。如果传播的信息有较大参考价值,需要保存,宜用印刷媒介。尽管电子媒介有时也可保存,但费用高,可选择性小。

(3)传播信息内容的详细程度和趣味性。传播信息要求较详细但趣味性较小,宜用印刷媒介;相反,配以声音、图画较易感人,易于理解,直观性强,能引起兴趣,适宜用电视媒介或电子媒介。

(4)传播信息内容的性质。传播信息内容不同,会吸引不同的公众。总的来看,随着年龄增长,公众更接受知识性、政治性、公共事业性较强的信息,宜较多使用印刷媒介;年龄较低者更愿意接受趣味性较强的信息,宜用电子媒介。

3. 经济合理的原则

公共关系工作人员在选择传播媒介时,还应考虑组织自身的经济负担能力和传播价值问题,精打细算,充分利用现有条件,以最少的费用来争取最好的传播效果。

微型案例

广告宣传上的大投入曾给某酒厂带来巨大发展,该厂在1995年前还是个年产万吨左右的县属小厂,总资产不过1 000万元,在酒厂林立的山东并不引人注目。但他们制定了以广告创品牌、打市场的策略,首先在东北小试牛刀,开门大吉;以后在几个地区又屡战屡胜,于是便有1995年底以6 666万元在中央电视台首次夺得标王的惊人之举。这一次该厂巨额投入得到丰厚的回报,酒的销量扶摇直上,1996年销售收入达9.5亿元,利税2.2亿元,分别是上年的5倍、6倍多。广告战频频胜出、所向披靡,使该厂对广告的作用产生了盲目乐观的心理。

于是,1996年底,该厂又以3.2亿元再次在中央电视台夺得标王。然而,令厂方始料不及的是:这次夺得标王并未达到预期的效果,舆论的质疑和瞬息万变的市场很快便将该厂从巅峰推下。

资料来源:沈永祥、洪霄编著:《公共关系学》,化学工业出版社2003年版。

由此可见,组织或企业在选择媒介时,要依据自身的发展情况和生产实力,不能盲目地选择媒介。选择恰当的媒介能让组织或企业获益,但要量力而行。

五、公共关系传播效果

(一)获得良好传播效果的条件

进行传播活动的目的是取得对于组织有利的结果,达到公共关系活动目标。为此,必须对传播活动的各因素加以分析,为取得最佳的传播效果创造最好的条件。

1. 传播者

在整个传播活动中，传播者是信息传递关系中的主体，是信息的发出者。传播者发出的信息能否被公众接受，在很大程度上取决于其自身条件状况，包括如下几个方面：

(1)从传播者的知名度看，组织信息发出者如果是在社会生活中有名望的人，他所传播的信息也易引起公众的注意。

(2)从传播者的信誉度看，信息传播者如果是被公众认为可靠的、可以信赖的人，具有公正无私的品德，公众态度较容易向有利于组织的方向转化。

(3)从传播者的权威性看，信息传播者如果是所传播信息内容方面的专家、学者，他的观点看法具有权威性，信息容易被接受。因为在相同条件下，公众宁愿相信专家意见而不相信一般人的意见。

(4)从传播者掌握的语言艺术水平看，在传播过程中，如果传播者能够准确地选择和恰当地运用词汇，充分、贴切地表达思想感情，巧妙、熟练地运用各种语言形式把信息传递给各类公众，那么信息的可接受性会因语言的艺术性强而增大。

(5)从传播者与传播对象的一致性看，在传播活动中，传播者如果能表明在利益上与传播对象一致，或者表明不会从其传播中得到个人好处，找出与传播对象共有的东西，便会得到公众的认同，传播效果会好些。

2. 传播的信息

传播能否取得预期的效果，与被传递的信息内容也有很大关系。传播的信息应具有以下几方面特点：

(1)真实可靠性。真实的信息才会赢得公众的欢迎。尽管有时真实性在产生预期效果方面无明显影响，但是在推动和促进公关传播活动的成功方面有很大的潜在影响力。

(2)显著性。传播的信息对于传播对象来说，要较为明显、能引起公众注意，信息要有一定强度或刺激性，以吸引公众的注意力。

(3)新鲜性。如果所传递的信息毫无新颖独到之处，会被淹没在大量信息之中不被注意，因此信息中需要不断补充新的成分。

(4)相关性。相关性是指信息要与传播对象的利益或决策有一定关系，产生某种影响，由此造成公众对信息的接受。

(5)明确性。传播的信息，内容应条理清晰、表达准确，使公众很快能理解传递的信息；否则，会引起公众的反感，产生适得其反的效果。

(6)重复性与连贯性。在长期的传播活动中，传播内容应保持内在一致性，给公众以完整的组织形象。如果是同一信息的传播，应在每次重复时都加入新的因素，增加信息的吸引力。

3. 传播对象

传播对象是能动的因素，必须对它有全面的了解，才能有针对性地传播信息，取得预期效果。

(1)传播对象的团体背景。传播对象是否接受某种信息，与他所在团队的观念有很大关系。因此，必须了解其团队背景因素和团队中的各种观念、规范倾向以及传播者的固有观念等，使得传播信息的内容尽量与公众已有观念保持一致性。

(2)传播对象所需的信息内容。在进行传播之前，应首先调查公众最希望得到的信息，以便增加传递信息的针对性和适应性。

(3)传播对象如何取得信息。在传播信息之前，如果能首先掌握公众比较喜欢或接近的已有媒介资料，就可选用适合于公众的传播媒介，增强公众对信息接触的可能性。

(4)传播对象接受能力。接受能力包括接受习惯、阅读能力、知识水平，据此确定传播方式、媒介选择、符号形式等，以便最大限度地适合公众实际情况。

(5)传播对象的结构与数量。如果面临的公众结构较松散、数量较小，则易对他们产生影响；相反，则较难使公众接受组织的信息和观点。因此，在进行传播前应对公众进行分析，针对不同类型公众进行不同形式的传播。

提醒您

以上三个方面是对取得良好的传播效果进行的分析。实际上，公共关系传播活动本身就是一项复杂的工作，公共关系人员在进行公共关系传播活动时，要事先进行大量的调查研究，做好充分的准备，传播过程中也应密切注意公众意向和发展趋势，及时纠正和补充传播信息的内容，才能取得良好的传播效果。

(二)怎样改善传播效果

根据我国学者邵培仁、唐克西等人的研究，介绍一些改善传播效果的方法。

1. 美化

美化就是给人物或事物加上一些美好的评价或修饰，从而使人产生美好的印象，因而不经验证就予以接受或赞赏。在政治宣传、文艺广告和商业广告中，我们常常可体会到这种手法。运用美化的基本条件有：美化对象要可信，即具有被美化的条件；美化要适度，用词要慎重。过分美化或远离实际的胡乱吹捧，是对受传者的欺骗和愚弄，将导致传播的最终失败，使受传者对传播者及其传播内容产生不信任感和逆反心理。

2. 典型示范

典型示范是请具有一定名望、声誉或经验丰富的人对受传者现身说法，来证明和评价人物、事物和观点。在各种广告中，我们常可以看到一些名人、歌星、影星、运动员在使用某种食品、药品及其他生活用品后，用自己的感受来证明它们“味道(效果)好极了”，目的在于利用“名人效应”来吸引和说服受传者。

微型案例

力士洗浴用品自进入中国大陆以来，就曾先后邀请国际影星娜塔莎·金斯基、张曼玉、刘嘉玲、舒淇等人在电视屏幕上反复亮相，名人身上的光环效应以及她们所具有的美的特质，激起公众对美的向往和追求，使力士成为最受消费者欢迎的洗浴品牌之一。

3. 引证

引证就是直接让真正的宣传者公开出面，有目的、有倾向性地引用一些对自己有利的事实、论点来证明自己的观点、方案、产品的方法。我们可常见到，有些广告大量引用权威部门、权威人士的鉴定意见，或者引用那些于己有利的信息数据来宣传自己的产品或服务。

微型案例

广州宝洁公司生产的佳洁士牙膏反复表明自己通过了世界牙防组织的健康认证。我们在电视广告中看到的全国消费者协会推荐产品、国家免检产品、中华医学会鉴定产品、国家中药保护品种等，都是引证的具体运用。

4. 重复与新鲜

要引起公众对信息的注意，需从加强信息的强度、对比度、重复率和新鲜度入手。报纸上粗大的套红标题、高层建筑物上树起的巨幅广告，都能增加信息刺激的强度，容易吸引人们的选择性注意。通过反差对比吸引公众注意，强化记忆效果是改善传播效果的常用手段。

微型案例

在一连串以打击乐作背景的广告中，突然有四五秒的时间音乐戛然而止，只有单调的电子钟的嘀嗒声，更能引起观众注意，这就是利用广告声音效果的鲜明对比来引人注意的方法。

重复刺激也是引起注意的重要手段，传播者反复、不厌其烦地向受传者宣传某种事物或观点，能增强受传者对信息的印象。但要注意在一定时间段内，重复的次数不能太多，频率太高反而会招致受传者的反感甚至厌烦。

5. 角色扮演

角色扮演是指传播者为了使特定的受传者相信并接受自己的观点，而以与受传者相同或相近的身份、地位出现。这种方法往往可以使受传者对传播者产生“自己人”的感觉，缩小双方的心理距离和社会距离，从而接受传播者的观点。

微型案例

法国一家保险公司为其开办的老人保险业务做广告，先是采取了很多劝说方式，但对老人们的吸引力不大。后来，这家保险公司从巴黎郊区请来一位老太太，让她在屏幕上同观众们谈保险的益处，结果引起大批与她类似的老年人的注意。这种“自己”传播，削弱了商业色彩，通常会收到较好的效果。

6. 号召随从

号召随从要求传播者了解团体背景对个人的影响。具体来说，是让某一团体提出或支持某种观点，并说明它已广为接受，唤起诸多受传者的从众心理。团体对个人的影响，可以从一些实验中得知。

微型案例

即溶咖啡等于懒惰、邋遢

某即溶咖啡曾经做过一个即溶包咖啡测试。这是一种采取定性访谈进行的方式。访问者邀请多名妇女，请她们针对即溶咖啡讲出内心想法，出乎访查小组的意料，这些妇女之所以对这款即溶咖啡不青睐，原因与口味、包装、品牌甚至便利性等产品本身因素无关。访查小组发现，不少妇女认为，即溶咖啡对她们而言，似乎是一种“懒惰、邋遢”的象征。她们认为，只有不爱做家务事的妇女才会去冲泡这种即溶咖啡，而不是采用传统的咖啡烹煮法为家人烹调一杯香喷喷的咖啡。而这样出乎意料的结论，影响了日后这款即溶咖啡的广告策划。

资料来源：龙志鹤编著：《公关案例选粹与评析》，经济管理出版社 2011 年版。

7. 唤起情感

社会心理学实验证明，情感具有推动和促成人行为的力量。在公共关系传播中，情感的煽动往往能产生其他手段无法企及的效果。一般来说，对于女性、生性羞怯自卑的人或文化程度较低的人，采用情感渲染的方法可以更有效地打动他们。

微型案例

可口可乐的一则广告就巧妙地运用了这种方法。电视里刘翔在巴黎不能回家过春节，给家人打电话，怅然若失地告诉家人不能回去了，然后屏幕上出现妈妈不舍的眼神。刘翔打完电话后便来到一家中餐店里点了饺子，可惜这里的饺子没办法和妈妈做的饺子比，刘翔想家了。这时可口可乐上的两个中国小孩出现了，请刘翔和他们一起回家过春节，刘翔回到家，家里温馨的场面让公众觉得温暖。这则广告唤起了公众心中对节日家人团聚的情感需求，当然就取得了很好的效果。

8. 正面分析

正面分析是指传播者只对受传者介绍那些有利于自身发展的论据和事实的方法。

微型案例

10 万美元寻找主人

某公司宣传其新型保险柜的卓越功能，登出一则这样的广告：“10 万美元寻找主人！本公司展厅保险柜里存放有 10 万美元，在不弄响警报器的前提下，各路豪杰可用任何手段拿出享用！”广告一出，轰动全城。前往一试身手的人形形色色；有工人、学生、工程师、警察和侦探，甚至还有不露声色的小偷，但都没有人能够得手。各大报纸连续几天都为此事做免费报道，影响极大。这家公司的保险柜的声誉随之大增。

资料来源：龙志鹤编著：《公关案例选粹与评析》，经济管理出版社 2011 年版。

9. 正反分析

传播的效果首先体现为是否改变了公众的不良态度,实现公众由负态度向正态度的转变。正反分析是传播者同时向受传者展示有利和不利于自己观点的论据和事实,然后驳斥后者的弱点,指出其漏洞,从而证明自己观点正确性的一种方法。

微型案例

“请留心你家的后窗”

20世纪50年代,好莱坞影片《后窗》曾风靡香港,该片描写了一个脑部受伤的新闻记者,在家养伤时闲极无聊,便买来一架望远镜,每日坐在屋子里从对面楼层的后窗窥视住户的家庭隐私,从而卷入了一场谋杀案。影片上映后,香港人竞相观看,形成了“后窗热”。这时,香港的一家生产百叶窗的企业成功地抓住了这一事件。他们在报上连续刊登题目为“请留心你家的后窗”的销售广告,其生意一下子兴隆起来。

在这次公关活动中,企业通过大众传播媒介在社会上形成一个热门话题,让这个话题直接或间接地与组织及其产品挂钩,从而达到良好的传播效果。他们借助“后窗热”这个与自己产品关联度极高的“议题”通过报纸宣传,轻而易举地掀起了一个“百叶窗热”,从中获得了良好的市场效益。

资料来源:《番禺日报》,2008年7月3日,A6版。

总之,恰当地运用一定的传播方法,能帮助我们克服各种传播障碍,准确顺利地完成信息传递,获得理想的传播效果,实现公共关系计划,达到组织的目标。

小　结

关键术语

传播　媒介　人际传播　群体传播　大众传播　网络传播　公共关系传播

本章小结

1. 传播是促进传者与受者之间信息的双向交流与共享的过程,具有共享性、社会性、互动性和符号性等特征。

2. 信源、信息、编码、媒介、受众、译码、噪声、共同经验范围、反馈和环境是构成传播的基本要素。

3. 公共关系传播的内容大体包括传播本组织解决问题和困难的情况、传播本组织取得的新成果、传播本组织的独特风格和特有形象,以及传播本组织形象受到损害的真相及所采取的措施。

4. 公共关系作为一种传播行为,为有效达成组织与公众的沟通,必须运用各种不同的传播方式。公共关系传播的主要形式有个体自身传播、人际传播、公众传播和组织传播等。

5. 公共关系的传播媒体主要有人际传播媒介、群体传播媒介、大众传播媒介、网络传播媒介等。

6. 选择传播媒介应考虑的因素主要包括：传播对象的特点，如公众受教育程度、公众年龄结构、公众生活、工作习惯和公众经济状况；传播信息的内容，如传播信息内容的复杂程度、传播信息内容的保存价值的大小、传播信息内容的详细程度和趣味性与传播信息内容的性质；经济合理的原则。

7. 取得最佳的传播效果要创造最好的条件，从传播者角度要考虑传播者的知名度、信誉度、权威性、传播者掌握的语言艺术水平以及传播者与传播对象的一致性等；从传播信息角度要做到真实可靠性、显著性、新鲜性、相关性、明确性、重复性与连贯性；从传播对象角度要考虑传播对象的团体背景、传播对象所需的信息内容、传播对象如何取得信息、传播对象接受能力、传播对象的结构与数量等。

知识结构图

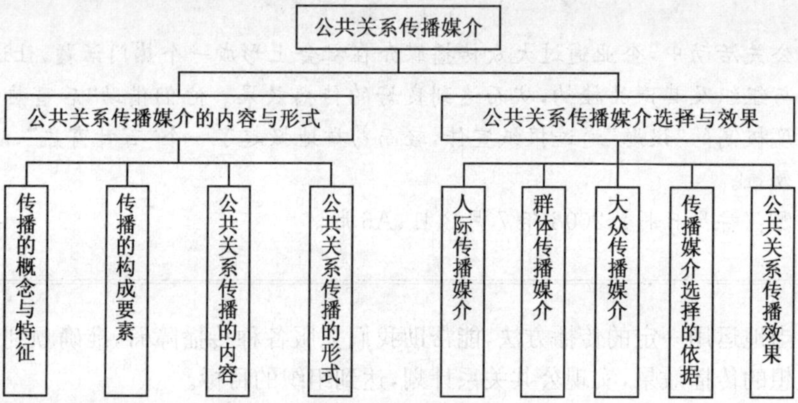

应　用

案例研究

案例一

五星级酒店的沟通效应

中国大酒店是地处祖国南大门广州市的中外合资企业。酒店的公关部担负着四个不同层次的沟通工作：与消费者的沟通；与新闻媒介的沟通；与社会公众的沟通；酒店内部的沟通。

（一）与消费者的沟通

中国大酒店“推销”的是服务，这里的消费者自然是指以不同形式惠顾酒店的客人。酒店与消费者的沟通是借助各种有形、无形的细节表达的，既包括各种精美的印刷品、宣传刊物、小纪念品等，也包括出色的服务质量。具体措施有：①公关部印刷了品目繁多的各种印刷品，如各种服务项目的宣传单、海报、开业纪念特别刊物、酒店设施指南、各餐厅菜单以及广州公众各种活动的信息、最新动态的商品信息，还有诸如小火柴盒、致意卡片等，使顾客在酒店的生活方便，感到惬意、亲切。②定期通过信件向客人表示敬意，欢迎客人光临，将酒店的最新情况告诉客人。③以各种特别纪念日为机会，如节日、客人生日等，送生日蛋糕、鲜花等小礼物，使客人备感亲切和温暖。④在有重要宾客下榻或参观酒店时，安排特别接待。⑤在重大节日，如春节、圣诞节、国庆节、母亲节、中秋节等，组织特别活动，与宾客共度佳节。

（二）与大众传播媒介的沟通

中国大酒店在1989年下半年举办了一次为云南灾区募捐义卖的“云南日”活动。公关部抓住时机，召开了记者招待会，向新闻界发出新闻稿。这一活动受到新闻界和广大公众的热切关注，既为云南灾区尽力，同时又巩固了酒店的形象，扩大了影响，受到各界人士赞扬。中国大酒店不仅善于捕捉时机利用新闻，而且善于制造新闻，为新闻媒介提供新颖的题材。如酒店开业一周年之际，公关部精心组织了3 000名员工排成一个浩大的“中”字，拍摄了一张“全家福”照片，为新闻媒介提供了一张颇具新闻价值的图片，先后被国内外众多报纸和杂志采用，收到了极好的宣传效果。

（三）与社会公众的沟通

中国大酒店为了取得公众的支持和理解，坚持致力于支持社会公众活动和社会公益事业，促进公众对大酒店的了解，提高了酒店在社会公众中的社会地位。酒店开业以来，曾先后参与过赞助“中国残疾人基金会”的成立、兴建“广州残疾儿童健康中心”、捐款赞助“残疾儿童福利院”、赞助每年一次的“六一”中外儿童联欢会等活动，密切酒店与公众的关系。

除此之外，大酒店还积极热情地接待参观者，制作了幻灯片，配备了有经验的公关小姐为参观者热情导游，介绍酒店概况和有关最新动态，使参观者乘兴而来、满意而归。

资料来源：刘军编著：《公共关系学》，机械工业出版社2006年版。

问题：

1. 结合案例，分析有哪些公共关系传播媒介可供企业选择，并分析这些媒体的优缺点。

2. 选择公共关系媒体需要考虑哪些因素？

案例二：

宜家进入中国

1997年，宜家在上海开设第一家店，当时新店很成功。但令管理层惊讶的是，中国媒体并不是很感兴趣。宜家当时聘请的公关公司聘请许多记者参加开业的新闻发布会，但是关于该品牌的报道却很少。与在中国不同的是，在其他国家，关于宜家，记者总会写很多东西。1998年，宜家想在北京开一家更大的商店，为此寻求良好的宣传策略。

首先，宜家从北京邀请十多名记者在上海的宜家店内开展为期一天的家具研讨会。不仅包括传统的幻灯片介绍，而且以有创意的方式展示宜家的风格和感觉。研讨会结束后，宜家的中国经理老龙邀请记者们共进晚餐。晚餐结束后，老龙说：“我听说中国跟瑞典一样有打包的习惯，是这样吗？”记者们纷纷点头。“很好，但是我们瑞典与你们有所不同，我们带走所有的东西，不仅是食物，还有盘子、筷子等。”客人都笑了，他们以为老龙是在开玩笑。他们不知道，所有的餐具都选择了宜家的产品。老龙拿起一个很大的宜家购物袋，把用过的东西都放进去。他笑着说：“如果你们想要，塑料袋就在你们的椅子下。”于是，大家都找到了乐趣，他们把盘子、筷子、桌垫等，一切在视线内的物品都打包了。

其次，确定媒体传播方向，包括公关与广告的积极配合；制作电视节目在北京和上海播出，让消费者很方便地了解到宜家的产品和创意；深度报道，《瑞丽家居》每月的刊物中都会推出几个版面的家具解决方案就是一例。

最后，进行持续有创意的活动，例如，宜家发布“完美卧室”的解决方案时，记者招待会的形式就是让记者躺在床上看介绍，产品介绍被投影在天花板上。

资料来源：根据新浪博客的相关资料整理。

问题：

1. 宜家选择的是哪种形式的公共关系传播媒介？

2. 如果在 2015 年宜家再次有分店开业，你觉得宜家会选择哪种形式的公共关系传播媒介？为什么？

实验实训

1. 为所在学校的公共关系传播制订媒介决策方案。

2. 搜集知名公司的公共关系传播案例，并以小组形式进行讨论。

复习思考题

1. 什么是传播？其基本特征和构成要素分别是什么？

2. 谈谈你对公共关系传播的理解。

3. 举例分析公共关系有哪些传播形式，并对各形式进行比较。

4. 常见的公共关系传播媒介有哪些？选择时要考虑哪些因素？

5. 结合实例分析，为了提高公共关系的传播效果，有哪些策略可供选择？

6. 试比较分析各种公共关系传播媒介的优势与局限。

第五章　公共关系的操作流程

学习目标

通过本章学习，你应能够：
了解公共关系调查的步骤、内容与方法；
掌握公共关系策划的作用、原则、内容及策划书的写作；
掌握公共关系实施的原则；
掌握公共关系评估的内容、程序、方法。

引入案例

哥伦比亚咖啡的公关故事

2005年，一个美国研究团队进行了一次全国规模的公众调查，旨在调查美国公众认为最具知名度的重要人物是哪些。调查显示，80%～90%的美国人能够认出哥伦比亚咖啡广告中的咖啡农胡安·巴尔德斯(Juan Valdez)。这一数字，在英国则是几乎100%。更为重要的是，有超过50%的受访者能够立刻将胡安·巴尔德斯这个人和他密不可分的骡子肯奇塔(Conchita)，与哥伦比亚咖啡联系起来。

就在这一年，胡安·巴尔德斯还获得了雅虎公司和《今日美国报》联合颁发的最佳广告形象奖，并获得了在纽约麦迪逊大街留下足迹的殊荣。哥伦比亚全国咖啡种植者联合会(National Federation of Coffee Growers of Colombia，FEDECAFE，下文简称联合会)主席盖布瑞拉·席尔瓦在得知获奖消息后认为，这一奖项是对胡安·巴尔德斯作为广告界偶像地位的充分肯定，使得这一虚构的形象和全世界最好的咖啡紧密联系起来，有力地体现和维护了哥伦比亚全国56万咖啡种植农户的利益。

不仅如此，胡安·巴尔德斯还成为哥伦比亚这个国家的形象代言人。哥伦比亚作为全世界最受暴力事件危害的国家之一，曾经饱受内战的困扰，长期以来又一直因为毒品制造和贩卖问题的拖累，在国际上因为腐败和恐怖主义闻名。而健康、阳光的胡安·巴尔德斯成为哥伦比亚的最佳外交形象大使，传播着哥伦比亚的新形象。胡安·巴尔德斯这一作用，甚至比写过《百年孤独》的诺贝尔文学奖获得者加西亚·马尔克斯更为显著。

（一）为塑造咖啡品牌虚构人物形象

然而事实上，作为一个具有生命体征的真人，世界知名的胡安·巴尔德斯从未在这个世界上存活过一天，他只是哥伦比亚全国咖啡种植者联合会为了公关营销而“塑造”出来的一个人物形象。

联合会为什么这么做呢？这要从3个因素说起。首先是哥伦比亚的咖啡具有得天独厚的优势。自从1808年一名牧师从法属安第斯经委内瑞拉将咖啡首次引入哥伦比亚后，由于哥伦比亚气候温和，空气潮湿，有着火山质土壤，另外还有独特的3条从属安第斯山的山脉南北纵贯，高度不同的山阶提供了多样性气候，使不同时期、不同高度、不同种类的咖啡相继成熟。产地的优势使得哥伦比亚咖啡被誉为“绿色的金子”，在所有的咖啡中，其均衡度最好，口感绵软、柔滑。

其次，联合会迫切希望提升产量和出口量，建立哥伦比亚自己的咖啡品牌。经济的贫穷、运输的困难和国内的动荡，使得哥伦比亚人特别需要稳定咖啡的生产和销售，这也是联合会于1927年成立的原因。此后联合会一直是与政府经济、政治往来最密切的全国最大的组织，控制着哥伦比亚咖啡的整体生产、商品营销及出口。虽然在国内一家独大，但它在面对世界咖啡市场时仍然显得很弱势，因为咖啡业一直处于产业链的低端。

再次，为了进一步争夺美国市场。咖啡对于美国人来说不仅仅是饮品，还是民族独立精神的一个象征。在独立战争期间，美国人为了打击英国经济，不喝英国从亚洲贩运过来的茶叶，改喝咖啡以示爱国。此后，咖啡就在美国盛行起来。美国市场非常庞大，让哥伦比亚人垂涎欲滴，但是直到第一次世界大战前，美国人喝的咖啡几乎都是从巴西进口的罗布斯塔咖啡豆（Coffee Robusta）。哥伦比亚的咖啡属于另一种名为阿拉比卡的咖啡豆（Coffee Arabica），品质更高，味道更清醇，不过价格也更高，最先主要供应欧洲。

第一次世界大战将哥伦比亚咖啡的欧洲市场几乎摧毁，无法出口欧洲，只能转而倾销到美国。1914年，巴西咖啡占美国市场3/4的份额，约7.43亿磅。但是到了1919年情况大为改变，当年美国进口巴西咖啡的数量已经下降到了5.72亿磅，而进口哥伦比亚咖啡的数量竟然从1914年的0.91亿磅上升到了1.21亿磅。虽然有了增长，但哥伦比亚咖啡仍然不能抗衡生产成本更为低廉的巴西咖啡，在贸易战中只能长期屈居第二，处于劣势。

（二）巴尔德斯让哥伦比亚咖啡走向世界

为了更多地分享利润丰厚的美国市场，联合会长期积极营销，以求把哥伦比亚咖啡宣传为“世界上最有品位的咖啡”，但是直到20世纪五六十年代，仍然没有突破性进展。到了1959年，情况发生了根本性变化，起因就是联合会准备首次引入专业公关机构的帮助，而这也是南美诸多公司中第一个雇用专业公关机构协助公司发展的案例。

联合会选择的这一家来头可不小，它的名字叫作多伊尔·戴恩·伯恩巴克广告公司（Doyle Dane Bernbach，DDB）。它是由曾名列“美国《广告时代》20世纪最有影响的广告人”第一位的艺术广告派代表比尔·伯恩巴克和内德·多伊尔，在1949年联合另外一位广告奇才麦克·戴恩共同创建的。后来，以它为基础，还建立了当今全球5大广告集团之一的奥姆尼康集团（Omnicom Group）。

多伊尔·戴恩·伯恩巴克广告公司提议联合会推出一个品牌代言人，以充分表现哥伦比亚咖啡的所有优点，以及联合会的价值观。有人提议创造一个咖啡农民形象，于是大家进一步设计了一张咖啡农民的脸，并且给他起了一个好读、好记的名字，叫作胡安·巴尔德斯。

哥伦比亚种植咖啡多在高山地带,运输起来缺不了最能吃苦耐劳的骡子,于是胡安·巴尔德斯就有了自己忠诚的骡子肯奇塔。如此一来,一个集合了整个咖啡种植农民群体理想化个性特征的虚构角色就出现了。人们很容易将胡安·巴尔德斯看作遥远的安第斯山区辛勤劳作种植咖啡的成千上万的农民中的一员。为了更加形象化,多伊尔·戴恩·伯恩巴克广告公司还找来了一名居住在纽约的哥伦比亚裔演员何塞·F.杜瓦尔扮演胡安·巴尔德斯,并代言哥伦比亚咖啡长达10年之久。

1960年1月,联合会在美国开始了强大的广告宣传攻势。美国最重要的大城市里同时出现了这样内容的广告:"您说谁更顽强呢?是胡安·巴尔德斯,还是他的骡子?胡安在5 000英尺高的安第斯山上有个咖啡种植园,土壤肥沃,空气温润,成就了品质非凡的哥伦比亚咖啡。此外,还有很多很多像胡安一样顽强而又努力工作的咖啡种植者。"

这则广告包含了大量信息,既突出了传统技艺和产地特征,也突出了哥伦比亚人种植咖啡特殊的艰难和饱含的激情。出人意料的是,这则广告在美国大获成功。到了1962年,联合会又利用这一广告,将哥伦比亚咖啡推广到了加拿大和欧洲,同样获得了巨大成功。一时间,哥伦比亚咖啡终于在全世界享有了盛名。1963年发布的一则广告,向世界加强了这一世界品牌的印象。广告里有一句话是这样写的:"他们收的钱有马克、法郎、挪威币、荷兰盾,当然也有老美元!"联合会不仅趁机大卖咖啡,后来还借助哥伦比亚咖啡的特点和名气,创建了多家百分百的哥伦比亚咖啡旗舰店,胡安·巴尔德斯自然也牵着骡子走向了世界。

为了让这一代言人更具原汁原味,到了1969年,联合会还请来了一名真正的咖啡种植者卡洛斯·桑切斯,代替演员何塞·F.杜瓦尔。卡洛斯·桑切斯也不负重托,尽职尽责,竟然一口气代言了37年,他戴着白色草帽,身披安第斯羊毛坎肩,斜跨一个皮包,穿着系有鞋带的舒适帆布鞋,牵着骡子肯奇塔,把哥伦比亚咖啡文化宣传得非常地道。卡洛斯·桑切斯曾说,在人生当中的某一阶段,他有一种错觉,觉得自己就好像是哥伦比亚的"国旗和圣歌"。

(三)设计品牌标识,传播哥伦比亚文化

考虑到胡安·巴尔德斯这个角色的受欢迎程度,联合会于1981年决定在已有基础上设计哥伦比亚咖啡的标识。新的标识以安第斯山为背景,有着胡安·巴尔德斯和他的骡子的头像,下面写着哥伦比亚咖啡(Cafe de Colombia)几个字。胡安·巴尔德斯同时也成为产品名称,甚至成了驰名品牌,哥伦比亚咖啡也成了消费者认可的优质产品。哥伦比亚咖啡给人的印象是:哥伦比亚咖啡是全世界最"昂贵"的咖啡,它和胡安·巴尔德斯一样,是纯度与品质的保证。

1983年胡安·巴尔德斯又带着自己的骡子登上了荧屏。联合会斥资100万美元拍摄了一系列广告片,描绘的是胡安·巴尔德斯如何在高山上自己的咖啡园精挑细选咖啡豆,然后牵着骡子,沿着崎岖的高山险路,将一袋袋的咖啡豆运出去。这次的营销宣传同样大获成功,在20世纪80年代,胡安·巴尔德斯的人物形象已经在美国和大部分欧洲国家广受欢迎。咖啡消费者对这个品牌的认可已经牢不可摧,于是联合会又启动了一系列新的电视广告片,专门用来向广大群众讲授咖啡知识。

20多年间,胡安·巴尔德斯这一品牌在消费者和广告业界都获得了高度关注,广告业内人士和公关专家们都纷纷被品牌理念的简洁、雅致和高效所吸引。在胡安·巴尔德斯这一品牌刚被推出的5个月中,哥伦比亚咖啡的消费者增长了近300%,获得了极好的口碑。

这一成功同样震惊了多伊尔·戴恩·伯恩巴克广告公司,他们描述道:"我们从未获得过如此迅速的市场反响。开始创建时,我们以为,至少需要花上两三年时间才能取得今天这样的成绩。"哥伦比亚全国咖啡种植者联合会主席加布里埃尔·席尔瓦认为:"胡安·巴尔德斯的创建是广告业有史以来最成功的典范。"哥伦比亚政府也对胡安·巴尔德斯特别重视,隆重授予其哥伦比亚国家功绩银十字奖章。

胡安·巴尔德斯的世界知名度还赋予了自己极大的魅力,他被好莱坞电影引入,在其中参与喜剧演出,并被邀请出席该电影的首映式。胡安·巴尔德斯还有自己不同形式的卡通形象,建有自己的网站,与许多咖啡爱好者分享有趣信息。当然胡安·巴尔德斯也"理解"自己需经受不同文化的严厉挑战,所以他在20世纪80年代为了吸引年轻大众,曾刻意展现鲜为人知的"狂野"一面,穿着咖啡豆农民的传统服装,在广告中做了许多危险新潮的运动,如悬挂式滑翔、冲浪、单板滑雪等。

到了21世纪,胡安·巴尔德斯变得更加年轻了,因为在2005年,年轻的卡洛斯·卡斯塔尼达替换了1969年来一直聘请的咖啡种植者卡洛斯·桑切斯。此后联合会将宣传广告的焦点放在了胡安·巴尔德斯恢复青春的状态上,并且继续周游世界。2010年的时候,他还到中国参加了上海世博会,频频与中国观众合影留念。

资料来源:《国际公关》,2012年第48期。

公共关系操作程序由公共关系调查、公共关系策划、公共关系实施和公共关系评估的四个工作步骤组成。公共关系调查是组织成功开展公共关系的前提和基础;公共关系策划是关键,是公共关系实施和效果评估的标准;公共关系实施是执行公共关系策划、取得公共关系成功的具体程序,是公共关系的核心;效果评估是整个公共关系操作流程的最后反馈评价阶段,也是下一轮公共关系活动的起点。

第一节 公共关系调查

公共关系调查,就是社会组织运用科学合理的方法,为准确地收集有关公众和社会环境等方面的资料,通过定量分析和定性分析相结合的方法,概括各类信息渠道反映的公众的意见和态度,综合分析相关的因素及相互关系,以考察组织的公共关系状态,了解组织面临的公共关系方面的实际问题的方法。公共关系调查的目的是考察公共关系状况,预测民意和社会环境的发展趋势,从而为组织的形象设计、为公关策划提供依据。

公共关系调查是公共关系工作的基础,它在整个公共关系活动中起到了举足轻重的作用。通过公共关系调查,可以帮助组织了解其在公众心目中的形象和地位,开展公共关系工作的条件、问题及竞争对手的情况,帮助组织实现目标,为组织决策提供科学依据,从而提高公关活动的成效。

微型案例

联想奥运战略公关调研

项目主体:联想集团

项目执行:蓝色光标公共关系机构

项目背景

奥运会是全球规模最大的体育盛会,2008年北京奥运会更是中华民族举国盛事。作为源自中国的全球PC领导厂商和国际奥委会全球合作伙伴,参与和支持北京奥运会是联想的光荣使命,其为联想在全球塑造品牌提供了历史性的机遇。

项目调研

1. 外部环境

2008年奥运会火炬与传递线路发布,北京奥运全面升温。4月26日,北京奥组委对外发布奥运会火炬和火炬接力路线,这标志着2008年北京奥运传播活动全面展开。这一刻万众瞩目,奥运火炬处于焦点。此后,北京奥运热潮迅速升温,全球对奥运会的关注度进一步提升,并持续保持在高位。各层次奥运赞助商全面提速奥运营销,包括TOP、合作伙伴在内的奥运赞助商营销传播力度迅速加强,奥运营销进入决战阶段。

2. 自身情况

(1)身兼三大资源。联想是迄今唯一一家源自中国的国际奥委会全球合作伙伴、北京奥运会火炬接力合作伙伴以及北京奥运会火炬"祥云"设计单位,拥有得天独厚的奥运传播资源。(2)业务高歌猛进。联想顺利并购IBM全球PC业务的整合过渡阶段,向营利性增长阶段过渡。在中国市场,联想自从1996年来市场份额已经持续稳居第一,在市场份额超过30%的高点上保持快速增长的势头。(3)奥运冲刺阶段。联想的奥运战略大体上分三个阶段:2004～2005年的学习摸索阶段;2005～2006年都灵冬奥运会的实战演练阶段;2007～2008年倾力支持北京奥运会、全力冲刺的阶段。进入2007年,联想希望能够充分利用主场的优势,利用北京奥运会这个平台,使得联想品牌获得提升。联想选择4月26日大张旗鼓地发布自身奥运战略,为2008年奠定坚实基础,打响2008年奥运营销第一枪,势在必行。

3. 挑战

(1)官方态度不确定。奥组委在活动前夕对相关重要信息严格保密,信息披露方案及程度存在不确定因素;奥组委对联想北京奥运会火炬接力全球合作伙伴的身份披露情况存在变数,这会直接影响联想的信息披露计划。(2)信息繁杂,竞争激烈。4月26日,奥组委可能同时发布北京奥运会火炬接力路线、奥运火炬、火炬设计者、火炬传递口号、北京奥运会火炬接力全球合作伙伴等一系列信息;其他两家奥运火炬接力全球合作伙伴也将加大传播力度;本时间段众多信息源加大传播力度,抢占媒体资源,将加剧信息复杂程度和报道资源竞争。(3)媒体情况复杂。联想针对国内外媒体所披露的信息有区别,都需要得到充分释放和有效传播,信息披露的内容、时间、地点和方法复杂;国内媒体类别多(包括大众、财经、体育等)、版面多样(包括财经、科技、奥运等版面),对外沟通的内容和方法复杂。

4. 受众调研

受众对联想奥运战略兴趣倾向的三个方面:(1)2008年奥运会信息系统规模复杂程度如何?目前联想对北京奥运会的技术支持筹备情况如何?未来还将有哪些计划?如何确保

奥运会信息系统安全可靠地运转？(2)联想将采取什么样的政策和实际措施，充分利用联想设计的火炬及火炬传递全球合作伙伴身份所带来的权益和优势，提升品牌，促进销售？(3)联想的奥运营销会给用户带来什么样的价值？公众和客户如何能接触到火炬？公众和客户是否有机会参与到联想的火炬传递计划？如何参与？通过什么措施带给用户实惠？

5. 媒体调研

项目组对包括影视、平面和网络在内的全国、地方重点媒体所有奥运、科技、财经相关版面、栏目进行了梳理，全面了解媒体报道资源和报道计划，并在此基础上制定了后期的媒体策略。

资料来源：中国国际公共关系协会编:《最佳公共关系案例》，中国市场出版社 2009 年版。

一、公共关系调查的步骤

公共关系调查的步骤包括制订方案、搜集调查资料、整理分析资料、撰写调查报告四个步骤。

(一)制订方案

公共关系工作人员要根据公共关系活动的目的来确定调查的对象，然后再确定调查项目和调查表、确定调查方式和方法，最后要制订调查的计划及调查所需的经费方案。

1. 确定调查的目的

在调查之前，要先明确调查的目的，只有这样才能做到有的放矢，避免工作出错。确定调查的目的要依据问题的所在，明确目标，给调查一个具体的方向。

2. 确定调查对象

在开展公共关系调查时，没必要全方位地对公众进行全面的调查，要依据调查的目的，有针对性地去组织调查，这样既可节省时间又可提高效率。

3. 确定调查项目和调查表

调查项目是调查的具体内容，确定调查项目就是要明确向调查者主要了解什么内容、什么样的调查内容对企业是有意义的。然后再根据调查的项目列出详细而有效的调查表。

4. 确定调查类型和方法

在调查中，采用什么样的调查方式和方法是至关重要的。调查的类型主要有普查、重点调查、典型调查、抽样调查等多种类型。具体的调查方法有访谈法、观察法、问卷法和实验法等。调查所采取的类型、方法的结合取决于调查对象和调查的内容。

5. 制订调查计划

调查计划是指具体的调查过程中的工作计划安排，可以包括所调查的机构设置、人员选拔和培训等内容。

6. 制定调查预算

调查经费主要包括：调查方案设计及实施费用、调查资料整理分析费用、调查报告的撰写费用以及相关办公费用等。

(二)搜集调查资料

搜集的调查资料主要分为内部资料和外部资料。

1. 内部资料

内部资料是企业内部的市场销售信息系统经常收集的资料，是企业在正常运转过程中收集、整理并使用的。它通常包括企业以前的相关调查资料和企业档案，即企业内部的各种有关的记录、报表、账册、订货单、合同等。

内部资料既包括生产经营活动方面的资料，如营销、生产、财务、设计、设备等资料；也包括顾客、市场容量、竞争等方面的资料。

2. 外部资料

外部资料是指来自企业外部的各种相关信息资料，通常包括政府相关政策资料、公共机构资料、新闻媒体资料、行业组织资料、数据供应者资料、金融机构资料等。

（三）整理分析资料

整理分析资料是指运用一定的方法，对调查所得的各种零散资料进行审查、检验和综合加工，使之系统化和条理化，从而能集中、简明地反映调查对象总体情况的工作过程。

资料整理的方法主要有：

归纳法：先详细列出调查目的及需要，然后以所搜集的资料与目的相验证，逐一筛选修正可用的资料。

演绎法：彻底地审查所有搜集整理的资料，再配合调查目的及需要，寻找出共同现象、法则及说法。必要时应用统计方法的长期趋势方法，求得需要的资料。

小技巧

整理资料的方法：

（1）整理后的资料不可孤立地加以考虑，必须结合其他资料，才能显示资料间的比较作用或互补作用。

（2）以理论观点或相同特性资料，对资料做必要的调整及补充，将不同计算单位转换为标准单位。

（3）以理论观点对调查资料做逻辑性探讨，将调查资料做有机的重新编排及结合，成为崭新报告。

（4）将整理后的数字做成统计图或统计表，做必要而深入的分析与解释，使内容更容易被接受。

（四）撰写调查报告

撰写调查报告是公共关系调查的最后程序。撰写调查报告的目的是对调查活动过程以及调查数据分析整理的过程及其工作成果进行总结汇报，为制订科学的公共关系计划方案提供依据，为领导决策提供参考，寻求领导的支持和帮助。

小技巧

撰写调查报告时要做到以下几点：

(1)将整理后的资料，按显示的脉络及重要性，做成调查结论、经验和建议。

(2)报告内容应力求简明且与题目有关，避免套话及不必要的修饰词汇。

(3)仔细地核对全部有关数字及统计资料，务必准确。

(4)结论明确，如果没有明确的结论和建议事项，该调查报告就失效。

微型案例

洁丽雅公关调查活动

1. 访问洁丽雅时尚生活中心

洁丽雅集团组建于 2003 年，其前身是成立于 1986 年的“诸暨县毛巾厂”。集团总部位于风景秀丽、人文荟萃、历史悠久的越国古都、西施故里、全国优秀旅游城市——浙江省诸暨市。这里距杭州萧山国际机场仅 30 分钟的车程，杭金衢高速、杭永高速、浙赣铁路穿城而过，区位优势及交通优势非常优越。

历经 20 多年的建设和发展，集团现已成为中国毛巾行业的龙头企业及中国家用纺织品行业协会副会长企业。集团总资产逾 20 亿元，总占地面积 80 多万平方米，拥有浙江、湖北两大生产研发基地，是一家集纺纱、织造、染整、营销、物流及其他产业于一体的大型综合性集团公司。现已形成以毛巾等家纺产品为核心产业，以针织品、房地产为两翼的多元化发展格局，并跻身中国民营企业 500 强。

2. 查阅书籍、报刊、互联网

3. 在宁波天一广场进行问卷调查

附：问卷调查

1. 你是否听说过洁丽雅毛巾：

A. 是　　　　B. 否

2. 你是否用过洁丽雅毛巾：

A. 是　　　　B. 否

3. 你买毛巾时是否会选择洁丽雅毛巾：

A. 是　　　　B. 否

4. 你认为洁丽雅毛巾品质如何：

A. 好　　　　B. 不好

5. 你认为洁丽雅毛巾的市场价格如何：

A. 贵　　　　B. 不贵

6. 你是否有推荐你的朋友购买洁丽雅毛巾：

A. 是　　　　B. 否

7. 你是否知道洁丽雅毛巾的生产地：

A. 是　　　　　　B. 否

8. 你认为洁丽雅公司的广告是不是很多：

A. 是　　　　　　B. 否

9. 你的建议：

资料来源：吴建勋、丁华编著：《公共关系案例与分析教程》，清华大学出版社 2013 年版。

二、公共关系调查的内容

微型案例

先搞清这个问题

某宾馆新设了公共关系部。开业伊始，该部就配备了豪华的办公室、漂亮迷人的公关小姐、现代化的通信设备……但该部部长却发现无事可做。后来，这个部长请来了一名公共关系顾问，向他请教“怎么办”。于是这名顾问一连问了以下几个问题：

“本地共有多少家宾馆？总铺位有多少？”

“旅游旺季时，本地的外地游客每月有多少？港澳游客有多少？国内的外地游客有多少？”

“贵宾馆的‘知名度’如何？在过去 3 年中，花在宣传上的经费共多少？”

“贵宾馆最大的竞争对手是谁？宾馆潜在的竞争对手将是谁？”

“去年一年中因服务不周引起房客不满的事件有多少起？服务不周的症结何在？”

对这样一些极其普通而又重要的问题，这名公共关系部部长竟张口结舌，无言以答。于是，那位被请来的公共关系顾问这样说道：“先搞清这些问题，然后再开始你们的公共关系工作。”

资料来源：李健荣、邱伟光编著：《高校公共关系教程》，上海中医药大学出版社 2007 年版。

由上述案例可知，公共关系调查的内容包含的层面很广泛。公共关系调查主要包括以下几个方面的内容：

（一）组织情况调查

1. 组织经营状况

组织经营状况的调查包括对组织成立的时间、组织历史上的重大事件、组织的经营目标及宗旨、组织对社会的贡献等方面的调查。

2. 组织成员状况

组织成员主要是指内部公众（包括领导者和员工）。对领导者的调查是了解领导层在组织中认可的程度及其管理能力等方面的调查。对员工的调查就是要掌握员工的基本情况，包括员工年龄结构、文化程度、专业技能、管理才能等方面。

3. 员工关系情况

员工关系调查的目的是营造一个和谐的工作氛围，主要是分析影响组织人际关系的主要因素，包括员工的年龄结构、知识结构、心理结构、员工的群体心理气氛和工作态度、员工的情绪和意见、组织各级人员之间的沟通、组织成员的团队合作精神等方面的调查。

(二)公众状况调查

公众是公共关系工作的客体，是公共关系工作所面对的对象。因此，公共关系调查必须将相关的公众状况调查作为其工作的重点。具体的调查内容包括：

1. 公众构成

公众的构成情况调查的主要内容包括：第一，内部公众构成情况，如组织成员的数量、专业、年龄、性别、角色、能力、文化程度、职务职称、需求层次、劳动态度、思想素质等方面；第二，外部公众构成情况，如外部公众的数量、特征、空间、需求、观念、与组织的联系状态及对组织的重要性等方面。

2. 公众需求

社会组织要有效地开展公共关系工作，必须做好对公众需求情况的调查工作，以掌握公众需求信息，设法满足公众的合理需要。公众需求情况调查的内容包括：第一，公众的物质需求情况，如公众对产品质量的需求、对各种服务形式的需求等；第二，公众的精神需求情况，如公众对合法权益的需求、对获得重要信息的需求等。

3. 公众评价

公众对组织的评价主要包括：第一，对组织服务质量的评价，如公众对组织服务项目、服务方式、服务措施、服务水平的评价等；第二，对组织产品的评价，如对产品内在质量的评价、对产品外形的评价、对产品价值的评价等；第三，对组织人员素质的评价，如公众对组织领导人、中层管理人员、专业技术人员、一般员工、公共关系人员及特殊任务的评价等；第四，对组织管理水平的评价，如公众对组织管理机构及其办事效率评价、对组织经营创新和管理革新的评价、对组织管理效益的评价；第五，对组织外向活动的评价，如公众对组织对外宣传和社会公益活动的评价等。

(三)传播媒介状况调查

组织公共关系活动的展开主要依靠传播媒介来进行。传播媒介状况调查的主要范围包括：

1. 大众传播媒介状况调查

对大众传播媒介状况进行调查的基本内容包括：第一，大众传播媒介的功能，如涉及大众传播媒介功能的传播范围、传播内容、传播特色、传播效果、传播威信等方面的内容；第二，大众传播媒介所需信息的情况，如一定时期内大众传播媒介的报道中心、编辑和记者需要的内容等方面的信息。

2. 专题活动媒介状况调查

组织掌握相关的专题活动媒介的状况可以决定组织是否参加某种专题活动，或借某种专题活动来宣传组织形象。专题活动媒介情况调查的内容有：第一，专题活动筹办情况，如某次专题活动是由何种组织机构主办的，将在何时何地举办，拟办活动的主题、内容、规格、规模、参加活动的人数、估计影响等；第二，专题活动效果评价情况，如某次专题活动的经验教训与利弊得失、经济效益与社会效益、权威人士的看法、局外人士的见解、新闻媒介的报道情况等。

(四)社会组织与公众关系调查

1. 认知度调查

认知度是衡量社会组织与公众关系现状的一个重要指标，表明一个社会组织在社会公众中的影响大小，说明一个社会组织为社会公众关注的程度。认知度的调查包括两个层面：一是知晓度，即社会组织为社会公众知晓的广度；二是熟悉度，即一个社会组织为社会公众知晓的深度。

2. 美誉度调查

美誉度是衡量社会组织与公众关系的一个具有决定性意义的关键指标。美誉度调查具体可分为以下几方面内容：第一，公众对组织理念的赞誉程度；第二，公众对组织行为的赞誉程度；第三，公众对组织视听标识的赞誉程度；第四，公众对组织产品的赞誉程度；第五，公众对组织服务的赞誉程度。

3. 和谐度调查

和谐度也称协调度，是衡量社会组织与目标公众关系现状的一个重要指标。和谐度调查的具体内容有：第一，公众对社会组织态度赞同的情况，如对社会组织经营观念、经营政策、经营措施、经营发展目标分别持支持、中立、反对态度的公众的比率等；第二，公众与组织情感亲和的情况，如公众对社会组织的好感程度，公众中对社会组织存在的冷漠、敌视、怨恨等情感障碍的情况等；第三，公众为社会组织进行言语宣传的情况，包括宣传的次数、宣传的性质、宣传的力度等；第四，公众与社会组织行为合作的情况。

三、公共关系调查的方法

(一)访谈调查法

访谈调查法又称访谈法，是调查人员通过与调查对象进行交谈，收集口头资料的一种调查方法。访谈法具有以下几个特点：

(1)访谈法通过访谈人员与被访谈人员之间进行面对面的交谈方式收集信息，因此，它具有直接性的特点。

(2)访谈法具有较好的灵活性和适应性，访谈的对象可以不受文化程度、价值观念、个人性格及年龄的影响，为访谈人员提供所需的口头资料。

(3)访谈法回答率高、效率高，但标准化程度低，而且访谈法的费用较大。

一般来说，访谈法调查的规模不能太大，一般根据调查的目的和内容的要求来确定规模的大小。

(二)问卷调查法

问卷调查法就是指未统计和调查所用的、以设问的方式来表述问题。问卷法就是研究者用这种控制式的测量对所研究的问题进行度量，从而搜集到可靠资料的一种方法。

问卷调查法的使用条件：调查的范围较广，不宜当面访谈；如果调查对象的文化水平不高，对问卷看不懂，则不适合用问卷法；如果所要的材料是常识性的事实、行为或态度，可以采用问卷调查法。

1. 问卷的类型

问卷的类型主要有两种，即开放型问卷和封闭型问卷。

所谓开放型问卷，是指提出问题，但事先不给出任何选择的答案，被访者可根据自己的情况自由做答。开放型问卷多用于探索性研究,它给回答者以较多创造性或自我表达的机会,但因为回答不标准,难以进行统计分析。

所谓封闭型问卷,是指提出问题,并给每个问题以若干个备选答案,被调查者根据自己的情况选择答案。

封闭型问卷回答标准,材料利于统计分析,对不同的公众可做对比。但由于它对答案进行了限定,没给回答者留下发挥其创造性或自我表达的机会,这样不利于研究者发现新的问题。

2. 问卷调查的步骤

第一,问卷发放。问卷的发放采用两种形式,较远者可寄发,较近又集中者可当面分发。

第二,问卷的回收。较访谈法,问卷的回收率要受到限制,因此,在发放问卷时,甚至设计问卷时,要考虑到问卷的回收率。

第三,问卷的整理和分析。问卷的整理包括对不合标准的问卷的处理和对调查所得数字的整理。通过对问卷的整理与分析,可以看出被调查的公众态度之间的内在联系,即规律性的东西。

(三)抽样法

抽样法是从调查总体中选取调查样本的方法。总体是指所要调查对象的全部,样本是指从总体中抽取出来调查的那一部分。抽样必须遵守随机性原则,也就是在抽选调查对象时,必须保证总体中的每一个都有被抽中的机会。

抽样的方法有很多种,在这里介绍几种公共关系调查中常用的方法:

(1)简单随机抽样,即从总体单位中不加任何分组、排队,完全随机地抽取调查单位。在这种抽样调查的组织形式中,总体的每一单位被抽中的机会是均等的。

(2)等距抽样,即把总体的所有单位按照一定的顺序排列起来,然后按相等间隔或距离抽取必要的单位数目的抽样方式。抽样距离 K 是以总体 N 除以样本单位数 n。

(3)分层抽样,就是将总体单位按其属性特征分为若干层,然后在各层中随机抽取样本单位,而不是从总体中直接抽取样本单位。

层次的划分:一是必须有清楚的划分界限,在划分时不发生混淆;二是必须知道各层中的单位数目和比例;三是分层的数目不宜太多,否则将失去层的特征,不便于在每层中抽样。

(4)整群抽样,整群抽样也称成组抽样。其做法是在总体中抽取调查单位时,不是一个一个地抽选,而是成群成组地抽选,然后对被抽选的各群或组中的全部单位进行调查。

小资料

桂格公司的调查问卷

问卷编号:__________

咔嚓粒粒脆

姓名:__________

地址:__________

为了帮助我们进一步改良产品,以配合您的口味,敬请阁下在品尝之后,回答这份问卷,并将填好的问卷及早投入指定商店的桂格问卷收集箱内,或将问卷邮寄到桂格食品公司驻×××办事处。前1 000名将得到桂格公司赠送的精致桂格休闲帽。您可凭桂格公司寄出的领奖通知单前去领取奖品。

办事处地址:××××××

邮政编码:××××××

请在适当的空格内打"√"

1. 请问除了您以外,家中还有哪些人尝过我们送的这个产品?

□①孩子　□②少年　□③青年人　□④中年人　□⑤老年人

2. 您喜不喜欢这个产品?

□① 非常喜欢 □②比较喜欢 □③不是喜欢也不是不喜欢 □④不太喜欢 □⑤非常不喜欢

3. 您对以下句子同意或不同意(每个句子请选一个答案)

这个产品 1. 非常同意　2. 同意　3. 中　4. 不同意　5. 非常不同意

总体味道好 □1 □2 □3 □4 □5　甜味适中 □1 □2 □3 □4 □5

巧克力味 □1 □2 □3 □4 □5　浓度适中 □1 □2 □3 □4 □5

香味好 □1 □2 □3 □4 □5　口感好 □1 □2 □3 □4 □5

4. 您觉得这个产品最好是在什么时候吃?

□①当我感到肚子饿时,作为小吃　□②当我看电视/娱乐/聚会/休闲时,作为零嘴

□③当我感到嘴馋想吃东西时吃　□④其他(请注明____________)

5. 现在您尝过了这个产品,如果您在商店看到这个产品,您有多大可能会买它?

□①我一定会买 □②我可能会买 □③我不知道会不会买 □④我可能不会买 □⑤我一定不会买

6. 如果您或您的家人买了这个产品,您认为您会多久吃一次?

□①每天都吃 □②2～3 天吃一次 □③ 每星期吃一次 □④每两星期吃一次 □⑤每个月吃一次 ⑥□每个月少于一次 □⑦不会吃

7. 您认为您家中谁会吃这个产品?

□①孩子　□②少年　□③青年人　□④中年人

□⑤老年人　□⑥全家人　□⑦没有人会吃

8. 您在收到这个产品前有没有见过这种产品或其他"桂格"品牌的食品?

有□(请在您见过的"桂格"食品旁边打"√")

□①桂格营养燕麦粥　□②桂格丰谷营养粥

□③桂格趣米乐　□④桂格奇香米脆

□⑤桂格咔嚓粒粒脆　□⑥桂格燕麦片

□⑦完全记不起/不清楚名称　□⑧没有

9. 您知道现在有些指定商店设有免费品尝"桂格"食品的柜台吗?

□①知道　□②不知道

10. 您有没有在这些柜台尝过"桂格"的食品?

□①有　□②没有

11. 您有没有买过任何"桂格"的食品?

□有(请在您买过的"桂格"食品旁打"√")

□①桂格营养燕麦粥 □②桂格丰谷营养粥 □③桂格趣米乐

□④桂格奇香米脆 □⑤桂格咔嚓粒粒脆 □⑥桂格燕麦片

□⑦记不起/不清楚产品名称 □⑧没有

12. 下面我们将使用一个1～10分的评分尺度。1分表示"非常差",10分表示"非常好"。用这个评分标准,总的来看,您怎样评价所买的每一种桂格产品?

①桂格营养燕麦粥________分

②桂格丰谷营养粥________分

③桂格趣米乐________分

④桂格奇香米脆________分

⑤桂格咔嚓粒粒脆________分

⑥桂格燕麦片________分

为了了解答问卷者的个人资料,请您回答以下问题:

13. 年龄

□①10岁以下 □②10～14岁 □③15～19岁 □④20～24岁

□⑤25～29岁 □⑥30～34岁 □⑦35～39岁 □⑧40～44岁

□⑨45～49岁 □⑩50岁以上

14. 性别

□①男 □②女

15. 婚姻状况

□①未婚 □②已婚

16. 家里的月平均总收入(请包括所有收入,如奖金、第二职业收入和亲友资助等)

□①少于600元 □②600～799元 □③800～999元

□④1 000～1 199元 □⑤1 200～1 499元 □⑥1 500元或以上

17. 连同您在内,家里一共有________人。

18. 家里有3～9岁的小孩________人。

19. 您住在哪个区?

□①××× □②×××

□③××× □④×××

资料来源:边一民编著:《公共关系案例评析》,浙江大学出版社2004年版。有删减。

第二节 公共关系策划

公共关系策划就是指公共关系人员根据组织形象的现状和目标要求,分析现有条件,设计最佳活动方案的过程。公共关系策划的目的是通过科学的策划思想和方法,设计和选择出有效的公共关系活动方案,从而增强组织公共关系的目的性、计划性、有效性,提高组织开展公共关系活动的成功率，最终在社会公众中不断提高和完善组织的形象地位。

一、公共关系策划的作用

公共关系策划在公共关系程序中处于核心的地位，起着承上启下的作用，它的作用围绕着公共关系策划的特性主要有以下几点：

（一）整理思路

策划本身就是为了避免未来行为的盲目、随意、无序混乱，公共关系存在的首要作用就在于从纷繁的信息中整理思路、找出头绪、明辨方向、把握节奏，使未来的公共关系行为能主次有序、轻重有别、环环相扣。

（二）指导行为活动

公共关系策划是对未来公共关系行为的事前设计和规定，为了达到预定的目标，策划必须对未来公共关系行为的每一步骤进行事先的安排，对公共关系行为的方向、方法、度和量做出统一的规定和要求。

（三）咨询决策

公共关系策划是整个决策过程中决策者方案选择的依据，是策划者最后决断的前提，它也为下一步的公共关系实施提供依据和保障。

（四）促进公共关系活动的顺利进行

一个社会组织要在激烈的社会竞争中使自身组织的形象脱颖而出，获得公众的认可，关键在于组织的认知度、美誉度和和谐度，也取决于公共关系策划水平的高低。

微型案例

共享奥运情　一路卓越心

——上海大众奥运公关策划

2004年6月10日，北京奥组委与大众汽车集团（中国）签署协议，大众汽车（中国）成为2008年北京奥运会汽车合作伙伴。对于上海大众来说，成为汽车合作伙伴既是一种光荣，也是一种责任，更是企业发展和市场营销难得的机遇。如何把握奥运契机、提升其企业形象和市场品牌影响力，上海大众在摸索中实践，以优秀的产品和服务实现了对北京奥运的承诺，也通过独具特色的公共关系策略实现了企业形象和品牌影响力的提升，上海大众也在震荡盘整的2008年表现稳健。

项目策划

1. 公关目标

（1）体现优秀企业公民的形象。近期——提高大众（VW）品牌的美誉度，扩大斯柯达（Skoda）品牌的知名度，提升两个品牌的溢价能力；长远——提升上海大众在公众心目中的良好形象。其中远期目标的提出主要是基于这样一个理解：奥运会仅仅是16天左右的赛事，但是用好奥运传播这个契机对企业形象提升所产生的利好效应应该是长效的。

（2）强化追求卓越的企业精神。这一点既有利于公众对上海大众企业文化的理解，同时也可以帮助企业员工、合作伙伴理解上海大众企业文化。

（3）增强上海大众产业链的凝聚力。

(4)加深产品与消费者的感情沟通,提升终端销售。

2. 目标受众

新闻媒体、政府、行业内其他汽车企业、经销商,上海大众的车主及目标消费者,上海大众的内部员工。

3. 传播策略

(1)主题口号:共享奥运情,一路卓越心。

(2)策略总纲。

强调贯穿整个业务链的整合奥运公关。将品牌宣传、对外宣传、对内宣传以及与合作伙伴的沟通有效整合,向公众展示企业精神,强化与合作伙伴的沟通协作,以达到企业与奥运的深层次融合。

产品品牌方面:大众、斯柯达品牌需要与奥运文化紧密融合,阐释各自品牌精髓,也要体现上海大众独特的企业文化理念。

对外沟通方面:结合此次奥运"人文、科技、绿色"三大主题,体现上海大众企业综合发展实力。

对内宣传方面:通过学习奥运"更高、更快、更强"的精神,将奥运与企业发展的内部环境相融合,提升内部员工的凝聚力。

合作伙伴层面:借助奥运契机,巩固合作伙伴关系,提升整个业务链的综合竞争力。

(3)将策略总纲落到以下三个层面协同开展。

①企业层面:强调与奥运主题的统一,体现企业的整体形象。相关活动规划:体现企业的社会责任感、立足"绿色奥运"的大型公益活动"奥运心林"计划;提升区域营销能力,检验区域服务能力,奥运实战前大演习"好运北京"系列赛事赞助;奥运实战、企业、产品形象展示,服务保障能力展示奥运火炬接力用车;奥运实战、全面展示车型技术品质服务的VIK奥运官方用车。

②品牌层面:强调结合品牌特性,开展差异化的活动,强调合作的深度和广度。

大众品牌:赞助中国帆船帆板队。帆船、帆板运动需要掌控、智慧、勇气和激情,这些特质与上海大众品牌的产品都能对应。领驭的"志在掌握"、途安的"生活智慧之选"、POLO劲取的"纵横心境界"、POLO劲情的"风味心风尚",这些定位与帆船的形象能够一一对应,通过帆船、帆板运动能够让公众和消费者对具体产品产生联想。

斯柯达品牌:赞助中国自行车运动。在捷克,斯柯达长期赞助国际自行车比赛。与自行车运动结合是斯柯达品牌的传统,上海大众的斯柯达品牌延续这个特征,赞助中国国家自行车队,并利用这个契机,讲述品牌故事,增进品牌知名度和好感度。

③网络层面:强调"提升销售力"的实际效用,做到奥运资源利用的最大化。以区域活动为主。奥运是一场文化、体育的全人类盛典,但是,作为合作伙伴,用好权益服务奥运的同时依旧需要最大可能地实现商业目标。与很多其他合作伙伴不同,汽车产品的消费特点决定了它的消费群较大众消费品而言个性特征非常明显。因此,网络终端的客户开发能力、客户维护能力、企业与客户的直接沟通力是最重要的。

资料来源:孟建主编:《中国公共关系发展报告蓝皮书》,复旦大学出版社2008年版。

二、公共关系策划的原则

公共关系人员在进行公共关系策划时不能太主观臆断，应遵守以下各项原则：

（一）尊重客观事实的原则

公共关系人员在策划过程中，要始终坚持以客观事实为依据，尊重客观事实，应根据所调查的实际情况进行分析，还要考虑到市场的大环境。另外，公共关系策划的方案设计要据实公开，塑造形象必须做到客观、真实。

（二）公众利益优先的原则

公众利益优先，不仅是公共关系工作的指导思想，同时也是公共关系人员所应遵守的职业道德标准。公众利益优先，并不是要组织完全牺牲自身的利益，而是要求组织在考虑自身利益与公众利益的关系时，始终坚持把公众利益放在考虑事情的首位。组织只有时时、处处为公众利益着想，坚持公众利益至上，才能赢得公众的好评与社会的支持，保持更长远的发展后劲。

（三）计划性与灵活性相统一的原则

公共关系策划所形成的方案将列入组织的整体计划之中，构成整体运行的一部分，因而必然涉及组织各方面工作的协调与人、财、物的配备，所以必须有较强的计划性。但由于组织的主观条件与外部环境随时都在发生变化，也会制约方案的运行。所以，在做公共关系策划方案时既要考虑到方案的计划性，又要留有余地，使方案能针对突发事件有调整的空间。

（四）与组织整体计划和社会发展相一致的原则

公共关系策划是为了组织的长远发展而设计的，是在组织整体计划与社会发展的大背景的制约下进行的，所以公共关系策划方案应与组织整体计划和社会发展规划相一致。公共关系人员在进行策划时，也应遵循行动方案与组织整体计划和社会发展相一致的原则。

（五）独创性与连续性相统一的原则

组织的公共关系策划如果不能随着形势发展不断创新就会丧失生命力，要创新就要有独创性。另外，组织形象的塑造不能一蹴而就，要有长期积累。因此，一次公共关系策划的成功既要考虑到独创性又要考虑到连续性，这样组织才能持续发展。

微型案例

直升机上扔表

某品牌手表在市场推广时，对媒体放风，要于×月×日在澳大利亚××区域上空利用一架直升机，请公关小姐在离地面几十英尺的飞机上往下扔表。并且扬言，谁要捡到手表就归谁；如果捡到的手表有走时不准的现象，公司在包换的同时，还奖励捡表人1万美元。得知这个消息的澳大利亚当地人和一些外国游客，活动当天纷纷来到现场要一睹为快，并希望捡到一块最好是摔坏的手表。只见活动一开始，手表陆陆续续从天而降，在阳光的照射下，闪闪发光。人群中不时发出尖叫和欢呼声。活动进行中，不少人在茂密的草地上捡到了手表，除了外表有些脏，没有一块摔坏了的或走时不准的。大家都为该品牌手表的质量啧啧称奇。活动结束后，该品牌手表的市场占有率迅速上升。

资料来源：龙志鹤编著：《公关案例选粹与评析》，经济管理出版社2011年版。

三、公共关系策划的内容

(一)确定公共关系活动主题

根据具体公共关系目标,设计鲜明、简洁、亲切的主题,有利于逐渐推进每一项公共关系活动目标的完成和总目标的实现。主题的表达可以是一句种简洁的陈述,也可以是一句寓意深刻的警语,还可以是一句口号。无论采用何种形式,主题的设计应突出组织的自身特色,这样便于通过围绕主题,开展活动,树立起独特的组织形象。同时,主题的设计要考虑到不同阶段公共关系目标的特点。

(二)确定活动项目

1. 利用组织已有设施建立社会关系网络的交际型活动项目

这类项目包括举办各种招待会、座谈会、知名人士茶话会、工作晚餐会以及记者招待会、经理厂长联谊会,以及参观内部设施与管理等。

2. 以信息传播为中心内容的宣传型活动项目

这类项目包括新闻发布会、记者招待会、演讲会、各种竞赛活动、庆祝活动、颁奖仪式、新产品与新技术展览会、信息发布会、印发公共关系刊物、制作视听资料等。

3. 以社会性、公益性、赞助性活动为主的社会型项目

这类项目包括当地传统的节庆活动、公益赞助活动、慈善事业等,还包括全国性的重大节日、纪念日举办的庆祝会,同时还有组织本身的重要活动,如开业庆典、剪彩仪式、周年纪念等。

4. 以提供各种优惠服务为主的服务型活动项目

这类项目包括工业企业的售后服务、消费服务、消费指导,商业、服务性行业的优质服务,公共事业的完善服务,政府机构和党派组织的服务等。

(三)确定活动时机

成功的公共关系方案如果错过良机,就不能有效地进行下去,所以对于一个组织来说,确定活动时机尤为关键。

小技巧

一般来说,根据组织不同发展时期的具体情况和需要,可以选择以下时机:

1. 组织开业或新产品、新项目、新服务、新技术推出之时;
2. 组织更名、转产或与其他组织合并时;
3. 组织获得荣誉、引起关注时;
4. 组织遇到某种偶发事件、发生某种失误或被公众误解时;
5. 重要的节日、社会上发生重要的事件时。

(四)确定传播的方式

1. 谋划新闻事件

谋划新闻事件具有较强的创造性和机遇性,要求公共关系人员必须有较宽厚的知识积累和广泛的兴趣,对外界变化有相当灵敏的反应,抓住有利时机,创造新的价值,为组织或企业提高知名度和美誉度。

2. 准备传播材料

准备的传播材料要具有显著性，能突出某些事实，便于公众从中获得相关的信息，加深对企业或组织的认识。另外，准备的材料还要与主题相关，有利于实现某一具体的公共关系目标。

3. 选择传播媒介

选择媒介传播要注意的原则是：(1)与公共关系活动的目标相联系；(2)与所面对的目标公众相联系；(3)与组织的经济条件相联系；(4)与传播信息的内容相联系。

(五)确定财务预算的内容

公共关系的财务预算主要包括以下几个部分：

1. 劳动报酬，包括公共关系部门的负责人及其他人员的劳动报酬。

2. 行政管理费，包括房租、水电费、电话费、办公费、家具折旧费等。

3. 传播媒介费，包括在报纸、杂志、传播、电视上做广告等宣传费用。

4. 设备费，包括开展公共关系活动的必要器材，如摄影设备、广播器材、电视录像设备、展览装置等。

5. 交往活动费，包括召开各种座谈会、记者招待会、组织参观、展览会的费用以及招待费、公共关系人员的差旅费等。

6. 其他应急或机动费用，包括赞助社会文化、教育、体育和社会福利事业等费用。

微型案例

苹果的公关手法别人学不来

外界对苹果的公关策略吐槽一箩筐，网络一搜可以找到很多炮轰苹果公关的文章，但是苹果至今一如既往从不改变。

哪怕日前被曝所谓踢出中央政府采购名单以及后门事件，苹果的做派还是一如既往，慢条斯理，一切按照自己的节奏来。

苹果的公关是全球一盘棋，全球各区域市场都是照搬美国的模式来进行产品宣传，可谓一点不走样。这应该是苹果全球的“铁制度”，各区域市场无权随意改变。

苹果的公关主要围绕产品，不谈策略，不谈市场，仅仅谈产品、谈体验。除了全球性的每年一度的几次重大发布会，苹果在区域市场从不召开发布会。

苹果在各区域市场举办的，都是苹果技术人员对产品的介绍和说明会。这些产品介绍不会选择规模宏大的场地，只会选择某一家酒店的一个套房，苹果挑选最多十几家媒体，排好时间段，一家媒体或两家媒体一起与苹果的技术人员围绕苹果的产品进行沟通和体验。

由于苹果技术人员对着一家媒体或者是最多对着两家媒体，在产品演示时，记者也很难开小差，一场介绍说明会下来，记者都会对苹果的产品新功能有了解。一次说明会一般是40分钟左右时间。

苹果的产品说明会可以看成是对媒体记者进行洗脑，通过不断地产品讲解，试图让记者后期的报道更准确。

外界一直称苹果对果粉进行洗脑，但是从笔者的经验看，苹果不同于中国很多学苹果的厂商动辄大谈情怀和理想的做法，全靠产品细节。尽管苹果前任CEO(首席执行官)乔布斯以语言尖酸刻薄著称，喜欢“调戏”竞争对手，但是苹果在实际与媒体打交道的过程中从不说竞争对手的坏话,也不评论竞争对手的产品。

在说明会上有关产品细节以外的信息,苹果人员都拒绝回答,苹果公关人员也会坐在旁边以防止传递与产品无关的信息。

苹果的几次全球大型发布会,除产品之外的信息也很少对外说明,尽管在财务报表公布后的分析师会议上,苹果高管会进行一些作答,但是信息量也很有限。

苹果对媒体很挑剔,入其眼的媒体数量很有限,很多媒体人无法直接采访到苹果公司。有很多媒体记者跟笔者交流,苹果不在乎负面报道,写了那么多负面报道也未见苹果主动联系他们。

确实,苹果这一点很与众不同,很多企业看到负面报道,会跟记者主动沟通建立联系,也方便以后公司官方信息的传递,对记者的报道施加一些影响。

但苹果不这样做,你写它的负面报道,苹果基本上视而不见,他们认为懂他们产品的人更多,不会被负面报道所影响。另外对苹果来说,媒体有发表自己意见的权利,也很少对负面报道进行澄清。当然,央视的报道除外。

对苹果来说,选择媒体一看平台,平台与苹果的产品定位要有不错的匹配度,简单地说,你的读者大部分可能会是苹果产品用户;另外,苹果喜欢跟懂行的记者打交道,很多记者换了平台后,苹果依然乐意与新平台打交道,就是看中记者对苹果的了解。

来说说近年苹果在中国市场遭遇的多起危机公关。先是央视3·15晚会对苹果的售后服务提出批评,现在又是苹果的“后门”事件,紧接着又传出中央政府采购名单中剔除苹果。

一系列棘手的负面新闻!我们来看看苹果是如何处理的。

当年央视3·15晚会播出后,苹果出了几篇声明,苹果CEO(首席执行官)蒂姆·库克发表了公开信,随后调整了中国区的售后服务政策,与全球保持一致。这一事件算平息了。

但这件事情后,苹果中国区的公关策略并没有发生调整,依然与过去一样。对其他公司来说,如此大的事件发生后可能会导致以后策略的转变。

至于苹果的“后门”事件,如果记者需要做报道,苹果就把官方的一份说明发给你,此外苹果并没有跟媒体做过其他任何沟通;而中央政府采购事件,从目前的报道看,算是媒体的乌龙。

资料来源:品牌中国网,http://pr.brandcn.com/gongguananli/140819_377775.html,澎湃新闻,2014年8月19日。

四、学写公共关系策划书

公共关系策划书是公共关系策划工作的总结,又是公共关系活动实施的指导方案,是公共关系活动方案形成的书面报告。制定公共关系策划书的目的是,方便计划制订者随时参看项目进展,能有效地对公共关系结果进行评估,以便获得更好的公共关系传播效果。一份标准的公共关系策划书通常包括以下五个部分:

1. 封面。封面要求格式要规范,设计要新颖、别致,可以图文并茂。封面要注明:文件编号;密级;策划书的标题,包括制定策划书的组织名称、活动名称、活动方式及文种等。落款,其中应注明制作策划书的单位名称及日期,并加盖公章。

2. 序文。序文是指把策划书的内容简明扼要地概括出来,也可以适当地加些说明性文字。

3. 目录。

4. 正文。正文是策划书中最重要的部分。正文的写法以文字为主,也可以用表格或图示,但内容的层次一定要清楚、明了。

(1)背景分析。这部分主要是分析组织内部环境及社会环境对组织策划书的策划起到怎样的作用。

(2)目标。目标是指项目策划所要达到什么目标。

(2)主题词。用一句简练新颖、独特、有感染力的语言概括本次活动的宗旨、目的、意义,使活动主题更加突出。

(3)本次活动的主办单位、协办单位、赞助单位及承办单位。

(4)本次活动的时间、地点、参加者及邀请者。应写明活动的时间、地点和参加者的来源、人数、具体落实的情况。

(5)本次活动的实施方案。这是策划书的核心,也是本次公共关系专题活动的创意体现。每项具体活动项目应包括:活动名称;活动目的及在整个活动中的地位、作用;活动主要内容、方式和基本要求;项目的负责人、参与者及分工、项目完成时间及进度表;经费、设备总量;所需的传播媒介及场地等。

(6)本次活动的成效检测及效果展望。

微型案例

南京化学厂丝素牙膏宣传活动策划书

1. 活动主题

万名大学生为"丝素"和您服务

2. 活动目标

通过大学生宣传及上门为消费者服务,在全国主要省会以上城市普及、提高丝素牙膏的知名度,增进消费者对丝素牙膏的品牌、特性、功能以及价格的理解;并通过后继的公共关系活动,树立南京化学厂尊重科学、关心青年学生身体健康、积极服务于社会的企业形象,提高南京化学厂的美誉度。

3. 综合分析

(1)企业概况(略)。

(2)产品简介。丝素牙膏系全天然生物牙膏,内含丰富的天然生物活性物质丝肽及表皮生长因子(该项发现获 1986 年诺贝尔生理学医学奖),可直接为口腔黏膜吸收,能促进细胞新陈代谢,集洁齿、治疗、营养三功能为一体,有药物牙膏之功效,无药物牙膏之副作用。

经南京口腔医院临床使用 253 例表明,丝素牙膏对预防牙龈炎、牙周炎、口腔溃疡等有显著疗效。丝素牙膏 1991 年荣获江苏省优秀产品称号,1992 年荣获全国国货精品消费者调查活动最满意奖,并被称为"国际电影节"(1993 年上海)著名影星选用产品。

(3)市场分析。丝素牙膏目前年生产量为 800 万支,其中南京市场占总销量的 32%;南京化学厂现已陆续在北京、长春、天津、武汉、济南、青岛、徐州、合肥、南昌、杭州、广州等数十个大中城市设立了销售网点。

(4)消费者分析。丝素牙膏系第三代产品,它的价格约为其他牙膏的2倍,其潜在消费者主要是城市居民中收入和文化程度较高者。

4. 基本活动程序

(1)选定1993年3月28日(星期日)为“丝素直销日”;并落实该活动于同日在北京、南京、天津、广州、武汉、长春、合肥、济南、南昌、杭州十大城市举行。

(2)1993年寒假前后,派员与上述十大城市的高等学校团委等部门联络,每校落实参加直销活动的大学生500～1 200名;其中,北京、南京等有条件的城市同时组建人数在100～200人的大学生自行车宣传队,每个城市各组建一支队伍。

(3)1993年3月28日9时,各城市大学生自行车队沿拟定线路作“闹市行”,沿途向市民散发丝素牙膏宣传品;同时,参加直销活动的大学生走进千家万户进行宣传和直销活动。

(4)在直销活动结束后1个月内,南京化学厂向南京大学等高等学校赠送一场音乐晚会,并赠公共关系书籍500本。

5. 传播与沟通方案

(1)于活动进行前一天,在南京的《扬子晚报》与北京的《北京青年报·周末版》上刊登宣传广告。

(2)预先与中央电视台、南京电视台、扬子晚报、北京青年报等媒介联系,争取活动后顺利发出新闻报道。

(3)由进行宣传和直销的大学生向消费者宣传丝素牙膏的基本特征,并散发单页宣传品。

(4)由选修公共关系理论与实务课程的南京大学数百名学生撰写该项活动的个案分析,并择优寄往《公共关系报》《公共关系导报》等媒介。

6. 经费预算

(1)印刷10万份宣传资料及制作宣传绶带500条,约1万元。

(2)活动预告的报纸广告费及媒介报道安排费用3万元。

(3)10名销售活动监督、协助人员差旅费,以800元/每人计算,共8 000元。

(4)大学生宣传车队劳务费:北京、南京等城市车队队员约500人,以20元/人计算,共1万元。

(5)音乐晚会费及赠书活动费用:音乐晚会一场2 000元,500本公共关系书籍3 000元,共5 000元。共计6.3万元。

7. 预算效果

全部活动花费在六七万元左右,如果活动能安排妥当,达到预期目标,其效果肯定大于用这部分经费进行单纯的广告宣传。六七万元人民币只能在中央电视台播放30秒滚动广告3次,或上述十大城市的主要报纸上各登一次1/4版的通栏广告。

资料来源:王培才主编:《公共关系理论与实务》,电子工业出版社2005年版。

第三节　公共关系实施

公共关系实施是在公共关系计划被采纳以后，将计划所确定的内容变为公共关系实践的过程。公共关系工作能否取得预期的效果，不仅要看公共关系工作方案是否富有创意、是否切实可行，还要看方案的实施是否严谨、规范。明确公共关系实施的具体内容构成，有利于公共关系实施有的放矢地进行。

微型案例

南苑·2007环球小姐中国区总决赛公关实施案例

环球小姐全球总决赛（The Miss Universe Pageant）被誉为全球现代时尚文化的象征，1952年首次举办，是当今规模最大、标准最高的世界顶级选美赛事，与奥运会、奥斯卡共同被誉为世界三大顶级赛事。大赛主办者——环球小姐组织，现有成员国151个，总部设在美国纽约，由美国地产大王唐纳德·特朗普（Donnald Trump）和美国全国广播公司（NBC）联合举办。宁波南苑集团股份有限公司是一家以酒店业、房地产业、进出口贸易三大产业为主体，并涉及高档物业管理、旅游景区开发、专业洗涤、食品和其他相关产业的民营企业集团。2007年初，南苑饭店获得了全球服务业最高荣誉“国际五星钻石奖”，集团管理层经过考察，充分了解环球小姐大赛作为全球顶级赛事的影响力，权衡之后，确定了与环球小姐组织合作的意向。

1. 大赛活动安排

(1)2007年2月6日前：完成总体方案的起草、审定并按大纲要求成立机构，召开第一次组委会会议；完成大赛活动的基本平面设计工作；完成第一次新闻发布会筹备工作；完成浙江分赛区的报名工作。

(2)2007年2月8日前：完成各工作部工作方案；完成前期推广资料的制作；8日举行第一次新闻发布会并开始编发《大赛工作大纲》；完成各工作部门组织工作的组建。

(3)2007年2月底前：完成各项单体活动方案和经费预算方案；大赛新闻传播全面展开并全面开展大赛传媒机构的合作工作；大赛招商和推广工作全面展开；完成大赛活动承办场地和外景地的确定；完成《大赛工作大纲》的编发；对各部门筹备工作全面检查并召开组委会第二次会议。

(4)2007年3月10日前：完成《重要活动实施方案》制定和编发的工作；重要来宾邀请函全部发出；逐步加大市场推广和传播宣传力度。

(5)2007年3月底前：完成浙江赛区活动的招商工作；编辑浙江赛区的会刊；完成浙江赛区的选手报名和筛选工作；对各部门工作筹备进行第二次全面检查，对一些重大问题进行协商解决。

(6)2007年4月：全面开展大赛浙江赛区的赛事活动；加强传播和市场推广工作；做好浙江赛区选手和来宾得接待工作。

(7)2007年5月：全面开展中国赛区总决赛的赛事工作；加强传播和市场推广工作；做好中国赛区总决赛选手和来宾的接待工作。

(8)2007 年 6 月:完成大赛的各项总结工作并启动一切后续工作。

2. 大赛具体程序

4 月 22 日,佳丽们担当环境保护的宣传使者,加入"世界地球日——保护水资源"万人签名活动,并向市民分发环境宣传手册。

5 月 1 日是国际劳动节,环球佳丽们赴杭州湾跨海大桥建设工地,向工人们送上毛巾、矿泉水、防暑药、饮料等慰问品,开启了 2007 环球小姐中国区总决赛公益活动的序幕。

5 月 2 日上午,佳丽们来到鄞州区湾底村,参加"美丽与和谐同行——和美丽使者走进新鄞州"活动。下午,佳丽们还来到了五龙潭风景区,当起了宁波旅游的推广使者。

5 月 3 日,在宁波国际购物中心,佳丽们参加了"携手美丽,相约国购"的"涉趣"走秀活动。

5 月 5 日,佳丽们前往宁波梁祝文化公园,举行了采风、和旅客们互动等一系列活动。

5 月 18 日,主题为"美丽成就梦想,智慧改变人生"的南苑·2007 环球小姐中国区总决赛在鄞州体育馆举行。大赛由著名主持人吴大维、周涛等联袂主持,现场评委不但包括吉米、余秋雨等时尚、文化界名人,还有环球小姐中国总部总评委、上届环球中国小姐、模特、摄影师、海外华人、商界精英、政府官员、资深学者等。根据选手们日常训练表现,通过决赛现场泳装、晚装展示、才艺表演等多方面综合评定,决出了南苑·2007 环球小姐中国区总决赛的前三名和十个单项奖。

资料来源:孟建主编:《中国公共关系发展报告蓝皮书》,复旦大学出版社 2008 年版。

由此可见,成功的公共关系实施可以使所订的计划目标顺利实现;而失败的公共关系实施不仅使计划难以完成,甚至会产生负面效应。

一、公共关系实施的意义

1. 公共关系计划的实施是实现公共关系目标的保障

公共关系存在的目的不是为了研究问题,而是为了解决问题。公共关系调查研究、制订计划是发现问题、研究问题的过程,而计划的实施才是具体地解决问题、达到目标的过程。

2. 公共关系计划的实施决定了计划能否实现

一次成功的公共关系实施活动主要在于实施人员能够选择最有效的途径和手段,采用多种方法和技巧,在公众中树立起本组织的良好形象。公共关系实施的失败,不仅不能实现计划目标,还可能使计划中想要解决的问题更加复杂化。

3. 公共关系计划实施的结果是制订后续方案的重要依据

制订公共关系计划必须要以社会组织所面临的现状为依据,特别注意需将以前的公共关系策划实施的结果通过各种渠道反馈回来的信息作为依据,并针对新出现的问题制订新的计划。

二、公共关系实施的原则

1. 整体协调的原则:就是在计划实施的过程中使所涉及的各个方面达到和谐、合理、互补的状态,强调在各个实施过程中的环节之间、部门之间及实施主体和公众之间和谐化、合理化。整体协调包括纵向协调与横向协调。纵向协调是指上下级部门之间的协调;横向协调是指部门与部门之间或平级之间通过当面协调、文件往来等形式进行协调。

2. 控制进度的原则：是根据整个公共关系计划的目标和需要，按照一定的程序，掌握工作的进展程度。要控制进度需明确控制目的，重视反馈信息。

3. 目标导向的原则：在公关实施过程中，保证公关实施活动不偏离目标，不断利用目标对整个实施活动进行引导、制约和促进。

4. 反馈调整的原则：是通过监督控制及时发现公共关系实施中的偏差，并及时调整，保证公关实施的顺利完成。

三、影响公共关系实施的因素

一般来说，影响公共关系实施的因素有很多，但归纳起来，无非就是这样三个方面：一是沟通障碍；二是策划的目标不切合实际；三是突发事件的影响。

（一）沟通障碍

1. 地域差别。不多的地域有不同的文化习俗，如果组织在实施公共关系计划时没有考虑到地域的特点，而一意孤行，则必然失败。所以实施中要注意地域的差别，有针对地进行调查，然后再实施。

2. 组织自身问题严重。组织的机构庞大且臃肿就会造成信息在传递与沟通中出现误差，引起外界公众的误会。为了加强沟通、排除障碍，组织应该通过多种渠道反映信息情况，如举行民意测验、召开各种类型的座谈会、进行专家访谈、定期就某些重大问题交换意见等。

3. 观念与意识的差别。组织在面对公众时，应考虑不同公众之间的观念与意识的差别，这样不同的公众对组织的公共关系活动看法不一，这时组织在实施计划时只要按照组织预期的目标来进行，对持不同观念者加大宣传力度。

（二）策划的目标不切合实际

公共关系计划中所拟定的目标不切合实际或不具体，都会给组织的实施工作造成一定困难。在公共关系计划实施的过程中，无论实施目标的动态性多么强，实施的过程也不可能按部就班地完成预定的目标。实施人员在开展实施工作之前，应检查以下几方面来保证实施的顺利进行：(1)计划目标是否指出了组织所期望的目标；(2)计划目标是否切合实际；(3)计划目标是否是执行者职权范围内能够完成的；(4)目标中是否有关于目标细节方面的详尽且具体的表述。

（三）突发事件的影响

突发事件包括不可抗力的自然灾害和人为的纠纷事件。这些突然事件的发生没有预兆，会影响方案的实施进度及实施的过程。但是当组织在实施过程中突遇这些意外事件时，也要冷静地及时处理，不能因为这一突发事件而持续影响公关实施的进行。

第四节 公共关系评估

公共关系评估就是依据特定的标准，对公共关系计划、实施及效果进行检验、评价和估计。通过对公共关系效果的分析评估，肯定工作成绩，找出实施效果与目标之间的差距，适时地调整公共关系调查、公共关系策划和公共关系实施方案，保证公共关系活动的持续有效开展。

一、公共关系评估的内容

1. 分析评估公共关系活动原定目标是否实现。公共关系活动的原定目标是活动效果评估的标准，将公共关系活动方案中所设计的主要目标与通过公共关系活动所达到的实现目标进行比较，分析目标的实现程度。

2. 分析评价公共关系活动所选择的模式、传播媒介是否符合公众的需求。通过公共关系调查，对掌握的资料进行分析评估，分析其相符程度和对实现目标的作用，为制订新的公共关系计划和活动提供依据。

3. 对公众的态度进行分析评估。要对开展公共关系活动前后公众对组织的认识、了解和理解程度进行比较分析，还应分析评估公共关系对组织观点、态度的改变程度。

4. 对原计划预算控制进行评估。需对资源投入与目标实现的价值比和效益比分析，使组织的人力、财力、物力和时间的投入得以充分利用，获得较多的利益。

微型案例

安利纽崔莱健康跑特奥公共关系项目的效果评估

项目主体：安利（中国）日用品有限公司

项目执行：安利（中国）日用品有限公司

安利将公益行为融入一项已有的品牌推广活动，不但给纽崔莱品牌注入了新的内涵，同时实现了企业对社会的回报。借助“为2007年世界特殊奥林匹克运动会加油”活动，安利顺利完成了从单纯品牌推广向融健康理念、公益慈善、品牌建设于一体的企业形象塑造的成功转型；而上海2007年特奥会也因“安利纽崔莱健康跑”持续不断地推动，在全国范围内提升了知名度和影响力，获得了更多的关注与支持，这一合作，可以概括为以下“四个成功”。

1. 特奥理念的成功传播

安利通过遍及全国、历时三年举行的50个场次、吸引逾100万人次的“安利纽崔莱健康跑”，有力宣传了“你行我也行”的特奥精神，以及“慈善、关爱”“共同参与，分享快乐”的特奥理念。

在“健康跑”开始前的一两个月，各地的宣传广告便在电视、广播、平面媒体以及城市高架、灯箱中出现，非常醒目。“健康跑”当天，更是吸引了众多的记者现场采访、直播。而安利在“健康跑”前后组织的各种特奥融合活动，也极大地吸引了媒体的关注，形成多角度、全方位的宣传态势。据统计，截止到2007年6月，提及安利的有关特奥报道共有803篇。经过媒体的传播，特奥的理念和精神逐渐深入人心。

2. 智障人士的成功展示

安利（中国）总裁黄德荫在接受媒体采访时多次谈道：特奥会并不是一场以竞技为目的的体育赛事，而是希望通过这一活动，在给智障人士带去快乐的同时，也唤起全社会对智障人士的关注和爱护。事实证明，一名特奥运动员，只要努力争取，在社会的平等对待、真诚帮助下，会逐步提高智商、提升技能，从而有能力回归社会，尝到人生成功的快乐。而安利，为智障人士的成长提供了平台和阶梯。

3. 品牌形象的成功建构

世界著名公关公司的一份问卷调查表明：当消费者了解到一家企业在社会责任方面有消极举动时，91%的人会考虑购买另一家公司的产品或服务。根据欧盟委员会雇用及社会事务总部和公司社会责任商业网共同进行的消费者态度调查：在12 162名受访消费者中，有

44%的人愿意为社会责任和环保产品多付一些钱。

4. 公司形象的成功提升

通过“安利纽崔莱健康跑——为2007年世界特殊奥林匹克运动会加油”和一系列特奥融合活动，安利公司构建了一条全新而有效的与政府、媒体、大众的沟通渠道，在多种场合以实际行动表达了帮助他人的美好愿望，使得安利（中国）热心公益、履行社会责任的企业形象得到了进一步强化。正因为“安利纽崔莱健康跑——为2007年世界特殊奥林匹克运动会加油”活动声势浩大、参与者众多，使得安利尽管不是上海2007年特奥会最大的赞助商，但关于安利与特奥结缘的报道却居各赞助公司之首。在百度新闻搜索引擎中，键入“特奥＋公司”，安利的新闻条目数量排名第一。

资料来源：中国国际公共关系协会编著：《最佳公共关系案例》，中国市场出版社2009年版。

二、公共关系评估的程序

1. 设立统一的评估目标。

评估目标用来检验公共关系计划与实施结果。统一的评估目标可以减少在评估研究中出现的不必要的劳动。评估目标需要人员对有关问题形成书面材料来保证评估工作顺利进行。

2. 将评估过程纳入公共关系计划。

评估是整个公共关系计划的重要组成部分，对评估应该给予足够的重视，对评估的方法、程序等方面要充分考虑。

3. 在一定范围内取得对评估的一致意见。

4. 将目标具体化。

在项目评估过程中，应该分解目标。分解目标可以使公共关系计划的实施过程更加明确化与准确化。

5. 选择适当的评价标准。

应针对不同的活动形式和目标，确立评估标准，如果开展的是以改善自己的形象、提高美誉度为目标的公共关系活动，评估应该将公众对组织的认识、态度的变化作为评估标准。

6. 确定搜集证据的最佳途径。

获取评估数据的途径和方法取决于评估的目的、标准。抽样调查、实地试验或活动记录都可能成为获取数据的好方法。

7. 保持完整的实施记录。

这些实施记录能反映出公共关系人员的工作方式和工作效果，更重要的是能够反映计划的可行程度。

8. 使用评估结果。

把评估结果及时有效地运用到公共关系工作上，会使问题的确定和分析更加详细、精确，确保下一个公共关系活动顺利进行。

9. 将评估结果向组织管理者报告。

及时上报评估结果可以保证组织管理者及时掌握情况，有利于组织全面地协调决策，也有利于说明公共关系活动在组织实现目标的过程中所起到的作用。

10. 提高对公共关系的理论认识。

公共关系的活动能提高人们对公共关系理论的认识，同时效果评估的成果又进一步丰富了公共关系的专业知识。通过具体的项目效果评估，可以得到对指导这一活动有普遍意义的思想与方法。

三、公共关系评估的方法

1. 专家评价法。这是由公共关系方面的专家来审定公共关系计划、观察活动的实施、对计划的实施对象进行调查，综合各方面的意见对公共关系活动进行评估，鉴定公共关系活动的成就。

2. 公众意见征询法。这是通过与公众代表的对话，征询广大公众对公共关系项目的意见与评价，可以采用问卷或提问的方法征求公众的意见，征求他们对指定问题的意见、态度、倾向来对公共关系活动的效果进行分析评价。

3. 组织活动记录法。全面、准确的活动记录是重要的效果评估资料，依据记录的资料进行评估，选择一定的标准进行比较，然后得出评判结论。

4. 实施人员的评估。这是由实施人员对计划和实施的进展情况进行评估，这种评估能及时、充分地利用实施过程中的实际情况，对该项活动的影响效果进行判断，但由于实施人员会有个人主观看法，因此有时可能会失真。

微型案例

仁和闪亮公共关系方案

项目主体：仁和医院集团

项目执行：北京普纳营销传播机构

2005年以后，医药保健品行业进入一个新的发展时期，激烈的竞争之下，单纯产品层面的诉求已经不能打动消费者。在政策法规和媒体舆论的影响下，药品企业严把质量关；与此同时，品牌形象的树立和推广也成为十分重要的环节。这要求众多医药保健企业探索新的营销模式，寻找新的"蓝海战略"。

项目评估

1. 市场表现：随着"快乐男声"赛程的推进及公共关系传播的不断深入，仁和企业及闪亮的品牌认知度和指名购买率有了显著提升。借助"快乐男声"的品牌联想，目标消费者在选择同类产品时更多倾向于闪亮滴眼液。与此同时，闪亮滴眼液销量也不断攀升，有数据显示：5月以来，闪亮滴眼液在广东、广西等省区各大药店持续热销，截至7月下旬，仅华南区就创造了同类品牌第一的销售业绩，同期增幅超过100%；闪亮滴眼液整体实现80%的高速增长，达成近3亿元销售。此外，由于分享了"快乐男声"的平台资源，仁和新品闪亮牙洁素一上市就获得成功，招商和初期销售取得良好成绩。

2. 受众表现。在一项针对滴眼液产品目标消费群体的调查统计中，闪亮滴眼液的认知度达到了68%，比2006年同比提高近30个百分点。"快乐男声"期间的一项消费者调研显示，闪亮滴眼液的指名购买率达到了70%以上，品牌信任度和忠诚度有了显著提升。此外，在公关新闻传播对闪亮品牌属性、"3C"理念、闪亮精神的反复传递下，目标消费者对"快乐男声”和闪亮品牌产生了品牌联想，谈起“快乐男声”就能联想到闪亮滴眼液。尤其重要的是，通过周杰伦和“快乐男声”的影响，“闪亮一族”的群体认同感也在加深，“快乐男声”、目标人群以及闪亮品牌的三维契合产生了不可估量的无形价值。

3. 传播数据。在2007年初执行的周杰伦代言仁和闪亮项目中，策划发布了上百篇新闻稿件，覆盖了全国25个城市，传播量达到数十万字，与计划目标相比，实际完成率达到了129.31%。在“快乐男声”期间，全国平面媒体范围内共发布各类新闻稿件及专题报道数百篇，传播量近百万字，媒体区域覆盖率达到100%，媒体转载报道不计其数。经过传播学数据统计，约有1.5亿读者通过报纸获得了“快乐男声”、仁和闪亮的相关信息。除了公共关系新闻传播之外，25家省级卫视广告的循环播出，搜狐、新浪、网易、腾讯等门户网站的新闻报道，猫扑、天涯等知名论坛的专题帖子，各种传播渠道都使品牌信息得到了最大化的传递。

4. 长远影响。通过周杰伦代言事件以及冠名“快乐男声”的娱乐营销事件，闪亮品牌成功地驶入了滴眼液市场的“蓝海”，使闪亮进入了一个全新的发展阶段，并使闪亮品牌的营销模式顺利地从医药保健品类转型为快速消费品。与此同时，仁和还通过新产品闪亮牙洁素的上市推广成功实现了品牌的裂变和产品线的完善，为未来闪亮品牌乃至仁和自身的长远发展奠定了良好的开端。可以说，仁和闪亮的快消式公关营销取得了空前的成功。

资料来源：中国国际公共关系协会编著：《最佳公共关系案例》，中国市场出版社2009年版。

小　结

关键术语

公共关系调查　公共关系策划　公共关系实施　公共关系评估

本章小结

1. 公共关系调查，就是社会组织运用科学合理的方法，为准确地收集有关公众和社会环境等方面的资料，通过定量分析和定性分析相结合的方法，概括各类信息渠道反映的公众的意见和态度，综合分析相关的因素及相互关系，以考察组织的公共关系状态，了解组织面临的公共关系方面的实际问题的方法。公共关系调查的目的是考察公共关系状况，预测民意和社会环境的发展趋势，从而为组织的形象设计、为公共关系策划提供依据。

2. 公共关系调查包括制订方案、搜集资料、整理分析资料、撰写调查报告四个步骤。

3. 公共关系调查的内容包括组织情况调查、公众状况调查、传播媒介状况调查、社会组织形象调查。

4. 公共关系调查的方法包括访谈调查法、问卷调查法、抽样法。

5. 公共关系策划就是指公共关系人员根据组织形象的现状和目标要求，分析现有条件，设计最佳活动方案的过程。

6. 公共关系策划的作用包括整理思路、指导行为活动、咨询决策、促进公共关系活动的顺利进行。

7. 公共关系策划的原则包括：尊重客观事实的原则；公众利益优先的原则；计划性与灵活性相统一的原则；与组织整体计划和社会发展相一致的原则；独创性与连续性相统一的原则。

8. 公共关系策划的内容包括确定公共关系活动主题、确定活动项目、确定活动时机、确定传播的方式、确定财务预算的内容。

9. 公共关系实施是在公共关系计划被采纳以后，将计划所确定的内容变为公共关系实践的过程。公共关系工作能否取得预期的效果，不仅要看公共关系工作方案是否富有创意、是否切实可行，还要看方案的实施是否严谨、规范。明确公共关系实施的具体内容构成，有利于公共关系实施有的放矢地进行。

10. 公共关系实施的原则包括整体协调的原则、控制进度的原则、目标导向的原则、反馈调整的原则。

11. 公共关系评估就是依据特定的标准，对公共关系计划、实施及效果进行检验、评价和估计。通过对公共关系效果的分析评估，肯定工作成绩，找出实施效果与目标之间的差距，适时地调整公共关系调查、公共关系策划和实施方案，保证公共关系活动的持续有效开展。

12. 公共关系评估的程序包括设立统一的评估目标、将评估过程纳入公共关系计划、在一定范围内取得对评估的一致意见、将目标具体化、选择适当的评价标准、确定搜集证据的最佳途径、保持完整的实施记录、使用评估结果、将评估结果向组织管理者报告、提高对公共关系的理论认识。

知识结构图

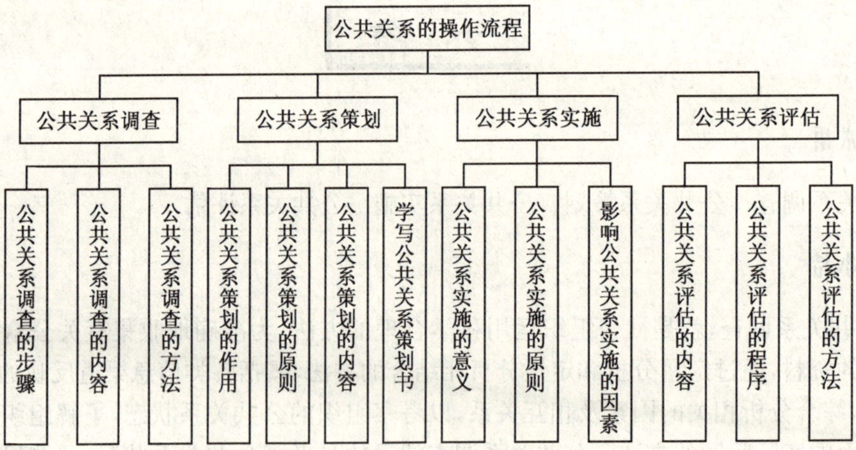

应　用

案例研究

案例一

突出优势　体现个性　展示魅力

——上海申博办申请2010年世界博览会

1. 项目背景

当今社会国际商品交换的扩大和科学技术与经济发展之间的紧密联系，使世界博览会这一国际经济、科技、文化的奥林匹克盛会显得举足轻重。中国正以她前所未有的发展速度和在世界政治、经济、国际事务中的影响和作用，令世人所瞩目，举办一届成功的世界博览会显得极其重要。能否成功举办世界博览会，不仅反映出一个国家的建设成就和综合国力，更显示出主办国迈向 21 世纪的决心和信心。

2. 项目调查

作为中国最大的经济中心城市，拥有1 300多万户籍人口的上海，2002 年人均国内生产总值超过4 900美元，综合经济实力达到中等收入国家水平。经过 20 多年的不懈努力，上海的市政基础设施建设、旧区改造、产业结构调整都取得了重大进展，城市综合素质大幅提高。特别是经过 1999 年财富论坛、2001 年亚太经合组织会议的洗礼，上海举办大型国际活动的能力得到进一步增强。上海正在迈向国际经济、金融、贸易和航运中心。如果中国申博成功，对长江三角洲影响巨大。上海周边城市将迎来一个扩大对外开放，活跃人流、物流、信息流，带动相关产业发展的历史性机遇。世博会从申办到举办，整个过程长达 10 年，上海市初步估计要投资 30 亿美元用于世博会园区建设。1 美元的会展投资，将拉动 5～10 美元的城市相关产业投资，这对江浙两省无疑是一个极好的机遇。江浙两省作为经济大省、建筑大省，为上海发展出力，接受上海辐射，是江苏、浙江的区位优势。目前，上海进行的上万个建筑工程中，有无数的江苏、浙江人在竭诚奉献。2010 年上海世博会，预计有7 000万名参观者，其中 30%～35%将继续在华东地区游览。这意味着距离上海 100 公里的以苏州、周庄为代表的江南水乡，距离上海 150～200 公里的无锡、杭州，距离上海 300 公里以内的南京、扬州、镇江，以至中国最为富庶的整个华东 6 省 1 市，都将被上海世博会直接带动。

对于民众支持度的调查，申博办委托上海城市经济调查队对全国 50 个城市的民意调查显示：89.4%的人认为中国有必要申办 2010 年世博会，94.4%的人拥护中国申办 2010 年世博会，92.6%的人认为中国有能力申办 2010 年世博会，78.6%的人相信中国申办 2010 年世博会成功。一次广泛的网上调查也证明，92.3%的人支持上海举办 2010 年世博会。

3. 项目策划

(1)明确公关目标

①塑造上海国际大都市形象，展现上海魅力。

②最终夺取 2010 年世博会主办权。

(2)确定五大优势

充分发挥上海的五大优势是申博取得成功的保障，所以贯穿整个公关策划的就是突出优势、体现个性、展示魅力。为此确定了以下五大优势：

①参观人数多。如果 2010 年世博会在上海举行，超过7 000万人次的参观者将创世博会历史纪录。2010 年上海世博会将成为各国人民的盛大聚会。

②上海为世博会选定了合适的主题，“城市，让生活更美好”的主题能得到各国广泛关注。

③选址符合世博会的宗旨，做好了合理的选址场馆规划。世博会场址选在黄浦江滨水区，规划控制面积 540 公顷，世博会园区面积规划 400 公顷，通过场馆建设，促使旧城改造；并在举办后，使该地区今后成为经济、科技和文化的交流中心。

④上海改革开放以来积累的经济实力，说明其完全有条件举办世博会。

⑤社会稳定，秩序良好。上海举办世博会得到了民众的极大支持。据调查结果显示，上海世博会的民众支持率在 90%以上。

围绕这五大优势系列公关一一展开，让世界认同“上海是最好的选择”。

4. 项目执行

(1)宣传活动

2001 年 9 月前以发放宣传册为铺垫，之后开展了规模全方位的宣传。

世博会知识网络电视竞赛。

举行申办 2010 年上海世博会新闻通气会。

世博主题文艺演出。

“万人支持申博网上签名”活动。

“上海市民骑车申博万里行”。

2010 名上海市民代表宣誓。

“长江三角洲申博之旅”。

征求申办徽标、口号、招贴画。通过宣传征集徽标 165 个，海报 470 幅，口号6 140条。最终决定入围海报十幅，入围口号十条，入选口号“中国如有一份幸运、世界将添一片异彩”。

进入社区的“世博会向我们走来——世博知识巡回展”。

派遣 37 个组团出国访问了 87 个国际展览局(BIE)成员国，其中包括 9 个非建交国家。

国外媒体宣传。世界各大主流媒体都对上海申博表示热切关注，分别以专题、专版的形式给予追踪报道。成立支持中国申博“企业后援团”。

(2)活动主体

①2001 年 6 月 6 日国际展览局第 129 次成员国代表会议在巴黎举行。申博市民代表袁鸣做诚恳的介绍，现身说法谈上海发展为人类提供实现价值的环境，以情动人，形式创新生动。

②2001 年 11 月 30 日国际展览局举行第 130 次成员国代表大会，时任上海市市长徐匡迪做了申办陈述。瑞士罗氏制药有限公司总经理从外资商人的角度谈自身在上海的投资回报，证实了中国政府的承诺是绝对可以信任的。

③2002 年 3 月 10 日～16 日，中国作为申办国之一，第一个接受了国际展览局代表团的考察，通过一系列的陈述报告、实地考察，与各界人士交流沟通，国际展览局充分了解到上海的优势、能力、举办条件和各项准备工作。

④2002 年 7 月 2 日国际展览局举行第 131 次成员国代表大会，时任国务委员吴仪、外交部部长唐家璇、中国贸促会会长俞晓松等做了申博陈述。

唐家璇部长代表中国政府承诺我国将投入 1 亿美元支援发展中国家和地区前来参展。对参展国建立永久性展馆，中国政府还将给予建馆资金 25%的补贴。此外，设立用于大会各项评奖的奖励基金。

⑤2002 年 12 月 3 日国际展览局举行第 132 次大会，时任国务院副总理李岚清、国务委员吴仪等进行最后一次陈述，再次肯定了中国政府对于承办 2010 年世博会的信心与态度。会上以一部充满上海市民热切期盼的实地拍摄申博纪录片充分展示了上海的无限魅力。

当日国际展览局成员国对 2010 年世博会主办国进行投票表决，中国获得 2010 年世博会的主办权。

5. 项目评估

韩国 YTN 电视台在新闻报道中高度评价中国申办成功，认为这显示了中国经济发展的实力，提高了中国在国际社会上的威望和地位。

中国香港贸发局认为上海世博会将为香港带来商机。

西班牙《世界报》把上海定为2002年世界最知名城市，其中成功申办2010年世博会作为其中关键一条。

法国《世界报》派发评论认为中国拿到2010年世博会主办权是众望所归。

国际展览局官员评论：今天世界诞生了一个伟大的希望。

有了北京申奥的成功经验，上海申博活动开展得相当不错。整个申博过程中，政府牵头的国际公关为上海赢得了不少加分。首先，在国际展览局成员国会议上的四次陈述形式有重大突破，给成员国代表以耳目一新的感受。其次，1亿美元援助基金的提出也是史无前例的，充分显示了中国政府的诚意，并表达了上海努力办好国际性世博会的意愿。最重要的是，公关活动抓住了上海的五大优势进行展开，扬长避短，展示了上海开放、包容的鲜明个性，最终吸引了世界的目光。

资料来源：中国国际公共关系协会编著：《上海申博办申请2010年世界博览会案例》，中国公关网，http://www.chinapr.com.cn/web/NewsCenter/ViewNews.asp? ID＝7446。有删减。

问题：

1. 这个案例从哪几个方面进行项目调查？

2. 这个案例采取了什么项目评估方法？

3. 这个案例的策划有几个突出的特色？

案例二

2006～2007年张裕黄金冰谷冰酒新品上市推广案例

项目主体：烟台张裕酿酒股份有限公司

项目执行：注意力公关顾问机构

项目背景

全球每3万瓶葡萄酒中才有1瓶冰酒，因此，作为世界公认的葡萄酒中的极品，冰酒素有“液体黄金”的美誉，是葡萄酒中的皇后。2006年9月6日，百年张裕与加拿大最大的冰酒企业之一奥罗丝冰酒有限公司在人民大会堂正式签署协议，正式公布双方共同打造的全球最大冰酒酒庄已成功落户辽宁恒龙湖黄金冰谷，并计划在同年年底产品正式上市。

项目调研

1. 消费者洞察

冰酒作为一种产量珍稀的小众酒类，在国外市场中属于时尚消费品。为此，张裕冰酒的受众精准锁定在时尚、精英型的消费者，探寻他们的基本特征：年龄，25～35岁为主；身份，高级白领或社会中产阶层；消费观念，不排斥奢侈消费；性格特点，易于接受新事物，对西方文化有良好接受度，喜好彰显个人品位，不盲目从众；消费情境，在亲属、好友、情侣、伙伴等关系紧密的私人性质聚会，如派对、西餐会，高级酒店、私人会所等场合饮用助兴；消费心理，轻松、愉悦、高雅、独特品位；经常接触的媒体，报纸、杂志、网络、电视（电影）、销售终端。

2. 前期调研

围绕目标受众的基本特征，我们市场研究部结合高端消费品的推广经验，运用资料收集、小样本量深度访谈、市场走访等形式，从消费者、媒体、终端三方面进行了调查研究。

3. 调研结论

调研发现，冰酒还处于一种自然发展状态的小酒种地位。在具体的市场表现中，由于缺乏消费文化引导，国内消费者对冰酒的产品属性、相关知识的认知都非常有限。市场上主要产品为从加拿大、德国少量进口的冰酒。与高歌猛进的红酒市场相比，国内冰酒市场还处于一种缓慢发展阶段。与此同时，“仿冰酒”“劣冰酒”也模糊了消费者对冰酒的正确认识，对冰酒产业的发展造成了较大的限制。

项目策划

1. 项目目标

行业层面：引导国内冰酒消费文化、扩大市场规模。

品牌层面：向受众传递张裕冰酒上市的信息，初步建立产品的知名度；确立受众对张裕冰酒“珍稀”的产品特质和“珍惜”的感情特质的初步认知。

受众层面：影响关键人群，逐步形成张裕冰酒的核心消费群体。

2. 公关主题

珍稀的酒，为珍惜的人——张裕黄金冰谷体验之旅，主题重点体现人与人之间来之不易、值得珍惜的缘分。

产品特质：冰酒产量极为珍稀，而且生存在严寒地带，需要经受重重的风险与考验，才能幸存下来。

情感联系：就如同一直伴随成长的亲人、情侣、朋友一样，经历了风雨和磨难之后感情始终未变，这是一种来之不易、值得珍惜的缘分。

一语双关：在普通话发音里，“珍稀”与“珍惜”同音近义，容易使消费者产生两者之间的直接联想。

3. 公关策略

部分活动：本次新品上市的最大卖点在于开创了一种前所未有的、全程零距离的体验及DIY的互动参与，理性诉求（珍稀）与感性诉求（珍惜）相结合，致力于营造一种“终生难忘的体验”。让参与者亲身体验冰酒独特的生产条件、情感故事、消费文化，以别开生面的形式深入阐述张裕冰酒的独特特质，从而创建并引导冰酒文化。

传播部分：本次新品上市的传播重点在于激发并引导记者的报道欲望，致力于达成“每一名记者的报道都是独一无二的”。通过记者的亲身参与和体验，以自己特别的感受写下独特的体验性文字，形成强有力的传播效应。

项目执行

1. 活动时间创新

凌晨3点至清晨、−20℃的采摘体验。整个活动均在严寒环境下进行，冰酒艰苦的自然条件和珍稀性得到充分的展现，给体验者留下极其深刻的印象。

2. 活动场地创新

北纬41°、海拔380米的体验场地。为了使受众全面了解冰酒的生长环境，充分体现张裕公司的实力，本次活动场地摒弃了常规的酒店、广场等，而是设置在冰葡萄的生产基地——张裕黄金冰谷冰酒酒庄。冰葡萄特殊的生长环境与大自然融为一体，加强体验者对品牌及产品的认同感。

3. 活动形式创新

产品“珍稀”与“珍惜”的特质充分融入其中。从采摘、压榨、装瓶到自制酒标的全程酿造体验活动。将冰酒文化与个人情感相结合的新品亮相。对冰酒起源故事进行包装，以舞台情景剧的形式赋予冰酒诞生的美丽传说，采用优美动人的配乐，烘托出冰酒的“珍稀”与“珍惜”特性。以故事性强、可观性强、具备传播性的场景表现出来,创造独一无二的张裕冰酒文化。

项目评估

1. 活动效果

独特的体验环境,独创的情感体验。张裕冰酒上市发布的现场活动可说是“不走寻常路”,我们引领上百名媒体记者在零下20℃的极度严寒中,零距离感受冰酒诞生的全过程。活动结束后的调研中发现,不少到场的嘉宾表示“这是一次终生难忘的体验”。这充分表明,到场媒体均被此次体验活动和冰酒的意境深深打动,从而为后续的传播奠定了坚实的基础。

2. 传播效果

纸媒发布的效果极为突出,实现了两个80%:第一,80%以上的发布媒体做1/4版以上报道(其中40%以上达到半版);第二,80%以上使用图片,图文并茂。此外,参加活动的媒体记者均在新闻通稿的基础上,添加了个性化的体验感受成分,描述生动传神,使对读者的感染力再上一层楼。

张裕冰酒上市的信息发布运用了多种媒体形式,通过“纸媒+网络专题+定向电子杂志”的组合,最大限度地实现了对目标受众的覆盖。在内容上,主要通过市场、产品及时尚三种角度,针对不同媒体及受众的特点,传达张裕冰酒的诉求。本次活动的现场图片效果优美,大大加深了受众的印象。

资料来源:中国国际公共关系协会编著:《最佳公共关系案例》,中国市场出版社2009年版。

问题:

1. 请分析这个案例策划与实施的特点。
2. 这个案例采取了什么项目评估方法?

实验实训

1. 围绕调查的主题,自己设计公共关系调查问卷。
2. 一家生产洗发水的公司欲使其新产品“柔柔”洗发水打开农村市场,请按照策划书的内容要求,设计一份公共关系策划书。

复习思考题

1. 公共关系调查的内容包括哪几个方面?
2. 公共关系策划的作用及原则是什么?
3. 公共关系实施的原则是什么?
4. 公共关系评估需按照哪些程序来进行?

第六章 公共关系的专题活动

学习目标

通过本章学习，你应能够：
掌握专题活动的含义、作用与原则；
能够策划新闻传播型专题活动；
能够策划展示公共关系型专题活动；
能够策划赞助公共关系型专题活动；
能够策划庆典联谊型专题活动。

引入案例

赞助活动提升可口可乐品牌的运动精神

赞助是公共关系的一种形式，可口可乐通过赞助体育、教育以及文化等各类活动来强化品牌形象，提升品牌的美誉度，营造饮用氛围，从而促进其产品的销售。综观可口可乐的赞助活动，主要表现在以下几个方面：

1. 赞助奥运会。从1928年可口可乐开始赞助第9届阿姆斯特丹奥运会的那一天起，到2000年在悉尼举办的第27届奥运会，可口可乐参加了每一届奥运盛会。作为奥运会的唯一饮料供应商，可口可乐从饮料、火炬接力、设立国际奥委会博物馆、出版奥运歌曲唱片及历史书到电视台转播等项目的赞助，都显示出了一个全球销量最多的饮料品牌对一项关注者最多的全球性活动的无限热忱。可口可乐在把“更快、更高、更强”的奥运精神注入自己品牌的每一个细胞的同时，人们已然开始对可口可乐产生情感利益，即喝下的不仅仅是一种饮料，更是一种“运动、奔放、向上”的精神，这些正好吻合了可口可乐“乐观奔放、积极向上、勇于面对困难”的品牌核心价值。因此，通过赞助奥运会，可口可乐的品牌和消费者紧紧地联系在了一起。

2. 赞助世界杯及中国足球。就全球范围而言，足球一直是可口可乐最重要的赞助项目之一，也是可口可乐最为宝贵的市场资产。作为国际足联和世界杯的长期合作伙伴，从1974开始，可口可乐就成为每届世界杯的主要赞助商之一，可口可乐拥有在全球推动足球运动无可争议的领先地位。贯穿于足球运动中的精神则恰恰是可口可乐品牌所一贯主张的核心价值。在中国，可口可乐对中国足球事业的支持，使可口可乐将其品牌在全球范围内与足球的渊源恰如其分地本土化，并由此建立起与中国球迷强有力的感性沟通模式。从2001年开始，可口可乐通过一系列围绕中国足球的公共关系推广活动，把中国消费者对可口可乐的品牌认知推向了一个新的高度。

总之，可口可乐公司通过对一系列体育运动的赞助，传递了其运动、向上的企业精神与理念，提升了品牌的美誉度。另外，可口可乐邀请姚明、刘翔、郭晶晶等优秀运动员担任产品代言人，也向公众传递了其积极向上的理念。

第一节　专题活动概述

一、专题活动的含义与作用

（一）专题活动的含义

所谓公共关系专题活动，是指社会组织为了某一明确目的，围绕某一特定主题而精心策划的公共关系活动。它是企业或组织就某一方面的问题与公众进行重点沟通。公共关系的目标正是通过一系列专题活动而实现的。公共关系专题活动对于改善组织的公共关系状态有着极为重要的意义。它往往能够使组织集中地、有重点地树立和完善自身的形象，扩大自己的社会影响。成功的公共关系专题活动，往往使组织形象出现意想不到的飞跃，是塑造组织形象的有力驱动器。

（二）专题活动的作用

1. 提高企业的知名度。企业通过举办具有新闻价值的活动，吸引新闻界和社会公众的注意，争取被报道的机会，从而吸引新闻媒体和社会公众的注意，以扩大企业的社会影响，提高企业的知名度。公共关系专题活动一般都有明确的主题、独特设计的活动内容，因而会成为新闻媒体和社会公众关注的"热点"。当然也可以主动与新闻媒体联系，使新闻媒体的参与成为整个活动的组成内容之一。

2. 为促进产品的销售服务。通过公共关系专题活动，淡化推销的色彩，使社会公众从感情上接受一种新产品、新服务，制造有利的营销气氛，从而为进一步的销售活动开拓道路。

3. 提高组织的美誉度。利用社会传统的重大节日或企业自身富有意义的纪念日，举办公共关系专题活动，可以表达企业对社会公众的善意，改变企业的社会舆论和关系环境，改善企业内部的人际关系。

4. 联络与公众的感情。通过策划和举办公共关系专题活动，与社会各界广泛联络交往，为企业广结善缘。

5. 挽回不良影响。当企业形象受到损害时，需要运用多种手段加以纠正，通过巧妙的设计和有效的工作，改善公众原有的印象，使受到损害的企业形象得以恢复。

二、专题活动的种类

在实际公共关系工作中，公共关系专题活动有许多不同的类型，准确地区分不同类型的公共关系专题活动，有助于我们更好地掌握公共关系专题活动的策划和实施管理。根据不同的划分角度，公共关系专题活动大致有以下几种：

（一）按专题活动的规模划分

以公共关系专题活动的规模为依据，专题活动可分为小型公共关系专题活动、大型公共关系专题活动和系列公共关系专题活动。小型公共关系专题活动是在某个机构场所和人员范围内举行的或人数在百人以下的活动。大型公共关系专题活动是有目的、有组织、有计划地吸引众多人参与的协调行动,如中央电视台庆祝2008年北京申奥成功大型演唱会。系列公共关系专题活动是以同一目标为出发点,形成不同内容、不同形式、不同场所的多项活动,或者由不同机构组织众多人参加多项活动,如大连服装节、北京申办奥运系列活动等。

(二)按专题活动的性质划分

以公共关系专题活动的性质为依据,专题活动可分为公益性活动、社会工作活动、专业性活动、商业性活动和综合性活动。公益性活动主要有环保活动、慈善活动、敬老活动、救灾活动等。社会工作活动主要有文明礼貌、道德教育、公民教育等属于社会工作范畴类的活动。专业性活动主要有科技、文学、艺术、体育等专业内容十分突出的活动。商业性活动主要有与消费者沟通的活动、商业促销活动、商业推广宣传活动。综合性活动主要是集各种性质的活动为一体,如旅游节、服装节、文化节、美食周等,在这些活动中,既有商业活动又有公益活动,既有社会工作活动又有娱乐活动,其特点是融多种活动为一体。

(三)按专题活动的内容划分

以公共关系专题活动的内容为依据,专题活动可分为典礼型、喜庆型、会议型、展示型、新闻传播型、竞赛型的活动。典礼型活动包括奠基典礼、落成典礼、开业典礼、签字仪式、剪彩仪式、就职仪式等。喜庆型活动包括周年庆、庆功会、颁奖会、节日联欢会、庆祝宴会、节日舞会、大型文艺演出等。会议型活动包括研讨会、洽谈会、鉴定会、交流会、座谈会、演讲会。展示型活动包括展览、展销、促销、开放参观等。新闻传播型活动包括公共关系新闻传播、谋划新闻事件、新闻采访接待、记者招待会等。竞赛型活动包括以企业名称命名的体育比赛、歌咏比赛、摄影比赛、征文比赛、演讲比赛、绘画比赛、智力竞赛等。

公共关系专题活动的分类方法没有固定模式,也不仅限于以上几种。但公共关系人员参考上述分类方法,可以掌握不同类型公共关系专题活动的策划侧重点,如庆典活动侧重喜庆的构思,会议型活动侧重会议环境和会议内容,展示型活动侧重视觉传播效果,新闻传播型活动侧重新闻的新、奇、特、真。

三、专题活动的策划原则

专题活动的策划原则就是策划人员在策划过程中用于观察问题、分析问题和解决问题的准则,也可以说是策划的价值观念。一般而言,成功专题活动的策划,应遵循社会性、科学性、实效性、创新性与可操作性的原则。

(一)社会性原则

组织筹划的各种专题活动无一不受到社会环境的制约。因此,专题活动的策划首先应遵循的原则就是社会性原则。社会性原则,即大型活动要符合社会综合因素的要求。

1. 政策的要求。组织所举办的各种专题活动应该符合国家和地方各项政策的要求。例如,城市规定企业庆典活动中,不准燃放烟火。因此,在策划企业的专题活动时,就不能使用放鞭炮的形式。

2. 社会热点要求。企业在策划专题活动时,要结合社会的热点问题。例如,在2008年北京奥运会期间的专题活动中融入奥运精神;2010年上海世博会期间,融入世博的元素与精神。这种依势造势、顺应潮流、再创环保活动新方式,光是策划的起点就成功了一半。

3. 传统习惯的要求。策划大型活动,适应传统习惯的要求也是不容忽视的。例如,专题活动不要放在中国祭奠逝去亲人的清明节。

4. 伦理道德的要求。假如大型活动与社会公共伦理道德标准大相径庭，很难有成功可言。例如，专题活动的理念与现代环保节能的理念或社会和谐的主题相背离，则很难得到大众的认可。

总之，社会性要求是很广泛的，包括社会制度、社会文化、人文关系等，适者生存也就是这一原则最好的注脚。

(二)科学性原则

专题活动的科学性原则包含两层含义：一是策划要符合科学的原则；二是策划时要充分应用现代科学技术的原则。

科学性原则要求策划者充分运用现代的科学技术成就，包括自然科学和社会科学的研究成果，运用现代科学思维方法、技术、设备，策划和实施社会大型活动。现代科学发展至今，已经是多学科相互渗透，被称为边缘科学的学科就是这种相互渗透的产物。现在很多自然科学的成果，已被迅速应用到社会科学领域。现代科技产品，如大屏幕电视广告、投影机、幻灯机，先进的摄录器材、印刷技术等，大量应用于社会科学领域。例如，电脑在公共关系调查的应用已相当普遍；三维电脑的诞生，给公关业、广告业带来了极大的进步。许多科研新产品，更是现代策划和大型公众活动必不可少的道具，如现代通信工具和通信设备。现代策划，要反映出时代气息，要展现高格调，离不开自然科学成果的应用。

微型案例

失败的美国总统大选预测活动

1936 年，美国总统大选前，《文摘》杂志依据当时订阅《文摘》杂志的客户名单，寄出1 000万张询问投票倾向的明信片，然后依据收回的 237.6 万份调查结果极其自信地预测共和党候选人兰登将以领先 14%的得票率战胜民主党候选人罗斯福而当选总统。然而，选举结果使预测者们大失所望：获胜者不是兰登，而是罗斯福，并且其得票率反超过兰登 24%。

资料来源：杨俊编著：《新型实用公共关系》，高等教育出版社 2008 年版。

(三)实效性原则

随着社会的发展与企业竞争的加剧，注重实效是组织举办专题活动的基本观念。对于大型专题活动而言，讲求实效具有更重要的意义。企业投入的前提是希望能达到预期的产出，这是所有大型活动决策者都必然关注的问题。即使是社会性活动，也讲求其投入的实效，如电信局的电话升位的宣传活动，电信局必然有要求，在投入了定量的宣传资金后，希望在一定的时间内，让全市市民家喻户晓，让所有与该城市有联系的人和机构都知道本地电话升位的事，从而不影响正常的通信活动。即使是从事社会工作的宣传部门，宣传文明礼貌的活动，同样需要讲求传播效果，争取取得更大的传播力，这也是一种产出。因此，在做专项活动的策划时，不能一味追求形式美和创新性，而容易忽略实效性。

(四)创新性与可操作性相结合原则

创新性就是提出创造性的主意，使组织主办的专题活动具有与众不同的特色。有新意的策划方案,可能会受到诸多因素的制约而难以实施,所以策划必须既要有创新性,又要有可操作性,这样才能令专题活动落到实处。在许多场合中,原则性与灵活性是可以互相交融的,如果能在原则性和灵活性之间寻找到一个平衡点,则一定会有出色的创造。

微型案例

李宁"花小钱,办大事"

在2008年北京奥运会的赞助商竞争中,李宁败给了阿迪达斯,却赢得了更显著的宣传效果。

竞投失利后仅仅两天,李宁便与中央电视台体育频道签订协议,2007年和2008年,CCTV奥运频道各栏目及赛事节目的主持人和记者出镜时均需身着李宁牌服饰。只要打开奥运频道,李宁的LOGO就会映入观众的眼帘。"央视"是国人关注奥运最核心的资讯获取渠道,李宁这一招巧妙的"偷梁换柱",成功地占领国人乃至世界的眼球。一项调查显示,在运动服饰行业中的,高达37.4%的被调查者认为李宁是北京奥运会的赞助商,而真正的奥运赞助商阿迪达斯的认知率却只有22.8%。新颖的奥运营销策略,令李宁2008年上半年业绩增长迅速,在广告营销投入只提高1.6%的情况下,收入攀升60.3%至30.6亿元,纯利劲升68.3%至3.337亿元,非奥运赞助商成为奥运会的大赢家。

资料来源:龙鹤志编著:《公关案例选粹与评析》,经济管理出版社2011年版。

第二节 新闻传播型专题活动

新闻传播型公共关系专题活动是以传播新闻信息为目的的公共关系活动。这种类型的公共关系专题活动包括以下基本内容:一是主动向新闻媒介提供本组织的信息,如企业文化建设信息、体制改革信息、产品与服务信息等,以便新闻媒介对组织产生良好而深刻的印象,并帮助组织宣传;二是通过各种媒介(如报纸、杂志、广播、电视)为本组织发布广告、介绍新产品、传播新技术,以便通过媒介架起与消费者沟通的桥梁;三是举办记者招待会,以便及时而广泛地发布重大新闻、扩大社会影响、增强本组织的知名度;四是巧妙地制造新闻事件,吸引新闻媒介及时报道,以便引起社会公众的普遍关注;五是与新闻媒介的人士建立联系并经常沟通,以便通过他们了解社会动态和经营环境,掌握消费者需求变化,预测市场的发展趋势。

一、新闻传播型活动的谋划

谋划新闻事件也称制造新闻,是指专门为了新闻媒介进行报道而策划的有意义的事件。这里应注意的是:制造新闻并非弄虚作假,而是以组织发生的真实事件为基础,经过公共关系人员的精心谋划,使其具有新闻价值。

与其他的公共关系专题活动相比,谋划新闻的策划和操作都比较难,没有固定的模式可以套用,这就需要公共关系人员开动脑筋,寻找时机,大胆创新。如果说有什么经验可寻,那么一是要以组织发生的真实事件为基础,二是要使其具有新闻价值。具体说来,可参考以下几点做法:

(一)根据热门话题谋划新闻事件

不同的公众群体,关注的话题不同;不同的时期,同样的公众群体关注的话题也不同。公共关系人员为了提升企业形象谋划的新闻事件,不是无源之水,无本之木,而是巧妙地利用外界信息,再结合本社会组织的实际情况进行创造的产物。因此,公共关系人员应深入了解公众心理,了解传播对象在当时最关注的话题。

微型案例

亚星集团借力奥运会与世博会

扬州亚星客车集团有限公司是以生产、销售专业商货客车及客车底盘为主营业务的国家火炬重点高新技术企业。从20世纪80年代开始亚星集团就一直占据国内客车行业的领导地位,素有客车业"铁帽子王"之称。到1997年达到顶峰,销售量突破1.4万辆,位居全国第一,超过第2到第5名企业的销售量总和。

1. 亚星集团抓住北京奥运会契机。2008年北京奥运为我国带来了巨大成功,也给企业带来展示的舞台。亚星抓住这个契机,将四款车型JS6116GH、JS6106GH、JS6130SHJ、JS6770GHA成功地服务奥运会,成功地向世界展示了亚星追求创新的理念,提升了品牌形象。

2. 亚星集团与上海世博会互动。世博会举办前后有大量海内外游客聚集上海,这将直接促使旅游客车数量的急剧增加,在档次上也将有普遍提高,高档车市场发展空间一片看好。因此,亚星与上海世博会合作,在世博这个舞台上,向世界展示它的最新车型,并由此向世界品牌进军。

(二)抓住"新、奇、特"谋划新闻事件

在激烈的企业形象竞争中,要想成功地为企业谋划新闻事件,引起大众传播媒介的关注和报道,公共关系人员必须独出心裁,使公共关系活动具备"新、奇、特"的条件,成为记者们争先报道的新闻事件。

微型案例

特殊的观众 特殊的新闻发布

2007年2月11日下午14:00,来北京参加朝鲜半岛核问题六方会谈的美国代表团团长、美国负责东亚和太平洋地区事务的助理国务卿克里斯托弗·R.希尔(Christopher R. Hill)先生,带领美国代表团20余名团员来到中国美术馆,参观刚刚开幕的"美国艺术300年"展览。在中国美术馆馆长范迪安的陪同下,希尔在美国艺术家罗伯特· 斐基所做的《元帅赛缪尔·沃尔多》画前停住了脚步。原来这是希尔先生的母校美国缅因州波杜音美术学院的藏品,希尔读书的时候就在学校见过这幅作品。他乡遇故知,希尔先生自是非常兴奋,观赏之后,主动提出来要在这幅作品前留影,此后又约范迪安馆长一起合影。

当时,美术馆的教育活动正在进行之中,许多作品前都围绕着数十名孩子,他们有的在临摹作品,有的在根据作品即兴表现心中的想象。面对这些天真可爱的孩子,希尔等美国来宾表现出了浓厚的兴趣,他们不时地与孩子们交谈,有的则与孩子的家长们交流。

参观结束后,范迪安馆长送希尔一行人步出中国美术馆大门。这时许多肩扛手提各种摄影、摄像器材的媒体记者已经汇集在中国美术馆门前的广场上,各类"长枪短炮"更是纷纷占据机位。一切好像是有备而来。此刻过往的行人纷纷猜测,正在展出的"美国艺术300年:适应与革新"到底发生了什么事情?又是什么事情能引来这么多记者的关注?

希尔在范迪安馆长的陪同下,来到了记者的面前,立刻被守候多时的媒体记者所包围。面对记者,希尔首先谈了在中国美术馆观看展览的感受,然后介绍了朝核六方会谈的最新进展。当天晚上,国内外的多家媒体纷纷发布了希尔在中国美术馆门前透露的有关朝核六方会谈的最新进展的新闻。谁也没有想到这场世界瞩目的朝核六方会谈的新闻发布会,竟然是在中国美术馆这个国家艺术殿堂门前举行。显然,随着中国美术馆国际地位的提升,它的功能也在日益扩大,而艺术外交以它特有的魅力,同样给中国美术馆赋予了新的国际形象。

(三)巧妙地利用各种信息和时机谋划新闻事件

精明的公共关系人员应该善于搜集信息、使用信息,把信息转变成价值。还要善于寻找有利时机,利用"天时"来开展公共关系活动。

(四)利用名人效应谋划新闻事件

社会组织有意识地把新闻事件与某些权威人士、社会名流联系起来,或者在新闻事件中请名人唱主角。例如,在美国总统艾森豪威尔67岁生日时,法国人民向美国总统赠送了两桶陈酿了67年的白兰地,由于赠送礼品与名人联系在了一起,这次赠送被世界各地记者写成各种形式的文章广泛传播。

小资料

从柯震东说起:品牌该不该找代言

犹记得《来自星星的你》中有这样一段剧情,艺人千颂伊因"丑闻"而被媒体"围追堵截",参演的电视剧被换了女主角,代言的广告也被要求赔偿,经纪公司要求与她解约。

如今,现实版的剧情由柯震东上演。上个月因为吸毒而在公众间掀起巨大舆论风波的他,如今或遭受多个品牌的"追讨",而他的广告也有可能易主给千颂伊的扮演者全智贤。

记者翻看《男人装》杂志,整版的柯震东形象照旁边就是雪佛兰创酷汽车,隔几页也是这位广告宠儿为妮维雅男士洁面产品的代言广告。这些已经投放了广告的广告商,估计都已经按捺不住,呼天抢地喊"冤",就如何向这个美男子"追讨"经济损失尚未有明确的方案。作为服装行业报记者,不禁为品牌庆幸,柯震东代言的服装品牌仅三家——以纯Y:2系列、阿迪达斯、李维斯。

品牌该不该找代言,其实是个不容置疑的命题,必须找!虽然消费者逐渐趋于理性,但是对于年轻品牌的消费者来说,代言的影响力非常大。特别是微营销时代,视觉化传播越来越重要。而且找明星代言,从其推广效果来看,更是长期的。一旦明星出了新闻,品牌被提及和被关注的可能性就是无限的。

特别是在这个传播过度的社会,消费者吞吐信息的能力已经饱和,就像一块被放置在水龙头下的海绵,让它再多吸收一滴"信息",其难度等同于排挤掉"一滴"其他信息的同时保证自身不被排挤,因此,没有冲击力的营销信息流会被暴力地筛选、冲刷出去。让消费者看到他们想看到的,才能提升产品在消费者心目中的期望值,让他们觉得买到了一件超越产品本身使用价值的产品、获得了一件让他们有机会接近梦寐以求生活的产品,这样的营销无疑是成功的。

使用怎样的代言人,只与品牌定位有关,与企业管理者个人喜好几乎没有什么关系。企业经营者必须牢记,每一则广告都是对品牌形象的长期投资,挖掘一个"有潜质"的代言人是品牌走进目标消费者内心的捷径。在服装行业,因为用对了代言人使得品牌从小众逐渐变得深入人心的品牌不胜枚举,特别是从默默无闻开始就彼此扶植,所建立的感情是至真的,也是患难与共的,比如王菲之于赛琳。

毕竟人无完人,而且公众人物通常由助理、经纪人代为出面,企业一般接触不到本人,更别想了解其私生活,找公众人物作为代言人存在风险。那么,如何做到万全,记者总结了一下经历过的广告例子,大致有以下几种方案:切忌"押宝"一人,比如以纯品牌 Y:2 因为有韩庚、蔡依林和邓紫棋等人,危机公关之后,品牌公众形象仍有支撑力;学习聚美优品,品牌创业者"为自己代言",省钱又保险;学习奢侈品品牌,请明星做品牌挚友,一旦交了"损友",可以以朋友的角度或者公正的旁观者的态度,撇清关系;请卡通形象代言,这样的形象因为具有人性而又不至于犯错误,是一种稳妥的方法。

资料来源:李晓丹:《从柯震东说起,品牌该不该找代言》,中国公关网,http://www.chinapr.com.cn/templates/T_Second/index.aspx?nodeid=42&page=ContentPage&contentid=8543,2014-09-15。

(五)与新闻媒介联袂谋划新闻事件

公共关系人员在谋划新闻事件时,应努力与报社、电台、电视台联合行动。由于有新闻媒介的参与和支持,一方面能使活动进展顺利,达到事半功倍的效果;另一方面能结交新闻媒介的朋友,加深新闻媒介对本企业的深刻印象。

二、新闻发布会

新闻发布会是对某起已经发生的重要事件,或者对某起正在进行中的事件及其发展态势的对外公布和告知。

(一)新闻发布会前的准备工作

1. 首先要确定它的必要性和主题。研究和分析是否有值得广泛传播的信息、传播的信息是否有新闻价值、是否有新闻传播紧迫性、是否是新闻传播的最佳时机等。一般来说,有新产品问世、有新技术开发、有新项目合作、开业或倒闭、合并或转产、重大纪念活动、重大危机事故等,都具有一定的发布价值。

2. 要确定新闻发布会举行的时间和地点。举行新闻发布会，在时间上应该尽量避开节假日和有重大社会活动的日子，以免记者不能来参加。在地点选择上主要是考虑给记者创造各种方便采访的条件，如录像、拍摄的辅助灯光、视听辅助工具、幻灯或电影的播放设备，适合记者使用的桌椅、电话机、传真机等，以及交通是否方便、地点是否安静等。

3. 要确定邀请的对象。确定邀请的对象，应根据新闻发布会的主题，有选择地邀请有关的新闻记者参加，如经济类、文化教育类、体育类、社会生活类、法制类等，都有不同的媒介工具或不同的媒介记者。还要根据消息发布的范围来确定记者的覆盖面和级别，考虑如何选择报纸、杂志、广播、电视等媒介记者，以及考虑媒介是地方性、区域性还是全国性的。邀请对象一经确定，应提前7～10天发出邀请，临近开会时还应打电话联系落实。

4. 选定主持人和发言人。由于记者的职业要求和习惯，他们大多会提出一些尖锐深刻甚至很棘手的问题。这对主持人和发言人提出了很高的要求。主持人和发言人除具有较高的文化修养和专业水平，还要思维敏捷、口齿伶俐。主持人一般由组织公共关系机构的负责人担任，首先介绍会议基本情况和议程，再由发言人做详细发言。发言人应由组织的高级领导担任，因为他们熟悉组织的整体情况和方针、政策，发布消息和回答问题具有权威性。不论是主持人还是发言人，都是组织形象的化身，其在外表形象的设计上也应下一番功夫，服饰仪表、言谈举止都应该给人以礼貌真诚的感受。

5. 要准备好发言和报道提纲，以及宣传辅助材料。根据会议的主题收集有关信息，写出准确生动的有关资料，如主持人的讲话提纲、发言人的发言稿、答记者问的备忘提纲新闻统发稿、会议报道提纲、所发新闻的有关背景材料和论据材料，以及有关的图片、实物、影像等辅助材料。这样，既为会议的主持人和发言人提供有益的参考提示，也为记者们充分理解所发新闻信息及有关问题提供帮助，并为记者们的采访报道提供方便和参考。需要特别注重的是，会前应将会议主题、发言稿和报道提纲在组织内部通报一下，以防会上口径不一而引起记者猜疑和混乱。

6. 要预算会议所需费用。根据新闻发布会的规格和规模做出可行的经费预算。费用项目一般包括场租、会场布置费、印刷品费、茶点费、礼品费、文书用品费、音响器材费、邮费、电话费、交通费等。需要用餐时还应加上餐费。

除以上几点会前准备工作，有时会后还需要组织记者实地参观采访，这项工作需要有专人接待，安排好参观路线和范围。

微型案例

某公司新闻发布会策划方案

一、会议目的

以南航南天公司在业内首家通过HACCP质量认证为新闻由头，塑造、宣传企业形象，树立企业品牌，扩大企业影响，加强HACCP体系认证的公众受知度，沟通传媒与公众。

二、会议时间

预计9月20日9:30(以取得HACCP证书为准)

三、会议地点

新闻大酒店5楼会议厅

四、主办与协办单位

主办单位：南航南天实业有限公司

协办单位：中国质量认证中心湖南评审中心

五、拟请参会领导

中国质量认证中心主任

南航湖南公司领导

湖南省出入境检验检疫局局长

湖南省烘焙协会会长

中国质量认证中心湖南评审中心主任

长沙市质量技术监督局食品蔬菜检验中心主任

六、拟邀请媒体及记者

新华社、《湖南日报》、《三湘都市报》、《潇湘晨报》、《长沙晚报》、《家庭导报》各两人；湖南卫视、湖南经视、都市频道、长沙政法频道、新闻频道各三人；《当代商报》、《东方新报》、《今日女报》及红网各一人；共计约33人

七、会议流程

1. 9:00前会场布置完成（南天综合部、食品部综合室）

2. 9:30所有与会人员准点入场

3. 主持人致欢迎辞及开场白（介绍参会的领导及媒体）3分钟（×××）

4. HACCP体系原理及南天公司建立和实施HACCP情况介绍10分钟（×××）

5. 中国质量认证中心××主任为南天公司颁发HACCP证书

6. 南航领导发言

7. 湖南省出入境检验检疫局××局长发言

8. 湖南省烘焙协会××会长发言

9. 与会记者提问

10. 主持人致结束语，记者与与会嘉宾自由交流

八、经费预算

1. 场地租用费：500元

2. 邀请函及资料制作费：5×40=200元

3. 会场布置：200元

4. 与会记者及嘉宾劳务费：约40×200=8 000元

合计：9 000元左右

（二）新闻发布会中的注意事项

1. 主持人要充分发挥主持和组织作用，以庄重的言谈和感染力活跃会议气氛，引导记者踊跃提问。当记者的提问离开会议主题太远时，要善于巧妙地将话题引向主题。能够及时调节缓和会议出现的紧张气氛，掌握好预定的会议时间而不要随意延长。对各个媒体的记者都一视同仁，不能厚此薄彼。

2. 对所发布的信息必须做到准确无误,若发现错误应及时予以纠正。对于不愿发表或透露的信息,应委婉地向记者做出解释,一般情况下记者会尊重组织者意见的。如果吞吞吐吐、闪烁其词,反而更会使记者追根问底而造成尴尬局面,甚至记者会因此发表对组织不利的报道。

3. 不能随便打断记者的提问或用各种语言、表情、动作表示对记者不满,即使记者的提问带有很强的偏见或带有挑衅性,也不能激动发怒,要表现出很有涵养,用冷静的态度和缓和的话陈述事实,予以纠正和反驳。遇到回答不了的问题,不能简单说"不知道""不清楚""我不能告诉你"等,应采取灵活而通情的办法给予回答,以免引起记者的反感。

(三)新闻发布会后的工作

会后应尽快整理出新闻发布会上的记录材料,对会议的组织、布置、主持和回答问题等方面工作的经验和不足做出评价和总结,归档备查。同时收集到会记者在报刊、电台、电视台上发表的新闻报道,对这些报道的内容及倾向做定性定量的分析,检查是否达到了新闻发布会的预定目标、是否有由于失误而造成的谬误。如果出现不利于组织的报道,是组织自身行为引起的,应虚心接受并致歉意;是记者方面的问题,则应采取行动说明真相,要求媒介更正。对于检查出的问题,要分析原因并设法弥补。还要收集记者及其他与会代表对新闻发布会的反应,了解接待、安排、提供方便等方面的工作是否欠妥,并对照签到簿看哪些记者做了报道,以此作为以后举行新闻发布会时邀请记者范围的参考依据。

微型案例

苹果发布会进入全新时代　解密苹果的公关策略

虽然苹果发布会总是伴随很多传言,但过去十年里只有那么几次发布会才真正举足轻重。而本周二的这次苹果大会显然也会是其中之一,苹果正在全力筹备,这家公司将要进入一个全新的时代。

过去十年里,有颠覆性意义的苹果发布会用一只手就能数得过来:2005 年的 iPod nano 发布;2007 年的 Macworld 推出 iPhone;2008 年介绍 App Store;2010 年推出 iPad。当然,这段时间里还有其他一些值得关注的时刻,但是这几次大会真正让人们意识到,苹果正在为这一代个人计算领域下定义。

本周二的发布会也会是这样一个有意义的时刻:我们将会记住这一天,要么是苹果掀开了计算设备的新一页——我们等待有人踏出这一步已经很久了,要么是苹果的步子迈过头了。

这次苹果的公关策略不同

苹果手表这种新产品自从蒂姆·库克于 2011 年接任 CEO 以来就一直消息不断,基本上都是以 iWatch 相称。我们还不知道它长什么样子,或者工作起来效果如何,但是我们知道它会与 iPhone 搭档,并且会成为一款有里程碑意义的产品,尤其是对于那些想知道苹果是否能够保持其惊人创新力的人来说,在乔布斯去世三周年即将到来的时刻,更是如此。

如何能如此肯定呢?从 9to5Mac 网站最近的报道来看,苹果公司在之前发布会开始前几周会开始控制人们的预期,通常对于苹果会让所有人大吃一惊这种说法做降温处理,就像 2007 年 1 月那次一样。在过去几周里,苹果针对本周二的动作截然相反。

向媒体和嘉宾发送邀请的时间要比平常早一个星期,这次甚至还邀请了一直被禁的 Gizmodo。

这次的场地曾经也发布过另外两款具有历史意义的计算设备：1984 年推出了第一代 Macintosh，1998 年伴随乔布斯的回归推出了 iMac。

苹果这一次在会址搭建了巨大的建筑工程。

苹果在首页设置了倒计时钟，宣布实况直播的时间也比平常要更早。

“熟悉内情的消息源”们这个星期发出很多声音，透露了有关 iWatch、新 iPhone、基于 NFC 的移动支付系统等方面的资料。此外，有苹果设计师 Jony Ive 认为瑞士手表“有麻烦了”。

赚时尚的钱

本周二的发布会第一次给人感觉没有乔布斯的影子，对于苹果来说这是很健康的一件事。显然，回到弗林特中心（Flint Center）并不会唤起人们关于已故苹果联合创始人的记忆，但是即将发布的产品在乔布斯眼中将会光彩夺目。围绕产品组件、功能、价格等的关键决定完全是蒂姆·库克打造的新管理团队的成果。

在苹果公司的历史上，这可能是第一次该公司不需要再担心挑战 IT 和消费电子巨头的事情。如果可穿戴设备真的会成为下一个大趋势，苹果正在将其视野放在与时尚设计界的竞争中，并没有将科技行业放在内。

不过我们还是认清现实吧：最近一段时间所有在时尚领域发力的科技公司中，几乎很少看到生产出的时尚产品能够像路易威登打造手包或是意大利鞋匠们生产皮鞋那样。只要看看截至目前所生产出来的安卓智能手表就清楚了：那些佩戴这种设备的人会关心他/她的外表吗？

苹果第一代 iPhone 的确是时尚领域的先锋，但是设计突破更多的是用户体验上的，而不是真正的时尚意义上的突破。iWatch 想要与众不同，显然不会忽略用户体验，因为你佩戴的物品很大程度上是你自己的表达，和你放在背包或手包里的东西不一样。

如果我们真的要把时尚配饰和迷你计算机结合起来，你会选谁：史上最具有标志性的电脑计算机公司，还是从来不会外包微存储器的骄傲的时尚品牌？

2007 年 1 月之前，智能手机在科技界已经很常见了，但那个时候产品臃肿、缓慢。但是 iPhone 真正的价值在于让日常的消费者能够把整个互联网装在口袋里。如果 iWatch 能够带来某种可能性，围绕健康监测传感器、有帮助的提示信息或是我们还没有意识到的什么，苹果就将会带来另一个突破。

资料来源：中国公关网，http://www.chinapr.com.cn/templates/T_Second/index.aspx?nodeid=49&page=ContentPage&categoryid=0&contentid=8507，2014 年 9 月 11 日。有删减。

三、记者招待会

记者招待会是为了集中发布信息而举行的以记者为主要参加者的传播活动。对于一个社会组织而言，利用记者招待会向广大公众传播信息具有传播面广、传播速度快、传播效果好等特点。例如，在北京申办 2008 年奥运会的过程中，我国政府以及北京奥申委曾多次举办各种规模的记者招待会，从各方面回答了世界各地记者们提出的有关问题，随着电视台对记者招待会的现场直播，以及记者们在会后发表的各种有关北京奥运会准备工作的报道，国内外各界人士都对北京成功举办 2008 年奥运会充满了信心，并且用实际行动给予关注和支持，其宣传效果甚佳。

组织召开记者招待会需要做的准备工作有：

(一)确定举行记者招待会的必要性

在招待会举行之前必须对所要发布的信息是否重要、是否具有广泛传播的新闻价值及新闻发布的紧迫性与最佳时机进行分析和研究。只有在确认召开的必要性和可能性后，才可决定召开记者招待会。一般来说，组织举行记者招待会的原因大多因出现紧急状况，或对社会产生重大影响的新政策的提出，或企业的新技术、新产品的开发，或组织对社会在某方面做出重大贡献，或企业的开张、合并或转产等。

(二)确定应邀者的范围

应邀者的范围应根据所要发布的问题所涉及的范围或事件发生的地点而定。一般着重邀请当地的新闻记者到会，同时邀请其他地域的记者到会。邀请的记者应该有较大的覆盖面，既要有报纸、杂志方面的记者，也要有广播、电视方面的记者；既要有文字方面的记者，也要有摄影方面的记者。

(三)准备资料

记者招待会需要准备的资料主要包括主要发言和报道提纲。在记者招待会之前，要充分准备好宣传资料。

主要发言是记者招待会的中心内容，应具备实事求是、资料全面、严谨深刻、生动具体等特点。主要发言不仅要由专人负责起草，而且还要通过本组织有关领导人审阅，最后交给主要发言人熟悉。

报道提纲指的是记者招待会宣传内容的要点和背景，有条件的话可以附加照片。要有专人事先把这些资料理顺并打印若干份，并且在记者入场时分发给他们，以便记者们在会上提问或会下写报道时做参考。报道提纲要简洁、系统，要用事实说话。注意，千万不要出现自相矛盾、漏洞或错别字，否则会引起记者反感。

除了准备好主要发言和报道提纲外，同时还要准备好回答记者提问的策略，以供主要发言人做参考。

如果上述资料涉及国防工业、军事机构的秘密或重要经济情报，要注意内外有别、分寸适当。另外，某一消息发表到何种程度，应首先在本组织内部统一认识、统一口径，否则会引起记者怀疑，甚至导致报道混乱或失真。

(四)选择记者招待会的地点和时间

地点选择主要应考虑给与会记者创造各种方便采访的条件，提供录像、拍摄的辅助灯光，视听辅助工具，幻灯、电影的播放设备等；会场的对外通信、交通便利；会场安静舒适，不受干扰；会场内的桌椅设备方便记者们提问和记录。记者招待会的日期，应尽量避开节假日和有重大社会活动的日子，以免记者不能参加会议，影响招待会的效果。通常记者招待会的时间一般选在上午 10:00 或下午 15:00。

(五)布置会场，准备视听辅助工具

记者招待会的会场应突出招待会的主题和对新闻媒介朋友的欢迎。可以用悬挂条幅、张贴标语、摆放鲜花、开放音响等方法烘托会场气氛。另外，还要预先准备好与招待会有关的图表、画片、地图、放大的照片、实物、产品、模型、录音带、录像带等视听辅助工具。

记者招待会的会场内要准备一些纸张和笔，以方便记者。另外，还要准备好签名簿、留言簿、会前请记者签名，会后请记者挥毫题字或书写留言。

记者招待会的会场内应保持灯光柔和，空气新鲜，温度适中。会场内应摆放舒适的座椅，要安静而无噪音。为了避免干扰，会场内不放电话。大型记者招待会应选用长方形桌子，主要发言人与记者面对面而坐，就像教学课堂一样突出庄重、严肃的特点。小型记者招待会最好选用圆形桌子，大家围圈而坐，显得气氛和谐、主宾平等。

（六）确定主持人和发言人

由于记者的职业要求，通常会在现场提出一些尖锐深刻甚至很棘手的问题，这就对主持人和发言人提出很高的要求。要求主持人思维敏捷、反映机敏、口齿伶俐，有较高的文化修养和专业水平。会议的主持人一般可由具有较高专业能力的人担任。会议的发言人应由组织的高级领导担任，发言人要清楚组织的整体情况，掌握组织的方针、政策和计划，回答问题具有权威性。

（七）准备记者参观

在记者招待会的前后，可以配合招待会主题组织记者进行参观活动，给记者创造实地采访、拍摄、录像等机会，增加记者对组织及本次招待会主题的感性认识。应安排专人在将要参观的地方负责接待和介绍情况。

（八）安排小型宴请

为了使记者招待会收到最大的实效，在本组织财力允许的情况下，可以安排小型宴会或工作餐。这可为组织与记者们之间提供相互沟通的机会，彼此可以利用这种场合及时收集反馈信息，进一步联络与新闻界的感情。

（九）策划纪念品

为了感谢记者光临，以便更好地与记者交朋友，可以向记者赠送纪念品。在策划纪念品时应考虑以下因素：第一，突出本组织特色，例如，在纪念品上印上本组织的标志、经营宗旨、典型的广告词等；第二，为本组织做宣传，例如，某煤矿向记者赠送乌黑发亮、光洁美观的煤雕，记者一看见这特殊的艺术品，就会想起煤矿；第三，纪念品应新颖、小巧，具有艺术观赏价值、保存价值或具有实用价值；第四，纪念品不同于奖品，其造价应便宜，不应太昂贵，在策划纪念品时应考虑少花钱、多办事，尽量为本组织节约钱财；第五，纪念品最好是特制的，其做工应精益求精，千万不能把残品、次品、假冒产品赠送给记者，否则会起到反面作用。

微型案例

某工厂曾经把本厂生产的手提包赠送给记者，结果，由于产品质量差，记者们在返回报社的路上，就惊奇地发现手提包的拉锁坏了，随后就打电话批评该厂，该工厂在记者的脑海中留下了不良印象。即使是购买其他厂家的产品赠送给记者，也应注意产品质量，千万不要买处理品，最好买质量靠得住的优质产品或名牌产品。

（十）其他事项

做好费用预算，根据会议的规模和规格做出费用预算。费用项目一般包括场地租金、会场布置费、印刷品费、茶点费、礼品费、文书用具费、音响器材费、邮费、电话费、交通费等。除此之外，还应落实被邀请人员，一般在发出邀请信后、开会前两三天通过电话予以确定到访人数，在记者招待会入口处安排接待人员，准备签到名册等。

提醒您

为了使记者招待会达到最佳效果，应注意下述几个方面：

第一，会议发言人和主持人应相互配合。记者招待会应该始终围绕会议主题进行。如当记者的提问离开主题太远时，主持人要能巧妙地将话题引向主题，发言人也可通过回答问题来将话题引到会议的主题上。

第二，对于不愿发表和透露的内容，应委婉地向记者做出解释，不能以“我不清楚”或“这是保密的问题”简单处理。

第三，遇到回答不了的问题时，应告诉记者如何去获得圆满答案的途径，不能不计后果随意说“无可奉告”或“没什么好解释的”。

第四，不要随便打断或阻止记者的发言和提问。即使记者带有很强的偏见或进行挑衅性发言，会议主持人和发言人也不要激动和失态，说话应有涵养。

总而言之，新闻传播型公共关系专题活动，除了上述的新闻发布会和举办记者招待会之外，作为组织，最好还要与新闻媒介联合举办一些活动，如联合举办文艺演出、各种竞赛等，对于组织来说，此时的投入可谓“一石三鸟”。首先，在公众中树立了关心社会文化、体育事业的良好形象；其次，给媒介留下了良好印象；再次，新闻媒介在向社会宣传这项活动时，必然提到协办者的名字，这等于给组织做了广告扬了名。组织对社会献出了爱心，新闻媒介也会对组织给予支持。因此，只要组织经济条件许可，公共关系人员就应当谋划一些与新闻媒介联合举办的公共关系专题活动，这对于组织扩大影响、提高知名度和美誉度有百利而无一害。

第三节　展示型专题活动

展示型公共关系专题活动就是通过实物展示、环境展示、图片与模型展示，广泛吸引公众的注意和参观，并吸引新闻媒介的关注和报道，以提高组织的整体形象或产品的知名度、美誉度。展示型公共关系专题活动主要包括各种类型的展览会、展销会和开放参观。

一、参展活动

参展活动就是企业参加展览会或展销会的活动。展览会与展销会是指组织通过集中的实物展示和示范表演，配之以多种传播媒介的复合传播形式，来树立组织形象、宣传或销售产品的专门性公共关系活动。展会是较为重要的公共关系专题活动之一，它以极强的直观性和真实感，给观者以极强的心理刺激，不仅会加深参观者的印象，而且会大幅提高组织和产品在参观者心目中的可信度。同时，展会还可以吸引众多新闻媒介的关注，由记者将展会的盛况传向社会，取得更大的宣传效果。所以说，展会是一种集多种传播媒介于一体的宣传形式。

展览会有很多，从不同的角度，可以划分不同的类型：①从展览会的性质分，有贸易展览会和宣传展览会；②从举办的地点来分，有室内展览会和露天展览会；③从展览的项目来分，有综合性展览会和专项展览会；④从展览的规模来分，有大型展览会和小型展览会。此外，展览会还有国内展览会和国际展览会、固定地点展览会和流动展览会、长期展览会和短期展览会等。

组织要根据自己的情况和目标，恰当地选择展览会的类型，以收到更好的效果。

（一）展览会的作用

展览会通过实物、模型和图表来进行宣传，可以起到教育公众、传播信息、扩大影响、增进效益的作用。

1. 宣传作用

中国有句古话，“酒香不怕巷子深”。的确，高质量的产品会得到社会的认可，广大消费者会对其产生偏好。另外，大凡好东西都会驱使消费者自愿为其进行宣传，这就必然会出现“有酒不怕巷子深”的现象。再者，在自然经济条件下，独此一家别无分店是客观现实，故“独香不怕巷子深”。但是，随着商品经济和科学技术的高度发展，产品和生产者的独一现象已不复存在。若不借助其他的工具，人际间的传播已很难使好酒飘香万里，故“酒香也怕巷子深”，要宣传自我。展览会通过实物、文字、图片、图表等客观手段，来展现成果、风貌和特征。与其他形式的宣传效果相比较，其说服力大幅提高，这会使社会公众对组织及其产品的信任度大幅提高。优质的产品、精美的图片、动人的解说、艺术的陈设，加上轻松的音乐，使参观者有入胜之感，极大地强化了组织宣传自我的感染力。

2. 增进效益的作用

公共关系的基本原则是真诚合作、互利互惠。作为一个组织，找到自我、宣传自我是十分必要的。但是要想最终得利，就必须以真诚的态度，为社会、为公众服务。展览会在宣传自我、告知公众“庭院深处有好酒”的同时，又服务于社会，为消费者提供了购物指导，美化着公众的生存环境，从而起到增进组织的经济效益或社会效益的作用。

（二）参加展览会的准备工作

展览会为组织开展公共关系活动提供了一个良好的机会，组织应该充分利用这个机会展示自己的产品，传递必要的信息，加强与社会公众的直接沟通。

1. 分析参展的必要性和可行性

在举办展览会之前，首先要分析其必要性和可行性。展览会需要投入较多的人力、物力、和财力，如果不进行科学的分析论证，就有可能造成两个不良后果：一是费用开支过大而得不偿失；二是盲目举办而起不到应有的作用。

2. 明确主题

每次展览会都应有一个明确的主题，并将该主题用各种形式反映出来，如主题性口号、主题歌曲、徽标、纪念品等。必须弄清楚是要宣传产品的质量、品种，还是要宣传组织形象；是要提高组织的知名度，还是要消除公众的误解。

3. 构思参展结构

组织经营生产的产品，其组合的深度、广度、密度各不相同，项目和品牌差别也很大。哪些产品参展，其参展产品的深度、广度、密度如何确定，参展产品项目和品牌怎样搭配，都需要认真构思。

4. 选择地点和时机

地点的选择要考虑三个因素：交通是否便利？周围环境是否有利？辅助系统如灯光系统、音响系统、安全系统、卫生系统等是否健全？如果自己组织展览会，宜选在交通方便、环境适宜、设施齐全的地方。

5. 精心布置展台

参加交易会，一般需要搭展台、布置展台。展台必须提前布置好，切忌在临开幕前才草率完工。交易会的规模越大,组织的展台就越要醒目。

如果在外地参展,应认真听取当地人的意见,或是雇用一个当地代理人布置展台,都对企业有利。不过有一点要注意,组织请本地代理人,虽然便宜,但往往只能办简单的事。他们常常把一些关键性的工作转包给别人。要解决这个问题并不难,就是找展销会组织者帮忙。一般大会组织者都会提供一些官方的展台代理人,他们熟悉环境和程序,而且有优先于其他代理人提前进入展厅布置展台的权利,他们比较可靠。

6 准备资料 制定预算

准备资料是指准备宣传资料,如设计与制作展览会的会徽、会标及纪念品,说明书、宣传小册子、幻灯片、录像带等音像资料,包括展览会的背景资料、前言及结束语、参展品名目录、参展单位目录以及展览会平面图等资料的撰写与制作。举办展览会要花费一定的资金,如场地和设备租金、运输费、设计布置费、材料费、传播媒介费、劳务费、宣传资料制作费、通信费等。在做这些经费预算时,一般应留出5%～10%充当准备金,以作调剂之用。

7. 培训工作人员

展览会工作人员素质的好坏、掌握展览的技能是否达到标准,对整个展览效果起着关键作用。因此,必须对展览会的工作人员,如讲解员、接待员、服务员、业务洽谈人员等进行培训,培训内容包括公共关系技能、展览专业知识和专门技能、营销技能、社交礼仪等。

8. 展览会的经费预算和使用

参加展览会的经费预算和使用是不可忽视的,主要包括以下开支:

(1)场地使用费,包括各种设备使用、能源等;

(2)设计建造费,包括材料费等;

(3)工作人员酬金,包括工资、津贴、差旅费等;

(4)传播媒介租用费,包括电视、录像带、电子计算机、幻灯机、幻灯片、新闻广告费用等;

(5)宣传品、纪念品制作费用等;

(6)交际联络费,包括举行招待会、购买茶点、接待宾客及交际应酬的各种费用等;

(7)运输费,即运输展品的费用;

(8)保险费,贵重物品在展览期间要办保险所花的费用;

(9)预备金,作为调剂补充使用的费用。

微型案例

某豆粉厂的精彩演示

某日上午,在浙江省供销社系统举办的展销会上,人群一层又一层地紧紧围着展馆前的一个小摊。这里在卖什么呢?

原来,这是某豆粉厂的工作人员在现场演示用豆粉做豆浆和豆腐脑的过程。只见他们把一包豆粉倒入烧开的水中,待再度开锅时,豆浆就做成了,他们熟练地捞去上面的泡沫,把豆浆倒入另一只盛有凝固剂溶液的锅中,只几分钟时间,豆浆就变成了白色的豆腐脑。他们把豆腐脑舀在小碗里加上佐料,送给围观的人品尝。有幸喝上豆腐脑的人连连说:"味道不错!味道不错!"一位中年人间:"1公斤豆粉能做多少豆腐脑?"

"20公斤。"工作人员热情地答道。

有人又问:“做豆腐呢?”

“10 公斤。”

“做豆浆呢?”

“25 公斤。”

围观的人一算,做半斤豆腐只要 0.29 元,值! 于是,许多人当即掏钱购买,不足半个小时,300 包豆粉就销售一空。

某豆粉厂厂长张豫绥说:“这豆粉是 3 月份研制出来的新产品,以前摆在粮店的柜台里代销,很少有人问津,产品积压,工厂被迫从 5 月份开始停产。现在摆摊展销,把产品直接介绍给顾客,谁知滞销货变成了畅销货,供不应求。”

某豆粉厂工作人员所进行的这种活动,我们称之为演示活动。

二、参观活动

参观活动是社会组织为了让公众更好地了解自己、向公众宣传自己、表明自身的存在,或为了消除某种误解而进行的开放活动。通常由公共关系部门负责组织一些社会公众到组织内部来考察、参观,使公众了解真相,增加兴趣和好感。虽然这项工作很麻烦,但可以较好地提高组织美誉度。因此,组织开展对外开放参观活动时需要做的准备工作有:

(一)明确目的主题

任何一次对外开放参观活动都应有明确的目的,要明确组织参观活动可以达到怎样的效果、让观众留下怎样的印象、是否有真正值得报道的材料等。有了明确的目的之后,就可以围绕它展开一系列活动了。

对外参观活动的目的一般有几种:提高知名度,展示自己的优良工作环境,让更多的公众了解并宣传自己。如某烤鸭店,将自己的生产车间向消费者开放,使消费者可以看到烤鸭制作的全过程,从而对产品质量深信不疑。已有良好的美誉度,有关方面主动要求参观。因此,企业每一次参观活动都应根据目的来确定主题,主题的立意可以是多方面的,如组织的存在、组织的贡献、组织的独特成就等,根据主题来策划和实施才能给参观者留下深刻的印象。

(二)明确参观规模

参观活动开展之前要确定其规模的大小,从而做出相应的安排。如果只是少数几个人参观,可以安排专人陪同他们参观并介绍情况,赠送资料和纪念品等;如果是较大规模的团体参观,最好事先制定一个计划,安排好接待次数、每次参观人数和开放时间等。安排专人伴随进行讲解介绍,回答参观者所提出的问题。

(三)安排时间和路线

开放参观不但要考虑开放参观的时间,也要考虑整个参观活动所需要的时间。开放参观的时间最好安排在一些特殊的日子,如周年纪念日、企业开工日等,应尽量避开假期和节日期间,并且要考虑季节和气候因素。要留有足够的时间做准备工作,较大规模的参观开放活动需 3～6 个月的准备时间,更大规模的或极为特殊的参观活动则需要更多时间。参观路线应提前划分好,防止参观者超越参观范围而出现意外事故或不必要的麻烦,也为了防止组织的秘密泄露和保证工作秩序的正常进行。例如,日本一代表团参观我国浙江某生产花雕酒的工厂,由于保密措施不严格,使日本人学会了生产工艺,从而使日本生产的花雕酒代替我国的花雕酒,占领了中国台湾市场。

（四）安排并培训接待人员

如果要把参观活动办得尽善尽美，最好成立一个由组织领导人、公共关系人员、行政业务和人事部门人员组成的专门机构，明确分工，紧密配合。组织大型参观活动，最好成立专门的参观活动筹备委员会。此外，可以根据开放参观的不同目的，选择不同的人参加筹备委员会。组织应该对参观接待人员进行接待观念与礼仪等的训练，接待者对参观者应热情周到，安排合适的休息场所和备好茶水饮料，还可适当地提供娱乐活动；需要招待用餐的，也要事先做好安排。

（五）准备宣传材料

要使开放参观获得成功，最重要的是做好各种宣传工作。如关于组织的说明书或宣传材料。在正式参观前放映电影、电视或幻灯进行介绍，帮助参观者了解组织的主要概况。要使参观活动产生的效果持久，可赠送纪念性的关于组织简介的小册子。

微型案例

联合利华的开放参观活动

2009 年 11 月 6 日，科大学生一行近 20 人参观了联合利华位于合肥经济技术开发区的工厂。经过短暂而又细致的安全培训和资深人力经理玛丽(Mary)对联合利华企业文化、管培生招聘的介绍后，参观者迫不及待地换上必需的安全卫生装束（帽子、白大褂、皮鞋），开始了对联合利华各个生产工厂的参观。

联合利华生产过程中严谨、细致的态度给参观者留下了深刻的印象。进入厂房前所有人员必须仔细地洗手，在茶叶工厂，更是需要通过一个风淋室。而茶叶工厂内一个生产保健茶的车间，更是按照国家药品生产的卫生标准执行。在快销这样的行业内，一个细节上的小错误可能导致消费者对某个品牌失去信赖。

通过参观，增强了参观者对快销这个行业的了解，对联合利华及其企业文化有了更直观的认识。

第四节 赞助型专题活动

赞助活动是社会组织无偿地提供资金或物质支持某一项社会事业或社会活动，以获得一定形象传播效益的公共关系专题活动。它可以使提供赞助的组织与赞助的项目同步成名，是一种信誉投资和感情投资行为，也是一种有效的公共关系手段。社会组织一般是通过对文体、福利事业和市政建设以及一些社会活动进行赞助以扩大组织影响，协调与社会的关系，提高自身美誉度，如今这已经成为十分普遍的现象。特别是一些效益比较好的企业，由于具有经济实力，经常进行赞助活动。对于提供赞助的组织来说，一方面是为了显示爱心，承担社会责任，关心社会公益事业，树立起良好的组织形象；另一方面，提供赞助也是一次十分有效的宣传机会，而且比商业广告更具说服力，是各种广告形式所不可比拟的。因此，组织应该重视赞助活动。

微型案例

华为借道赞助强攻美国市场

据国外媒体报道，美国男子音乐组合乔纳斯兄弟乐队(Jonas Brothers)上周登上舞台，在芝加哥为上万名疯狂的粉丝献唱。尽管观众们可能没有发现，但事实上，乔纳斯兄弟乐队的开唱还是为美国最受诽谤的科技品牌——华为——提供了自我展示的机会。

华为是一家拥有350亿美元身价的公司，影响力遍布全球150多个市场。但是，在美国市场，华为却一直遭受冷遇。去年10月，美国部分国会议员捕风捉影，毫无证据地谴责华为可能是中国政府“破坏美国现代生活”的工具之一。华为并非中国的国有企业，但是，美国国会议员却认为，中国政府可能利用华为，以此作为一种渠道来进一步对美国发动网络大战。

在这样的情况之下，华为创始人兼首席执行官任正非也打破25年沉默，公开否认美国的指责。当然，华为在美国的业务仍然没有起色。华为公司甚至一度声称，将放弃美国市场。

在被美方认为华为是该国的竞争敌手的8个月之后，如今的华为却成为乔纳斯兄弟2013年巡回演唱会的主要赞助商。一个有趣的问题是：为什么是现在呢？打造电子网络是华为的重要发展渠道，但是，除此之外，华为也有了其他的重要发现，即开发手机和平板电脑等设备。手机和平板电脑如今也成为华为公司增长速度最快的部分业务。华为公司推出了全球最大的6.1英寸显示屏的智能手机，该手机也是全球最薄的手机，只有6.18毫米。之后，华为又推出了全球最大的手机，这次是一款7英寸平板电脑，也可以用作手机拨打或接听电话。

华为公司美国设备部门执行副总裁迈克尔·常(Michael Chuang)在声明中声称：“我们计划在未来几年能够成为业界领先的智能手机品牌。这样的赞助活动，只是我们未来几个月中更多的赞助之一，我们想要展现我们的潜力。”也就是说，今后美国人可能会听到大量有关华为的消息。

资料来源：中国公关网，http://www.chinapr.com.cn/templates/T_Second/index.aspx?nodeid=3&page=ContentPage&categoryid=0&contentid=3535，2013年7月16日。有删减。

一、赞助活动的类型

赞助活动的形式很多，当前流行的主要有以下几种：

(一)赞助体育运动

这是目前组织赞助中最常见的一种形式。随着我国人民生活水平和体育运动水平的提高，人们对体育运动越来越感兴趣。因此，企业通过对体育运动的赞助，往往比较容易增强对公众施加影响的深度和广度。

(二)赞助文化活动

组织进行文化生活方面的赞助，不仅可以培育与公众的良好感情，而且可以大幅提高组织的知名度，创造良好的社会效益。这类赞助有两种形式：一种是对文化活动的赞助，如对大型联欢晚会、文艺演出的赞助；另一种是对文化事业的赞助，即定期或不定期地对某个文化艺术团体提供赞助，通过这个文化艺术团体的活动，扩大组织在社会的影响，提高组织的知名度。

（三）赞助教育事业

组织赞助教育事业，既是一项智力投资，又是一项公关投资，一方面可以为组织与有关院校建立良好关系打下基础，有利于组织的人才招聘与培训；另一方面，可以为组织在公众面前树立可敬形象。赞助方式包括：赞助学校建图书馆、实验楼，设置奖学金、助学金和其他有关教育方面的奖金或奖励等。

（四）赞助社会慈善和福利事业

这是组织扩大社会影响的重要途径，是组织对整个社会承担义务和责任的重要手段，也是组织在社会获得知名度、美誉度的重要措施。如捐赠或资助慈善机构，在一些地区或单位遭受灾难时提供资助等，这种赞助比做广告更有意义和价值，而且能赢得民心。

除了上述几种常用的赞助形式以外，组织的公共关系人员应根据组织的需要设计出各种形式新颖的赞助活动，使组织获得最佳的信誉投资。

二、赞助活动的步骤

（一）明确赞助活动的目的

一般而言，组织赞助活动的目的主要有：(1)追求新闻效应，扩大社会影响；(2)增强广告效果，提高经济效益；(3)联络公众感情，改善社会关系；(4)提高社会效益，树立良好形象。总之，通过赞助活动，组织可以分别或同时获得社会效益或经济效益，提高组织的知名度与美誉度，增进公众对组织的了解。

（二）进行调查研究

组织要获取良好的赞助效果，就必须事前对赞助活动进行调查研究，考察本次的赞助对组织、对公众是否有益，能否起到宣传的作用，并制定可行性报告。

（三）制定赞助活动的计划

组织在进行赞助前，要根据组织的经济实力、经营目标与策略等情况，制定赞助计划，写明赞助对象的范围、费用预算、赞助形式、组织管理办法等，以做到有计划、有控制地进行活动。计划制定好之后，要派专门的公共关系人员负责各项赞助方案的具体实施，运用公共关系技巧去扩大组织的社会影响。如果遇到不正当赞助要求和摊派，应坚决拒绝，必要时可诉诸社会舆论和法律。赞助计划应该包括赞助的目标、对象、形式，赞助的主题，赞助的传播对象，赞助活动具体实施方案，赞助的财务预算等。

（四）赞助活动的实施

组织应派专人负责赞助方案的落实，同时在赞助活动中要充分运用各种公共关系技巧塑造组织形象，并为组织进行恰到好处的宣传。

（五）赞助效果的评定

赞助是一项重大的专题活动，每次赞助活动结束后，都应对其效果进行调查评定，从而检验赞助是否达到了预期的效果、实现了哪些预定的目标等，为以后的赞助决策提供参考。组织可以通过对照计划检测指标完成情况，可以收集社会公众、新闻媒体和赞助者的看法，找出差距，评定效果，写出报告，存档备查。

三、提供赞助的决策依据

组织提供赞助时，或者由组织主动选择赞助对象，或者在接到请求时再做出反应。组织为提供某项赞助而进行决策时，主要应考虑以下几点：

1. 赞助的社会效益。提供赞助时，应优先考虑社会效益，如救灾活动、对残疾人的福利赞助、希望工程的赞助等。

2. 在考虑社会效益的前提下，考虑组织的经济效益，并使二者有机地结合在一起。

3. 优先考虑的赞助项目是与本组织有联系或有关系的项目。如经营体育用品的企业可以优先考虑赞助体育活动或体育竞赛，汽车公司可以优先考虑赞助赛车等项目。

4. 本组织的财务状况。在选择赞助时，社会组织应考虑目前的财务状况能否负担起赞助的款项等。

5. 对于既无社会效益，又与本组织经济效益毫无关系的赞助请求，要敢于回绝。在当前我国经济生活中，拉赞助成风、成灾，对这种不良行为应坚决抵制。

总之，组织在进行赞助活动之前，应进行认真的研究和分析，明确基本的赞助方向和重点，使组织和社会同时受益，防止发生与组织赞助方向相差太远的现象。

另外，企业的赞助活动还应该注意以下事项：

1. 以企业和企业所面对的社会环境为出发点，制定出切实可行的公共关系政策、方针和策略，切忌盲目。

2. 企业应将公共关系政策公之于众，应保持与被赞助者和需要赞助的活动组织者之间的联系，用财务预算的应捐款项及时帮助求助者。另外，企业应将赞助计划列入企业为其生存和发展创造环境的长期计划，分清所需赞助事业的轻重缓急，逐步实施。

3. 企业的公共关系部，应随时把握社会赞助的供求状况，灵活掌握赞助款项。

4. 企业对赞助活动的科学管理，必使其善举“广”行，由此创造出的良好的社会效益，必然会得到社会的广泛支持。

第五节 庆典联谊型专题活动

在公共关系专题活动中，除了前面所讲的新闻发布会、展览会之外，还有庆典、参观、联谊等多种常见的活动。

一、庆典活动

庆典活动，是社会组织为庆祝某一重大事件而举行的一种公共关系专题活动，它表现为组织在其内部发生值得庆祝的重要事件时，或围绕重要节日而举行的庆祝活动，组织一般将其视为一种制度和礼仪。它既是一种专题活动，也是大型公共关系活动的一项程序。庆典活动往往给公众留下“第一印象”。现代组织的管理者一般会想尽办法利用庆典、利用合情合理的活动，让人们自觉自愿地接受。由于举办庆典活动可以向社会宣传组织的存在与发展，为组织创造良好的形象，协调与社会的关系，因此，庆典活动必须进行精心策划和组织。组织的庆典活动形式是多种多样的，包括纪念活动、剪彩仪式、颁奖仪式等，一般利用组织建立的周年纪念日、工程开工、奠基、纪念碑揭幕、工厂落成、商店开业、给员工或外界人士颁奖等时机举行。

庆典活动并不陌生，大到中华人民共和国开国大典，小到无数社会组织的开业、开工、开学典礼，公众一般都耳闻目睹过不少。那么，办好庆典活动需要做好哪些工作呢？

(一)拟定宾客名单

邀请的宾客一般应包括政府有关部门负责人、社区负责人、知名人士、社团代表、同行业代表、新闻记者、员工代表、公众代表等。一方面提高组织的知名度,另一方面借机为组织做一次宣传。邀请的宾客名单由组织的领导拟定后,公共关系人员负责提前7～10天发出请柬,以便被邀宾客安排时间。

(二)确定典礼程序

庆典活动的程序一般为:第一,主持人宣布典礼开始,正式场合奏国歌或奏厂歌、校歌等;第二,宣读重要来宾名单;第三,剪彩、揭幕或授奖、签字等;第四,主宾分别致辞;第五,礼成,并安排助兴节目;第六,参观;第七,通过座谈或留言的形式广泛征求意见。

庆典活动中可适当安排一些助兴节目,以渲染气氛,提高兴致。应及时散发宣传资料和赠送纪念品。典礼、仪式完毕,可根据情况安排宴请。典礼、仪式的形式既要简单有序又要热烈隆重、丰富多彩,还要给人留下强烈而又深刻的印象。这并不容易,要求公共关系人员既要有热情的举止,又要有冷静的头脑;既要善于鼓动,又要指挥有序。

(三)安排致辞、剪彩人员

致辞、剪彩的主办方人员应是组织的主要负责人,致辞要言简意赅,起到融洽关系的作用。致辞、剪彩的客方人员应是地位较高、有一定声望的知名人士。要事先安排好他们的座次或站位。

(四)安排庆典后活动

庆典活动基本程序快结束时,可以组织来宾参观工作现场、生产设施、服务设施或商品陈列等。这是让上级、同业和社会公众了解自己、宣传自己的好机会。也可以通过座谈、留言等方式广泛征求来宾意见,总结完善。

庆典活动的形式并不复杂,时间也不多,但要办得隆重热烈和丰富多彩、给人强烈深刻的印象并不容易。要使这次活动达到预期目的,公共关系人员应有冷静的头脑和充分的准备,善于用热情的举止鼓动公众,有序地指挥调度现场。在程序安排和具体接待中稍有不慎,不但使典礼扫兴,还会影响组织整体形象,其内含的损失是难以估计的。

微型案例

别开生面的庆典活动

一天,美国某连锁店的公司总部办公楼前,鲜艳的彩旗在微风中轻柔地飘扬,争奇斗艳的鲜花传递着温馨的情意。络绎不绝的人群纷纷涌向这里,里里外外挤得水泄不通,记者的闪光灯不停地闪烁,一场别开生面的庆典活动在一种情趣盎然的氛围中拉开了序幕。华丽的大厅响起了一阵阵美妙的鼓乐声,总裁庄重地端起酒杯说:"女士们、先生们,承蒙诸位莅临本公司开业30周年庆典活动,敝公司不胜荣幸。请允许我代表本公司的全体员工及我们的'上帝'向这位在商店门口擦了25年皮鞋的老人表达我们最诚挚的敬意和衷心的感谢,愿老人家健康长寿。然而,今天仅仅为老人举杯祝福仍难以表达我们的心愿。"说着,总裁在众目睽睽之下蹲下身子,请老年人坐下,亲自为他擦亮脚上的皮鞋。这突如其来的举动顿时令这位含辛茹苦、饱经风霜的老人老泪纵横,来宾们群情沸腾,欢声四起。翌日,美国的各种大众传播媒介多角度、多层次地将这一庆典活动辐射到全国各地,轰动了整个美国。此后,该公司的营业额扶摇直上,利润成倍增加。

资料来源:龙志鹤编著:《公关案例选粹与评析》,经济管理出版社2011年版。

"新""奇""特"也是对周年庆典活动的要求,但是在这里,有一点要特别注意,那就是在追求"新""奇""特"时,不能忽视了公众的心理承受能力,不能引起公众的反感,否则将会事与愿违。

微型案例

日本某公司名气较小,曾扬言用飞机在富士山上撒东西,让富士山变成一片美丽的颜色。可是富士山是日本的民族象征,于是,这家公司的做法受到了强烈的抨击。后来公司只好借取消计划的名义向社会发告知性新闻,当然知名度上去的同时,美誉度却极差。

二、联谊活动

联谊活动是以实现一定合作目标为宗旨的信息沟通和感情交流专题活动。企业之间经常开展这类活动。

(一)联谊活动的类型

联谊活动是有层次的,由低到高、由浅入深。一般可以分为三个层次:第一是感情型的,以联络感情为主,如节假日、周年庆等机会,互致信函,互赠纪念品、出席庆祝活动,相互留下良好印象,为以后的联系奠定盛情基础。第二是信息型的,以互相沟通信息为主要内容,就各自掌握的与双方有关的信息进行交流,如原材料信息、销售市场信息、资金市场信息、技术合作信息、学术研究信息等,使双方面对新信息掌握主动权。第三是合作型的,这是高层次的联谊,是联谊活动成果的最终体现。通过一些生产项目、经营项目、研究项目的合作,促进双方经济效益和社会效益的提高。这是一种最具实质性的联谊,是公共关系人员的着眼点和落脚点。

(二)联谊活动的原则

首先要遵循真诚的原则,绝不损人利己、损公肥私。其次要遵循互惠互利的原则,应在不损害社会利益的前提下使联谊双方共同受益。最后还要遵循效益的原则,争取在有限的时间和空间范围内取得最大的效益,少花钱多办事。

为了联络与社区公众的感情,企事业单位的公共关系部应经常有计划地举办一些有社区公众参加的联谊活动。联谊活动的名称和主题可以灵活多样,如在节假日举办的联谊会可以称为春节联欢会、元旦联欢会、中秋联欢会等;在平时举办的联欢会可根据主题内容或参加者命名,如社区共建联谊会、美好家园联谊会、青年联谊会、老年联谊会、妇女联谊会等。

各种类型的联谊会可以是参加者自娱自乐,也可以邀请文艺界专业人士参加。另外,联谊会中如果能穿插各种活动,如电影招待会、舞会、聚餐会、文艺演出、知识竞赛、体育比赛、特技比赛、游艺活动等,就会显得更加有吸引力。

社区联谊会丰富多彩、活泼欢快、轻松自如,而且花费不多、操作简便、成功率高。各种类型的联谊会对于社会组织与社区公众之间的良好沟通、加强与他们之间的联系、改善双方的关系都具有十分重要的作用。尤其是服务性行业,如商场、酒店、银行等,如果能把社区公众与消费者公众统一起来,经常举办一些联谊活动,这不仅对维系社区公众关系有好处,而且对开拓市场、赢得顾客大有裨益。

(三)筹备联谊会的工作内容

由于联谊会的目的、形式、规格等的不同,联谊会的程序也有所不同,一般而言,联谊会的具体工作有:

(1)明确联谊会的主题,并确定联谊会名称。如某酒店以“饮食与健康”为主题,举办了“美食家联谊会”。

(2)安排活动程序,并印刷联谊会节目单。

(3)确定时间、地点、活动场所。

(4)确定应邀对象,发出请柬。联谊对象的选择要遵循互助互利的原则,必须是联谊的双方或多方都有联谊的要求、联谊的内容、联谊的能力,三者缺一不可。联谊活动应该邀请新闻记者参加,选择联谊对象的过程就是奠定联谊活动基础的过程。

(5)购买活动所需要的物资,如礼品、奖品等。

(6)布置活动场地,并安排专人负责。

(7)安排礼仪人员负责导游、接待、解释有关询问等工作。

(8)派专人摄影、录像等。

(9)准备好讲话稿、座谈会的讲话提纲等。

(10)准备好需要穿插的文艺、体育节目。

微型案例

某公司客户联谊活动程序

1. 开场阶段:(30分钟)

(1)董事长(总经理)致辞并介绍公司业务及业务开展情况。

(2)业务负责人介绍双方合作情况。

(3)主要客户介绍合作情况。

2. 表演阶段:(120分钟)

(1)主持人——当地电视台(电台)著名主持人。

(2)节目表演:外聘杂技、魔术、小品、相声8个,歌舞4个(公司内部组织2个)。

(3)以来宾圆桌小组为评选单位,对每个节目进行评分。

(4)奖品设置:最佳表演节目2个,最佳评委团队1个。

3. 拍卖阶段:(30分钟)

(1)前场铺垫:《爱的奉献》主题音乐、道具物品整理。

(2)拍卖介绍:目的是捐赠希望工程的慈善义举;标的由公司免费提供,竞拍者出钱得物;竞胜者现场获得“荣誉捐赠证书”;新闻媒体相关报道。

(3)拍卖活动:介绍拍卖规则,展开拍卖活动,预期成交额为15 000~20 000元。

(4)民政部门代表致答谢辞。

4. 晚宴阶段

(1)公司领导致辞祝福。

(2)宴会开席、发放纪念品。

(3)活动结束。

小　结

关键术语

公关专题活动　新闻发布会　记者招待会　赞助活动　开放参观　庆典活动　联谊活动

本章小结

1. 所谓公共关系专题活动，是指社会组织为了某一明确目的，围绕某一特定主题而精心策划的公共关系活动。它是企业或组织就某一方面的问题与公众进行重点沟通。公共关系的目标正是通过一系列专题活动而实现的。

2. 新闻传播型公共关系专题活动是以传播新闻信息为目的的公共关系活动。

3. 新闻发布会是对某一已经发生的重要事件，或者对某一正在进行中的事件及其发展态势的对外公布和告知。

4. 记者招待会是为了集中发布信息而举行的以记者为主要参加者的传播活动。

5. 展示型公共关系专题活动就是通过实物展示、环境展示、图片与模型展示，广泛吸引公众的注意和参观，并吸引新闻媒介的关注和报道，以提高组织的整体形象或产品的知名度、美誉度。

6. 参展活动就是企业参加展览会或展销会的活动。

7. 参观活动是社会组织为了让公众更好地了解自己、向公众宣传自己、表明自身的存在，或为了消除某种误解而进行的开放活动。

8. 赞助活动是社会组织无偿地提供资金或物质支持某一项社会事业或社会活动，以获得一定形象传播效益的公共关系专题活动。

9. 庆典活动，是社会组织为庆祝某一重大事件而举行的一种公共关系专题活动，它表现为组织在其内部发生值得庆祝的重要事件时，或围绕重要节日而举行的庆祝活动，组织一般将其视为一种制度和礼仪。

10. 联谊活动是以实现一定合作目标为宗旨的信息沟通和感情交流专题活动。

知识结构图

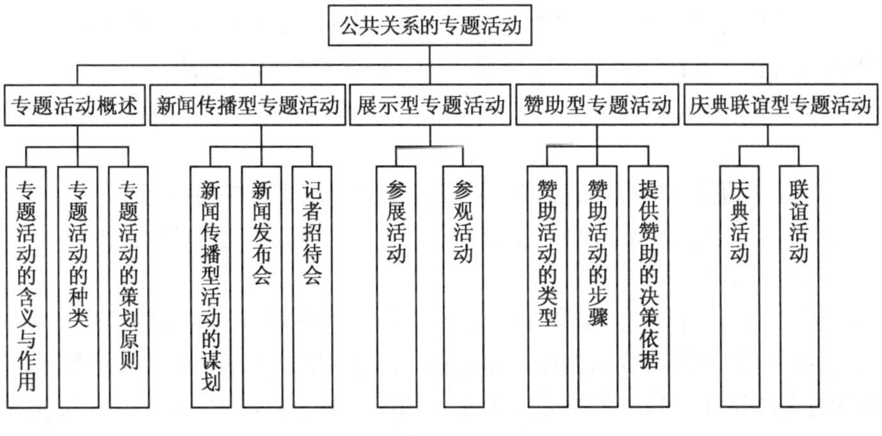

应　用

案例研究

案例一

“上帝”剪彩与同庆生日

长沙友谊华侨公司(以下简称“友华”)于1990年11月中旬进行店堂装修,营业面积扩大400多平方米,商品品种增加200余种,准备在1991年元旦重新开业。但有一件事却使该公司总经理犯难,焕然一新的“友华”怎样才能吸引更多的顾客呢?深夜12点了,他还无法入睡。随手翻起床头一本香港出版的《国外营销术》,突然看到一篇谈营销主体如何贴近顾客的方式来促进销售的文章。他的脑海里蓦地迸发出灵感,能不能用“友华”的名义请长沙市区内在历年元旦这天出生的人在开业的那一天到店里来过生日?

第二天,公司同事听经理谈了这个想法后,都认为这是一个新招,可行。于是他们邀请广州乐华电子联合有限公司为联办单位,赶制了一批精巧的生日纪念卡和小礼品,接着在报纸和电视上打出广告,邀请市内历年元旦出生的人趁“友华”重新开张之际,来店同庆节日之喜。

开业那天,过生日的顾客怀着兴奋的心情手持户口簿排队领取生日礼品。他们三五成群而来,吸引了不少过往行人。没过多久,店里就挤得水泄不通。

一位81岁高龄的老人闻讯后,高兴地说:“我活了81岁,从来没有看到过商店为顾客过生日的,今天看到了。”他特地打发60岁的儿子代他前来。进到店里,这位花甲老人替父亲领了生日纪念品后,又被琳琅满目的商品所吸引,看了这个柜台又看了那个柜台,边看边买,出店时,大包小盒提了一大串。下午14:00,一名男子手持医院证明来到店里,说他女儿当天上午10:00才降生。经理代表公司向他表示祝贺,并向他女儿赠送礼品,他激动地说:“你们给顾客带来了生日的乐趣,把‘友华’的美好情意送到了顾客心里。”到下午17:00,共发出生日礼品千余份,而商店的客流量已超过20万人次,销售额达100万元,相当于过去日平均数的十几倍,创下该店历史上的最高纪录,并为以后扩大销售奠定了良好的基础。

资料来自:王培才主编:《公共关系理论与实务》,电子工业出版社2009年版。

问题:

1. 长沙友谊华侨公司的开业庆典与其他公司开业庆典的不同之处在什么地方?
2. 长沙友谊华侨公司采用这种庆典活动,公共关系人员主要负责哪些工作?
3. 你如何看待长沙友谊华侨公司的庆典活动?谈谈你自己的看法。

案例二

祈福玉树　青岛福日集团万人徒步公益活动成功举行

2010年5月1日,由青岛福日集团联合青岛红十字会一起发起的“祈福玉树　青岛有爱”万人徒步公益活动成功举行。

2010年4月14日,玉树发生地震,灾情牵动着每一颗中国心。福日集团勇于承担社会责任,组织了本次慈善徒步行活动,起点在美丽的第一海滨浴场,终点设在青岛地标五四广场,沿途经过秀丽的青岛海岸线。每一位爱心人士参与到徒步爱心活动中,每参与1人,福日集团将代其向灾区捐款 10 元，并希望能够以徒步行走的方式，去宣导低碳环保生活，为大地母亲奉献出爱的呵护，同时也借此倡导更多的人和企业，加入到作为一个公民的社会责任中来。

从起点至五四广场之间设立有 13 处爱心服务站，大家在徒步美丽的海滨木栈道的同时，可以得到爱心服务站提供的饮用水、毛巾等物品。

现场参加徒步的客户手持绿色爱心服务卡，可以在 13 个服务站加盖爱心印章。集齐所有爱心印章且首个到达终点的爱心人士，将成为今天活动的“健行大使”。福日集团也将以“健行大使”个人的名义向玉树捐款 1 万元。

徒步是一种健康的运动，也是一种最为环保的交通方式，在“祈福玉树 青岛有爱”行进途中，看到很多精神矍铄的长者，他们为爱出行，热情参与。经过一个多小时的爱心徒步，将爱心与祝福播撒在美丽的青岛海滨，将健康与环保记录在历史的今天。

据不完全统计，此次爱心活动参与人数近 2 万人，福日集团代捐善款 20 万元；五四广场现场热心群众募捐善款近2 000元；福日集团全体员工也为玉树人民送去自己的爱心，累计捐款 6.5 万元。

许多热心人士自发参与到本次活动中来，从中让人看到了社会的大爱、岛城人民的大爱。为此福日集团现场提高认捐额度，以此倡议更多的人员参与到慈善、公益的活动中来。本次“祈福玉树　青岛有爱”万人徒步公益活动累计募捐 52.2 万元。

问题：

1. 你认为企业是否应该组织或参与社会的慈善活动。

2. 你认为福日集团组织的这次公共关系活动安排是否妥当。如果你是这次活动的组织者，你有什么“高招”？

实验实训

1. 请为某知名服装生产企业设计一个开放参观活动。
2. 模拟记者招待会的程序，为某企业策划一次新产品开发的记者招待会。

复习思考题

1. 新闻发布的作用是什么？如何开好新闻发布会？
2. 展览会有什么特点？企业策划参加展览会应该考虑哪些因素？
3. 赞助活动的基本类型有哪些？基本原则是什么？
4. 组织庆典活动、参观活动、联谊活动，分别需要做好哪些方面的工作？

第七章 公共关系危机处理

学习目标

通过本章学习，你应能够：

了解危机公关与公关危机；

理解公共关系危机预防与预警机制；

掌握公共关系危机处理程序及危机处理中的新闻发布会召开程序。

引入案例

马航客机失联事件

案例主角：

马来西亚航空公司(下称马航)，马来西亚政府

案例回放：

北京时间3月8日凌晨1:20，由马来西亚飞往北京的马来西亚航空公司MH370航班与地面失去联系，机上239人中包括153名中国大陆乘客。2:40，马来西亚苏邦空中交通管制台证实航班失联。6:30，失联航班没能按时抵达北京首都国际机场。8:00左右，马航发布航班失联官方消息。

9:00，中国民航局空管局向新华社记者证实MH370航班在越南胡志明市管制区同管制部门失去通信联络，并失去雷达信号，同时客机未进入我国空管情报区。

10:00，中国交通部部长杨传堂在中国海上搜救中心召开紧急会议，宣布立即启动一级应急响应。

11:00，马航公布乘客名单。马航VP接受CNN访问表示，本次航班配有7小时航油，他们相信到目前为止，飞机航油已经耗尽。马航目前对飞机位置完全没有头绪。

有媒体报道称，越南搜救人员当天在越南南部金瓯省西南120海里处发现失联客机信号。随后越南官方予以否认。

8日下午，马航召开发布会，却比预定时间推迟2小时。发布会仅持续5分钟，发布的仍是“失去联系”的消息，也未给记者提问机会。主持人离场时现场一片骚动，场外则一片混乱。

马来西亚交通部长8日否认了马航MH370航班已经坠毁的消息。

波音公司8日下午发表关于马来西亚航空公司MH370航班的声明，对失去联系的马来西亚航空公司MH370航班上所有人的家庭致以最深切的关切，并宣布波音正在组建一支团队，以向调查当局提供技术协助。

在失联13个小时后，马来西亚总理纳吉布16:00将就事故情况召开记者会。记者会又因故推迟数小时。

8日晚，一些媒体报道，失联客机乘客名单中一名意大利乘客并没有登机，其护照于一年前丢失。意大利外交部证实，这名乘客身在泰国。9日凌晨，奥地利外交部证实，乘客名单中一名奥地利籍乘客也没有登机，人在奥地利，2012年曾在泰国丢失护照。国际刑警组织当天下午证实，至少两本已在这一机构数据库备案的被偷护照被马航失联客机乘客使用。这一消息引发人们关于航班遭恐怖分子劫持的猜想。

马来西亚官方9日15:00说，吉隆坡国际机场现场监控已经锁定使用虚假护照信息登机的乘客画面。马方称用假护照登机的乘客为“亚洲面孔”，晚些时候否认这一说法。11日，马来西亚警方公布监控视频截图。国际刑警组织证实，两人均为伊朗人，只是，他们的目的应该是偷渡欧洲，没有发现与恐怖组织关联。

与此同时，多国海空搜寻继续，尤其是越南，尽力调动资源，反复查找可疑漂浮物。中国舰船和飞机则在超过5万平方公里的茫茫大海上夜以继日地拉网式搜寻。

3月12日，马航方面召开与失联乘客家属的沟通会。在会上，马航方面公布了领取特殊慰问金需要签订的说明。随后，31 000元特殊慰问金开始发放。

3月15日，马来西亚总理纳吉布亲自出席发布会，并确认失联客机联络系统是被人为关闭的，而客机航线也是被蓄意改变的，卫星与飞机之间的最后一次通信为3月8日8:11。针对客机的最后位置，纳吉布给出了两种可能，即南部走廊地带和北部走廊地带。

而此前，美国媒体援引客机发动机制造商提供的数据报道，飞机失联后飞行了4个小时，遭马方否认。

3月23日，马来西亚政府称，法国当局当天提供的卫星图像显示，在印度洋南部海域发现可能与马航MH370航班有关的可疑漂浮物。

3月24日晚22:00，马来西亚总理纳吉布在吉隆坡就有关失联客机MH370的相关进展召开新闻发布会，根据最新的分析结果，MH370客机已坠落在南印度洋，机上无人生还。纳吉布表示，25日早上会开新闻发布会公布更多细节。马航已经向家属通报了相关进展，随后纳吉布的声明结束，未透露更多细节。

媒体称，马来西亚总理宣布MH370航班在印度洋中部坠毁的结论，只是根据Inmarsat公司的海事卫星数据分析得出的，尚无残骸或黑匣子的有力佐证。

在北京丽都酒店守候了十余天的乘客家属在听到马来西亚官方宣布飞机失事的消息后悲痛欲绝，但鉴于以往马方在调查事件时的反复和滞后表现，一部分家属表示不信任这一说法，只有看到飞机残骸才能确信飞机失事。

25日上午，乘客家属举着自制标语步行前往马来西亚驻华大使馆进行抗议。

下午15:30，马来西亚驻华大使在丽都饭店参加家属说明会，家属对昨天马方宣布飞机坠海这一结果向马来西亚驻华大使提出质疑，马方大使表示现在无法回答。家属要求大使现场给马总理打电话询问，马方大使沉默，只称会转达问题。

案例点评：

根据著名危机公关专家、关键点传媒董事长、华中科技大学公共传播研究所常务副所长游昌乔先生首创的危机公关5S原则，对案例做如下点评：

1. 承担责任原则(shoulder the matter)

飞机失联后，马航和马政府立即展开寻找和搜救工作、公布乘客名单、召开发布会向乘客家属表达慰问和歉意，这些行为符合承担责任原则。

然而，在整个事件过程中，对于信息的发布，马航除了“no idea”，就是不断地否认，否认再否认，拖延，隐瞒事件真相，导致危机急剧蔓延。

在对飞机失联的各种可能性依次否认后，24日晚突然召开发布会，在没有飞机碎片和黑匣子等证据的情况下，仅凭卫星数据就断定飞机终结于南印度洋，无人生还。这种漠视家属情感、无视各国联合搜救努力的武断行为，无疑是对全世界的极端不负责任，引发了中国以及其他国家的严重抗议和不满。

项目分数：40分　评分：5分

2. 真诚沟通原则(sincerity)

飞机失联后，马航以及马政府虽然多次召开新闻发布会、家属沟通会与媒体和乘客家属进行沟通，然而其沟通并未取得如期效果，反而使危机愈加严重。

一方面，对于事件进展的发布，马航并未在第一时间发布权威官方信息，导致舆论真空期，谣言满天飞；同时，信息发布没有统一口径，信息来源多样，马方不断否认，给公众带来极大负面形象。另一方面，沟通态度缺乏诚意，几次发布会都是无故推迟，甚至单方面更改地点，草率应对，不给媒体提问机会，导致媒体形象极端负面。

项目分数：20分　评分：0分

3. 速度第一原则(speed)

在这一危机处理过程中，马方的行为严重违背速度第一原则。首先，飞机失联5个小时后才发布航班失联官方消息。当天上午媒体已经广泛报道，下午才召开新闻发布会。其次，在搜救过程中，马方也一直给人带来拖延的印象。

项目分数：20分　评分：0分

4. 系统运行原则(system)

在整个事件过程中，自始至终，马方缺乏系统的危机应对策略，发布信息，否认，再发布，再否认，再承认，整个危机处理混乱不堪，将马航以及马来西亚政府的形象跌入谷底。

项目分数：10分　评分：0分

5. 权威证实原则(standard)

权威证实方面，虽然有很多国家都参与搜救，在24日晚举行的发布会上，也借助英国Inmarsat公司的海事卫星数据得出在印度洋中部坠毁的结论，然而很多信息和结论要么被推翻和否认，要么缺乏确凿证据，从而引发更大的质疑和抗议，没有起到权威证实应有的效果。

项目分数：10分　评分：3分

案例评分：总分100分，实际总评分8分

资料来源：中国公关网，http://www.chinapr.com.cn/templates/T_Second/index.aspx?nodeid=3&page=ContentPage&categoryid=0&contentid=7962，2014年7月21日。

任何组织在日常生活中都会不时遇到危机事件，这些危机事件如果处理得当，问题就能迎刃而解，能为组织增加美誉度和知名度；相反，如果处理不当，则有可能使组织遭受巨大的损失，使组织的公共关系处于危机之中。公共关系人员将如何应对危机，事关组织发展的大局，也是对公共关系人员工作能力的考验。

第一节 公共关系危机概述

一、危机的含义

危机（crisis）是指事物由于量变的积累，导致事物内在矛盾的激化，事物即将发生质变或质变已经发生但未稳定的状态。这种质变给组织或个人带来了严重的损害。为阻止质变的发生或减小质变所带来的损害，需要在时间紧迫、人财物资源缺乏和信息不充分的情况下立即进行决策和行动。

危机事件的产生有可能是由于问题处理不当造成的，也有可能产生于组织总结工作或展望未来的过程中。这些事件一般都能引起媒体的广泛报道和公众的广泛关注，对组织正常的工作造成极大的破坏，而且可能会严重损害组织的形象，使组织陷入舆论压力和困境之中。危机是对社会组织公共关系最具挑战性的考验，组织对危机事件的处理，集中反映了组织的公共关系工作的水平。

二、公关危机与危机公关

公关危机和危机公关是两个不同的概念。

（一）公关危机

公关危机即公共关系危机，其中心词是“危机”。公关危机是指组织遭受突发性或灾难性事件，使组织的利益、形象甚至生存受到严重影响，给组织造成严重损失，使组织面临信誉危机。公关危机是各种类型的危机事件中的一种。

微型案例

康佳的公关危机

2006 年 3 月 29 日有媒体报道，欧盟 28 日在布鲁塞尔发出文件称，将对中国彩电出口商征收 44.6%的反倾销关税。该报道还引用中国机电进出口商会家电分会秘书长于治璞的观点，认为欧盟对中国彩电企业重征反倾销税，是因为康佳拒绝了欧盟的认证调查，责任在康佳。消息发布的第二天，关于康佳集团因一己之利而不顾大局的报道就充斥了各大媒体，一时间，康佳成为众矢之的。康佳所面临的危机便是公关危机。

（二）危机公关

危机公关就是组织在面对公关危机的情况下，就如何处理危机事件、如何顺利渡过难关所采取的一系列措施。它包括危机前的预警、危机中的应急处理和危机后的善后工作。不论在哪个阶段出现危机，组织都应该及时、诚恳地进行妥善处理，将危机扼杀在萌芽状态。如果处理不及时，就会使组织陷入更大的危机，甚至无法自拔。

微型案例

康佳的危机公关

2006年3月29日，康佳危机爆发的当天，康佳集团相关部门便组建公关团队，分析这一事件的性质并制定相应的对策。同日，康佳集团迅速发出了一份正式的说明，通过媒体向社会大众解释反倾销事件的来龙去脉，以及自身的态度及相关行动，将事件的真相告知公众。3月31日～4月1日，康佳与中国机电进出口商会积极沟通，由中国机电进出口商会发表名为《机电商会就彩电遭反倾销声明未见欧盟正式通知》的言论，并请来权威专家针对贸易条款及中国家电企业的发展速度等分析中国家电外销的发展前景，确认此次反倾销不会对中国家电企业产生实质的影响。同时，康佳集团副总裁何建军接受了《经济观察报》《深圳特区报》等核心媒体的专访，进一步树立了康佳在应对欧盟反倾销事件中的正面形象。从4月2日开始，康佳变被动为主动，通过引导媒体对中国企业敢于拒绝欧盟认证调查的好奇心，借机介绍康佳今年业绩发展成绩及海外工厂的状况，高调宣传了康佳在海外市场的拓展情况，也在公众心目中树立了负责任的民族企业形象。康佳在公关危机发生之后迅速开展的一系列活动便是“危机公关”。

三、危机事件的特点

（一）突发性

组织所面临的危机事件大多是无法预知或没有准确预知的情况下发生的。有些危机是可以预知的，如自然灾害、管理危机等都可以提前预知，但对于外部因素引起的危机，组织是难以提前预知的。无论组织面临的危机是可预知的还是不可预知的，组织都要积极应对，避免因突发性而使组织陷于混乱无序之中。

（二）危害性

危机事件的危害性是无法估量的。社会性的危机能给国家带来一定的危害，导致社会陷入混乱状态；组织内部的危机能给组织以致命的伤害，或造成不可估量的经济损失。如美国“9·11”事件、“非典型性肺炎”等。只有充分认识到危机的危害性，才会在发生危机时保持清醒的头脑，处理好危机，将危机转化契机。

（三）可变性

危机事件的“可变性”是指危机事件的无规律性，每一次危机事件发生的背景、形式、影响的程度、损失的大小都不尽相同。危机的“可变性”就让组织对危机无法严防死守，组织需要具体问题具体分析，采取不同的危机处理方式。

（四）紧迫性

组织的公共关系危机总是在短时间内猛烈爆发，具有很强的紧迫性。这对组织处理危机要求有很高的效率，赢得时间就意味着减少损失。果断处理、积极面对对于组织具有重要的意义。

（五）危机的双重性

危机兼有破坏性和建设性的特征。古人云：“祸兮福之所依，福兮祸之所伏。”这一辩证关系恰好反映了危机的双重性特征。一般情况下，危机在本质上或事实上都会起到一定程度的破坏作用，不仅对组织而言，对社会也是一样。但危机的破坏性处理得好也能转变为建设性。正如伟达公关公司一位经理所说："危机，即危险加机遇。"对受损的组织形象的恢复要有迅速而切实有效的危机对策。

四、危机事件的基本类型

（一）不可抗力危机

不可抗力危机是指自然灾害危机和社会环境所造成的危机，是针对具体的政府机关和企事业单位而言。自然灾害如干旱、台风、海啸、火山爆发、泥石流、地震等具有突发性、无法回避的重大损害性事件，其发生与政府或组织的管理联系不大，事态的后果也是人力所不能及的，灾难程度对组织的公共关系形象没有损害。但是，组织对灾难的处理过程或采用的方式可能给组织带来有利或不利的影响。

社会的政治、经济环境造成的危机如世界大战、经济危机、恐怖主义等危机事件同样无法避免，并具有重大损害性。这是某个个别组织无法把握和控制的，其危害性也极大。如伊拉克战争造成的大量难民、政治经济的瘫痪、全球油价上涨等。

微型案例

我国应对"非典"之策

从2003年春节前后的SARS（严重急性呼吸道症候群，俗称非典型性肺炎，简称"非典"）病例在广东省首次爆发，到4月底病毒蔓延，到最后遏制住病毒的蔓延，显示出了我国政府处理不可抗力危机的能力。

2月12日，新华社首次报道广东发生非典疫情，称发生病例305例，死亡5人。

4月初，非典疫情在北京开始蔓延，仅309医院一家就收治了60例SARS病人，到4月3日已有6人死亡。

4月2日，国务院召开常务会议研究非典防治，提出要把防治非典作为重中之重，卫生部部长出任防治组组长，副秘书长负责部际联席会议的协调，并提出要向世界卫生组织通报疫情，由卫生部召开新闻发布会，建立公共卫生事件紧急处理机制。

4月3日，卫生部长张文康举行第一次中外记者新闻发布会称，中国部分地区已经有效地控制了非典疫情。

4月4日，解放军总医院（301医院）外科主任、退休的蒋彦永教授写了一封署名信，反映北京的真实疫情，对卫生部官员进行了直言不讳的激烈批评。

4月10日，卫生部副部长马晓伟在第二次中外记者新闻发布会上称，中国通报的疫情数字是可信的。

4月20日，中共中央决定，免去张文康卫生部党组书记的职务，孟学农被免去北京市委副书记职务。

4月21日，北京市委书记刘淇在检查非典防治工作落实情况时指出：要建立非典防治通畅的资讯网络、严密的防治网络，确保数据绝对准确。

4月23日，国务院总理温家宝在主持国务院常务会议时指出：决定成立国务院防治非典型性肺炎指挥部；中央财政设立20亿元非典型性肺炎防治基金。

……

资料来源：边一民编著：《公共关系案例评析》，浙江大学出版社2004年版。

(二)人为破坏危机

现实生活中，经常有一些不法分子蓄意陷害、破坏组织的形象。一些组织的竞争者通过不正当手段竞争，如制造谣言恣意损害竞争对手形象，或生产假冒伪劣产品，或通过恶劣行径扰乱对手的经营秩序等。而这些往往都对组织的形象有所损害，组织在面对这种危机时应增强自我防范意识。

微型案例

红牛事件

2003年8月，海南检验检疫局在对进口红牛饮料的检验过程中，发现饮料中无中文标签，咖啡因含量超过我国标准，且尚未取得我国标签审核证书。随后国家质检总局发出通知，要求各地检验检疫局对辖区市场销售的进口红牛饮料进行检查。南宁一家都市报对此进行了不全面的报道，随后被几家网站转载，从而对公众和消费者产生了一定程度的误导。

新闻只报道"进口红牛被查"，却没有指出这个产品是"走私进口"的非法产品，与中国红牛饮料公司生产的产品完全没有关系，而且还把主要问题扣在咖啡因超标上面。然而，国家质检总局查处"进口走私红牛"并不仅仅是因为其咖啡因超标，更重要的是因为它属于走私进口的非法产品，没有经过任何部门的检验，严重干扰了正常的市场秩序，与我国严厉打击走私相违背。在我国销售的红牛饮料主要有进口和国产之分，中国产红牛饮料是红牛维他命饮料有限公司在海南和北京设立的两个工厂的产品。而新闻的刊发则使消费者对两个"红牛"的概念产生混淆，而且对同样含咖啡因但用量完全符合国家相关部门规定的正品红牛发生质疑。

根据医学专家介绍，违规进口的"红牛饮料"与酒混合饮用会引起脱水现象，并且损害心脏和肾功能。同时功能饮料中的咖啡因会增加心脏的负担，过量服用会产生心慌、烦躁的现象，严重时可能导致死亡。2003年夏天以来，在广西、云南、海南等几个边境和沿海城市，一小批人在销售从非法渠道走私进口的红牛饮料。中国红牛饮料公司一直配合当地执法部门查处这些无中文标志的走私产品，红牛公司认为这种打击只是针对少数几个地区，而且走私的进口红牛数量也很少，不会引起媒体的关注，因此就没有对媒体和公众做出声明。

资料摘自：叶秉喜、庞亚辉：《红牛：当品牌遭遇危机》，中国营销传播网，http://www.emkt.com.cn/article/142/14225-4.html，2004年2月20日。

(三)公众误解危机

公众有时会误解政府或企业经营中的政策和策略，尤其当两者利益发生冲突时，公众很容易对组织发生误解。这些误解有公众对组织的误解、内部公众对组织的误解、媒介对组织的误解等。这些误解都有可能引发组织的公关危机，这时更需要组织做出应急措施，挽回组织信誉。

微型案例

家乐福的危机处理

1998年4月17日下午，开张仅10天的重庆"家乐福"江北金观音店里，一大批顾客突然向饮料货柜拥去，抢购1.25升装的百事可乐。但是，当顾客按每两瓶2元的价格付款时，收银员却不知所措……事前，商场准备开展为期三天的特价酬宾活动，其中1.25升的百事可乐售价5元，同时赠送一听价值2元的天府可乐。为何顾客以2元买2瓶可乐？原来，当天重庆某报上刊登了一则"家乐福"特价酬宾广告，在数十种商品中，"百事可乐"原价5.00元，现价买一赠一(2.00元)。由于广告有歧义，造成顾客理解与商家原意不符。

就在顾客与收银员为价格僵持不下时，"家乐福"江北店店长、法国人布拉松只说了一句话："尊重顾客的意愿。"

几十人甚至上百人，一会儿就把500箱百事可乐抢购一空，商场马上调货补充，并调集保安人员维持秩序。最后为不影响整个商业环境的平衡，商场不得不每人限购2瓶，并在本市报纸上发出启示对原广告修正，才将问题圆满解决。

显然，金观音店卖出的百事可乐大大低于成本价。问及该店损失，布拉松却说："我不在乎利润的损失，我的宗旨是顾客满意为先。"

资料来源：何春晖编著：《中外公关案例宝典》，浙江大学出版社2003年版。

(四)管理失误危机

管理失误使机关、企事业单位因管理不善而造成危机频频出现。管理失误主要是指贪污腐化、重大生产责任事故、重大工伤事故、合同纠纷等。这些危机大多因疏于对员工的思想教育，或疏于生产流程的管理，或不懂法律，或疏于对印章的管理，或者因利益的驱使，造成组织危机，给组织信誉、形象造成不可估量的损失。

微型案例

携程"泄密门"风波

2014年3月22日晚间，国内漏洞研究机构乌云平台曝光称，携程系统开启了用户支付服务接口的调试功能，使所有向银行验证持卡所有者接口传输的数据包均直接保存在本地服务器上，包括信用卡用户的身份证、卡号、CVV码等信息均可能被黑客任意窃取。

正处于央行对于第三方支付表示质疑的关口，加上安全漏洞关乎携程数以亿计的用户财产安全，舆论对于这一消息表示了极大的关注，用户由此引发的恐慌和担忧亦如野火一般蔓延开来。根据中国上市公司舆情中心监测数据显示，从"泄密门"事发至截稿时止，以"携程＋安全漏洞”为关键词的新闻及转载量高达120万篇之多，按照危机事件衡量维度，达到“橙色”高度预警级别。

3月22日晚23:22，携程官方微博对此予以回应，称漏洞系该公司技术调试中的短时漏洞，并已在两小时内修复，仅对3月21日、22日的部分客户存在危险，“目前没有发现用户受到该漏洞的影响造成相应财产损失的情况”，并表示将持续对此事件进行通报。

这一说法引发了用户的重重回击。认证为“广西北部湾在线投资有限公司总裁”的严茂军声称，携程“官方信息完全在瞎扯”，并附上信用卡记录为证。作为携程的钻石卡会员，他早于2月25日就曾致电携程，他的几张绑定携程的信用卡被盗刷了十几笔外币，但当时携程居然回复“系统安全正常”。他以强烈的语气提出，携程应该加强安全内测，“尽快重视和处理用户问题，水能载舟，亦能覆舟”。这一微博得到了网友将近900次转发，评论为150条，大多对其表示支持。

3月23日，携程官方微博再以长微博形式发表声明称，93名潜在风险用户已被通知换卡，其余携程用户用卡安全不受影响。

不过，其微博公关并未收到很好的成效，不少网友在其微博下留言，以质问语气表达不信任的态度：怎样证明携程没有存储其他客户的CVV号？怎样才能确认用户的信用卡安全？……面对质问，携程客服视若无睹，仅以“关于您反馈的事宜，携程非常重视，希望今后提供更好的服务”等官方话语加以回应。

在舆论对其违规存储用户信用卡信息、并未能妥善保存的重重压力下，3月25日，携程发出最新声明承认此前的操作流程中确有违规之处，今后携程将不再保存客户的CVV信息；以前保存的CVV信息将删除。

3月26日，21世纪网直指“携程保存客户信息属于违反银联的规定，携程不是第三方支付机构，无权保留银行卡信息。另一方面，PCI-DSS(第三方支付行业数据安全标准)规定了不允许存储CVV，但携程支付页面称通过了PCI认证，同样令人费解”。

《21世纪经济报道》更是简单明了地表示，在线旅游网站中，只有“去哪儿”已经引入该认证标准，“此前携程曾有意向接入该系统，但是公司工作人员去考察之后发现，携程系统要整改难度太大，业务种类多且交叉多，如果按照该系统接入而整改会使架构有所变化”。

针对上述质疑，携程一直保持着沉默，而不少业内人士已经忍不住跳出来指责其“睁着眼睛说瞎话”。3月27日，《中国青年报》更是发表题为《大数据时代个人隐私丢哪儿了》的署名文章，谴责企业“在用户不知情的情况下收集有限的数据，在一定程度上忽略了人的权利”。

资料来源：中国公关网，http://www.chinapr.com.cn/templates/T_Second/index.aspx?nodeid=97&page=ContentPage&categoryid=0&contentid=9030，2015年1月27日。有删减。

五、公共关系危机发生的原因

美国危机管理专家诺曼·奥古斯丁形容说：“危机就像普通的感冒病毒一样，种类繁多，难以列举。”事实上，造成公共关系危机的原因很多，诸如经营管理不善、市场信息不足、同行竞争甚至遭到恶意破坏等，或其他自然灾害、事故，都可能使现代组织处于危机之中。正确分析危机发生的原因，对于制定正确的预防和处理对策有着十分重要的意义。

（一）企业内部环境因素

1. 企业员工自身素质低

一个企业的素质就是指一个组织内部员工的素质和领导者素质。这两类中任何一方素质低下都有可能引发危机。特别是领导自身素质问题致使企业陷入危机的可能性更大，而且难以有效地处理这种危机。员工素质不高也会引发危机事件。在组织的经营中，员工素质须与其所从事的事业相匹配，如若不然，也会引发企业危机。

微型案例

麦当劳的危机事件

1999 年 7 月，在位于武汉市汉阳家乐福超市二楼的麦当劳餐厅内，数十名顾客愤怒地向“麦当劳”讨说法。原来这天晚上 20:40 左右，肖先生一家来此就餐，因其 3 岁的儿子特别爱吃番茄酱，便在购买了 36 元的食品后，向服务员提出多给一包番茄酱的要求，未料这名中国女服务员在扔下一包番茄酱之后，轻蔑地说，“你们中国人就是爱占便宜”，说完掉头离开。话语一出，满座哗然，数十名顾客愤怒了，纷纷要求餐厅对这一伤害中国人民民族感情的行为向顾客道歉，餐厅值班经理魏某竟站在大厅中央大声宣布：“我们麦当劳没有向顾客道歉的规定。”并有服务员冲顾客嚷道，你们爱国就别来麦当劳。此事一经媒体曝光，麦当劳的形象受到严重影响。

资料来源：王培才主编：《公共关系理论与实务》，电子工业出版社 2009 年版。

2. 决策失误

组织的决策失误也是导致企业公共关系危机的重要原因之一。在现代社会中，组织的经营决策都不能有损于公众、有损于社会环境；否则，便会造成组织的决策失误。

微型案例

决策失误给秦池酒厂带来的不同命运

1990 年 3 月，秦池酒厂从一家年产仅 1 万多吨、销售局限于潍坊的山东临朐县小酒厂开始，走上了它颇具传奇意味的发展旅程。1993 年，秦池酒厂开始进军东三省的大门沈阳，在当地电视台上买断段位、密集投放广告，并对消费者实行免费品尝，还由当地技术监督部门对秦池酒进行鉴定……一系列活动使秦池迅速走红。1994 年 11 月 2 日，在首届中央电视台广告竞标中，山东秦池酒厂以3 079万元夺得 1995 年“标王”桂冠；1995 年 11 月 8 日，山东秦池酒厂以6 666万元取得央视第二届“标王”；1996 年 11 月 8 日，山东秦池酒厂又以3.212 118亿元天价卫冕“标王”成功。此时，秦池酒厂的老总们可谓是踌躇满志，秦池风光无限。秦池成名之前作为一家县级企业，其总资产规模和生产能力有限。面对成为“标王”之后滚滚而来的订单，为满足客户的需求，秦池酒厂必须扩大生产规模，需要对现有的厂房设备进行更新或扩建、引进新设备。巨大的广告费用和企业生产规模的扩大都需要大量的资金，限于当时的条件，秦池酒厂只有向银行贷款，按当时的银行政策，此类贷款往往是短期贷款。贷款使企业的负债比率提高，生产规模的扩大使企业总资产中固定资产比率提高。为满足眼前客户的订单，秦池酒厂在扩大生产规模的同时，想到了另外一条解决燃眉之急的捷径，那就是与周边地区的白酒企业横向联合或收购其他企业的白酒进行勾兑，但无论是横向联合还是勾兑，两者都很难保证产品的质量。秦池在蝉联"标王"后不足两个月，北京《经济参考报》的4名记者便开始了对秦池进行暗访。一个从未被公众知晓的事实终于浮出了水面，秦池的原酒生产能力只有3 000吨左右，它从四川宜宾邛崃收购大量的散酒，再加上他们本厂的原酒、酒精，勾兑成低度酒，然后以"秦池古酒""秦池特曲"等品牌销往全国市场。当年度，秦池完成的销售额不是预期的15亿元，而是6.5亿元，次年更是下滑到3亿元，到1998年，该厂已是欠税经营。秦池从此一蹶不振，最终从传媒的视野中消失。2000年7月，一家酒瓶帽的供应商指控秦池酒厂拖欠300万元货款，地区中级人民法院判决秦池败诉，并裁定拍卖"秦池"注册商标。几亿元打造的商标却以几百万元的价格抵债。

资料来源：http://info.tjkx.com/News/00001144CC/2004－05－08/000039456D.html。

3. 法制意识淡薄

在依法治国的社会里，组织是否具有法律意识，在某种程度上决定着组织经营活动的成败。树立法制意识、开展正当的经营活动、规范管理行为、塑造良好的组织形象都有十分重要的意义。然而，有的组织却无视法律的存在，将国家法律视而不见，恣意损害公众利益，最终促使组织陷入危机。

微型案例

现代力量老总承认法律意识淡薄，低头向陈涛道歉

2004年9月7日下午，《暗香》官司的原告陈涛首次正式面对媒体，对沙宝亮和现代力量公司的行为公开表明态度：一元钱的赔偿要求不变，仍旧要讨个说法，找回尊严。而令人意想不到的是此案还未平息，又生事端：现代力量公司再次被告上法庭，沙宝亮最新专辑中《寻人启事》《天堂里的风景》以及第二张专辑中《自由落体》《SENORITA》的曲作者陈鸿伟状告现代力量公司拖欠版权费和侵犯署名权，仍由陈涛的代理律师事务所北京浩天律师事务所受理。

陈涛向记者表示，官司持续了一年多，规模不断扩大，法院的生效判决对方没有执行，这是对作者和作品的不尊重，只能说明对方的法律观念淡薄，欠缺尊重别人的起码意识。自己这样坚持着，但这个坚持可以解释得通。

现代力量郭若鹏通过《法制晚报》向陈涛道歉。记者联系到郭若鹏的时候，他正在漓江度假，他说自己也是刚刚得知公司以及自己又被告上法庭的事情。此次郭总的态度与以往大有不同，以往记者一提起官司的事，他总是采取回避的态度，不表示看法；而此次他的态度极为明朗，甚至主动向记者坦陈在与陈涛的官司中自己确实不对，法制意识有点淡薄，忽略了词作者的权利，并且希望通过本报向陈涛公开道歉。

资料来源：寿鹏寰，http://ent.sina.com.cn/2004-09-08/1130498214.html，2004 年 9 月 8 日。

4. 缺乏危机意识

“人无远虑，必有近忧”“生于忧患，死于安乐”等古代诗句都告诫人们这样一个道理：要时刻警惕着危机的发生，并防患于未然。然而，现实生活中的很多组织在取得成绩时却无法保持清醒的头脑，对危机丧失了警惕，最后走向毁灭之路。

微型案例

危机公关缺位　雅芳深陷品牌危机

2013 年 12 月 3 日，一家电商网站上显示雅芳玫瑰亮白洁容霜已无货售卖。

业绩不理想、品牌形象下滑、内部改革不成功……种种负面新闻缠身的雅芳再遭重击。2 日，国家食品药品监督管理总局通报了 2013 年国家化妆品监督抽检结果，其中雅芳（中国）有限公司生产的雅芳玫瑰亮白洁容霜登上“黑榜”。

让人吃惊的是，雅芳对此三缄其言，仅发一条微博称“该产品不在中国地区生产及销售目录之列”了事，此外，再无其他解释。

产品上黑榜　危机公关缺位

在直销行业工作多年的资深人士张先生向记者指出：“出问题不是大事，但上了‘黑榜’还毫无公关危机感才是大事！”

在国家食药监局通报的 505 批次产品中，“雅芳玫瑰亮白洁容霜”等 6 批产品被检出不合格。其中，4 批产品检出禁用物质，2 批产品检出限用物质超标。按要求，地方各级食品药品监管部门要督促行政区域内化妆品生产经营者立即开展自查，对被通报的不合格产品一律下架并停止销售，这意味着雅芳相关产品或遭下架甚至停售。

然而，作为资深记者，本报记者及不少同行辗转多方均找不到雅芳的公关。“原来公司里的公关人员都走得差不多了，我昨天还收到媒体的咨询电话”，一名几个月前已离任的雅芳媒体联系人称，“自从钱总走后，公关就没被重视过。接我班的人好像没到两个月也走了。”她口中的“钱总”是雅芳原企业传讯副总裁钱怡，作为元老级人物，钱怡在今年 2 月低调辞职后便再没现过身。

传企业内部混乱　代理商撤退

记者最终找到了雅芳的相关人士，对方仅表示：一切回复请以官方微博为准。这条发于 2 日下午 17:57 的微博称：“经雅芳中国核查，国家食品药品监督管理局今日公布的化妆品监督抽查结果中所提及的‘雅芳玫瑰亮白洁容霜’不在雅芳中国地区当前生产及销售产品的目录之列。雅芳一直致力于遵守最严格的产品安全标准，并将始终把消费者提供安全、高品质的产品与服务作为雅芳坚守的原则。”

但这条“冠冕堂皇”的微博并未能解释各方的质疑：既然不在中国生产销售，又为何被查出多批次出问题？到底是真货还是假货？更让人疑虑重重的是，记者发现不少消费者对该微博质疑:"说谎都不带脸红的！我家有雅芳的私房书！里面就有这个!"有业内人士向记者分析称,出问题的要么是被大规模山寨的假货,要么就是雅芳全球其他市场的"串货","假货影响自身形象,'串货'问题更严重"。

"据我所知,雅芳现在内部非常乱,很多代理商都没心思做了。"资深人士张先生透露,"虽说有新老总过来进行改革,但改革并未成功。当然,不能说新老板无能,目前,雅芳中国的残局也不是一般人能收拾的。"也有在雅芳某分公司工作了十多年的老员工表示,基层运作还正常,"挺稳当的",但同时称新老板动作保守,改革力度不大。

资料来源:李晓莉:《危机公关缺位 雅芳深陷品牌危机》,中国公关网 http://www.chinapr.com.cn/templates/T _ Second/index. aspx? nodeid = 20&page = ContentPage&categoryid=0&contentid=5373,2013 年 12 月 4 日。

(二)企业外部环境因素

1. 企业间不正当竞争

企业间不正当竞争,是指企业在经济活动中弄虚作假,通过非法手段牟取企业利益,而损害国家、同行业生产者及消费者的利益,扰乱社会经济秩序。

微型案例

"红罐"凉茶之争再次升级

2014 年 6 月 5 日,加多宝集团在其官网上发布《莫让恶性竞争铸成行业悲剧》的公开信,矛头直指 5 月 29 日广州市人民政府新闻办公室新闻发布会上广药集团的表态。

没完没了的官司、广告战、口水战,乃至终端市场上的拳脚相向……去年 5 月广药集团正式收回红罐王老吉生产经营权之后,围绕"谁是正宗凉茶",广药王老吉和加多宝之间的"战争"至今尚未停息。

唇枪舌剑争装潢权

5 月 15 日,加多宝与广药两个"老冤家"在广东省高院里对簿公堂。

广东加多宝饮料食品有限公司诉广州王老吉大健康产业有限公司擅自使用知名商品特有包装、装潢纠纷,广药集团有限公司诉广东加多宝饮料食品有限公司擅自使用知名商品特有包装、装潢纠纷。除此之外,广药集团还提出了高达 1.5 亿元的经济赔偿。

9:00 开庭,现场便充满了火药味。诉讼双方就多个争议焦点展开唇枪舌剑,以致审判长不得不提醒双方代理人,尽量不要使用攻击性语言。

双方争议焦点如下:

第一,知名商品及其特有包装是什么?

广药认为,知名商品应为王老吉凉茶。大量证据证明王老吉凉茶属于知名商品,王老吉凉茶的特有包装装潢是由"王老吉"三个字作为核心要素,加以特定颜色、图案组成的包装装潢,三个要素是一体的,构成特有包装装潢的全部要件。

加多宝认为,知名商品是"加多宝公司生产的、采用王泽邦配方的红罐凉茶商品"。

第二,"红罐"包装归谁所有?

加多宝认为，其他企业多用绿色作为凉茶产品的包装，鸿道集团首创将红色作为凉茶包装装潢主色，并获得了红罐凉茶的外观设计专利。

广药则表示，本案诉争的标的物决定了红罐装潢与王老吉凉茶不可分离。根据《反不正当竞争法》，知名商品拥有特有装潢权，该装潢属于知名商品的合法经营者，并可随商品在不同的合法经营者之间转移。

谁是王老吉正宗传人

“王老吉改名为加多宝”“全国销量领先的红罐凉茶改名为加多宝”这等耳熟能详的广告语由于最近被广州市中级人民法院下达诉中禁令——禁止使用加多宝，在消费者耳边绝迹。而最近加多宝推出的《传人篇》广告，足以说明商战的硝烟并未停止。

5月底，加多宝在媒体投放的王健仪《传人篇》广告，广告称“我是凉茶创始人王泽邦第五代玄孙王健仪，我在20世纪90年代已经将祖传凉茶秘方独家传授给加多宝，从未授予其他企业或个人，过去是，现在是，将来也是”。

加多宝凉茶自去年上市以来，广告语已经更换三次，分别为《改名篇》《销量篇》《传人篇》。三个篇次的广告，环环相扣，向广药发起强烈的宣传攻势。

对此，广药王老吉5月29日与广州市国资委、广州市检察院在广州召开新闻发布会，称加多宝此举在“忽悠”消费者，广药已向各级工商管理部门进行了举报，并将采取司法途径解决。值得注意的是，在此次新闻发布会上，广州市国资委首度表态，称王老吉属于国有资产，由广药集团拥有，广药集团是王老吉唯一合法传承实体，拥有和王老吉相关的所有权益。

而广州市公证处更是在会议上做出10份公证材料，证明广药集团王老吉185年从秘方到工艺一脉相传，拥有独家正宗秘方。广州市国资委对此也首度表态，王老吉属于国有资产，由广药集团拥有，广药集团是王老吉唯一合法传承实体，拥有和王老吉相关的所有权益。

面对广药王老吉针锋相对反击，加多宝6月3日向《经济参考报》记者表示，广药集团声称拥有王泽邦秘方的说法是不实之说。而且，广药集团关于配方的说辞前后矛盾、漏洞重重，况且王老吉凉茶的酿造工艺和生产流程秘方世代都是口口相传，根本没有手写配方。

加多宝方面更是指出，广药集团在较早前多次公开声称“凉茶配方没什么专利，不存在秘方问题”。不过，不久之后，广药集团副总经理、王老吉大健康有限公司副董事长倪依东在接受媒体采访时称秘方确实存在，并已经是非物质文化遗产。未隔多久，倪依东又变换了一种说法，称“一个品牌不一定只有一个配方”。

广药王老吉一位内部人士在接受《经济参考报》记者采访时表示：“2006年凉茶被列入国家级非物质文化遗产名录，广药集团对其所有的凉茶10～15号秘方、专用术语和独创工艺受到国家的保护。”

该人士还称：“王老吉的序列商标一直为广药集团所有，广药集团下属的王老吉药业股份有限公司也是王老吉商标的拥有者，自1997年以后其商标、知识产权转为广药集团所有，因此相应的商标以及新注册的商标全部被广药集团所有。”

“唯一性的提法确实不妥当。”北京某法院一法官告诉记者，秘方属于商业机密，但它不具有排他性。无论是海外的王老吉传人，还是国内后来对其配方的发展，都对凉茶的秘方进行了修订，做出了贡献。“广药、加多宝都应属于传承人”。

广药 vs.加多宝之争

1995年，加多宝使用王老吉商标生产第一罐红罐王老吉凉茶；

1997 年，广药集团与加多宝的母公司香港鸿道集团签订商标许可使用合同，许可鸿道集团使用“王老吉”商标；

2000 年，双方第二次签署合同，约定许可使用期至 2010 年；

2002～2003 年，鸿道集团与广药集团签署补充协议，租赁时限延长至 2020 年；

2005 年 7 月，广药集团原总经理李益民因受贿被判处无期徒刑(二审改判为 15 年)，此案曝出鸿道集团董事长在续签“王老吉”合同中，曾向李益民贿赂 300 万港元；

2011 年 1 月，“王老吉”商标的使用权授权给广东广粮集团，作为该公司旗下 30 类非凉茶产品品牌使用，加多宝发声明表示反对；

2011 年 12 月底，“王老吉”商标案进入仲裁程序，2012 年 5 月 9 日，中国国际经济贸易仲裁委员会仲裁裁决，鸿道集团停止使用“王老吉”商标；

2012 年 5 月，鸿道集团向北京市第一中级人民法院提起了撤销该裁决的申请；

2012 年 7 月，广药公告称，北京市第一中级人民法院驳回该申请；

2013 年 5 月，广东省高院开庭审理双方使用知名商品特有包装、装潢纠纷。

资料来源：中国公关网，http://www. chinapr. com. cn/templates/T_Second/index. aspx? nodeid＝3&page＝ContentPage&categoryid＝0&contentid＝7430，2014 年 6 月 6 日。有删减。

2. 社会公众误解

公众对组织的经营状况并不是很了解，尤其对组织在开发新产品方面不能马上接受，便对组织产生误解，引发组织危机。这包括几个方面：一是顾客对组织的误解；二是内部公众对组织的误解；三是新闻媒介对组织的误解；四是金融组织对组织的误解等。其中的任何一项误解都能引发组织危机。

微型案例

“假药”救人

1994 年 3 月，沈阳召开“全国 1994 年药品交易会”前夕，辽宁电视台在晚间新闻中播发了一条“假药救了两条人命”的新闻。其大意是：3 月 10 日早晨，大连站西旅社服务员发现住宿的一对夫妇躺在床上，地上有 6 个空的安眠药瓶，她立即将情况报告给派出所，经干警现场勘察，这对夫妇因为赌博输钱想了却性命，便买了 6 瓶河南省驻马店地区制药厂生产的“佳静安定片”服下，谁知他们服下的是药性强但毒性很小的安定片，该药为全国首创，要致人死命必须服 50 瓶以上，所以这对夫妇没有死。从此，经过媒体的炒作，致使河南省驻马店地区制药厂一败涂地，一时间，“佳静安定片”成为伪劣产品的代名词，是人人喊打的过街老鼠。一些经销单位亦不明真相，来电来函要求退货，一些省卫生部门甚至做出决定：凡河南省进入本省的药物必须进行严格检查……自此之后，该公司的直接经济损失达 300 万元，组织的形象遭到了严重的破坏，严重地影响了组织的生存与发展。

资料来源：王培才主编：《公共关系理论与实务》，电子工业出版社 2009 年版。

3. 网络传媒

网络传媒是科技进步的产物，具有传播速度快、双向互动效率高、更新及时、成本低等优势。现代企业越来越重视通过网络传媒为企业塑造良好形象，部分企业已经拥有自己的网页，有的在网上发布企业的信息，但也有的企业因消费者的网上投诉处理不当而损毁名誉。

微型案例

从两次马航危机看互联网思维下的公关危机管控

2014年7月17日晚，马航MH17航班在俄乌边境坠毁。这次事件已经是马航自2014年3月8日MH370失踪以来，半年内的第二次重大危机。而在两次重大的公关危机中，马航的危机公关应对措施都频频出现重大失误，这不仅使公司的声誉受到严重的损失，也出现了大批的乘客退票潮，甚至有外媒分析称马航或将因此破产。

其实值得反思的不仅仅是马航，在全新的舆情环境下，如何运用互联网思维应对公关危机的挑战，也是各大企业所面临的重大课题。

与传统的公关危机管控理论相比，运用互联网思维进行公关危机的管控，需要特别强调以下四点：

1. 危机反应时间——“黄金45分钟”法则

此次马航MH17航班坠毁的消息是在7月18日23:24由国际文传电讯社首发，英国路透社几乎同时转发，而且在国际媒体的首发报道中便已经提到，航班坠毁可能是由于被导弹击落。而马航的官方声明不仅晚于国际媒体首发报道，并且仅仅提到“客机失联”。随后马来西亚交通部长又称“没有证据表明是被击落”。而在3月8日MH370航班失踪事件中，马航的反应更加离谱，事故发生在3月8日凌晨2:40，3月8日早上，国际媒体已针对此事进行了广泛报道。直到3月8日下午，马航才举行了首个新闻发布会。

其实传统的危机管控理论中，也都强调时间第一的原则。过去有人提到危机管控“黄金24小时”，近年来也有学者提到“黄金4小时”原则。根据美国西北大学舆论研究所的最新研究成果，在互联网环境下，重大危机发生时最佳回应时间应在“45分钟内”。否则将引起公众的不安，以及谣言在互联网上的传播。其实这方面也有很成功的案例，央视曾在“3·15”晚会上报道麦当劳餐厅食品安全问题，当报道在8:00多播出后，麦当劳在45分钟内便已经发出了第一篇道歉的官方微博，这条微博在当天晚上11:20已经被转发8 000多次，并且转发的大多是媒体微博，直接覆盖受众达到1 000万人。在危机发生后的数小时，麦当劳不花1分钱，便已向各界公众传递了麦当劳对此事的态度和改进措施。迅速稳定了舆情。由于麦当劳在此次危机中利用新媒体及时、得当的处理，此次重大危机在一个星期内即告平息，麦当劳的销量也没有受到影响。

2. 抢夺话语权——在负面危机被炒热前将它炒熟

马航在这两次重大危机中，不仅回应时间缓慢，而且频频失语，丧失了对整个事件的舆论主导权。在MH17事件已成为全球新闻热点的情况下，马航作为事件主角目前发布的消息仅仅是“先行赔付每位乘客家属5 000美元”。而在MH370事件中，马航的首次新闻发布会竟然仅持续了短短5分钟便结束了事。第二次新闻发布会在23:30,即推迟2小时后举行,也并无任何实质内容。在记者的追问下,马航竟然用关闭现场灯光的方法驱赶记者。而在3月10日的发布会上,马航的高管竟然一言不发。对于记者关于各种最新传言的求证,马航均以“未得到当局的确切消息”来敷衍。这种做法不仅使乘客家属极其不满,也使马航丧失了在整个事件中的舆论主导权。

目前,面对重大公关危机,任何企业都无法采取“封口,打死也不说”的方法来蒙混过关。在互联网思维下的危机管控理论强调,企业在重大危机中要抢先发声,设置议题、指正观念、澄清事实。在这方面,可口可乐曾经遇到过类似的危机。有人在互联网散播“喝可乐杀精子”的谣言,面对谣言,可口可乐没有采取传统的“封口”方法,而是在网上利用权威媒体大量发布关于《可乐会杀精?关于健康的十大谣言》科普文章,在文章中大量引用专家及研究机构的证言,证明“可乐杀精”纯属谣言。这些文章通过相关搜索引擎优化手段,使网民在搜索可乐杀精的相关关键词中大量出现,不仅使一般网民,也使其他媒体准备继续炒作时,发现此事已被报道并被权威人士正式辟谣,便不再跟进炒作。通过这种方法,将这个负面谣言的危机,在被炒热之前,先炒熟了。

3. 巧用互联网广场效应应对负面报道——媒体怎么报不好控制,网民怎么看可以引导

在网络媒体,特别是手机新闻客户端盛行的今天,媒体的报道固然重要,但网民对此新闻的评论也非常重要,特别是前20条专业、给力的评论,就会影响网民对此新闻报道的看法。今年“央视”高调批评星巴克咖啡对中国消费者存在价格歧视,指出在北京、上海等地的咖啡价格远远高于其在纽约、伦敦的价格。但此事的舆论导向最终出现翻盘。翻盘的关键点是:报道推出后,在网上引起了大量的网民讨论。大量网民评论央视单纯比较价格而不考虑渠道、受众、消费方式等因素,是“不懂营销,很不专业”的做法。还有很多网民调侃,“央视”为何不去打“房价、油价”,而单单打一杯咖啡的价格。在大量网民评论有利于星巴克的情况下,星巴克高层也适时出面解释,中外星巴克消费者在消费方式上存在差异,例如在纽约的星巴克消费者大多是打包咖啡,回到办公室喝。而在北京CBD的消费者,大多是点上一杯咖啡,坐上较长时间上网或谈事情。这些消费习惯以及渠道、位置的差异,也导致星巴克咖啡价格的不同。这样的评论和解释最终导致网民以及媒体纷纷嘲笑“央视”此次曝光纯属乌龙事件,甚至有大量网民提出“央视滚出媒体圈”。

4. 危机预防——从眼睛盯着媒体,到盯着媒体的眼睛

传统的危机管控理论一般强调“对媒体加强监测”,而在互联网时代,一个小媒体的负面报道,都会瞬间被搜索引擎抓取,并被其他媒体大量转载。单纯监测媒体根本无法预防危机的发生。所以最新的危机防控理论强调,企业危机防控的主阵地是企业自身在互联网中的自媒体阵地,例如涉及本企业的贴吧、QQ群、知识分享类的“百度知道”以及企业官方微博的消费者留言等阵地。因为传统媒体的记者多是通过这些阵地寻找新闻线索,并通过这些阵地与消费者取得直接联系,所以企业需要对这些阵地中消费者反应的问题及时处理解决,做到防微杜渐。这方面,小米手机的经验值得参考。

笔者曾经在小米手机的官方微博留言测试,反映小米手机存在的问题,在1小时内便得到了小米手机官方微博的2次回应,指导我们去就近的“小米之家”维修。另外在回应中还不断地称呼“亲”,拉近了与消费者的情感距离。

当前,互联网的思维与传统行业结合便产生了很多重大的创新,例如互联网思维与金融

行业的结合，造就了以支付宝为代表的各种“宝”。互联网思维与电信行业的结合，也成就了小米手机等一批创新型企业。在公关危机管理方面，我们也要运用互联网思维不断创新，只有这样，才能在互联网大潮中成为弄潮儿，而不是被大浪拍死在沙滩上。

资料来源：中国公关网，http://www.chinapr.com.cn/templates/T_Second/index.aspx? nodeid=19&page=ContentPage&categoryid=0&contentid=8013，2014 年 7 月 24 日。

总之，除了上述归纳的危机发生的原因之外，还有其他一些突发事件引起的组织危机。组织要想在危机发生时及时有效地处理，必须广泛搜集有关信息，对造成组织公共关系危机的原因进行深入分析，找出症结所在，将危机适时地转为契机。

第二节 公共关系危机预防

公共关系危机预防是指对组织潜在的隐患进行监测、预控的危机管理活动，并能对组织管理者提出警告，以利于组织及时脱离危机，减少组织的损失。大多数组织形象危机都可以在发生前通过组织的预警机制得以控制。引起组织公共关系危机的因素通常潜伏在组织中，但没得到重视，到后来便失去了控制局面的能力。因此，建立科学的“危机意识”，高度重视组织形象的危机管理，将危机意识落实到行动中，这对预防和解决危机才是至关重要的。

一、对危机事件的分析预测

对组织来说，危机的出现虽然是无法把握的，但其中也存在一些带有规律性的东西。这就需要从以下几个方面进行分析预测：

1. 从组织自身的类型做预测。要对危机事件进行准确预测，首先要弄清楚组织属于什么类型的组织，列出组织可能发生的公共关系危机事故。

2. 从组织发生过的事件中做预测。查看组织曾发生过什么样的危机、当时对危机的处理方法如何，可以将此类事件做个总结，以备日后发生同样问题时有可参照的依据。

3. 从同行业组织的经验或教训中做预测。查看本组织所属的同行业或类似的行业发生过怎样的危机事件，分析危机如果发生在本组织，将会对本组织造成多大的损害，并且有针对性地对自身的组织进行完善，以增强防御能力。

二、在日常业务中预防公共关系危机

在日常业务中需严格执行科学管理制度，保证产品和服务的质量，遵章守法，维护公众利益，从而消除危机隐患。

1. 有严格的制度作为保障。“没有规矩，不成方圆”，一个组织能够持续发展下去，首先要有严格的制度作为其有力的保障，凡事都按照组织的规程来做，就会将危机发生的可能性降到最低。

2. 建立危机预警机制。组织可以在部门内部专门成立一个危机处理小组，主要负责各类危机发生前的监测、识别、诊断，危机发生时的处理工作、危机发生后的善后工作等。

3. 树立全员危机意识。危机一旦发生，不仅是组织领导者的责任，组织内部的任何员工

都有责任，同时组织内部的每个人也都有义务为组织的健康发展尽自己的一分力量。组织要使每个员工从思想上做好应对各种危机的准备，树立全员危机感，开展危机教育，预防各种潜在的危机思想意识。

微型案例

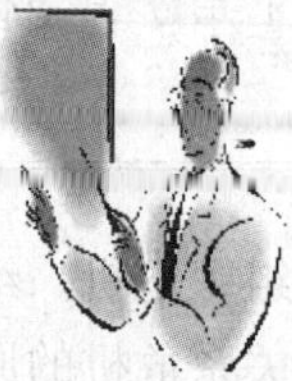

为防止与顾客发生矛盾纠纷，肯德基餐厅严格执行以下纪律：

第一，餐厅制作的炸鸡要严格按"七、十、七操作法"进行。即将一袋鸡从放到鸡蛋中浸七下，再放到干粉里滚十下，最后再按七下。有一天，因顾客爆满，炸鸡供不应求，操作工为了加快速度，按"七、十、七操作法"一次同时操作两袋鸡块，结果被经理发现，立即给予口头警告，并扣奖金15元。

第二，肯德基制定了一项铁的规定：鸡块炸出超过一个半小时就不能再卖了，不管剩多少都要扔掉，不准做廉价处理，不准给员工吃。不做廉价处理的理由是便宜卖给顾客，会损害餐厅的声誉。

第三，运用科学手段，保证炸鸡的分量。在制作过程中，餐厅运用电脑控制选用肉鸡，体重均在1.13～1.23千克之间。每只鸡分9块，保证分量。

此外，美国肯德基总公司还明文规定，肯德基快餐厅一律不许卖酒。世界各地的7 700余家肯德基快餐厅都要遵守这一规定。

肯德基的这种严格控制产品质量的规定为其他企业提供了一个范本，从日常业务中就开始预防危机的产生。

资料来源：崔景茂主编：《新编公共关系教程》，北京大学出版社2005年版。

三、建立危机预警系统

许多危机在爆发之前都会出现某些征兆，因此应当建立组织的预警系统来及时捕捉这些危机的预兆。公共关系危机预警，是根据预警监控做出危机预警的报告，在各种信号都显示将要来临时，及时向组织发出警报，以提醒组织采取相应行动。预警主要是对组织内部成员的警示，对象通常是组织的领导阶层、公共关系人员及全体员工，目的是引起他们对组织形象危机的关注，以便做好应对的准备，采取措施，减少危机带来的损失。

（一）设置危机管理机构

在组织内部设置危机管理机构，这是组织危机处理机制的反映。一般来说，危机管理机构主要由组织的高层管理人士、中层管理人士以及公共关系人员组成。高层管理者具有危机管理的最终决策权，并负责对外召开新闻发布会，负责提供解决危机事件发生的策略。中层管理者直接参与制定公共关系策略，在发生危机时及时向高层领导反映情况，同时还应兼备处理突发事件的敏捷反应能力，并善于同媒体打交道。公共关系人员在危机发生时处于危机最前沿，能主动承担公众与组织领导者之间沟通的桥梁作用，及时收集危机发生的原因、外界公众对组织的评价等，帮助组织渡过难关。

小资料

一名合格的企业危机管理者，必须具备以下几个方面的素质：

1. 有着强烈的进取精神和创新意识。
2. 富有同情心，善于理解他人。
3. 精力充沛，能进行长时间的工作。
4. 能够很好地控制自己的情绪，在外界压力下，能够临危不乱、保持冷静、沉着稳健。
5. 有耐心，不急于求成。
6. 在企业中拥有权威。
7. 有胆有识，反应迅速，处事果断。
8. 具有冒险精神，敢于打破常规，能够灵活应对各种复杂情况，敢于迎接挑战。
9. 善于沟通和倾听，能够通过适当的眼神、声音或肢体语言取得他人的认同。
10. 政治过硬，有着高度的责任感，能从战略高度把握全局。
11. 具有强烈的危机意识，能够敏锐地洞察危机事件的发展。
12. 有专业的危机管理知识储备，了解如何正确地认识危机事件、危机事件的演变周期、危机管理的关键原则、危机事件应对程序的建立、危机事件防范体系的建立以及危机事件的沟通技巧等。

资料来源：岑丽莹编著：《中外危机公关案例启示录》，企业管理出版社2010年版。

微型案例

肯德基的危机管理小组是公司的常设机构，有一个庞大的团队，经验丰富、应变能力强。当危机出现时，危机处理功能立即启动，对危机事件进行分析并做出相应决策。危机小组由公司相关部门人员组成，他们的主要工作是密切关注事态的发展，收集各种信息，包括中国政府出台的有关政策、媒体及社会公众的反应等，并及时对危机造成的影响做出判断，进行“危机公关”。全球化的经营网络使得肯德基信息化程度很高、反馈迅速。危机发生时，总部采取的措施能很快传达到中国200多个城市的1 000多家店铺和6万多名员工。

资料来源：陈敏主编：《现代公共关系实务》，上海中医药大学出版社2004年版。

(二)完善危机管理计划

为了有效地对公共关系危机进行预防和处理，组织必须建立健全危机管理计划，规定在对危机事件处理中各个管理小组与各部门之间的职责分工，保证对危机的处理过程有效而有序地进行，维护组织的形象。公共关系危机管理计划按内容包括应急计划和传播计划。

微型案例

作为全球著名的食品企业，在肯德基近百年的发展历史上，类似"苏丹红"事件的经历绝对不是第一次。从 1987 年进入中国市场，肯德基已经历了"非典"、"禽流感"等重大危机。然而，每次都被推到风口浪尖的肯德基，总是通过一系列有效的危机公关，化险为夷，安然过关。

2003 年"非典"期间，市民为避免受传染而不敢进入公共场所。这对于在全国拥有1 000余家连锁餐饮的肯德基来说，无疑是巨大的冲击。当时，肯德基一边加强对餐厅卫生的管理，反复清洁桌椅、地面、工作区；一边对员工进行每日体温检查，要求发烧的员工暂停上班；同时还增加各个餐厅的空气流通。当然，按照"信息公开"的企业风格，肯德基把所做的全部安全措施一一列举在海报上，张贴在餐厅门口。

"我们通过海报，不仅把餐厅的卫生安全情况告知消费者，还让公众来监督我们做得更好。"中国百胜公共事务总监王群表示，及时、准确地公开信息是危机公关的重要措施。

2004 年初，"禽流感"成为中国继"非典"后的又一场较大的社会危机，而主要提供鸡肉产品的肯德基自然首当其冲受到影响。这次，肯德基在第一时间召集各大媒体举行新闻发布会，就其安全的鸡肉供应体系做了详尽的介绍，并向全社会庄严承诺：肯德基有完善的系统与措施，有信心、有把握为消费者把好安全关。

接连发生的危机并没有影响肯德基的发展。据介绍，2004 年肯德基在中国开设的新店数首次超过 300 家，是全球发展最快的市场。

资料来源：金孜华：《危机考验肯德基公共关系管理智慧》，中国公关网，http://www.chinapr.com.cn/anli/wjgl/200703/10118.shtml。

1. 应急计划

危机应急计划是在组织领导层对危机进行全面分析预测的基础上，针对本组织常发生的危机事件的出现概率而制定的有关工作程序、施救方法、应对策略等详细的书面计划。应急计划的侧重点在于危机事件发生时的处理过程。

微型案例

危机意识与化解预案

作为一家食品企业，肯德基对于食品卫生之类的社会危机避无可避。然而，危机意识和完善的化解预案，让肯德基每次遭遇危机时，都能从容应对。

敏锐的危机意识早在英国食品标准署发出"苏丹红"警告后，肯德基就已经在中国的各个餐厅开展了自查工作，一系列"主动出击"的举措，使肯德基牢牢抓住了掌控事态的主动性。

有的放矢，快速反应。无论是处理"苏丹红"事件还是应对"非典"和"禽流感"，肯德基的行为都不是临时性的。肯德基在企业内部有一套比较成熟而完善的危机处理预案，每当发生危机时，一个由各相关部门组成的危机小组就会马上组成。

在这次“苏丹红”事件中，肯德基在2月底就启动了危机小组，由营运、产品质量控制、物流、公共事务等部门的10多名员工为小组核心，共同应对“艰难”时期。

在“非典”过后，肯德基制定了一系列危机处理预案，“就连办公大楼发生火灾而无法使用的预案，我们都准备好了”。肯德基的危机预案几乎把所有可能发生的情况都考虑进去了，而且每个部门还根据总的预案，制定了各自的小预案。

通过敏锐的危机意识、有效的预防措施和果断的处理手段，肯德基在经历了“非典”、“禽流感”、“苏丹红”等危机后依然保持了自己的生机。

资料来源：金孜华：《危机考验肯德基公共关系管理智慧》，中国公关网，http://www.chinapr.com.cn/anli/wjgl/200703/10118.shtml。

完整的危机应急计划一般包括组织所有可能发生及已经发生的危机事件的详细列表，包括日常工作中的必要防范措施、危机发生时的具体对策，还应列明对危机事件负责处理的人员名单及联系方式、常备的危机沟通设备等。必要时，还可以通过危机应急计划的危机演习来检测组织的应变能力。应急计划的有效性很大程度上取决于对危机预测的准确性。危机预测应由组织的决策者主持，公共关系专家参与，对组织某阶段可能出现的危机进行全面分析、预测，对危机发生后的应对策略进行讨论、确认，并以书面的形式备案。通过这种方式制定的应急计划，可以在危机发生的第一时间起到有效的控制作用，并减少组织的损失。

2. 危机媒介公共关系计划

危机媒介公共关系计划主要是针对在危机发生后，组织出现声誉受损、形象受挫以及伤亡事故等意外事件而制定的与媒介公共关系的计划方案，目的在于维护声誉、消除误解、告知公众。

危机媒介公共关系计划的重点是危机事件发生后的媒介沟通和信息传播。危机事件发生后，组织要向外界及时公布组织的处理方案或对公众做解释，加强与外界的信息沟通，这样可以在一定程度上消除组织与公众的误会和隔阂。因此，在危机传播计划中，应当包括与新闻媒介的联系方式、与外界信息沟通与处理，必要时组织还需专门成立新闻传播中心，专门负责对记者的接待与解释工作，还有一些文件的准备工作（如新闻稿）等。

微型案例

高露洁牙膏致癌风波

这一事件缘起于英国伦敦《标准晚报》科技记者在4月15日的一则报道。报道称，超市里出售的数十种牙膏今天接到了癌症警告。研究人员发现，化学物质三氯生能够和经氯消毒的水反应生成三氯甲烷（俗称“哥罗芳”）。如果吸入大量三氯甲烷，就会导致消沉、肝病，有些时候甚至会导致癌症。而在该报列举的产品中就包括了高露洁全效清爽彩条牙膏、高露洁全效牙膏等产品。事件被中国媒体报道后，立即引起轩然大波。高露洁牙膏的销售量急速下滑。面对致癌嫌疑，济南等部分城市临时撤下高露洁牙膏。

危机公关：

1.4月27日,高露洁举行新闻发布会,中国广州高露洁棕榄有限公司董事长方宝惠先生在会上说,高露洁全效牙膏是安全有效的,消费者可以继续放心使用高露洁全效牙膏和所有高露洁口腔护理产品。

2. 借助一些知名国际媒体的高级编辑及负责人,用较为温和的手法指出部分媒体的报道失实,援引报纸仅仅是英国的一家不知名的小报《旗帜晚报》。

3.《旗帜晚报》有关高露洁牙膏致癌的报道援引美国弗吉尼亚理工暨州立大学威克斯兰教授的一项研究报告,而威克斯兰认为其报道内容偏颇,并对报道的误解和混淆表示不满。他通过录音澄清:他的研究根本没有涉及牙膏或提出对高露洁全效牙膏安全性的任何担心,"很多相关报道是错误的,造成了不必要的恐慌。"他说,"事实上我本人就使用高露洁牙膏。"

4. 争取到中华口腔医学会和中华预防医学会的支持,两家机构再次确认高露洁牙膏的使用安全。

5. 加大了在"央视"等主流电视媒体的广告投放。

高露洁耗费了相当大的财力和精力,承担数百媒体中外地记者来京的食宿、交通费用。高露洁广州高露洁棕榄有限公司董事长方宝惠、高露洁棕榄有限公司副总裁魏德威、高露洁棕榄公司亚太区总裁高仕亚均出席了新闻发布会。这种高规格,大规模的媒体发布会,显示了高露洁积极应对的姿态,应予肯定。

资料来源:新闻发言人于危机公关培训网,http://www.fayanren.com/files/news_102.html,2005年10月14日。

高露洁在危急发生后积极与媒介沟通,调查事件的始末,召开新闻发布会澄清,极力维护组织的形象。这一系列的工作显示出高露洁公司危急媒介公共关系计划的成熟性。

(三)危机管理的条件准备

第一,危机管理专项经费。在危机预防阶段,针对危机管理的各项经费开支可通过组织内部预算预留出来,以便在危机出现时,不会因为经费而耽搁组织对危机事件的及时处理。

第二,危机信息资料的准备。包括危机事件处理小组的联系方式与预警方案、突发事件的处理程序、善后工作的材料,并能够随时取用。

第三,媒体关系准备。组织应积极主动与媒介建立长期、有效的联系,并善于借助强大的舆论力量为组织在关键时刻进行客观的宣传与报道。

第三节 公共关系危机处理

一、危机处理原则

(一)公众利益至上原则

公众是政府的服务对象,更是社会组织的服务对象。尤其对社会组织来说,公众是其生存发展的土壤、空气和阳光,漠视公众实际上是无视自己的生存条件。所以,社会组织管理者必须具有公众利益至上的公共关系意识。当社会组织与公众因误解而出现利益冲突时,组织应向公众传递的是"尊重顾客意愿""顾客满意为先"的诚挚理念。

微型案例

只有一名乘客的飞行

英国国航空公司所属波音747客机008号班机，准备从伦敦飞往日本东京时，因故障推迟起飞20小时。为了不使在东京候机回伦敦的乘客耽误行程，英国航空公司及时帮助这些乘客换乘其他公司的飞机。共190名乘客欣然接受了英航公司的妥当安排，分别改乘别的班机飞往伦敦。但其中有一名日本老太太叫大竹秀子，说什么也不肯换乘其他班机，坚决要乘英航公司的008号班机。实在无奈，原拟另有飞行安排的008号班机只好照旧到达东京后再飞回伦敦。一个罕见的情景出现在人们面前：东京—伦敦，航程达1.3万公里，可是英国航空公司的008号班机上只载着一名旅客，这就是大竹秀子。她一人独享该机的353个飞机座席以及6名机组人员和15位服务人员的周到服务。有人估计说，这次只有1名乘客的国际航班使英国航空公司至少损失大约10万美元。从表面上看，这的确是个不小的损失。可是，从深层来解释，它却是一个无法估价的收获。正是由于英国航空公司一切为顾客服务的行为，在来去匆匆的世界各国的顾客心目中换取了一个用再多金钱也难以买到的良好公司形象。

资料来源：边一民编著：《公共关系案例评析》，浙江大学出版社2004年版。

（二）承担责任原则

组织与利益公众之间的关系一旦发生危机，最有效的办法就是协调好利益关系，承担起危机的责任，尤其是要使受害者的利益得到最大限度的保护。

微型案例

"海底捞勾兑门"事件的危机公关处理

2011年8月22日，《信报》报道《记者卧底"海底捞"·揭秘》，直指骨汤勾兑、产品不称重、偷吃等问题，引起社会轩然大波，一直被称为人类无法阻止的海底捞，终于遇到了一个大坑。

2011年8月22日，15:02，海底捞官网及官方微博发出《关于媒体报道事件的说明》，声明语气诚恳，承认勾兑事实及其他存在的问题，感谢媒体监督，并对勾兑问题进行客观澄清。此微博被转发1 809次，评论690条，用户基本接受海底捞的态度。

2011年8月22日，16:18，海底捞官网及官方微博发出《海底捞关于食品添加剂公示备案情况的通报》，笔锋更加诚恳，"多年厚爱，诚惶诚恐"之类的词语都用到。

2011年8月23日，12:00，海底捞官网及官方微博发出《海底捞就顾客和媒体等各界关心问题的说明》，就勾兑问题及员工采访问题进行重点解释。

2011年8月23日，20:00，海底捞掌门人张勇的一篇微博尤为经典，转载如下：

"菜品不称重、偷吃等根源在于流程落实不到位，我还要难过地告诉大家，我从未真正杜绝这些现象。责任在管理而不在青岛店，我不会因此次危机发生后追查责任，我已派心理辅导师到青岛，以防该店员工压力太大。对饮料和白味汤底的合法性我给予充分保证，虽不敢承诺每一单元农产品都先检验再上桌,但责任一定由我承担。”

此篇微博瞬间转发近 4 000 次,评论 1 500 条,在如今遇事自保、互相推诿、丢车保帅的职场中,张勇的敢担当,人情味十足,与当时的高铁事件中部分领导的做法形成鲜明对比。张勇的人格魅力化解掉此次事件 80%的危机。

随后,海底捞邀请媒体记者,全程记录骨汤勾兑过程,视频、照片瞬间布满网络,事件就此暂时画上了圆满的句号。

资料来源:http://www.zhihu.com/question/19574802,2011 年 10 月 31 日。

(三)实事求是原则

面对危机,组织一定要采取实事求是原则。无论是面对内部公众还是面对新闻记者、受害者和上级领导,都不能违背、隐瞒事实真相,否则将会自食苦果。

微型案例

中美史克的危机公关

2000 年 11 月 15 日,国家药品监督管理局发布《关于暂停使用和销售含苯丙醇胺的药品制剂的通知》。根据此项通知,国内 15 种含有苯丙醇胺(PPA)的感冒药被停止使用和销售。中美史克公司旗下的康泰克作为国内感冒药的第一品牌,首当其冲地被绑上了媒体的第一审判台。当时康泰克几乎成了 PPA 的代名词。

然而,中美史克公司面对这样的突发危机事件,临危不乱。第二天就迅速通过媒体发表了给消费者的公开信,表示坚决执行政府指令,暂停生产和销售康泰克,并公开承诺:“为切实保障人民群众的用药健康,我公司愿意全力配合国家药政部门的有关后续工作。”表现出了真诚负责的态度。

11 月 17 日,中美史克公司在全体员工大会上通报了危机事件的具体情况,并且表示企业不会裁员。这一举措也赢得了员工空前一致地团结。

11 月 20 日,中美史克公司在北京人民大会堂召开新闻发布会。会上,中美史克公司的危机管理者表示将全部回收市场上的康泰克,同时也通过媒体传达了这样的事实:在中国销售康泰克的十多年中,还从来没有出现过目前大家最担心的能引起脑中风的副反应报告。此外,中美史克对于有些媒体的不实报道,一律不予驳斥,只是解释。对于落井下石的竞争企业,中美史克公司也绝不还击。这样的姿态,最终赢得了媒体和消费者的理解。

11 月 21 日,中美史克公司的 15 条消费者热线全面开通,数十名训练有素的接线员耐心解答公众的各种询问。

几天后,中美史克公司又宣布将全部销毁价值一个多亿元的回收及库存康泰克。

中美史克的一系列举措,树立了企业勇于承担社会责任的良好形象,赢得了公众和媒体的同情和信任,也为日后重整旗鼓奠定了良好的基础。

资料来源:岑丽莹编著:《中外危机公关案例启示录》,企业管理出版社 2010 年版。

以上材料显示，中美史克公司在面对公共关系危机的时候，实事求是地承认自己的错误，对危机有充分的认识，并及时地给出处理办法，是中外企业危机处理中的典范。

（四）真诚沟通、诚恳道歉原则

在危机发生后，危机处理机构要由专人负责与公众、与媒介的沟通协调工作。不论是面对媒体，还是面对受害者或内部公众，都要以真诚的态度进行沟通并诚恳道歉，告诉他们事实真相以及组织的处理方案，以消除公众的疑虑，掌握舆论的导向，使危机的消极影响降到最低。我们不能忽视企业真诚沟通和诚恳道歉的态度对单纯的公众的影响力。一个敢于尊重事实、敢于面对错误的企业，不管做错了什么，往往都能够赢得公众的同情与信任，其形象不但不会受到损害，反而会有所升华。

微型案例

美泰公司的诚恳道歉

美泰公司首席执行官罗伯特·埃克尔特 2008 年 9 月 12 日当着美参议院小组委员会的面，对数百万件玩具上发现含铅油漆的事件而道歉。美泰首席执行官罗伯特·埃克尔特直面家长们的担忧。“如同你们中的大多数人一样，我也是一名家长，”他说，“我也深深担心子女的安全问题。并且同你们一样，最近的事件让我非常不安和失望。我们的产品上出现的带铅涂料问题避开了我们整个系统，破坏了我们的标准。我们辜负了供应商，从而导致我们辜负了大家。我谨代表美泰公司和近 3 万名员工真诚地表示我们的歉意……我们会竭尽所能预防类似事件再次发生。”

资料来源：岑丽莹编著：《中外危机公关案例启示录》，企业管理出版社 2010 年版。

美泰高管的诚恳道歉是对危机事件的及时反应，是为了避免相关事件对公司声誉产生损害。

（五）及时行动原则

危机发生后，公共关系人员要及时赶到现场，迅速查明事实真相，及早采取措施，控制住事态的发展，并尽可能地与公众进行及时沟通，让公众在第一时间了解事件的进展情况。

微型案例

芝华士危机处理

2006 年 1 月 20 日，《国际金融报》刊登了一篇题名为《芝华士 12 年：“勾兑”了多少谎言》的报道，文中援引一名不愿透露姓名的消息人士所了解的在华销售的国际知名酒类产品“芝华士 12 年”的成本信息，向欧盟最大的酒类公司保乐力加集团在华经销商保乐力加中国公司发出四项质疑：

（1）“芝华士 12 年”成本：“25 元”缔造“亿元神话”？

（2）在华产品销售：大陆市场没有真正的 12 年酒？

（3）全体员工赴英旅游：暴利下的奢侈？

（4）品牌价值：“变了味道的水”？

一时间，芝华士成本谎言通过网络、报纸、电视、电台等传媒迅速传播扩散至全国。2006

年度第一场国际品牌在华信任危机在狗年春节到来前爆发。

1月20日,《国际金融报》刊登文章质疑"芝华士12年"成本的当天,保乐力加中国公司即委托其公关公司发布新闻公告。公告指责《国际金融报》的报道并无事实根据,要求给予书面道歉和纠正,并对"芝华士12年"产品的生产年份控制和成本构成做了说明。

1月24日,芝华士生产保乐力加集团再度以苏格兰威士忌协会(SWA)的名义通过《第一财经日报》向公众做出回应,表示"芝华士12年"年份是足额的。同时,针对成本仅25元一说,保乐力加中国传播总监王珏向媒体透露:"光增值税一项就超过25元。"至于芝华士总成本,保乐力加公司以商业机密为由拒绝透露具体数据。

1月25日,苏格兰威士忌协会、保乐力加(中国)贸易有限公司和保乐力加集团下属的英国芝华士兄弟有限公司于上海举行联合记者招待会,再次向媒体重申"芝华士12年"是用多种在橡木桶中醇化了至少12年以上的威士忌调和而成的。

新闻发布会上,保乐力加董事总经理齐德辉、芝华士亚太地区副总裁潘德施、英国驻上海总领事馆及欧盟驻华代表团代表等众多高层人物到场接受记者询问。

资料来源:齐小华、殷娟娟等编著:《公共关系案例研究》,武汉大学出版社2009年版。

从芝华士的案件处理中可以看出,保乐力加(中国)贸易有限公司对事件的处理速度比较快,能在第一时间做出及时的行动。

(六)权威证实原则

权威证实具有很强的说服力。在危机发生时,企业应尽可能地争取政府主管部门、独立的专业机构、权威媒体及消费者代表的支持,这样有助于在短时间内恢复信誉。上文提到的高露洁牙膏致癌风波中,高露洁不仅及时召开新闻发布会,将真相告知公众,而且也得到了中华口腔医学会和中华预防医学会的支持。

微型案例

从SK-Ⅱ事件看宝洁公司的危机公关

曾几何时,SK-Ⅱ系列化妆品中有一款被标榜为"神仙水"的精华乳液风靡整个亚洲,在SK-Ⅱ产品品牌的网页上,其核心成分的来源和利益点都十分诱人:25年前,一名日本僧人发现米酒酿造者都有一双特别细嫩的手。科学家于是在米酒的发酵过程中分离出一种称之为"pitera"的混合物,于是便有了今天的SK-Ⅱ。宝洁公司宣称,pitera的加工技术是天然和先进科技的结合,并且不能批量生产。其护肤效果不断被众多美女明星演绎,从而造就了一种流行。很多用过SK-Ⅱ的女性,其效果似乎也证实,这的确是一种有效的高级化妆品。

2005年3月7日,江西南昌消费者吕女士状告宝洁SK-Ⅱ。起诉理由有两点:

1. 虚假广告:SK-Ⅱ的广告册上宣称"使用4周后,肌肤年轻12岁,细纹减少47%",然而使用后吕女士不但并未如广告中所说的那样变得年轻12岁,反而出现皮肤瘙痒和部分灼痛的情况。广告涉嫌欺诈。

2. 侵犯消费者知情权。在吕女士和其委托人唐先生撕去了该款产品瓶身上贴着的不干胶中文说明后,发现瓶身原本印有产品成分的日文说明。日文标示的产品成分表明,这款

SK-Ⅱ紧肤抗皱精华乳的成分包括氢氧化钠等化学材料，其中氢氧化钠俗称“烧碱”，具有较强的腐蚀性。由此吕女士和唐先生认为，不在产品包装上用中文予以相关成分警示，侵犯了中国消费者的知情权。

3月9日，代言SK-Ⅱ紧肤抗皱精华乳的香港明星刘嘉玲发电子邮件表示声援，称“我很高兴继续支持SK-Ⅱ”。

随后宝洁公司草草地发布声明，称“自己的产品有双重保险保证其安全性”，并强调“产品手册中对产品的宣传有实验数据支持”。但可笑的是，其数据是来自机器人！同时，宝洁公司指责“此事后面有利益集团在操纵”。

紧接着，宝洁公司在全球范围内推出公益品牌——“生活、学习和成长”，向中国公益事业第一品牌希望工程捐献400万元。

3月21日，河南《今日安报》披露，一郑州消费者由于担心SK-Ⅱ质量有问题，要求退货被拒绝，决定起诉宝洁公司。众多媒体转载了这条新闻，并对SK-Ⅱ的安全再次质疑。

3月25日，宝洁公司发布《致媒体公开信》。宝洁公司称，对SK-Ⅱ紧肤抗皱精华乳的检测结果显示，各项指标均符合国家要求，不存在质量问题。

4月1日，宝洁公司到南昌市工商局签字认罚，南昌市工商局依据规定，对宝洁公司做出罚款20万元的决定。但宝洁仍然对外界含糊其辞。

4月7日，王海向国家工商总局举报宝洁SK-Ⅱ广告欺诈消费者。王海在举报材料中称，宝洁刊登的SK-Ⅱ护肤精华乳的广告表明，“能放大抗老功效2倍，放大美白功效3倍，放大保湿功效4倍”，所引用的各种数据未表明出处、且明显没有事实依据，违反了《中华人民共和国广告法》第十条的规定。

8月24日下午，宝洁公司在北京临时召开SK-Ⅱ媒体沟通会。宝洁公司SK-Ⅱ中国区公关经理冯佳路向记者宣读了一份来自南昌的法院判决，该判决驳回了原告吕萍的诉讼请求；本案受理费120元由原告承担。但消费者表示坚决上诉。

资料来源：冯建军：《从SK-Ⅱ事件看宝洁公司的危机公关》，http://management.mainone.com/ceo/2006－11/68448_1.htm。

在上述事件中，由始至终都是宝洁公司自己策划的各种事件试图缓解公关危机，并没有请专门的权威机构来印证本公司产品的可靠性和安全性，自然缺乏说服力。

小资料

公关部每天重复的三件事：

针对危机公关，公关部每天都要重复和认真做好以下三件事：

1. 和媒体记者沟通。沟通聊天永远可以收到比较好的效果。如果有新的新闻动向，几乎任何一个在市场上活跃的媒体记者都会耳有所闻。如果有选择地与一些记者沟通交流，所有不利或者有利的公关素材必然会摆在你的面前。

2. 关注企业内外的利益变化趋势。大多数危机的产生都是因为企业的变化使许多人的利益受到了伤害。这种伤害很可能引起矛盾冲突而被媒体嗅到，而且这种冲突最容易被受害人告知媒体，甚至会写成文章被媒体采用。所以公关部门一定要紧盯企业的政策变化给哪些人带来了利益损失，然后与人力资源部门沟通，将内部矛盾尽可能减到最低。

3. 进行全员公关。很多企业将此理念深入贯彻，收到了很好的效果。我们这里提倡的全员公关也是要求公司的全部员工都有公关概念，工作直接或者间接地要为公关的目标服务。在公司内部应有一本要求全部员工学习的公关小册子。小册子上有遇到哪些问题我们怎么处理，遇到什么样的问题我们怎么回答，哪些东西是可以对外宣传的，哪些是不能宣传的，哪些是坚决不能说的等，这些做法会在企业的公关统一口径中起到很好的作用。

资料来源：岑丽莹编著：《中外危机公关案例启示录》，企业管理出版社 2010 年版。

二、危机处理的一般程序

正确、有效、快速处理危机对组织而言是十分重要的。组织所发生的危机事件尽管会在规模、性质、表现形式以及对公众影响等方面有所不同，但在处理程序上有共同的特点。这个程序应与危机的应急方案相结合，同时根据危机发生时的具体状况再予以适当的调整。

微型案例

班特利海湾石油公司曾发生过一起油船大爆炸事件，造成 50 人丧生，只有在控制塔上的一个人活了下来，但吓得神经错乱。不到三天，就聚集了 300 多名记者，新闻界要求海湾石油公司尽快说明真相，要让活下来的人说话。但活下来的人已无法出来做证，现场简直是一片混乱。

麦克·里杰斯特先生在中国公关培训班上讲了他处理这一危机事件的基本做法：

第一步，危机发生后的前十天，每天举行两次新闻发布会，与记者保持沟通，使负面消息的影响力降到最低限度。

第二步，邀请当地公司的管理人员出席新闻发布会，让他们介绍公司对事故的善后处理情况，告诉记者，公司是如何与死者家属沟通的、是如何让警察来辨认尸体的、是如何清理海滩现场的。

第三步，与当地政府联系。因为开始建中转站时，政府是同意的。公司把有关情况向政府做了通报，并表示一定给予赔偿。至于社区方面，由于平时注意搞好关系，所以事后也给予公司很大帮助。

第四步，积极进行海湾环境污染的处理。沙滩上有许多原油，每次涨潮后，都找人把海滩的石油清除掉，并且一直非常努力做这项工作，表明公司的负责态度。

第五步，在爱尔兰做广告，向人们表示深深的歉意，并表示将尽快找出油船爆炸的真正原因。

资料来源：彭望清、孙瑞：《医药营销中的危机管理与案件剖析及实践运用》，《国际医药卫生导报》，2002.9A。有删减。

麦克·里杰斯特对危机的处理方法给我们以启示。但一套完整、正确的危机处理程序还不仅限于此。一般来说，公共关系危机处理的基本程序包括以下环节：

(一)快速启动应急预案

危机发生后，组织应快速启动应急预案，以保证危机损失控制在最小范围。

(二)深入现场，掌握第一手资料

组织负责人、公共关系部门负责人及相关的调查人员在第一时间赶到危机现场，首先要确定事件发生的时间、地点、原因、人员伤亡和财产损失情况，并及时掌握事态的发展进程和控制情况。

(三)控制损失，控制事态的恶化程度

危机发生后，一定要按照拟定的应急方案，全力采取措施，控制事态的蔓延和发展，把损失控制在最低限度。尤其是在危机处理中要注意维护之前组织所树立的声誉和形象，有计划、有目的地进行公共关系处理。

(四)分析情况，确定对策

组织高层人员应根据所掌握的危机第一手材料、公众和舆论反应等情况，深入研究并确定应采取的策略和措施。所采取的策略和措施不仅要考虑到危机本身的处理，还要考虑到处理好危机所涉及与员工、受害者、受害者家属、新闻媒介、社区、消费者、客户、政府主管部门等的关系。

(五)召开新闻发布会，发布正式信息

组织在发生危机时须主动获得舆论信息。在了解事实的基础上，确定初步对策，并以尽可能快的速度召开新闻发布会或记者招待会，及时、准确、全面地公开事实真相，尽量缩小危机影响面，淡化危机影响，降低公众敌意。如出现失实报道，应寻求媒体帮助，及时予以更正。

(六)组织力量，有效行动

公众和舆论不仅关注组织是否对外有过交代，更关注组织所采取的行动。危机的处理需要组织决策者亲自组织行动和协调工作，甚至要亲赴一线。如中国国际航空公司在2002年4月15日发生空难后确定宫国魁副书记为公司在韩国的新闻发言人、总局航空安全办公室栾宝主任为总局在韩国的新闻发言人。落实措施情况要详细记载并及时向公众和媒体宣布。

(七)认真处理善后事宜

善后工作包括赔偿、安抚等，同时危机公共关系人员还需搜集、整理并分析外部公众尤其是媒介对危机事件的报道情况，评估危机处理结果。危机处理组织机构应对危机处理情况进行全面检查、评估，并将检查结果向组织高层领导汇报，向公众和媒介公布。组织应一切从公众利益出发，认真做好善后工作，才能恢复和重新塑造形象。

(八)总结评估，重塑形象

这是危机管理最后阶段必不可少的工作。危机处理组织机构应对危机处理情况进行全面检查、评估，并将检查结果向高层领导(政府、董事会、股东大会等)报告，向公众和媒介公布。有些重大事故也可采取广告形式在媒介上公布，表明组织敢于承担责任。一切从公众利益出发，认真做好善后工作，才能恢复和重新塑造形象。

微型案例

中国国际航空公司的危机公关

2002年4月15日,中国国际航空公司飞往韩国的CA129航班在韩国釜山不幸坠毁。此次航班上载有旅客155人、机组人员11人;其中韩国旅客135人,中国旅客19人,乌兹别克旅客1人。事出紧急,中国国际航空公司马上调动了紧急应对措施,启动紧急事件应急程序:

4月15日上午10:40,空难发生。

11:15,国航召开各部门负责人会议,商定应对空难的几条紧急措施。

空难发生后不到一小时,国航善后事务工作小组成立。

15日下午,公司向各大单位下发了紧急通知,提出几点要求:

(1)各单位领导必须坚守岗位,即日起取消主管领导外出、休假、疗养;公司有关领导、应急中心人员和安全、生产部门领导24小时值班,有关部门电话24小时保证信息畅通。

(2)各级党委和领导要掌握职工思想动态,做好深入细致的思想工作。

(3)各飞行大队要以安全为中心,安排好航班生产,领导干部带头,以加强机组配备,重点研究落实复杂气象条件下的飞行和各种特殊条件下的处置准备工作。

(4)航修厂加强电机维护,及时排除故障,消除安全隐患。

(5)地面各保障部门要加强服务工作,保证航班的安全与正常。

当天17:45,国航紧急事故处理小组乘专机从北京飞往韩国釜山。

为统一对外新闻口径,确定宫国魁副书记为公司在韩国的新闻发言人,总局航空安全办公室栾宝主任为总局在韩国的新闻发言人。

资料来源:何春晖编著:《中外公关案例宝典》,浙江大学出版社2011年版。

三、危机处理中的新闻发布会

微型案例

巨能公司就双氧水事件召开新闻发布会

2004年11月16日《河南商报》以《消费者当心,巨能钙有毒!》为醒目标题的报道,打碎了巨能钙的美梦。17日起,巨能钙成了各大媒体争相报道的焦点,各家药店开始纷纷撤架,消费者更是惊恐万分。与此同时,卫生部门和药监部门也开始对此事件的调查。北京巨能公司紧急行动,决定于11月19日下午召开新闻发布会。

下午15:30,针对媒体报道巨能钙含双氧水事件,北京巨能新技术产业有限公司(以下简称巨能公司)在北京数码大厦3楼会议室召开新闻发布会,表明态度。该公司董事长李成凤及总工程师刘志革出席并主持会议。

15:10,巨能公司董事长李成凤及总工程师刘志革到达现场。李成凤进入会场后立即与在场记者们握手,并对记者的到来表示感谢。

据悉,该发布会本来预计邀请 20 家媒体,但根据在现场的统计,最终到达会场的达 50 多家,其中不乏中央电视台、《京华时报》、《新京报》、《广州日报》等媒体。

下午 15:30,会议室已座无虚席,发布会准时开始。李成凤首先表明:召开此次发布会是希望能够传递巨能公司的观点。针对有关媒体报道巨能钙含有双氧水,他首先表态称,巨能公司是有 8 年历史的公司,巨能钙是经卫生部批准后才开始生产经营的,并严格按相关部门规定执行检测程序。

李成凤就巨能钙的属性做了区分:巨能钙属于保健食品,不是药品,必须要通过指定机构的监测。他说,巨能钙通过了毒理实验,最终确定结果为"实际无毒"。

李成凤对相关媒体报道的评语是:"报道完全没有根据。仅凭对部分巨能钙产品的化验结果就做演绎是不科学的。"他称公司将采取法律措施对该媒体提起诉讼。他还宣布,巨能公司将请行政部门指定一家第三方权威机构来对巨能钙进行检测。据称最终检测结果至少要 3 个月后才会出来。

关于巨能钙生产技术方面的问题,巨能公司总工程师刘志革做了相应说明。围绕巨能钙"是否含有双氧水"及"是否有毒"的问题,刘志革称,巨能钙确实含有双氧水。但双氧水不是毒品,更不是剧毒品,在国际医药卫生领域都被大量使用。人体少量摄入双氧水是没有害的,但具体摄入多少剂量会有毒副作用,这还没有一个相关标准。据刘说,人体每天摄入 15～24 毫克双氧水处于合理范围内,而巨能钙在说明书中规定了服入量——服用 1～4 片,相当于每天摄入 1.2～2.0 毫克,而且这些少量的双氧水在人体内也会被分解。

会议在一个小时内结束。会议中各界媒体记者向巨能公司询问了大量相关问题。

李成凤对未来事件发展的预期结果表示乐观,他相信最终将靠科学来说明一切。"我相信我们的胜算是百分之百,"李成凤非常肯定地说,"我希望大家拭目以待!"

资料来源:http://www.chinaacc.com/new/2004_11/4111922373872.htm。

新闻发布会是组织与新闻界建立联系的一种较正式的沟通形式,危机处理期间选择召开新闻发布会来传播信息,比之其他方式的信息发布,无论是在内容的广度上还是在深度上都更为有效。

提醒您

国外危机管理专家认为危机期间进行新闻发布会非常必要:

1. 当危机发生时,会有记者聚集在事故现场或公司总部的外面,要求获得更多的信息和进行采访。

2. 举行新闻发布会为组织提供了一个讲清事实的机会,使媒介真正了解事故的真相以及组织正在采取的弥补损失的措施。

3. 组织可以面对面地对事故的发生表明态度和立场。

4. 便于各新闻媒介进行现场拍摄或录音,便于报道。

5. 帮助组织把握主动权并直接控制危机事件的信息传播。

（一）危机期间新闻发布会中的基本技巧

1. 介绍新闻发布会的目的以及到会的主要宾客。

2. 在会场中安排一些图片、模型以及其他工具。

3. 详细、准确地解释所发生的事件及进展的情形如何。

4. 态度要诚恳，对所发生的危机表示遗憾和关注，对受害者及其亲属表示同情和安慰。

5. 向新闻界发布的消息要统一规范，多做正面介绍。

6. 重要事项以新闻稿的形式发给记者。

7. 控制会场秩序，有序提问。

8. 回答问题尽可能让记者满意。

9. 发布信息要真实且讲究回答的策略。

10. 一旦会议结束，就从另一个出口迅速离开会场，避免记者在走廊上追逐并继续提问。

11. 个别记者有特殊要求，想针对某一问题进一步采访，可以安排在会议结束后。

12. 如果还需召开新闻发布会，应明确告诉记者下次信息发布的具体时间。

（二）危机期间的新闻发言人

新闻发言人是组织所指定的在危机发生后代表组织向内外公众介绍事实真相和组织所采取的措施，并保持同新闻界良好关系的专门人员。在举行新闻发布会之前，组织应将搜集到的情况全部提供给新闻发言人，使其对整个资料有充分的了解和掌握。危机处理过程中的新闻发言人必须选择受过专业训练，由有经验的专门人员来担任。一般多由组织高层决策者兼任。新闻发言人作为危机期间组织正式的对外组织代言人，经常出现在新闻发布会等各类公开场合，因此，代表组织形象的新闻发言人应举止得体、沉稳干练、思维敏捷、善于表达，并具有良好的公众亲和力。

新闻发言人在与新闻界沟通时，不要事先向外界透露任何重要消息，应尽可能向媒体提供充分的信息，充分运用事先准备的资料，面对媒体，组织应尽量争取各种可能的帮助，以处理好各种问题和多方面关系。掌握舆论的主导权并遵守所有对媒体做过的承诺，谨言慎行。掌握并调动各种信息传播和传递方式，这样可以有效、快捷地散发信息，并有利于形成一定的舆论声势。

牢记要点

在新闻发布会中牢记下列“不要”：

不要对前来参加新闻发布会的记者厚此薄彼；

不要推测危机的结果，特别是伤亡的人员及数量；

不要使用行话，避免别人听不懂；

不要推卸责任，即使确定组织不负主要责任，也要婉转说明，对责任的界定属于法院或仲裁机构；

不要发布不准确的消息；

不要求记者一定刊登什么或不刊登什么；

不要拒绝记者提问，即使不能回答也要说明原因；

不要查看记者所写的报道，但可提出问题，阐明真相；

不要抱怨组织领导或同事；

不要指责临阵退却的同事，因为会有更重要的工作需要去做；
如果组织没有什么可以隐瞒的，不要轻易采取低姿态；等等。

小　结

关键术语

危机　公关危机　危机公关　公共关系危机预防　公共关系危机处理　危机中的新闻发布会

本章小结

1. 危机是指事物由量变的积累，导致事物内在矛盾的激化，即将发生质变或质变已经发生但还未稳定的状态。这种质变给组织或个人带来了严重的损害。为阻止质变的发生或减小质变所带来的损害，需要在时间紧迫、人财物资源缺乏和信息不充分的情况下立即进行决策，并采取行动。

2. 公关危机是指组织遭受突发性或灾难性的事件，使组织的利益、形象甚至生存受到严重影响，给组织造成严重损失，使组织面临信誉危机。公关危机是各种类型的危机事件中的一种。

3. 危机公关包括危机前的预警、危机中的应急处理和危机后的善后工作。不论在哪个阶段出现危机，组织都应该及时、诚恳地进行妥善处理，将危机扼杀在萌芽状态。如果处理不及时，就会使组织陷入更大的危机，甚至无法自拔。

4. 危机事件的特点有突发性、危害性、可变性、紧迫性、危机的双重性。

5. 危机事件的基本类型包括不可抗力危机、人为破坏危机、公众误解危机、管理失误危机。

6. 公共关系危机的原因：(1)企业内部环境因素，包括企业员工自身素质低、决策失误、法制意识淡薄、缺乏危机意识；(2)企业外部环境因素，包括企业间不正当竞争、公众误解、网络传媒。

6. 建立公关危机预警包括设置危机管理机构、完善危机管理计划、危机管理的条件准备。

7. 危机处理原则包括公众利益至上原则、承担责任原则、真诚沟通原则、实事求是原则、及时行动原则、权威证实原则。

8. 危机处理的一般程序包括：快速启动应急预案；深入现场，掌握第一手资料；控制损失，控制事态的恶化程度；分析情况，确定对策；召开新闻发布会，发布正式信息；组织力量，有效行动；处理好善后事宜。

知识结构图

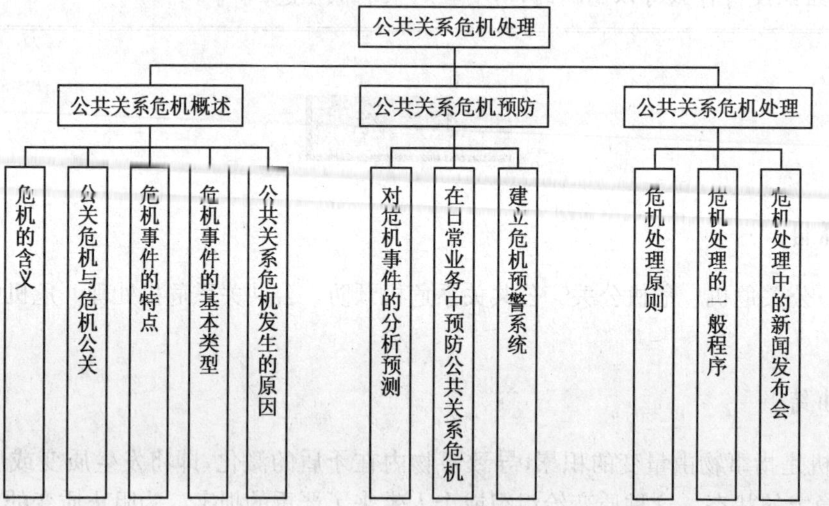

应　用

案例研究

案例一

雀巢碘超标事件:失败的危机公关

2005 年 5 月 25 日,浙江省工商局公布了近期该省市场儿童食品质量抽检报告,其中黑龙江双城雀巢有限公司生产的"'雀巢'牌金牌成长 3＋奶粉"赫然被列入碘超标食品目录。同时,浙江省工商局已通报各地,要求对销售不合格儿童食品的经营单位予以立案调查,依法暂扣不合格商品;不合格儿童食品生产厂家生产的同类不同批次商品必须先下柜,抽样送检,待检测合格后才可重新销售。

对于奶粉,国家标准是每百克碘含量应在 30～150 微克,而雀巢的这款产品被发现碘含量达到 191～198 微克,超过国家标准的上限 40 微克。据食品安全专家介绍,碘如果摄入过量会发生甲状腺病变,而且儿童比成人更容易因碘过量导致甲状腺肿大。

5 月 29 日,中央电视台经济半小时播出《雀巢早知奶粉有问题》。雀巢中国有限公司商务经理孙女士就此事回答记者提问:

1. 采访过程中,雀巢中国有限公司商务经理孙女士先后 3 次摘下话筒要求结束采访,先后 3 次用沉默来回答记者的提问。当记者称采访还没有结束时,孙女士说"我该说的已经说了""我认为已经结束了"。

2. 孙女士接受记者采访说,"按国家标准,这批产品是不合格的",但又说,"我们的产品没有问题,是非常安全的",因为她认为自己的奶粉符合《国际幼儿奶粉食品标准》。但当她翻开声明中提到的这个国际标准时,在碘含量的上限这一栏数字是空着的。这也就意味着,无论雀巢奶粉的碘含量有多高都是符合这个国际标准的。

3. 孙女士说，雀巢公司是在浙江省工商局做出决定之后，才通过媒体了解到自己的产品碘含量超标的。但实际上有关部门在对外公布检测结果前曾给了雀巢公司 15 天的时间让其说明情况；也就是说，雀巢公司早在 15 天前，即 5 月 10 日前后，就知道不合格奶粉流向市场，但并没有及时警示消费者。

4. 在碘超标的雀巢奶粉外包装袋上看到标明的碘含量是 30～150 微克，而这个数字是符合国家标准的。但实际检测结果是 191～198 微克，与包装上的标注完全不吻合。消协认为，"这属于误导，向消费者提供了一个不真实的信息，侵害了消费者的知情权"。

5. 当记者问"你们有没有查过造成碘含量超标的原因?"时，孙女士说："我们查过，是原料奶的碘含量不太平衡，原料奶是从千家万户收过来的，碘含量的幅度比较难控制，这是事实。"但随后又说"可以控制"。但对记者"既然可以控制，为什么还出现了超标的情况?"的问题，孙女士以沉默作答。实际上记者在生产各环节进行实地采访后发现，牛奶中脂肪和蛋白质的含量被雀巢公司列为鲜牛奶是否合格的重要指标，而碘的含量并不在取样检测范围之内。

6. 当记者在哈尔滨双城的生产工厂进行采访时，雀巢的工作人员带领记者参观生产流程，但是拒绝回答任何关于碘超标的问题。而当记者走出车间时，工作人员告诉记者，采访到此结束。

7. 当记者问"消费者很想知道出问题的这些奶粉究竟销往什么地方了，你们查清楚了吗?"时，孙女士称"我们都有掌握"，但又称"这个数字由公司掌握，我本身不是搞生产的"。"我作为公关部经理，目前掌握的信息就是我们新闻稿发布的信息，如果有进一步的消息我会再告诉你们。"而当记者问"现在消费者希望知道一些消息，他们的知情权能否得到保障?"时，孙女士用沉默回应记者。

5 月 30 日，在接受浙江卫视的采访时，雀巢公司的孙女士称"非常遗憾，这一种批次的，被检出来微量超过了，这也是事实。我们在此对消费者带来的不必要的麻烦表示道歉"。但针对消费者提出的退货要求，孙女士回答："它超了这么一点，它这个产品是不是就不能用？所以，我刚才跟你讲过，29 种微量元素有一种超了一点，微超是不是就不能用了？这个问题是关键。我们认为这个产品没有问题，是安全的。这是非常清楚的。"

国际标准里面并没有"碘含量"这个栏目，孙女士还妄称符合国际标准，说工艺上可以控制，却又声称"很难控制"，说已经检测碘含量不合格，但还称"我们认为非常安全"。当记者还在采访时，公关人员却称"该讲的都讲完了"，本来是人命关天的大事情，可企业却称"为消费者带来不必要的麻烦表示道歉"。

在危机公关中，不要和消费者争论。永远不要和公众去辩论谁对谁错。企业应始终把企业形象放在首要地位，了解公众，倾听他们的意见，确保企业能把握公众的情绪，并设法使观众的情绪向有利于自己的方面转化。

由此可见，雀巢并没有应对危机的准备和经验，所以在面对媒体的时候，只能够说得语无伦次，让消费者无法信服，让企业继续面临着危机。

资料来源：中国管理在线，http://www.mbacn.cn/Article/200507/5214.html，2005 年 7 月 2 日。

问题：

1. 雀巢公司的危机公关有几处失败的地方？

2. 危机公关的新闻发言人应当具备怎样的素质？

3. 从这个案例中，你得到什么启示？

案例二

创维勇闯“虎山行”

2004年,家电业发生了两件大事,一是金正董事长万平被抓,二是创维董事长黄宏生被抓。危机源头相似,但结果却大相径庭。

2004年7月9日,金正董事长万平被山西检察院以“涉嫌挪用资金罪”批准逮捕。“出事”后,金正方面手足失措,不仅没有进行得力的危机公关,反而因股东的权力之争致使风波愈演愈烈。结果,恐慌笼罩了金正集团内部及外部合作单位,经销商终止打款与销售,供应商停止供应原材料,国外客户纷纷提出赔偿损失,银行停止贷款甚至上门逼债。结果在半个月内,金正资金链断裂,厂房被关闭,资产被查封,员工被遣散,一步步走向了深渊。

相比之下,创维则环环相扣,打出了一系列漂亮的“组合拳”。

2004年11月30日,香港廉政公署在代号为“虎山行”的行动中,拘捕了“涉嫌盗取公司资金”的创维董事局主席黄宏生。

当日,创维数码在香港被停牌,创维董事局副主席张学斌及公司多名高管当晚即召开紧急会议,商议对策,并在深圳创维大厦紧急约见媒体。

12月1日,国美、苏宁、永乐、大中四家家电连锁巨头发出声明力挺创维。

12月2日,黄宏生以百万港元保释。

12月2日,北京松下、彩虹、三星等八大国内彩管企业发表声明,表示将优先保证创维的原材料供应。

12月3日,深圳7家银行分行行长聚集深圳创维大厦,表示将鼎力支持创维。而在公司内部,全体员工更是齐心协力共渡难关。

12月5日,创维高管在京召开新闻通报会。创维自始至终都在强调两件事:一是创维方面会积极配合香港廉政公署的调查;二是整个集团的各项事务一切运转正常,不会因此受到不良影响。

12月中旬,深圳市副市长到创维表态:创维本部发展非常稳定,市政府全力支持。

2005年1月1日,创维CEO王殿甫的“促销”秀在京城开演。

2月4日,创维PDP/LCD技改项目正式获得深圳市政府财政贴息,从侧面向公众告知了政府对创维公司的信赖。如此一来,自然说服力强,公众自然信服。

3月2日,黄宏生案复审。黄宏生向法院方面提出要求,由于全国政协委员黄宏生要参加近日在北京举行的全国政协十届三中全会,因此希望法院方面能够允许黄宏生短暂离开香港前往北京参会,并获批准。

8月26日,创维数码(0751.HK)在香港发布年报,显示上一个财务年度营业额再创历史性新高,为104.66亿港元,较上年同期增加13.6%;纯利为4.03亿港元,增长17.8%,成倍的利润增长远远高过同行。

黄宏生案件正式确定于2006年1月21日在湾仔法院开庭审理。

创维不仅实现了销售和回款的双增长,还实现了从家族式管理向现代企业制度的“革命”。黄宏生打破了企业家涉案被捕后企业“树倒猢狲散”的宿命。

资料来源:http://www.8bio.com/Article/Class42/Class44/200605/33025.html。

问题:

1. 该案例体现了哪些危机事件处理原则?

2. 这些处理原则在案例中是如何表现出来的?

实验实训

1. 请从上述两个案例中选择一个,设计危机处理中的新闻发布会程序,并请同学来演练。
2. 通过网络或图书馆资料,调查一些知名企业是如何处理公关危机的。

复习思考题

1. 浅谈公关危机与危机公关的区别。
2. 造成组织公共关系危机的原因有哪些?
3. 处理公共关系危机的原则有哪些?
4. 处理公共关系危机的程序有哪些?

第八章　公共关系在其他领域的应用

学习目标

通过本章学习，你应能够：

理解公共关系广告与商品广告的区别；

理解公共关系广告制作的原则；

理解公共关系营销的策略。

引入案例

四韩企现身《人民日报》　登中国元素广告迎总统

在三星的广告中，用中韩双语写着"热烈欢迎韩国总统朴槿惠来华。中国三星祝此次会议取得圆满成功，愿亚太地区共同繁荣迈向全新未来"的祝福语。包括三星在内的四家在华投资韩国企业的广告均采用了天坛建筑、中国结等中国元素，大多包含中韩两种语言。

广告一经刊登，立即引发了韩媒关注。韩国亚洲经济网称，10 日当天，在中国均有投资的 4 家韩国大企业三星、现代、浦项和 SK 海力士在《人民日报》的第 8、10、11、15 版四个版面上刊登了整版广告，其内容不仅包括了朴槿惠总统访华的消息，还有对 APEC 会议成功召开的祈愿。

该报道指出，朴槿惠总统访华欢迎广告的营销非常成功，韩国企业为总统访问中国刊发广告的举动自然地触动着大家。这样的广告刊发背后，足以凸显韩国人的民族意识之强。

韩联社的文章也指出，朴槿惠总统在 10 日同习近平主席举行了首脑会谈，值得注意的是，这已经是朴槿惠就职后与习近平举行的第 5 次首脑会谈了。两位国家领导人在会谈上不仅讨论了中韩关系、朝鲜半岛的局势，更对《中韩自贸协定》等中韩在经济领域的主要关注事项进行了讨论。

此外，韩国 KBS 电视台、《国民日报》、《忠清日报》等韩国主要媒体也都对此次韩企集体刊登广告进行了报道。

据韩媒报道，2012 年春节时，韩国百货企业乐天就曾在《人民日报》海外版刊登广告。

资料来源：中国公关网，http://www. chinapr. com. cn/templates/T_Second/index. aspx? nodeid=3&page=ContentPage&categoryid=0&contentid=8761，2014 年 11 月 11 日。

第一节　公共关系在广告中的应用

公共关系与广告，二者相互依存、相互渗透。社会组织一方面通过广告来宣传、塑造组织的公共关系形象，另一方面也利用公共关系的形式来做广告，二者都为社会组织服务。

一、公共关系广告

（一）公共关系广告的概念

公共关系广告(advertise public relation)，是社会组织为了塑造良好的社会形象而开展的广告宣传。公共关系广告的主要目的是为了引起社会公众对社会组织的关注，增进社会公众对社会组织的了解与认识，从而提升知名度，赢得社会公众对社会组织的支持与赞誉。

（二）公共关系广告与商品广告的区别

公共关系广告主要是通过广告的形式，来塑造组织良好的社会形象，提升社会组织的知名度、认可度和美誉度，而商品广告是以促销为目的，为了让更多的人购买产品和服务；公共关系广告更注重的是长效机制，通过广告来宣传组织的发展目标、经营理念、企业文化、品牌价值、企业管理等方面的内容，是为了让更多的公众认识并了解社会组织，而商品广告是以宣传商品的名称、质量、功能效用及产品价值等功能，注重的是短期效益，以商品销售额为衡量广告优劣的标准。

二、公共关系广告制作的原则

提醒您

国际广告协会对如何衡量“优秀广告”作品提出了“5P”标准：
1. Pleasure——要给消费者愉快的感觉；
2. Progress——要有首创、革新、改进；
3. Problem——突出商品或服务真实的优点，能为消费者解决问题；
4. Promise——内容要重信誉和承诺；
5. Potential——要有潜在的推销力。

一则广告能达到上述“5P”标准是非常困难的一件事，社会组织利用公共关系广告多是立足长远，以提升社会组织的知名度和名誉度，这样的广告更不容易制作。社会组织在制作公共关系广告时除了依据以上的“5P”标准外，还应遵循以下原则。

（一）遵守广告法规

公共关系广告必须严格遵守广告法规，维护良好的社会环境，否则会对社会组织的形象宣传带来负面影响。1995 年 2 月 1 日起施行的《中华人民共和国广告法》第三条规定：“广告应当真实、合法，符合社会主义精神文明建设的要求。”广告的内容不得妨碍社会公共秩序和违背社会良好风尚，更不能格调低下、用语粗俗，引发公众的不满与反感。

微型案例

2001年，一则“玩美女人”灯箱广告引起广泛关注：沪台资企业“思微尔”委托上海华智地铁广告公司在该市地铁的4个站点发布品牌内衣广告，打出了“玩美女人”的广告语。4月19日《解放日报》提出异议。8月，上海市工商黄浦分局以广告内容违反《广告法》中“妨碍社会公共秩序和违背社会良好风尚”为由，责令“思微尔”停止发布广告，公开更正，并罚款20多万元。“思微尔”不服，诉至法院。法庭上，“思微尔”认为，广告词“玩美”是“完美”的谐音，即“完美的女人”。而且，“玩”有“做、追求、崇尚”的意思，“完美女人”也可理解为“追求崇尚美好的女人”，绝非有人想的那么庸俗。工商部门指出，“玩”有“戏弄、玩弄”的意思，广告主不能将对广告的解释强加于受众。12月，上海市黄浦区人民法院做出维持上海市工商局黄浦分局对思微尔(南海)服装有限公司行政处罚的判决。

资料来源：吴兢、杜文娟：《向“有色广告”宣战》，《人民日报》，2004年11月17日。

（二）富有创意色彩

社会组织的公共关系广告切忌千篇一律、千人一面，而需要有组织自己的独特风格，富有创意，广告中应融入社会组织的独特经营理念及企业文化等，只有富有创意的广告才能更吸引公众的目光，对于塑造组织形象无疑具有更为突出的作用。

微型案例

麦当劳2008年戛纳广告节上的“新鲜”沙拉

麦当劳由德国Heye & Partners广告集团创意设计了“新鲜沙拉盒”。在这个以“新鲜”为主题的灯箱广告中，人们熟悉的大汉堡包不见了，取而代之的是新鲜美味的沙拉，在迎合健康的消费潮流中，麦当劳提供了怂恿人们消费的新理由。在这则广告里，麦当劳希望人们忘掉汉堡包的高脂肪和高能量，开始接受一个提供健康食品的麦当劳。通过出色的立体化设计，几乎完美地传达了新品的“新鲜”特性，在捕获消费者眼球和刺激食欲上，其效果绝对非同一般，该作品也因此获得2008年法国戛纳广告节户外类银奖。

麦当劳的广告作品中同时在2008年法国戛纳广告节上荣获户外类奖项的还有来自美国芝加哥的一幅户外作品——“生菜”广告。这是一则令人印象深刻的“行为艺术”广告。广告人在垂直的广告牌上种起了生菜！而整个施工团队包括园艺师、装置安装师和园丁，所用的生菜菜籽则包括了麦当劳出售的所有生菜品种。

看着生菜种子在土红色的土壤中发芽、出苗最后生长成翠绿茂盛的青菜，着实让人大开眼界，使人们又一次见识了来自广告人的想象力和餐饮巨人的胆略。广告牌上的生菜历时三周，终于成功长出了一句名副其实的广告语：“新鲜沙拉”。同时，主创方还用摄像机拍下了整个过程，并剪辑成60秒的视频放到网上，将“漫长”而又几乎静止的过程进行了生动直观的动态展示。

借助这则大胆出格的广告，麦当劳的沙拉食品又一次广受关注。这则广告一出现，就在当地引起轰动，人们纷纷议论，新闻媒体也不失时机地介入报道。很快，相关视频也开始在网上广为流传。

资料来源：李明合等编著：《品牌传播创新与经典案例评析》，北京大学出版社 2011 年版。

（三）实事求是

商品广告为了达到目的可以夸大产品的功效，但是公共关系广告必须遵循实事求是的原则，这样才能更好地塑造社会组织的形象，提升组织的美誉度，起到宣传组织形象的作用。

微型案例

如何写好一个品牌的品牌故事

怎样才能让一个品牌的概念变成一个脍炙人口的神话、一则人人传颂的寓言呢？这不仅需要“品牌大使”们始终如一地传达品牌故事，还少不了“市场影响者”们的理解和推广，才能被“品牌簇拥”者们接受和信奉。

道格·斯蒂文森就是一位讲故事的大师，他曾经是一名演员，现在是专职的品牌故事教练，教授企业管理人员和营销人员怎样创造和讲述品牌故事。很多伟大的、个性十足的品牌，都是讲述品牌故事的高手。一般来说，品牌的主要目的就是用情感和相关性将企业产品/服务和消费者联系起来，为消费者创造一种迷人的、令人愉快和难以忘怀的消费体验。在企业的品牌发展战略中加入讲故事的原理，能够让品牌建设更加有效。

很多品牌都有一个不错的故事——它们的历史、它们正在做什么等，但是它们没有成功地在品牌与消费者沟通的各个接触点上，始终如一地将品牌故事传递给消费者。本文介绍了 10 个讲述品牌故事非常成功的企业，它们来自各个行业，还有一些 B2B 企业。它们都有共同点：品牌故事非常清晰，品牌特征非常鲜明，利用多重渠道来传播自己的品牌故事。

在介绍的这 10 个品牌中，前五个是消费者非常熟悉的跨国企业品牌，它们的消费群体比较广，市场推广费用也比较多；后五个是中小企业品牌，它们利用有限的资源，通过讲述品牌故事的方法取得了市场成功，因此更加有借鉴意义。

1. 苹果电脑——让创造性和叛逆性的品牌文化具备宗教特征

苹果电脑从一开始就是一家特立独行、不循规蹈矩的公司，苹果电脑的 CEO 和代言人常常被人看作是一个梦想家。苹果电脑的产品永远代表了“酷”和创新，在众多 PC 产品中引起震动。

苹果电脑零售点和专卖店的时髦环境进一步加强了苹果品牌创造性和叛逆性的品牌文化，iPod 和 iTune 产品的推出更是将这种文化推向极致。苹果电脑的品牌文化已经具备了宗教的很多特征。

2. 西南航空——传递随意的、愉快的和无拘无束的品牌理念

32 年前，罗林·金（Rollin King）和赫伯·凯勒赫（Herb Kelleher）凑在一起决定成立一家与众不同的航空公司。他们的概念非常简单：用最便宜的价格，按时将乘客送到目的地。由于他们进入市场的时机非常恰当，西南航空的品牌故事已经成为一个商业传奇。

这家小型的得克萨斯航空公司目前已经成长为美国最大的航空公司之一，但是公司的品牌理念一直没有改变过，仍然是随意的、愉快的和无拘无束的。西南航空的雇员一直都在向消费者传递这种品牌理念。

……

资料来源：中国公关网，http://www.chinapr.com.cn/templates/T_Second/index.aspx? nodeid=208 page=ContentPage&contentid=8178，2014年8月7日。有删减。

公关广告就是在讲述一个品牌的故事，让更多的公众去认识这个品牌、了解这个品牌、认可这个品牌。

三、公共关系广告的类型

(一)社会公益型广告

社会公益型广告是指宣扬社会组织或个人比较关心社会公益事业，为公益事业所做出的贡献，并以此来提升组织的社会声誉。

微型案例

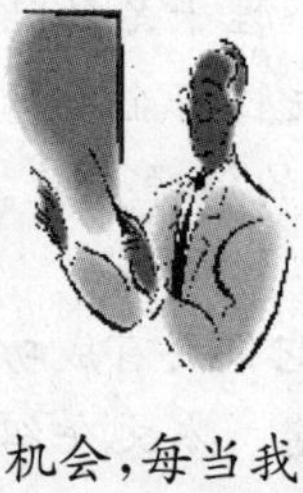

农夫山泉的公益型广告

农夫山泉2010年新装上市的广告，用2006年接受"一分钱饮水思源"活动捐助的詹永鹏做形象宣传，詹永鹏说出自己的心声："我非常感谢那些曾经帮助过我的人，虽然有很多人我都不知道是谁，是你们让我有了很好的就学机会，每当我看到喝农夫山泉的人，我就会想起你们，我真的希望农夫山泉会把这个一分钱的活动做下去。"然后是解说人的一句话：这个红色包装承载着我们12年的情感记忆，2010年农夫山泉新装上市。

这则广告是通过"一分钱饮水思源"的公益性活动，通过这样一则公益性的广告来塑造组织的全新形象，引起公众的好感，提升组织的美誉度。

(二)形象宣传型广告

形象宣传型广告是指社会组织或个人以提升组织的知名度，在公众心目中树立良好形象为目的的公共关系活动。形象宣传型广告要着重表现社会组织品牌的风格、特质，传达社会组织的理念、精神、历史、文化，着力塑造整体形象，强调社会组织的思想、理念、目标等。形象宣传型广告要本着长效机制，立足长远，不能急功近利。

微型案例

2009 年 11 月 23 日起，一则时长 30 秒、以“中国制造”为主角的广告在美国电视有线新闻网(CNN)正式播出。在国际主流媒体投放商业广告塑造中国制造业的整体形象，对中国政府而言是首次尝试。

这是一则充满活力、画面精美、现代感十足的广告。从其中的特写画面看，晨跑者所穿的运动鞋标有“中国制造”，但“综合了美国的运动科技”；家庭所用的冰箱印着“中国制造”，但“融合了欧洲风尚”；MP3 播放器上标注“中国制造”，但“使用来自硅谷的软件”；模特所穿的服装也由“中国制造”，但“由法国设计师设计”；广告最后出现的飞机，更是体现了“世界合作”这一理念。

资料来源：http://news. 163. com/09/1202/00/5PG58G9B0001124J. html。

这则广告便是中国政府试图通过形象宣传来塑造“中国制造”品牌形象的典型实例。

(三)响应号召型广告

响应号召型广告是指社会组织或个人通过宣传自身积极参与各类社会活动的行为来引起社会公众对社会组织关注的公共关系活动，并以此来扩大社会组织或个人的影响力，有效地塑造社会组织的形象。

微型案例

无情的地震给青海玉树造成重大人员伤亡和财产损失，文艺界也在积极地行动。继“韩红爱心行动”4 天现场募集捐款 36 万元，及韩红好友赵薇捐款 20 万元之后，4 月 20 日，又有很多爱心企业和个人捐款。4 月 20 日下午，她的另一位好友邓超也与“韩红爱心行动”工作人员联系，明确了 20 万元的捐款意向。除了圈中好友，韩红还利用自己的影响力向社会各界募集善款，春光地产集团和首都开发公司也分别捐款 30 万元和 31.86 万元。至此，此次爱心行动总共为灾区募集善款 147.45 万余元。韩红说：“赵薇、邓超以及社会各界的支持让我非常感动，这也是此次爱心行动的初衷。我希望看到的所有人都参与其中，对他人奉献自己的爱心，然后这些属于个体的、小小的力量汇聚在一起，变成我们战胜每一次灾难的力量。”

资料来源：http://news. xinhuanet. com/ent/2010-04-21/content_13394960. html。

现在很多社会组织或影视明星都会通过各种形式来展示自身的社会责任感，当灾难来临的时候都会义不容辞地站在捐助的前沿阵地，为灾区的民众送去爱心，这也是非常典型的响应号召型公共关系广告，而且也是最有意义的公共关系宣传活动。

(四)观念引导型广告

观念引导型广告是指社会组织或个人通过广告的形式来向社会公众传递有利于社会组织发展的信息，由此来引导社会公众对社会组织的看法。这种类型的广告主要是运用暗示的手法来引导或唤起公众的联想，在潜移默化中影响公众的观念。

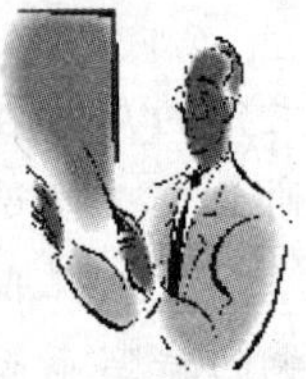

微型案例

今天你100分了吗?

现在人们的日常饮食越来越精细,但是仍旧经常出现维生素矿物质的摄入量不足。这主要是由于维生素矿物质在食物加工、烹饪过程中容易被破坏,再加上个人的饮食偏好、生活方式等因素的影响,很难确保每天获得全面、均衡的维生素和矿物质。建议补充全面配方的维生素、矿物质,以保证每天摄入充足的维生素、矿物质。同时,补充均衡的维生素、矿物质还能帮助提高免疫力,帮助充沛精力,有助于皮肤健康,帮助预防慢性疾病等。善存在其宣传广告《今天你100分了吗?》中加入了其宣传理念:每餐过后吃一粒善存,有助于抵抗力加分,全面配方,为健康加分。

这则案例便是善存的观念引导型广告,通过灌输给公众这样一个生活理念,从而引导公众对产品的关注。

第二节 公共关系在营销中的应用

公共关系之父艾维·李曾说过,公共关系是塑造形象的艺术。在目前的社会活动中,公共关系不仅是塑造形象的艺术,也是社会组织从事市场营销的必备法宝。

在公共关系业界,关于公共关系的基本分类有了较为一致的看法,就是按照公共关系的目的把公共关系分为组织形象公共关系(corporate PR/communication)和市场营销公共关系(marketing PR/communication)。公关与营销的结合,是公共关系学与市场营销学之间的融合与交叉,也是公共关系人员和营销人员在实践的基础上总结出的智慧成果,被称为"公共关系营销"。

一、什么是公共关系营销

公共关系营销,即"公关营销"。美国学者菲利普·科特勒曾给营销如下定义:营销是个人或集体通过创造,提供出售,并同别人交换产品和价值,以获得其所需所欲之物的一种社会管理过程。营销的目的是为了指导大众消费,建立组织的商业信誉,直接给社会组织带来眼前的社会效益和经济效益。公共关系的目的是传播组织整体形象,构建与各类公众之间的和谐互动关系,从而提升组织的知名度、美誉度。二者相结合便是"公共关系营销"。公共关系营销,即指社会组织在营销活动中利用公共关系的思想和传播工具,通过与目标公众的沟通,构建和谐的社会关系,树立组织的良好形象,打造组织的品牌价值。

在社会组织的公共关系营销阶段,社会组织除了继续使用传统的促销手段之外,越来越重视把以提高企业形象和信誉为主要内容的公共关系促销活动,作为现代企业市场营销活动的重点手段来予以采用。企业形象作为一种极为宝贵的营销资源,已成为营销策略的重要组成部分。

根据公共关系营销观念,企业在制定及实施其市场营销政策时,必须全面顾及企业利润、消费者需求和社会公益三方面的内容,忽视任何一个方面,都会给企业的发展带来严重影响。

阅读材料

销售型公关的知识结构

从实际操作角度来说,"销售型公关"是对于企业而言"性价比最高"的公关方式,因为销售型公关以解决品牌的"信任问题"为原点,以促进"产品的销售"为终点,能真真切切地通过性价比极高的公关传播方式来达成广告销售的目的,这就是销售型公关备受青睐的原因。

从公关公司运营的角度来看,采用公关方式能更好地帮助产品销售的行业,公关所占的企业市场营销传播份额也会比较大,比如汽车行业,通过深度说服的公关活动和传播,能非常有效地影响消费者的购买决策,拉动销售,所以,相对于有规模的公关公司而言,基本上汽车行业的营业额都占据了绝大部分——60%以上甚至80%以上。

而从企业实际需要来说,它们可能不太能厘清什么是广告、什么是公关、什么是咨询,它们只知道需要为产品和品牌进行传播推广,最终目的是促进产品销售和市场开拓。所以,在竞标的过程中,往往都是那些蕴含着销售能量和潜力的创意方案夺标,也就是销售型公关往往很占竞标优势。

那么,要想做好销售型公关,特别是对于行业新人来说,应该具备怎样的知识结构呢?

从基础知识结构上讲,公关属于市场营销的范畴,第一要具备的就是营销学的基本常识。在这个板块,类似于菲利普·科特勒的《营销管理》等营销理论书籍,应该是入行者必读书之首,其会让初学者知道市场营销的整体概念,知道公共关系在市场营销中的位置,知道这个领域所涉及的相关范畴。

第二,公关关系影响的是社会大众以及消费者,所谓"知己知彼,百战不殆",所以,《大众心理学》《购买心理学》《影响力》等帮助我们了解大众心理、消费者心理的书籍也是基础必修课之一。在这个板块的学习中,重点掌握人性的普遍性,包括"真善美、假丑恶",例如,了解人性普遍具备的猎奇心、恐惧心、窥私欲、从众心理等。

第三,公关是帮助客户解决品牌市场传播问题的,所以,如何快速研究客户所在行业的机会和威胁、客户品牌本身的优势和劣势等,都是关于如何"调研品牌产品、直入问题核心、找到解决办法"的研究方法论范畴。例如,《麦肯锡方法》就是解决这一逻辑思维的最有代表性的著作之一。

第四,公关主要是通过平面媒体、网络媒体、影视媒体等进行传达内容和主张的,所以我们还必须了解各种网络平台的特征、平面媒体的特性、影视报道的角度等,以便把我们想要传播的内容融合到相应的媒介里面,比如微博的语言风格、百科词条的撰写角度、新闻报道的取材角度、微信创意的表现形式等,需要根据不同平台的不同特点,做主体传播内容的创意表现。

要做好以上创意表现工作,还应该具备两个基础。一是文字表达能力,也就是撰写能力,这是公关广告行业一个最基本的技能。一个没有基本文字表达能力的人,想在这个行业里面有所成就,那是不可想象的,如同大卫·奥格威所言:"这是一个文字性行业,不能写作的男女如同歌剧院舞台上的聋哑人一样无用。"撰稿能力的提高没有捷径可走,只有不断地练习,才有提高的可能。

同时,"他山之石,可以攻玉"。在我们有了框架基础和方向感之后,相当于有了滚雪球的"心",这时,就是大量阅读案例的时候了。不管是成功的还是失败的案例,都会给予我们一些启发和思考。在占有和分析大量案例的基础上,我们的策略制定将会更加稳、准、狠,创意也会更加新颖、独特、有效。

另外一个是"功夫在诗外""世事洞察皆学问,人情练达即文章",从生活中进行点点滴滴的积累,是我们超越和创新的根本。所谓"师傅领进门,修行在个人",对于公关新人来说,最好根据公关领域所需的知识结构,结合自己以往的积累特点,制定一个专属于自己的金字塔阅读目录,在入行的两三年内读完,这将极大地有助于自身的专业修炼,为你稳步攀登行业高峰打下扎实的基础。

资料来源:中国公关网,http://www.chinapr.com.cn/templates/T_Second/index.aspx?nodeid=41&page=ContentPage&categoryid=0&contentid=8548,2014年9月16日。

二、公共关系营销的常用方法

社会组织在营销过程中通常会采用各种不同的公共关系的营销理念来为组织服务。例如,当组织产品和劳务在无需求条件下,公共关系部门应根据市场动态反映,加强宣传型和矫正型公共关系工作,提高产品竞争力,为组织创造营销条件;当组织信誉不高、信息传递不灵、价格政策不当等而导致低需求条件时,应以优质服务为宗旨,同时告知消费者价格,扩大信息传播,促进需求;当在消费公众具有潜在需求条件时,组织应开展宣传性公共关系工作,使潜在公众变化知晓公众,再开展进攻性公共关系工作,使知晓公众变为行动公众;当组织的竞争对手相继进入同一市场,消费公众兴趣开始转移时,应运用传播媒介,强化企业和产品形象,造成良好的公共舆论,保持市场份额和占有率。这些都是社会组织利用公共关系营销的理念和方法来进行经营的方式。社会组织通常会采用拍卖会、周年庆典、主题展览会、赞助活动等形式来进行组织产品的销售和品牌形象的建设,因为这些大型事件比较容易引起公众对组织产品、服务或者品牌的关注,从而形成典型的注意力效应,在促进组织产品销售的同时,也能提升组织的形象及声誉。

小资料

菲利普·科特勒在其《营销管理》一书中列出的主要公共关系营销的工具表

公开出版物	公司大量依靠各种传播材料去接近和影响其目标市场,包括年度报告、小册子、文章、视听材料、商业信件和杂志。
事件	公司可通过安排一些特殊的事件来吸引对其新产品和公司其他事件的注意。这些事件包括记者招待会、讨论会、郊游、展览会、竞赛和周年庆祝活动,以及运动会和文化赞助等,以接近目标公众。
赞助	公司通过赞助运动、文化活动和高度相关的事业,推广它们的品牌和公司名字。
新闻	公共关系专业人员的一个主要任务是:发展或创造对公司及其产品或人员有利的新闻,争取宣传媒体录用新闻稿和参加记者招待会。

续表

演 讲	公司负责人应该通过宣传工具圆满地回答各种问题，并在贸易协会和销售会议上演说，这些做法树立了公司形象。
公益服务活动	公司可以通过向某些公益事业捐赠一定的金钱和时间，以提高其公众信誉。
形象识别媒体	公司至少应努力创造一个公众能迅速辨认的视觉形象。视觉形象可以通过公司的标志、小册子、招牌、组织模型、业务名片、建筑物、制服标记等来传播。

资料来源：菲利普·科特勒著，梅清豪译：《营销管理》，上海人民出版社 2003 年版。

上述表格中的主要公共关系营销的工具，也正是社会组织所常采用的公共关系营销的方法。

微型案例

汾酒的公关营销

2006 年 11 月底，汾酒集团金家酒如愿被评为“驻华使馆特供酒”，所有造势活动随即展开，原来金家酒在电视、报纸以及户外广告第一时间内都换上了“热烈祝贺汾酒集团金家酒荣膺驻华使馆特供酒”，并在原有的基础上加大了一倍的投入。一时间，汾酒集团金家酒成为街头巷尾的谈资，金家酒的美誉度在刹那间得到了很大的提高。

2006 年 12 月，挂有“驻华使馆特供酒”标牌的金家酒随着周密策划的上市方案的落实，新品成功上市。一时间，消费者趋之若鹜！

按照事件营销效果最大化理论，事件营销应最大限度地吸引媒体的眼球并且让自己做好事的名声尽量扩大。而这种名声的扩大，很多还是要靠自己用“大喇叭”讲出来的。经过研究和与北京方面的充分沟通，策划了由 20 个国家大使及夫人参加的“驻华使节山西行”活动。这次活动的核心内容是各位大使在汾酒厂为汾酒集团金家酒举行“驻华使馆特供酒”授牌仪式。

经过沟通和协调，这次活动的日期最后确定在 2007 年 1 月 27～29 日。

20 个国家的大使同时来到山西，这是山西历史上从未有过的大事。外事无小事，到时候政府肯定要介入到本次活动，这样一来，媒体参与的热情肯定非常高，而媒体参与的热情越高，活动的效果就会越好。

前期的准备工作，除了汾酒厂的授牌仪式之外，其他地方的活动都力争要有新闻点并且与金家酒绑定在一起进行报道，并且要让政府要员尽可能地参与到本次活动中来。这样做的目的不仅是吸引媒体的眼球，还因为高官本身就是高端人群，高官的参与为产品挺进高端市场奠定了良好的基础。

所有的事情已经基本准备完毕。有好消息不断传来：包括德国、美国、俄罗斯等大国在内的大使将来到山西；省长于幼军将参加 27 日当天的招待酒会；中央电视台、新华社等中央媒体将全程追踪报道……

山西电视台、《山西日报》等十几家省级媒体以及地方媒体全程跟踪并进行了深入报道，事件营销的效果开始凸显。活动结束后，媒体的文章以及一系列软文工程开始启动，一时间，金家酒的美誉度得到了大幅提升，金家酒的优良品质与各国大使的尊贵地位至此实现了完美对接。

资料来源：郭鸿翔：《汾酒集团金家酒“驻华使馆特供酒”事件营销策划始末》，http://www.emkt.com.cn/article/333/33359.html，2010年5月16日。

上述案例正是借助汾酒集团金家酒被评为“驻华使馆特供酒”这一事件，开展一系列活动制造新闻来进行组织的公共关系营销，并取得了很好的效果。

三、公共关系营销的策略

公共关系的策略是以建立组织形象为核心，为组织发展制定长期性、整体性的策略，保证组织长期稳定的发展。而公共关系营销的策略也是围绕为树立组织的良好形象，打造组织的品牌价值所采取的公共关系策略。

（一）塑造品牌策略

微型案例

玉兰油水感透白系列全新升级的公关营销项目

美白产品一直是国际护肤品牌玉兰油（OLAY）的重要产品系列，而此次隆重登场的OLAY水感透白系列则是它以前专柜线高端美白产品系列的更新换代。该产品除了采用更加时尚的外观之外，在产品成分上也有了全新的突破。面对当今市场上被各种华丽辞藻包装起来的美白概念和美白成分，如何让OLAY水感透白系列脱颖而出，让该系列产品的公关别具新意，挖掘有创新意义的美白概念，真正抓住媒体及消费者的眼球，是本次项目策划的难点，也是组织塑造品牌形象的最佳时机。

为此，宝洁公司充分利用行业及大众意见领袖的观点，深刻诠释专业美白的黄金标准，树立OLAY水感透白系列专业美白的权威形象；使用多种媒体平台整合的方式，为OLAY水感透白系列全新升级上市做铺垫；与电视台、网络媒体深度结合，共同塑造OLAY水感透白系列的美白形象。与国内权威的中德化妆品研究所CAIQ合作，为借助其权威性而引用其调研结果——中国女性理想的美白境界是水、透、白；在大众认知方面，与国内知名网站TOM女性合作，进行美白网络调查，再一次印证中国女性最希望的美白是水、透、白。为了让该信息更加令人信服，宝洁公司采用了“专业美白黄金标准”这一包装概念。以往品牌利用名人或者专家来宣传产品的方式已经屡见不鲜，为了让“专业美白黄金标准”更具说服力和权威性，宝洁公司通过事件营销的方式，即特别策划了“亚洲女性专业美白权威论坛”——邀请全国著名皮肤科学家、时尚编辑、美白明星们作为发言嘉宾，以小组辩论的形式讨论“专业美白黄金标准”，最终归结出专业美白黄金标准，即“水＋透＋白”三合一。这个结论便与在产品宣传诉求点中一再强调的关键信息OLAY水感透白系列可以帮助实现肌肤“水＋透＋白的水感透白”有了软性连接，从而说明“OLAY水感透白系列可以帮助你实现专业美白的黄金标准”。在大众认知中,“黄金标准”给人“专业”“权威”的感觉,故而也进一步明确了OLAY水感透白系列所树立的“专业美白”的权威形象。

资料来源:中国国际公共关系协会编著:《最佳公共关系案例》,中国市场出版社2009年版。

品牌的价值是不可估量的。组织通常在营销事件中策划公共关系活动来塑造组织的品牌、促进产品销售的同时,提升组织的声誉和社会地位,扩大品牌的效应。品牌是组织及其产品所包含的技术、服务、产品质量、市场地位等形成的信息系统,是组织及其产品识别的符号。它是组织的无形资产,同时也是组织经济实力和经济效益的体现。塑造组织的品牌形象,能够有效地吸引公众的注意力,促进组织形象的传播,促进组织产品销售,从而进一步提升组织的经济实力,获得更多的市场份额。

(二)塑造企业文化策略

微型案例

雪茄的公关营销

美国雪茄制造商曾经面临着一场巨大的行业危机。由于政府立法明确禁止香烟制造商在许多公众媒体上刊登有明显广告性质的广告,同时民间反对吸烟的呼声也日益高涨,一场又一场规模浩大的反对吸烟的示威活动将雪茄制造商推到进退维谷、四面楚歌的境地;雪茄在公众心目中的负面形象不断加强,而新产品的良性信息却无法向公众传达。在短短三个月时间里,整个美国雪茄的销售量下降了三成,行业面临着全面萎缩的危险。

美国雪茄联合会明白,决定雪茄制造商未来生死的不是政策、法规、竞争等其他因素,而是人们对雪茄的看法以及雪茄在人们心目中的形象,要令雪茄重新取得公众好感与赢得市场认可,就必须实施新的营销策略。于是,他们通过一系列针对性强、切实有效的公关、广告宣传方案,力挽狂澜,在拉近雪茄与公众距离的同时,也扭转社会对雪茄的负面看法。

在公共关系营销方案的确定中,雪茄联合会力求突出雪茄与人生幽默之间的本质联系,表现吸雪茄者在面对人生逆境时,那种敢于自嘲、坦然面对的勇气,同时凸显雪茄深层次的功能:吸雪茄是一种精神放松的最好表达方式。针对以上主题,他们采取了一系列主题明确但又表现巧妙的公关活动。比如举行了“吐温之夜”,借助模仿著名作家马克·吐温这个勇敢、智慧、幽默的雪茄爱好者的形象,来表现吸食雪茄者乐观勇敢的个性,引起了目标客户的强烈共鸣。凭借社会公众对马克·吐温的喜爱与尊敬,雪茄联合会巧妙地将这种感情延伸到雪茄之上,引发许多雪茄爱好者甚至非雪茄爱好者内心的共鸣。

此外,美国民间有一项古老的民俗,刚做父亲的男性向自己周围的亲朋好友赠送雪茄,表达自己兴奋而又紧张的心理感受,但是这项传统正在逐渐衰落。所以雪茄联合会抓住这项古老的民俗,将其灌入现代的情感表达方式,举办了“放松点,吸根雪茄吧”与“雪茄情人节”等活动,将雪茄定位为人们舒缓情绪的最佳表达方式。这些活动不仅吸引了大批的参与者,更是唤起许多人内心潜藏着的某种怀旧情结。在活动的辅助下,雪茄协会又通过新闻传媒,借助雪茄爱好者之口,向公众表达雪茄在生活中不可或缺的作用——面包是身体的食粮,而雪茄则是精神的食粮。这些宣传得到了众多雪茄爱好者的认可。

在通过公共关系营销慢慢消除公众对雪茄反感心理的同时,雪茄联合会又开始策划有关雪茄的公益性广告与形象广告,从而进一步拉近了公众与雪茄的心理距离。在方案实施不到三个月内,不仅民间反对吸雪茄的呼声减弱了许多,同时整个美国的雪茄销售激增近三成。

资料来源:李键荣、邱伟光主编:《高校公共关系教程》,上海中医药大学出版社 2007 年版。

上述案例中,美国雪茄联合会所采取的措施就是通过塑造雪茄的文化和形象来促进组织产品的销售。

社会组织通过将组织的文化作为公共关系营销策略,可以在公众心目中树立良好的整体形象,促进组织无形资产的增值,提供组织的社会认知度。社会组织在进行任何活动的策划与宣传时,都需要将组织文化融入其中,更进一步地塑造组织的品牌形象。

(三)提升组织服务意识策略

微型案例

良好的服务意识助力公关促销活动

广州某化妆品厂正在搞化妆品公关促销活动时,有一名姑娘来到了公关部,她手里拿着一盒化妆品,怒气冲冲地质问公关部经理:"你们的化妆品非但没有去掉我的雀斑,反而弄坏了我的皮肤,你们是骗子……"公关经理面对这位言语过激的姑娘,一边耐心地倾听她的抱怨,一边关切地察看着姑娘因药品过敏而形成红斑的脸,并说:"别的事我们以后再说,你的皮肤要紧。我们马上带你去医院检查。医疗费我们全包了。"说完就立刻带着姑娘去医院。医生检查后说,这位姑娘的皮肤过敏,不适宜使用这种类型的化妆品,幸亏这种化妆品药性不强,不会引起什么恶果。听完医生的这番话,姑娘脸上的怒容消失了。这时,公关经理不慌不忙地从化妆盒中取出原来就附在里面的说明书,对姑娘说:"其实,这说明书早就说明了什么皮肤不宜用这种化妆品。我们厂还生产其他类型的去雀斑药物化妆品。根据刚才医生的检查,我觉得另一种牌子挺适合你,你不妨试试看。"听了公关经理的这席话,姑娘的脸上露出了满意的笑容,并接受了公关经理的建议。

资料来源:陈敏主编:《现代公共关系实务》,上海中医药大学出版社 2004 年版。

社会组织在开展公共关系活动时,要符合公众的利益,不能做损害公众利益的活动,这样组织才能在纷杂的竞争中立于不败之地,赢得公众的认可,提升组织的知名度与美誉度。一个组织的优质服务将使更多的消费者成为其忠诚的顾客,因此在公共关系营销中,提升组织的服务意识尤为重要。

小　结

关键术语

公共关系广告　公共关系营销

本章小结

1. 公共关系广告是指社会组织为了塑造良好的社会形象而开展的广告宣传。公共关系广告的主要目的是引起社会公众对社会组织的关注，增进社会公众对社会组织的了解与认识，从而提升知名度，赢得社会公众对社会组织的支持与赞誉。

2. 公共关系广告制作的原则是遵守广告法规、富有创意色彩、实事求是。

3. 公共关系广告的类型包括社会公益型广告、形象宣传型广告、响应号召型广告、观念引导型广告。

4. 公共关系营销，即指社会组织在营销活动中利用公共关系的思想和传播工具，通过与目标公众的沟通，构建和谐的社会关系，树立组织的良好形象，打造组织的品牌价值。

5. 公共关系营销的策略包括塑造品牌策略、塑造企业文化策略、提升组织服务意识策略。

知识结构图

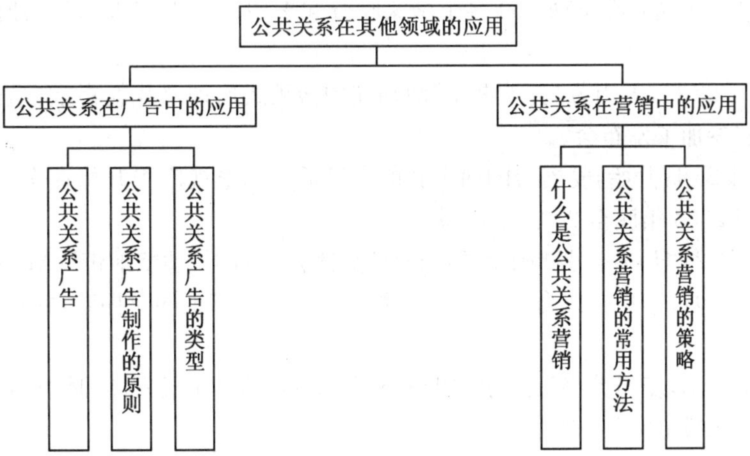

应　用

案例研究

案例一

“变脸”麦当劳让品牌更年轻

麦当劳是世界快餐食品界老大，但是近年来在全球各地市场受到了其他快餐品牌的挑战。

在中国市场，麦当劳一直屈居"老乡"肯德基之下。麦当劳在全球同步推出的"我就喜欢"品牌更新活动，被很多人称为麦当劳的"变脸"行动。麦当劳一改几十年不变的"迎合妈妈和小孩"的快乐形象，变成年轻化、时尚化的嘻哈形象。

麦当劳公司公布的2003年11月份销售收入增长了14.9%，亚太地区的销售收入增长了16.2%。公司的股价逆市上涨，创下了16个月以来的新高。JP摩根集团2003年12月称，麦当劳在全球经营已经有了很大的改变，并将麦当劳的股票评级从"一般市场表现"调升至"超出市场表现"。

案例背景：2002年的麦当劳可谓麻烦不断，10月，麦当劳股价跌至7年以来的最低点，比1998年缩水了70%，2002年第四季度公司第一次出现了亏损。2002年11月8日，麦当劳总部宣布，公司将从3个国家完全撤出，并关闭其他10个国家的175家连锁店。在中国大陆，麦当劳各方面的表现一直比"老乡"肯德基逊色不少。近两年，麦当劳在本土被汉堡王等快餐店抢去了不少市场份额，在亚洲、中东等地销售额下降明显。

营销专家米尔顿·科特勒在接受采访时提出，快餐食品对消费者健康的影响、民族和文化意识，以及品牌老化是麦当劳在全球和中国遇到大麻烦的三大主要原因。

2002年初，麦当劳新的全球首席营销官拉里·莱特(Larry Light)上任。拉里·莱特是"品牌价值管理"(BVM)体系的创立者之一，他上任后，策划了麦当劳历史上第一次品牌更新计划，取代了以前以"微笑"为主体的营销活动。

2003年8月，麦当劳中国发展公司宣布，来自天津的孙蒙蒙女士成为麦当劳在内地的首个特许加盟商，近期内将选中5个特许加盟商。

2003年9月2日，麦当劳公司在德国慕尼黑宣布正式启动"我就喜欢"品牌更新计划。这是麦当劳公司第一次同时在全球100多个国家联合起来用同一组广告、同一种信息来进行品牌宣传。

2003年9月22日，麦当劳"我就喜欢"活动在中国正式启动，《我就喜欢》歌曲中文版创作及演唱者王力宏参加了发布会。

2003年9月25日开始，麦当劳的两个新的充满活力的电视广告开始在全国播放，另外三个电视广告也于2003年底至2004年间播放。

2003年11月24日，麦当劳与中国移动通信集团公司旗下"动感地带"(M-Zone)宣布结成合作联盟，由动感地带客户投票自主选择的当季度"动感套餐"也同时揭晓，并在全国麦当劳店内同步推出。

麦当劳中国表示，麦当劳将于近期在中国餐厅内提供WiFi服务，届时中国消费者可以在麦当劳餐厅享受无线上网的乐趣。

在新任首席营销官拉里·莱特的主持下，受销售额下滑困扰的麦当劳在总部召开了一次全球性广告峰会，在其广告代理商中掀起了创意竞争热潮。麦当劳的主要广告代理商集思广益，为这家全球最大的快餐连锁公司打造新品牌、制定新营销策略产生了一个新的全球营销主题——"我就喜欢"。麦当劳首席执行官康塔洛普说："我们曾经是广告和营销的亮丽典范，我们将再次成为这方面的高手。"

"变脸"，让品牌年轻时尚化

麦当劳面临的最大困扰就是"品牌老化"的问题。米尔顿·科特勒先生说，麦当劳以前并没有首席营销官的职位，50年不变的"麦当劳叔叔"就是麦当劳的"首席快乐官"(Chief Happiness Officer)。以前，笑容可掬的"麦当劳叔叔"对于儿童、青少年、父母等细分市场都非常有亲和力，是不错的“品牌代言人”。

但是，随着时间的推移，麦当劳的定位以及品牌的概念随着社会外部环境的变化已经很陈旧了。根据麦当劳做过的一次顾客调查，很多年轻消费者认为“麦当劳叔叔”的形象非常老土、可笑。年轻的嘻哈一族觉得麦当劳是小孩子去的地方，他们更喜欢“酷”、刺激和冒险的举动。麦当劳如果不更新品牌，只有一年年地老下去。

“我就喜欢”把目标顾客定在了麦当劳流失得最快、公司最需要抓住的年轻一族，所有的品牌主题都围绕着“酷”“自己做主”“我行我素”等年轻人推崇的理念。以在中国地区为例，首先，广告语就赢得了很多年轻人的好评，一个中学生在被问及对麦当劳广告的看法时说：“‘我就喜欢’里面的‘就’字很酷，我特别欣赏。”中文麦当劳歌曲的创作者及演唱者王力宏在年轻人中很有号召力，是有主见、有活力、有上进心的年轻人的代表。王力宏创作的带有嘻哈和R&B曲风的《我就喜欢》主题曲推出之后就登上了很多歌曲排行榜，在年轻人中非常流行，为麦当劳赢得了不少关注。

与此同时，麦当劳连锁店的广告海报和员工服装的基本色都换成了时尚前卫的黑色。配合品牌广告宣传，麦当劳推出了一系列超“酷”的促销活动，比如只要对服务员大声说“我就喜欢”，就能获赠圆筒冰激凌。一些大学生认为这样的活动很新鲜、很有意思，很受敢作敢为的年轻人欢迎。

拉里·莱特说：“我们希望受众看到这次营销活动时说，‘这是我从来没有见过的麦当劳’。”

加快本地化步伐

麦当劳在中国一直坚持自己独资开设连锁店，没有采取肯德基等快餐连锁的特许经营的扩张方式。采取这种策略最关键的原因是担心公司对加盟店的控制力不强，不利于维护麦当劳的整体形象和服务的标准化。麦当劳和肯德基两大洋快餐巨头在中国的南辕北辙，主要是因为这两个公司一个遵循的是“全球化”策略，而另一个实行的是“本地化”策略。

但是，面对肯德基每几个月就推出一道符合当地人口味、颇受当地消费者欢迎的食品，连锁店越开越多，麦当劳再也坐不住了。2003年8月，麦当劳批准了中国大陆第一个特许加盟商天津的孙女士，并表示近期将批准5个特许加盟商。

根据麦当劳2002年底做的市场调查，中国消费者在用餐地点的选择上，最看重的是食物口味，其次才是卫生环境和地点便利等条件，消费者对多元的口味选择，尤其对于常规米饭食品有极高的需求。

2003年，麦当劳已经在中国台湾、新加坡等地推出了“和风饭食系列”“韩式泡菜堡”等东方口味食品，在中国大陆也推出了“板烧鸡腿汉堡”。麦当劳公司的营销人员称：“麦当劳未来还会不断有新的产品推出，以顺应消费者求新求变的需求。”

水平协作营销强化新品牌

为了配合麦当劳的品牌更新活动，2003年11月24日，两个“M”——麦当劳与“动感地带”(M-Zone)——结成了合作联盟，并共同推出了一系列“我的地盘，我就喜欢”的“通信+快餐”的协同营销活动。中国移动副总裁鲁向东在活动发布仪式上，用“最酷、最眩、最动感”来形容这次营销活动。

虽然这两个2003年非常出位的品牌经营的业务范围根本不相干，但是共同的目标受众和它们希望传达的品牌个性，让它们成为“同道兄弟”。麦当劳中国餐厅推出了只有动感地带成员才能以15元价格享用的原价21.5元的“动感套餐”。每月的“动感套餐”由会员通过短信、彩信和网上投票的方式进行选择，既有新意又实惠，让消费者感受到自己的特权。

动感地带一直宣传一种很鲜明的品牌态度——“我的地盘听我的”，在年轻人中的认同感非常高，麦当劳极为看重这一点。而对动感地带的客户来讲，购买麦当劳的产品在价格上可以得到优惠，这是一种特权感，可以得到双赢。以前他们来麦当劳只是吃汉堡、薯条，麦当劳儿童游乐场的设备让他们认为自己不属于这里。现在，由于动感地带的介入，使得他们更加有满足感和归属感。

资料来源：工卓：《“文胆”让麦当劳品牌更年轻》，中国营销传播网，http://www.emkt.com.cn/article/139/13967-3.html。有删减。

问题：

1. 从这个案例中，我们可以看出麦当劳的公共关系营销理念是什么。

2. 在这个案例中，麦当劳采取的是哪种公共关系营销的策略？

案例二

时光所拾皆传奇——汤臣津湾一品光耀津门

提及“汤臣一品”，总令人想到上海陆家嘴的顶级豪宅。人们印象中的汤臣一品，不再仅仅拥有价格“一哥”的光环，还沉淀着一份经典的韵味和高雅的品位。2013 年 6 月，汤臣从上海到天津，从浦东江景到海河霓光。天津，600 年的光阴风华流转至今，汤臣以建筑语言向时光致敬，携汤臣津湾一品，站在天津这座海纳百川的国际大都市，带着跨越时代的眼界，带着一品的精神，为天津的客户构筑全新的家与生活理念。

在这里，能否延续昔日的传奇形象，为北方地区带来新的居住理念？如何打造汤臣津湾一品的品牌，同时带动销售？前不久，《国际公关》记者采访了负责汤臣津湾一品品牌传播的太立德仁(中国)公关广告传播集团高级合伙人、副总裁、天津公司总经理金波为我们解答这些问题。

缔造传奇：从南方到北方

2013 年 6 月，汤臣一品从南方到北方，从上海到天津，从黄浦江畔来到了海河边。“汤臣一品的高端品质始终没变，但毕竟是第一次来到北方，会不会‘水土不服’，是我们想得最多的问题。”金波说，“在与汤臣一品合作初期，我们始终在不断沟通整体传播的大方向。汤臣一品虽然不是中国最贵的房子，却是号称中国第一的豪宅。让这一点被天津人所认可和接受，也是我们努力的方向。”

汤臣集团以开发顶级高端住宅著称，津湾一品是汤臣进入中国内地市场 18 年来首次在上海以外地区开发的地产项目。7 月 26 日亮相的住宅部分，户型面积从 100 平方米至 400 平方米不等，其配套设施包括2 000平方米的首层大堂，以及6 000平方米的高端会所，其功能包括标准泳池、羽毛球场、SPA 馆、儿童主题游乐馆、红酒雪茄屋等。

在上海和在天津的汤臣一品楼盘，同样都是超高层的河景房，都在细节上追求极致，将房屋的共享大厅、会所、配套设施打造精良。在客户的要求下，太立德仁与合作的广告公司共同商讨，决定将此次推广合作的主题定为“传奇亦传袭”，诠释汤臣品牌在时光里拾起的传奇。

“传奇大家”系列活动启动仪式现场

与上海滩相类似，天津曾经是一个大码头。马场道、新华路、解放路的老建筑，与上海外滩的万国建筑一样，诠释着 20 世纪上半叶的繁华如梦。通过对两个城市的对比，金波发现，“从文化上找齐”是非常好的搭建两地桥梁的方式。从宋代开始，上海和天津就有着相近的码头文化，两座城市的交流也都围绕着这样的话题。为了配合这个定位，太立德仁使用了“南北对话”的形式，从文化、历史等方面将两座城市进行对比。通过与上海的《财富堂》杂志以及天津的《范儿》杂志进行合作，通过活动来阐述南北文化对人的影响。

此外，他们还进行了“致敬天津”的推广活动。以《天津的一百个传奇》为主题，通过汤臣津湾一品的官方微信号，将内容进行总体推广和传播，这些内容在天津房地产业内和高端人群中获得了很高的关注度。

“对高端人群来说，买的不仅仅是房子，而是一种品质。这已经超越了户型和面积的概念，更多的是生活理念和方式。”金波说，这就是上海人所讲的“腔调”。

绽放传奇：一场华丽发布

2013 年 11 月 16 日，汤臣津湾一品样板间开放盛典由太立德仁承办。盛典吸引了行业开发商、新老客户和投资者的目光，让人们感觉到了汤臣品牌与天津城市人文内涵的高度契合。

时光玻璃樽装置、EJU 启动仪式效果图、背板签到台、LED 舞台和金色座椅、金色蝴蝶结座椅、精巧的项目设计资料袋……由太立德仁承办的本次活动，无论从大处还是细节，都彰显了汤臣津湾一品的品质与风范。

汤臣津湾一品是富有东方哲学气息的现代作品，其华丽璀璨的销售中心采用主次双大堂设计理念，给业主带来尊贵享受，占地2 000多平方米、挑高 9 米，这里也是未来的业主大堂。步入销售中心，由日本殿堂级设计师泽田广俊(Hirotoshi Sawada)量身定制的大堂天花板首先映入眼帘，它以东方哲学理念的“水之聚纳财气”为核心，以海河水波为表象，通过光影流动的波纹增强了大堂的灵动性，同时自然蜿蜒的律动也呼应了地面螺旋状的石材拼接，天与地的对话串起大堂最生动的表情。在水流的引导下到达入户门，有一个清水涟漪的造型引领入户。

津湾一品影音室带来的是自然而绚丽的视听效果。影音室门口由不同大小的六面体堆积的墙面组成，内嵌等离子电视机，走进影音室的任何位置都能享受全方位的环绕立体声效果，体验身临其境的“剧场级”享受。

河流、建筑、人是一座城市的基本组成部分，也是城市人文的最佳反映载体。小小的形象展示，于不经意处凸显了汤臣津湾一品的人文精神和魅力所在。作为顶级豪宅，汤臣津湾一品的背后站着的是全球顶级设计师团队，其建筑方案设计出自美国 Ehrenkrantz & Eckstut Architects 建筑师事务所，由建筑设计名师李玮珉执笔；室内设计则由上海衡美实业有限公司(8 号楼住宅精装、8 号楼大堂)和上海苏居家饰有限公司共同完成；景观设计由美国 BAKH 公司完成；地下静态交通设计则由日本 PMO 公司实现。多家顶级机构共同配合，不仅传承了前辈大师的风范，更突显了当代建筑的魅力，成就了建筑与艺术的完美结合。

延续传奇：传承多重经典

接下来，汤臣津湾一品将甄选国际最为顶级的资源，为更多热衷艺术与高品质生活的朋友们带来多维的艺术体验。冯小刚、马未都、蔡澜、马艳丽、范增等重量级人物都将陆续加入，让更多的不同层面上的高端人群对汤臣一品产生全新、准确的认识。

作为汤臣津湾一品《传奇・大家》系列活动的开篇之作，2014 年 1 月 10 日，汤臣津湾一品独家冠名“我看郎朗弹钢琴”2014 天津城市新年音乐会，在天津大礼堂(大剧场)盛大开幕。汤臣力邀国际顶级钢琴演奏大师郎朗为天津献上城市新年贺礼，奏响城市顶级的品质生活传奇。

汤臣与郎朗携手为天津带来的将会是国际顶级的音乐之旅与生活艺术的感受。每一首乐曲，都如同讲述一个精美的故事，《土耳其进行曲》、恩纳斯托・莱库纳《古巴舞曲》，以及极富年味的《春节序曲》等曲目，将钢琴的魅力一一献给每一位听众。

当然，这不仅仅是演唱会那么简单。为了增加互动性，汤臣津湾一品还邀请上海汤臣业主中的小琴童与津门小琴童相聚一堂，参与百名琴童大师课。

"与传奇人物合作，表达了希望将来每一位业主都是我们新的传奇。"金波说，这样的活动，与下一代的培养相契合，是想把"传奇亦传袭"的主题更好地推广下去。

做这样的推广并不单是把明星请来露个脸、甚至唱首歌那么简单。需要发掘明星本身的价值特点，制造出更多的话题与目标受众去互动。同时，利用不同的媒体，在娱乐媒体、女性媒体、房地产媒体等不同类型的媒体上各有不同的表现形式，从而达到让不同的人群对一个项目的形象有更好认可的目标。

资料来源：中国公关网，http://www.chinapr.com.cn/templates/T_Second/index.aspx?nodeid=20&page=ContentPage&categoryid=0&contentid=6652，2014年4月2日。

问题：

1. 从这个案例中，我们可以看出该公司的公共关系营销理念是什么。

2. 在这个案例中，该公司的公共关系营销的策略有哪些？

实验实训

1. 请学生根据公共关系广告的相关要求，组织一次公共关系广告的实训演练，可以自己选择活动的主题。

2. 请学生根据公共关系营销的所学知识，为某企业策划一次公共关系营销的实训演练，可以自己选择活动的主题。

复习思考题

1. 什么是公共关系广告？公共关系广告与商品广告有哪些区别？

2. 公共关系广告制作的原则是什么？

3. 什么是公共关系营销？

第九章　公共关系礼仪

学习目标

通过本章学习，你应能够：
了解公共关系礼仪的原则与作用；
了解公共关系人员的个人礼仪；
掌握公共关系人员的社交礼仪；
掌握公共关系常用的商务仪式与活动仪式。

引入案例

微笑是最具魅力的礼仪

被誉为"全球旅馆业之冠"的美国希尔顿饭店，其创始人唐纳·希尔顿绝对称得上是一个传奇人物。

1919 年希尔顿离开家乡新墨西哥来到得克萨斯州，以仅有的 500 美元为资本，买下了蒙布勒饭店，开起了第一家希尔顿旅馆，开始创立希尔顿旅业王国，在不到 90 年的时间里，从 1 家发展至 100 多家，遍布世界五大洲的各个城市，资产达数百亿美元，并成功吞并了号称"旅馆之王"的纽约华尔道夫奥斯托利亚旅馆，还买下了号称"旅馆皇后"的纽约普拉萨旅馆，成为名副其实的全球旅馆业 No. 1。

有一天，他踌躇满志、颇为得意地向母亲谈起他如何赚钱有方。他母亲淡然一笑说："你拥有5 000万资金又有什么了不起，知道还有比这更值钱的东西是什么？"希尔顿被问住了，母亲又说："我看，做生意除了要对顾客诚实之外，你还得想出这样一个简单可行、又不花钱、又行之久远的办法，去争取顾客的反复光临，只有这样，你的旅店才会前途无量，资金才能不断增加。"母亲的话让希尔顿苦苦思索，寻找那"简便""可行""不花本钱""行之久远"四项合一的赚钱之道。终于，他悟到了，那就是"微笑"。

希尔顿视微笑为企业生存发展的唯一途径，并以此为基本企业理念，在员工队伍中大力提倡微笑服务。90 多年来，希尔顿饭店生意如此之好、财富增长如此之快，其成功的秘诀就在于牢牢确立自己的企业理念，并把这个理念贯彻到每一个员工的思想和行为之中，饭店创造"宾至如归"的文化氛围，注重企业员工礼仪的培养，通过"微笑服务"体现出希尔顿的独有魅力。希尔顿自己则是在这50多年中,每天从这个洲飞到那个洲、从这个国家飞到那个国家,专程去了解希尔顿的员工是否在贯彻着“希尔顿的礼仪”。他有一本专著《宾至如归》,如今已成为每个希尔顿员工的“圣经”,而当得知希尔顿要亲自前来视察时,员工们就会立即想到希尔顿肯定会问你:“今天,你对客人微笑了没有?”

资料来源:张百章、何伟祥编著:《公关礼仪》,东北财经大学出版社2005年版。

第一节 公共关系礼仪概述

一、公共关系礼仪的基本概念

社会是一个具有高度组织性的系统,它的存在与发展具体表现在人与人之间、组织与组织之间的交往过程中。交往是相互的,无论何种形式的交往都离不开交往双方或多方之间的彼此认同与互相尊重。交往者为了实现彼此的认同与尊重,必然会选择一定的、共同认可的参照标准,这种参照标准的主要表现形式之一就是礼仪。

英语中的“礼仪”一词源于法语“etiguette”。在法语中“etiguette”原意是法庭上的通行证。古代的法国法庭,为了显示司法活动的威严和保证司法活动正常有序地进行,不但制定了许多法庭的规定,而且将这些规定印在或写在一张长方形的通行证上,发给进入法庭的每一个人,使其入庭后有所遵循。这个通行证就叫“etiguette”。进入英语语境后,这个词的意义有所扩大,不单指法庭上的通行证,而是泛指人际交往的通行证,因为在社会生活的各个方面,人们都必须遵守一定的规矩和准则。

中国是文明古国,礼仪在中国的历史上可谓源远流长。“礼仪”一词早在《诗经》中就已经出现了。“礼仪卒度,笑语卒获”(《诗经·小雅·楚辞》),意为“古之祭祀礼仪尽合乎法度,笑语尽得其节制”。而孔子也说“克己复礼”,意思是说,每个人都要克制自己的欲望,恢复人与人之间的正常交往,按照一定的程序处理人际关系问题。

礼仪是人类文明的产物,是人们进行社会交往的行为规范与准则,具体表现为礼貌、礼节、仪表与仪式四个方面。

礼貌:是指人们在交往过程中表示敬重、友好的行为规范,如尊老爱幼、热情待客等。

礼节:是指人们在交际活动中待人接物的形式,如拜会、回访、挥手致意等。

仪表:是指人的外表,如容貌、服饰、表情、姿态等。

仪式:是指在一定场合举行的具有专门程序的活动,如开业典礼、迎送仪式等。

公共关系礼仪是社会组织的公共关系工作人员在公共关系活动中,为了塑造个人和组织的良好形象而应当遵循尊重他人、讲究礼节、注意仪表、仪式等的规范和程序。

公共关系礼仪对于公共关系人员来说,起着进行社会交往、发展公共关系的重要作用。懂得公共关系礼仪,他们出入各种正式或非正式的社交场合,就会更加受到欢迎与尊重,获得更多的支持与理解,由他们所代表的组织的形象也就会随之高大起来。

二、公共关系礼仪的原则

公共关系礼仪具有与一般人际交往礼仪相同或相似的地方,它是由人际交往礼仪发展而来的,同时公共关系礼仪是公共关系学的子系统,它是公共关系人员在公共关系实践中通过自觉的建构过程而获得的，又有一些与公共关系工作相应的重要原则。总体来说，公共关系礼仪应遵循以下四个方面原则：

（一）自觉自律原则

公共关系礼仪主要是为树立组织良好形象、获得公众美誉服务的，公共关系人员由于其工作的特殊性，他的一言一行都将影响组织的声誉与形象。因此在公共关系活动中，公共关系人员必须具备自觉性和自律意识。一方面要洁身自好，严格按照公共关系礼仪的基本要求去规范自己的言行举止，让公众对自己代表的组织产生良好的印象，使组织获得公众的信任与赞许；另一方面要增强主观能动性，用心学习、钻研、感悟、实践各种礼仪规范和程序，通过坚持不懈的努力朝着实现自身及组织美誉的目标而前进。

（二）真诚尊重原则

公共关系礼仪对于公共关系活动的目的来说，虽然只是形式和手段，却应当成为公共关系人员情感的真诚流露与表现。公共关系礼仪的核心就在于，它应该从根本上体现公共关系人员对公众的真诚与尊重，而并不在于追求外在形式的完善。如果没有这种尊重与真诚，一切礼仪都将成为毫无意义的装饰。礼仪不应摆谱、做花架子，否则，就会引起公众的反感，甚至可能会导致整个公共关系活动的失败。海尔集团的"真诚到永远"不仅仅是一句口号，而是海尔人实实在在的对公众的服务理念，对公众的关心与重视。

（三）灵活运用原则

《孙子·虚实篇》中有："水因地而制流，兵因敌而制胜。故兵无常势，水无常形，能因敌变化而取胜者，谓之神。"公共关系礼仪的具体规范既是具体的、严肃的，但又是可变的、灵活的。任何公共关系礼仪都不是僵死的教条，需要根据时间、地点、场合、对象的不同而灵活运用。礼仪是一种装饰性的规则形式，但又是一种灵活性很强的形式，是一种既严格又自然的形式。公共关系人员要根据具体情况不断调整自己的角色，适时地实现角色的转换。中国香港正大实业公司总裁王光英先生说得好："到哪座山就唱哪座山上的歌，到狼群里就要学狼叫。"这应当成为公共关系人员实施各项礼仪的重要守则。

（四）"适度、从俗"原则

适度原则要求应用礼仪时，必须注意技巧、合乎规范，所谓"礼多人不怪"的观点不总是对的。在实际工作中，一定要注意适度原则，视情况而定，适可而止；否则，会使人反感甚至厌恶。从俗也就是所谓的入乡随俗，由于国情、民族、文化背景不同，客观上就存在着完全不同的具体礼仪表达方式与方法，以及对同一种礼仪行为的不同的评价标准，贸然采取自以为是的礼仪方式，很可能触及禁忌，引起对方的反感。

微型案例

契诃夫笔下的小公务员

俄罗斯著名作家契诃夫在其小说《小公务员之死》中，为我们讲述了这样一个令人啼笑皆非的故事。小公务员切尔维亚科夫在看戏时，不小心打了个喷嚏，他觉得这个喷嚏给坐在自己前面的一位将军带来了不快，于是开始道歉。他在戏剧的演出过程中道了歉，在幕间隙时再次道歉，事后又专程赶到将军的办公室请求将军宽恕。可是，切尔维亚科夫仍然感到自己还是没能以适当的方式向将军致以歉意，还没有得到将军的真正宽恕，又多次前往将军的办公室道歉。终于，这个将军被切尔维亚科夫无休止的道歉惹得勃然大怒，他把这个小公务员从办公室轰了出去。

切尔维亚科夫吓得惶惶不可终日，回到家中，郁郁寡欢。不久，这个小公务员便在愧疚和抱憾中死去。

以上案例表明在交往中，公共关系礼仪应表现适度。

三、公共关系礼仪的作用

(一)帮助组织主体树立良好的公众形象

公众会依据公共关系工作者的礼仪表现，对该组织主体的形象进行“定格”。组织主体的良好形象关键是要靠自身有过硬的产品或服务品质。公共关系中常讲的要宣传与展示，保持全面的信息双向沟通，也要随时保持良好的礼仪状态，让每一个交往对象都能为我们所付诸实施的礼仪行为所折服，都能从中体会到受尊重的满足感，进而获得公众对组织主体的喜爱。

(二)提高公共关系工作者综合素质

作为组织主体活动的负责人，公共关系人员一方面要尽快提高自身文明修养，使自己向有思想、有道德、有知识、懂礼仪的方向发展，成为一名受人尊重的优秀公共关系工作者；另一方面，作为一个组织的形象代表、一名公众人物，也必须随时注意自己的言行，处处以礼仪规范要求自己、约束自己。

(三)坚持诚信，提高全社会文明水平

社会秩序的维系需要法治，更需要礼仪规范，需要诚信。随着国家法治建设的不断推进，市场经济体制也日趋完善，人们懂得了诚信为生存之本的道理，也使公关礼仪有了更大的发展空间。

四、公共关系人员的性格、气质与风度

(一)性格种类及性格要求

1. 气质说

公元前 5 世纪，古希腊医生希波克拉斯提出“气质学”，他认为人体内有 4 种不同的体液，即血液、黏液、黄胆汁、黑胆汁。根据各人体液的分配比例，人的性格可分为 4 类：

(1)胆汁质

优点：充满热情，精力充沛，态度爽朗，豁达开朗，动作粗犷有力，说话直接干脆，办事果断，勇猛坚强。

缺点：性情急躁，易发脾气，爱冲动，缺乏耐性，不讲究方式方法，容易好心办坏事。

(2)多血质

优点：活泼开朗，热情奔放，感情比较丰富，待人亲切，富有同情心，思维敏捷，反应迅速，健谈，善交际，接受能力很强。

缺点：情绪缺乏稳定性，喜怒不定，兴趣广泛但难以持久，易动摇。

(3)黏液质

优点：沉着冷静，耐性较强，言行谨慎，情感不易外露，性情比较稳定。

缺点：固执死板，灵活性不够，一般只按指示或经验办事，不喜交际。

(4)抑郁质

优点:感情细腻,执着,善于观察,爱思索,喜静少动,敏感多虑,韧性强。

缺点:胆怯怕羞,性情内向,较孤僻,疑心较重。

这4种气质的人,一般认为多血质的人最适宜公共关系活动,容易成为活动的中心人物;胆汁质的人往往是公共关系活动中的拥护者和行动者;而黏液质和抑郁质的人在公共关系活动中,往往缺少热情,冷淡寡言,谨小慎微。

2. 性格的要求

性格是选择、培养公共关系人员的重要条件。优秀的公共关系人员应具备以下性格特点:

(1)活泼开朗:能主动与人相处,善于交往,对新朋老友都能给人一种活力、一种热情、一种较强的情绪感染力。

(2)举止文雅:让人感觉你有很好的性格修养,举止落落大方、不卑不亢,既得体又清雅,使人产生认同感。

(3)谈吐动听:能真情投入,设身处地站在对方角度考虑,讲求语言文明、礼貌,思路清晰,措辞得当。

(4)感染力强:阐述问题能旁征博引,逻辑能力出众,且能对自己的观点自圆其说,再附以丰富的动作语言和情感语言,打动听众。

(5)兴趣广泛:有广泛的兴趣爱好,对天文地理、琴棋书画都有涉及,对各类公众对象的不同爱好都能有共同语言,并能引起双方共同兴趣。

(6)知识丰富:在文化知识的深度与宽度上都有所造诣,能就某些问题与他人做一定程度的探究。

(7)善于交际:通晓人际关系、社交心理及公共关系礼仪各项规范,具有丰富的人际交往实践经验。

(8)具有幽默感:能随时调动公众情绪,拉近与交往对象的距离,具有很好的亲和力。

(二)气质

所谓气质,是指人的相对稳定的个性特点,是表现在人的情感、认识、语言和行为中比较典型、稳定的动态方面的心理特征。

气质具有恒常性和稳定性的特点,以不同的方式作用于人的心理,支配着人的各种行为,甚至影响着人的容貌。气质是一个人的真正魅力所在。一个人气质的美会在一个人的举手投足、言谈举止、待人接物中表现出来,这种美是自然而然地流露出来的,而不是刻意、生硬地模仿。

良好的气质,是以人的文化素养、文明程度、思想品质为基础的,同时还要看他对待生活的态度。在现实生活中,有些人只注意穿着打扮,修饰外表,而不注重内在素质的提高。其实气质给人的美感是不受年龄、服饰和打扮制约的,没有内在的东西,便不能自然地体现出美的气质来。气质美是一种内在美,它是人的高级神经活动类型及特点在行为方式上的具体表现。

总之,气质是一个人多种内在素质的综合反映,这些素质包括思想、品德、个性、情操、志趣、文化艺术修养、才识智慧等。气质看似无形,实为有形,它通过一个人对待生活的态度、个性特征、言谈行为等表现出来。一名公共关系人员应具有以下几点气质:

1. 优美的举止仪态

一个人的举手投足、走路的步态、说话的表情、待人接物的风格等都能显现出自己的气质。

2. 良好的性格

要注重自己的教养、涵养、修养，要忌怒、忌狂、忌暴，要宽容、忍让、理解人、同情人、体贴人。

3. 丰富的内心世界

气质美首先表现出来的就是具有丰富的内心世界。理想是内心世界丰富的一个重要方面，因为理想是人生的动力和目标，没有理想与追求，内心空虚贫乏，就根本谈不上气质美。品德是气质美的另一个重要方面。

4. 较高的文化素养和语言修辞能力

气质美主要表现在语言修养高、文化知识丰富而广泛，对古今中外、历史典故、风土人情等都有所了解，说起话来生动有趣，富有韵味。再则，对工作的认真、执著、聪慧、洒脱、精明、干练，所有这些和谐统一的美，都会表现出一个人真正的气质美。

（三）风度

微型案例

华盛顿的风范

1754年，"美国之父"华盛顿还是一名血气方刚的上校军官。那时，他正率部于亚历山大市驻防，是当地的军事首脑。那年，弗吉尼亚州的议员选举战打得硝烟弥漫，华盛顿也很狂热地投入了选战，为他所支持的候选人助威。有个名叫威廉·佩恩的人，是华盛顿的坚决反对者，到处发表演讲，批评华盛顿支持的候选人。为此，华盛顿很生气。

某日，华盛顿与佩恩两个冤家聚头，并且发生了激烈的争吵，情急之中，华盛顿说了一些过头话冒犯了佩恩。佩恩觉得自己受了侮辱，不由火冒三丈冲过去一拳将华盛顿击倒在地。这一拳却把华盛顿打醒了，他忍痛站起来，命令摩拳擦掌的部下跟他返回营地。一场流血冲突就这样烟消云散了。

第二天，华盛顿写了一张便条，派一名部下送给佩恩，约他到一家酒馆见面，解决昨天两个人结下的芥蒂。

佩恩看了便条大吃一惊。华盛顿作为军人，约他解决矛盾的方法肯定是进行生死决斗。佩恩虽然紧张，但绝不想让他人说他是胆小鬼。他在家里做好了决斗准备，便去酒馆赴约。

佩恩赶到酒馆时，一见华盛顿就傻眼了。华盛顿西装革履，一副绅士派头。见佩恩进来，他端着酒杯微笑着站了起来，伸手握住佩恩的手，很真诚地说："佩恩先生，人不是上帝，不可能不犯错。昨天的事是我对不起你，不该说那些伤害你的话。不过，你已经采取了挽回自己面子的行动，可以说我已经为我的错误遭到了惩罚。如果你认为可以的话，我们把昨天的不愉快统统忘掉，在此碰杯握手，做个朋友好吗？我相信你是不会反对的。"

佩恩感动了，紧紧地握住了华盛顿的手，热泪盈眶地说："华盛顿先生，你是个高尚的人。如果你将来成了伟人，那么，佩恩将会是你永久的追随者和崇拜者。"

一对完全有可能成为仇敌的人做了朋友。同时，也被佩恩说对了，后来华盛顿果然成为美国人民世代崇敬的伟人。佩恩更没有食言，他至死都是华盛顿的忠实追随者和狂热崇拜者。

资料来源：张百章、何伟祥编著：《公关礼仪》，东北财经大学出版社2005年版。

所谓风度，是指人的言谈、举止、神情、姿态、仪表等方面总的表现和风貌，即人的思想、文化、修养、性格、气质等的外在表现。风度也包括控制自己情绪的一种能力。风度是一个综合的概念，它不是指某一表情动作，而是指一个人在日常行为中表现出来的仪表、神情、姿态等，是指人的全部生活姿态所提供给人们的综合印象。

风度美包含的内容有：

1. 幽默文雅的谈吐

风度美体现在谈吐上。豪放的人，语多激荡而不粗俗；潇洒的人，言谈文雅而不随便；谦虚的人，含蓄蕴藉而不猥琐；博学的人，旁征博引而不杂芜；脚踏实地的人，声调沉稳；要想达到风度美，须注重谈吐幽默、文雅的训练。

2. 诚恳的待人态度

不论对谁，都应以诚恳的态度平等相待，不哄不骗。切忌吞吞吐吐，含糊其辞，言语与表情动作自相矛盾。

3. 饱满的精神状态

神采奕奕，精力充沛，显得自信和富有活力，能激发对方的交往动机，活跃交往气氛；若神态上萎靡不振，无精打采，即使你有交往的诚意，对方也会感到提不起精神来，交往的前景无法乐观。

4. 洒脱的仪表礼节

一个人外表秀美，俊逸潇洒，就能产生使人乐于接近的魅力。这种魅力不取决于长相和衣着，而在于人的气质和仪态，这是人的内在品格的自然流露。得体的礼仪能使人的气质、风度变得宽厚、平和、善良、洒脱。

第二节　公共关系人员的个人礼仪

随着现代社会人际交往的日渐增多，人们对个人的礼仪也倍加关注。个人礼仪所涉及的是个人穿着打扮、举手投足之类的小节小事，但小处显精神，举止言谈见文化。

个人礼仪是一个人的生活行为规范与待人处世的准则，是个人仪容、服饰、言谈、举止、待人、接物等方面的具体规定，是个人道德品质、文化素养、教养良知等精神内涵的外在表现。个人礼仪的核心是尊重他人，与人友善，表里如一，内外一致。

对个人来说，个人礼仪是文明行为的道德规范与标准，个人礼仪所形成的一种具有较强约束力的道德力量，使每一个社会成员都能够自觉地将自己的言行纳入符合时代之礼的轨道，以顺应社会发展的潮流。

一、仪容服饰礼仪

（一）整洁的仪容

仪容是指人的外表、外貌。在商务交往中，整洁的仪容一方面体现了本人的素养，另一方面也体现了对于这次商务活动和交往对象的重视。因此，在公共关系实际工作中，要求公共关系人员在社交场合力求做到仪容得体、举止大方。

1. 得体的发式

头发整洁、发型大方是个人礼仪对发式美的最基本要求。整洁大方的发式易给人留下神清气爽的印象，而披头散发则会给人以萎靡不振的感觉。一个人所选的发式应与自己的脸形、肤色、体形相匹配，与自己的气质、职业、身份相吻合，这样方能显现出真正的美。

发式美只是仪表美的一部分，它应该与人的面貌美、服饰美相协调统一。

2. 整洁的面容

面容是人的仪表之首，也是最为动人之处。

(1)女士面容的美化

女士面容的美化主要采取整容与化妆两种方法。整容是通过外科手术来改变人的容貌。化妆则以其便利、易改等优势，受到广大女士的青睐，成为当今面容美化的首选方法。

工作妆应该是淡妆，职业女性上班时化妆，不仅是为了漂亮有精神，还体现了敬业精神。因为看重自己的这份工作，所以要以最佳状态来上班，化淡妆已经成为一种礼节。

提醒您

化妆的礼节及应注意的问题：

其一，化妆的浓淡要考虑时间、场合的问题。白天，自然光下，一般女士略施粉黛即可；职业女士的工作妆也以淡雅、清新、自然为宜。浓妆，多为参加晚间娱乐活动的女士的妆扮。在正式场合，女士不化妆会被认为是不礼貌的。

其二，在公共场所不能当众化妆或补妆。在公共场所，众目睽睽之下修饰面容是没有教养的行为。如真有必要化妆或补妆，一定要到洗手间去完成，切莫当众化妆。

(2)男士面容的基本要求

男士应养成每天修面剃须的良好习惯。实在要蓄须的话，也要考虑工作是否允许，并且要经常修剪，保持卫生。

3. 颈部的美化

颈部是人体最容易显现一个人年龄的部位，平时要和脸部一样注意保养。保持颈部皮肤的清洁，并加强颈部的运动与营养按摩，就会使颈部皮肤绷紧、光洁动人。颈部的营养按摩一般从20～25岁开始为宜，尽早护理，才能延缓衰老。

4. 手部的美化

手、手指和指甲的美，与人体其他部位的美一样重要，尤其可提高女性的整体风采。因此，适时适度地保护与美化手都是十分必要的，不容忽视。

要经常保持手部的清洁，养成勤洗手、勤剪指甲的良好卫生习惯，因为手的清洁在某种程度上反映的是一个人的精神风貌。指甲的美化要慎重，不可随心所欲。现代生活中，手部的美化大多侧重于指甲的美化。但对指甲油涂抹色彩的选择一定要谨慎。

(二)得体的服饰

服饰是个人形体的外延，包括衣、裤、裙、帽、袜、手套及各类服饰。它们一同起着遮体御寒、美化人体的作用。服饰又是一种无声的语言，它显示着一个人的个性、身份、涵养及其心理状态等多种信息。

得体的服饰能够恰如其分地表现出穿着者的气质、性格以及其他正面信息，在人际交往中起到积极的作用。虽然完全以衣着取人是肤浅的，但是完全不讲究衣着、不修边幅，在公关活动中也是行不通的。因为在工作环境中，任何一个人都不仅代表自己，更代表了组织，表现了组织的管理水平、人员素质、文化理念等很多内涵。

1. 着装的原则

在选择服装的时候，要考虑款式、色彩、质地、价格，还要考虑在什么时间、什么地方穿，会有什么效果。这就是所谓的国际通行着装原则——TPO 原则。

T——Time，即时间：一年之中有四季，一天之中有早晚，穿衣各不相同。白天上班时要穿得严肃一点，晚上的宴请要穿得华丽一些。

P——Place，即地点：在不同的地点进行的活动内容不一，着装也要有所变化。

O——Object，即目的：目的可以从两方面考虑：一是做事的目的，比如要去打网球，就要穿运动装、网球鞋；二是想要留给别人什么印象，是严肃稳重还是大方活泼，根据不同的目的选择服装。

时间、地点、目的，三者加在一起就构成了着装的 TPO 原则。如不考虑周全，忽略了某一因素，就会出现令人尴尬的结果。

2. 正规职业装

(1)男性的职业装

深色西服套装，两件套或三件套。上衣有双排扣和单排扣之分。双排扣上衣显得更严肃，扣子必须都系上，不能敞开来穿。单排扣西装有一粒扣、两粒扣、三粒扣以致更多粒扣的。一般场合可以不系扣，严肃的场合，如会见客人、谈判等，两粒扣西服只系上面一粒，三粒扣的只系中间或中间和上面两粒，总之，不管几粒扣，最下面的那粒系上会显得很拘谨、土气。

衬衫：浅色衬衫最好，白色的最不会出错，浅色有细隐条的也行。衬衫的领子一定要合适，太松了打领带不好办。衬衫的领子应该比西服外套领子高几分，袖口比西服外套长出 1～1.5 厘米，既利于保护外套，也显出品位。衬衫的领口在打领带时一定要系上，不打时一定要解开。袖口的扣子必须系上，再热的天在公务活动中也不能把袖子卷起来。衬衫的下摆要系在裤子里。

皮鞋和袜子：只能选黑色或深棕色皮鞋，传统的系带鞋最为正规，漆皮鞋、鞋面带亮片、镂空花纹的都不适合公务场合穿。一定要穿深色袜子，最好与裤子的颜色一致，绝不能穿白色的袜子，白色袜子属于休闲袜。袜子要长及小腿肚，袜口松紧度要适中，衬衫、袜子应该天天换。

皮带：选用真皮的，颜色与皮鞋、公文包的颜色一致，皮带扣的式样应该简洁。

领带：领带的面料以真丝面料为好。颜色可以和西服同一色系，但不完全相同，也可选择暗红等较深沉的颜色做底色，图案为几何形的。总之，要以优雅、精致的风格取胜。领带系好后，下端不能长于皮带扣的上端。

(2)女性的职业装

西服套装是女性的标准职业装，它使人显得精干。上衣和裙子同色使人显得修长；上下两件不同色的套装颜色应该是谐调的。西服套装的颜色多为黑色、藏青色、灰色、灰褐色、暗红色。

衬衣：衬衣的颜色、图案、式样是丰富多彩的。只要不过分耀眼，颜色与外套谐调就可以了。如果外套的颜色较深，浅色、柔和色调的衬衫可以冲淡过于凝重的氛围。另外，质地较好的圆领、一字领、V 字领紧身衫，也可与西服外套相配。

袜子：穿裙装要配丝袜，接近肤色的肉色最适中。黑色袜子只能配黑色的裙子。不能穿带图案或网眼的袜子，也不能用白色袜子配职业装。裙子越短，袜子就越长，要超过裙摆，即使坐下、弯腰也不会露出袜口，可尽量选择连裤袜。由于丝袜很容易跳丝，所以应随身携带一双备用袜。

皮鞋：作为与职业装配套的皮鞋，鞋跟高度最好不超过 4 厘米。鞋的颜色要深于套服，黑色、深棕色、深灰色的皮鞋比较容易与衣服搭配。漆皮鞋、前露脚趾后露脚后跟的凉鞋以及式样过分时髦的鞋，都不适合工作场合。

内衣：内衣要合体。夏天衬衣较薄，内衣的颜色最好是肉色或白色。

在周末或一些相对轻松的会议、活动上，人们往往喜欢穿职业便装，它介于职业装与休闲装之间。由于仍在公务场合活动，着装不能太随意。具体来说，职业便装的特点如下：

男性：夹克衫配长裤，毛衣、有领的棉 T 恤、上下颜色不一致的西服套装等。

女性：带休闲风格的套裙，衬衫配长裤，夹克衫配连衣裙等。

提醒您

下午举行庆典活动，女性的着装可以是颜色漂亮的套装或各色裙装，但是如果穿长及脚面的旗袍或裙子，即不合适，因为那是晚装。男性应着深色西服、深色皮鞋，系领带。

3. 配饰礼仪

佩戴首饰与着装一样，要遵守 TPO 原则，以场合和服装定首饰。有时候，为了突出一件华美的首饰，还会因首饰来选服装。

(1)选择首饰，因人而异

首饰的大小也因人而异。比如项链，个子高、脖子瘦长的，不要戴细长项链，那样会显得脖子更长；脖子短粗的人，项链适当长一些，可以使脖子看上去长一点。

又如戒指，手指短而粗的，应避免戴圆形戒指，最好戴椭圆的、菱形的，可稍大些；手指过于纤细的，最好戴秀气、小巧的。一般的规矩是把戒指戴在左手。已婚和订婚戒指戴在无名指，恋爱中的人戴在中指，没有恋人的戴在食指，独身主义者戴在小拇指，大拇指一般不戴戒指。妇女离婚以后，如果为了孩子而继续佩戴，可以换到右手戴以示不再有婚姻关系。

(2)佩戴首饰，因场合而异

在白天举行的一些典礼、礼仪活动中，可以适当戴一两件稍大的首饰，替换下平时常戴的；参加晚上的社交活动，要配合晚礼服戴大形首饰。如果穿旗袍，珍珠、翡翠的项链、耳坠是很相配的。不过，如果晚上的活动仍属于公关应酬范围，女性的装束就要保守一些，否则白天努力树立起的精明强干的形象就会大打折扣。

在公共关系活动中，女性所佩戴的首饰要与职业装相配，不要超过两件。这种场合适宜细巧、简洁式样的。但不是不讲究。例如，蓝色服装配银色首饰，显得很雅致；黑色、暗红色衣裙配金色首饰才压得住，能够互相衬托。

不一定非得戴真金真银的，仿造得较精致的也可。人造材料的首饰便宜，可以经常更换，适合年轻女性的求变心理，但绝不能戴休闲款式的。

二、言谈举止礼仪

(一)礼貌的言谈

日常生活中，人们运用语言进行交谈，表达思想，沟通信息，交流感情，从而达到建立、调整和发展人际关系的目的。通过礼貌的谈吐及举止，向日常交往对象或商业伙伴表达我们的诚意，交到更多的朋友，寻求更多的合作机会。

1. 谈话的态度

谈话的基本态度是“诚恳”。有分歧、有不同看法是正常的，关键是要摆到桌面上谈，或为了顾及对方的面子而私下指出。

2. 谈话的声音

谈话的声音不要过大，要适中。其标准是，让所有参与者都能听清，而又不干扰与之无关的人。

在公共关系活动中，要学会控制自己的情绪，不让消极情绪通过自己的声音流露出来。理性、清晰、声调略低是职业的需要，有利于建立良好的职业形象。

3. 谈话的目光

眼睛是心灵的窗口，这是大家都知道的。一个人的喜怒哀乐、聪明还是愚蠢、忠厚还是狡诈，都能从眼神中透露出几分。我们在谈话中不但要通过眼神了解对方，还要善于用自己的目光来表情达意。

与人谈话，眼睛要注视对方，与之交流。目光注视的范围因场合的不同而有所变化，可分为公务注视、社交注视和亲密注视。

(1)公务注视

注视的位置是以两眼为下限，以额头为上限的这一部位。这种注视范围较窄，显得比较严肃郑重，用于公共关系活动中的谈判、交涉等场合。

(2)社交注视

注视的位置是以两眼为上限、以唇部为下限的部位，构成一个倒三角。这种目光带有一定的感情色彩，亲切友好，适用于各种社交场合。

(3)亲密注视

这种注视的范围比较大，从眼睛到上半身都可注视。这种目光比较随意亲近，有时甚至是热烈的，所以只能用于亲朋好友与恋人之间。

4. 恰当的称谓

称谓，在此仅指人们在日常交往中彼此之间的称呼。选择什么样的称呼，一要看对方的身份，二要看双方的关系。与人交往，不用称谓是极不礼貌的，用得不对也同样让人不愉快。

(1)通用称呼

有同志、老师、师傅、先生、小姐、女士等，主要在公共场合使用。

“同志”的使用范围曾经很广，但现在它的使用范围已经缩小，尤其在公关场合，几乎不用。如果到政府部门办事，使用“同志”还是合适的。

“老师”，在此不是指职业称呼，是指在公共场合对人的一种尊称，在演艺界尤其流行。

“师傅”，这一称呼曾在“文革”中十分流行，现在除了在工厂使用之外，在公共场合也使用，适合称呼体力劳动者。

“先生”，现在公共场合比较通行的对男性的称呼。

“小姐”，在公共场合对年轻女性的称呼。但是现在某些地区，服务业的女性忌讳这种称呼，所以不妨对她们用“服务员小姐”“售货员小姐”这样的职业＋通用称呼的方式。

“女士”，对各种年龄的已婚、未婚女性都适用，显得更文雅、正规。

(2)职业性称呼

职业性称呼常用于公务场合，可分为三种。第一，姓＋职务。职务都可以用来做称呼，例如，张经理、王厂长、程副院长等。第二，姓＋职称。并不是所有职称都可以用来作称呼，一般只适用于高校、工厂等的职称，如“柳教授”“武工程师”等。第三，姓＋职业或学衔。有些职业是可以称呼的，比如律师、医生、老师、法官，可以在前面加姓，也可以在后面加通用称呼，如王律师或律师先生、赵法官或法官先生。只有博士学衔才作为称呼，如“孙博士”，在国外是很重视这一称呼的。

对有上述职业、职称、学衔的人，用职业性称呼比用通用称呼更好，更体现对他们取得的成就的尊重。

(3)姓名式称呼

第一，称呼全名。这种称呼方法常用于严肃场合，上级称下级、年长者称年轻者、老师称学生，或关系较近者。第二，只称名，省略姓。这样称呼适合于关系较近者，或想把关系搞好者，应该属于亲朋好友。第三，老、小＋姓。这在公务场合常用。姓前被冠以“老”者，或者岁数较大，或者虽然年龄不算老，但显得比较成熟。姓名前冠以“小”字，一种可能是年轻，另一种可能是称呼者与被称呼者年轻时就认识，叫惯了，到老了也改不了。

5. 交谈中的技巧

公共关系活动中的交谈，与一般社交场合的交谈不一样。社交场合的交谈，随意性较强，应酬内容多，而公共关系活动中的交谈，目的性强，讲究效率。

(1)目的明确

谈话前必须明确“为什么”“想说什么”。要把思路整理清楚，这样才能提高效率。

(2)表述准确

要使对方能正确理解和执行自己的话，就要表述准确具体，要遵从 5“W”2“H”(见表 9－1)。

表 9－1　表述的 5“W”2“H”

	表述不明确	表述明确
When	最好快一点	今天中午 11:00 以前
Where	在谈判桌右边	进门面对谈判桌的右边
Who	交给上司	交给市场部李部长
What	把这件事研究一下	下班前请告诉我研究结果
Why	先复印这份文件	这份文件今天下午 14:00 的会上要用，所以请先复印
How to	请快一点寄去	请用特快专递寄给他
How much	请尽量节省	请不要超过 1 000 元

(3)使用礼貌用语

要习惯用礼貌用语：请、谢谢、劳驾、对不起、没关系等。

不要小看这些礼貌用语，把尊重装在心里别人怎么能知道，必须通过语言和举止把它表达出来才能达到目的。

(4)遣词造句要谦逊、委婉

同一个意思有不同的表达方法，有的让人爱听，有的让人听了就心生反感。应当尽量避免强硬的、高压式的、措辞激烈的话语，例如：与其用“我们认为这是唯一可行的方法”这样的语气，不如这样说效果可能会更好，“这个方案不一定就是最好的，但它是目前看来唯一可行的”。

要给对方留有余地，不要武断。不要说“你说的完全没道理”，而要尽量找到其中合理处，先予以肯定，“你提出的问题确实是症结所在，我们也有一些想法，请您考虑是否更符合我们的现状”。

要善于发现共同点，这是沟通的过程，也是合作的基础。

牢记要点

交谈中应注意的问题

（1）不要随意打断对方的谈话

要尊重对方，不要任意打断对方的话。如果确实有地方没听清、听懂，要等对方的话告一段落再插话：“对不起，请允许我插一句”或“对不起，您的话是不是这个意思……。”

（2）要照顾到在场的所有人

谈话时，不要只对主宾一个人说，至其他人于不顾。当然会有主有次，但小心冷落了在场的其他客人，要常用目光照应一下。

（3）礼貌地加入别人的谈话

想要加入别人的谈话时，要先打招呼，可以说“对不起，我可以听听吗”“你们聊得挺热闹，能让我参加吗”等。千万不要毫无声响地站到别人身旁，既没礼貌，又有了偷听的嫌疑。在社交场合尤其要注意。

（4）注意谈话中的忌讳

有一些问题属于个人隐私，不论在公务场合还是社交场合，都是不应该问的。如对方的婚姻状况、工资收入和支出、个人经历、年龄、家庭住址和电话、政治及宗教信仰、不要随意谈论不在场的人，包括双方的上司、共同的熟人。不要传播流言蜚语及公司里的小道消息。

6. 聆听的艺术

认真地听别人谈话，有莫大的好处。第一，可以从别人那里学到许多东西。第二，有利于对话。如果别人说的你没有在意，接下来的谈话怎么能有针对性？第三，有利于搞好人际关系，给人留下良好的印象。对方从你认真聆听的态度上感到你的诚恳和对他的重视，以后就还会乐于同你打交道。

小技巧

聆听时应注意

（1）鼓励的话语和眼神

为了鼓励对方说下去，可在适当的时候插话、提问题。比如说“你能讲得更具体一些吗”“你的想法对我很有启发，请接着讲下去”。目光要不时地与对方交流，使他知道你确实在认真听，他就会提高表达的质量，从而达到充分交流沟通的目的。

(2)分析对方的话语

有时,人们对于一些意见的表达不是直截了当的,而是曲折、委婉地说出来,包含着很多言外之意。在谈判当中,有人还故意给对方设陷阱。所以我们在当听者的时候,一定不能掉以轻心,要一边听、一边分析、一边观察,弄清在表面话语之下的真实意思。有些国家的人说话比较委婉,比如日本人,当他想要拒绝的时候,总是用模棱两可的话来表示,如果你不仔细分析,不了解其表达习惯,就会产生沟通障碍。

(3)注意身体语言

听别人谈话不全是被动的。所以身体不应当完全放松,不要仰靠沙发背、大腹便便的样子;也不要玩弄一些小物件,分散注意力;更不能对着对方大声张嘴打哈欠。这都是极不礼貌的。虽然不需要总是正襟危坐,但坐端正是必需的。如果双方并排而坐,在谈话中间还可以把身体侧向对方,以示专注。

(二)优雅的举止

举止即指人的姿态和风度。优雅的举止应当是大方的、从容的、自信的、幅度小的。举止优雅首先体现自尊。其次,举止优雅的人能够约束自己,不用粗俗的动作冒犯他人、向他人示威,表现了对于他人的尊重。举止有各种各样,最基本的是站、坐、行的姿态、手势和表情。

在公共关系活动中,举止优雅的人容易与别人沟通,得到信任。人们无法相信,一个举止粗俗的人是受过严格的专业训练的,人们往往不愿意把重要的事情交给他去做,或者与之成为合作伙伴。

1. 挺拔的站姿

站立时要有精神,要挺拔。正确的姿态是:头正、肩平、两肩放松,双臂自然下垂,双手放于大腿两侧或相握于身前,挺胸。男性双腿可分开,双脚间的距离最多与肩齐;女性双腿应并拢,脚尖微微外撇,也可以双脚前后相错半脚站好。长时间站立时,可暗暗调整身体重心,使双脚轮流承受身体重量。有人以一腿弯、一腿直的方法调整重心,看上去很懒散,这种姿势是不可取的。总之,正确的站姿给人以挺拔舒展、落落大方、精力充沛的印象。

经常出现的错误站姿有:倚着墙或其他物体站立;驼背、挺腹、塌腰或一腿不停地抖动;双手叉在腰间或插在兜里等,都会给人留下不好的印象。

正确站姿的训练方法:背靠墙站,要求头部、双肩、臀部、小腿和脚后跟都紧贴墙壁,坚持15～20分钟。经常这样训练,相信你会挺拔而又轻松地站立。

微型案例

不同的站姿所反映的心理特征

心理学家测定得出:双腿并拢站立者,给人的印象是可靠、意识健全、脚踏实地而且忠厚老实,但表面有时显得有点冷漠;两腿分开尺余,脚尖略朝外偏的站姿,表现出站立者果断、任性、富有进取心,不装腔作势;双腿并拢站立,一脚稍后,两足平置地面,则体现出站立者有雄心,性格暴躁,是个积极进取、极富冒险精神的人;站立时一脚直立,另一脚弯置其后,以脚尖触地,则说明站立者情绪非常不稳定,变化多端，喜欢不断的刺激与挑战。

站立姿势还有正面与侧面之分，相比较而言，正面姿态所反映的特征，是人们通过学习和对自身经验的总结积累而形成的；而侧面姿态，一般被认为是仍然保留着出生时的原始的姿态倾向和特征，表现出原始的感情和幼年、少年时期的心理活动以及与生活有关的心理倾向。例如，挺胸直背、身体后仰、膝盖绷直的侧面姿态，就是一种充满力量和紧张的姿态，暗示着站立者积极努力地适应现实的倾向；刚坐下就不断抓头发的人，性子较急，喜欢速战速决，情意不一，容易见异思迁；坐下后喜欢由下而上摸额的人，能言善辩，说服力强，这种人往往比较狡诈。

资料来源：林友华主编：《社交礼仪》，高等教育出版社2003年版。

2. 端正的坐姿

坐，相对于站来讲是一种放松，但不是松懈。在公共场合，在办公室里，坐相一定要稳重、端正。

端正的坐姿是这样的：入座要轻、要稳。女性穿裙装时，坐下前用手理一下裙摆。上身同站立时相近，不要驼背，腰要立起来。双肩平正放松，两臂自然弯曲，双手相叠放于腿上，也可以一手放在椅子或沙发的扶手上，掌心向下。女性双膝并拢，双腿正放或收于一侧，双脚并拢或交叠。男性的双膝可以分开一拳左右距离。坐椅子一般坐椅面的2/3，背部轻靠椅背。如果是与长者或上司谈话，为了表示尊重，上身必略倾向于对方，而不靠椅背。

正确坐姿的训练方法：上身的关键在于挺胸立腰，女性一定要养成并拢腿而坐的习惯，否则穿短裙时会令人很尴尬。可以在打字和开会时练习，或其他适宜的时间练习，开始时每次练习15～20分钟，逐渐加长时间，最后使正确的坐姿成为你的习惯姿态。

3. 轻快的行姿

凡是健康的成年人，步伐都应该是轻松敏捷的，体现出朝气蓬勃、积极向上的精神状态。

正确的行姿是：头正，双眼平视前方，下颌微收。挺胸收腹，双肩平稳，双臂自然摆动，身体的重心随着前行而略向前倾。注意步位，即双脚的内侧基本踩在一条直线上；注意步幅，男性、身材高的人或穿运动鞋、便鞋的人，步幅要大一些，穿高跟鞋及裙装的女性，步幅要相应小一些才好。走路时要全脚掌着地，膝部和脚腕要有弹性。

经常出现的错误行姿有：走路时，双眼左顾右盼，一肩高一肩低，驼背含胸，八字步，走路重心下移，拖泥带水。

正确行姿的训练方法：上身基本与正确的站姿一样，只是重心稍稍前倾；双脚要像走在一条直线上，双膝内侧走起来就要有摩擦感。可在地上划一条直线，沿着直线走。

站、坐、行这三种姿态是最常见、最基本的。它们绝不仅仅是个人生活的细枝末节。在工作场合，从一个员工的姿态可以看出他是否经过专业训练、是否有严肃认真的工作态度，以至于是否值得信赖等。

4. 表情

人类的表情是非常丰富的，不同的心境就会有不同的表情。在公共关系活动中，在人际交往时，人们最需要的是"微笑"这种表情。微笑的人让人觉得和蔼可亲，值得信赖，受到欢迎，紧张的心理因之放松。所以，"微笑"就成了待人接物最基本的表情。

微笑是待客的基本表情，但不是唯一表情，还需要随着来访者的情况和个性来调整自己的态度。

小技巧

对满腹怨气或满腔愤怒的客人，不能急于辩解，也不必随声附和，甚至微笑都可能被认为是嘲笑，只能以专注的神情静静地听着，表现出对他的足够重视。待他发泄完了，你对情况也有了大致了解，再设法解释，就会有较好的效果。

对于比较拘谨的客人，除了微笑外，还要主动地与他讲话，使气氛和缓。

对于性格急躁的客人，答对要利索，处理问题不拖泥带水，使他确信你的办事效率。

对于敏感、神经质的客人，微笑当然重要，同时应特别注意用词的委婉客气，使对方产生安全感。

对于疑虑重重的人，除了微笑，自信的口吻和表情也非常重要。

总之，对不同的人、不同的事，处理的方法不同，表情自然也不完全一样。原则是，要维护本单位的声誉，要诚心诚意地对待客人，想方设法解决他们的问题。唯有如此，你的表情才能让客人满意。

5. 手势

手势在人际交往中占有重要的位置。据心理学家的研究，在面对面交往时，口语在沟通中所起的作用只占百分之三十几，而通过举止传达出的信息要占百分之六十多，可见举止的重要性。各种各样的手势表达的意思丰富多彩，是举止中最富有表现力的。我们常常借助手势表达不同的意思。

(1)指示的手势

给人指示方向、指点物体、介绍某人、请人做某事等，都需要用手来指示。正确的指示手势应该是，四指并拢，拇指自然分开，手心向上，手臂适度伸出。在公共关系活动中，这种手势的使用频率是相当高的。

(2)打招呼、致意、告别的手势

当双方距离很近的时候，手势要小，五指自然并拢，抬起小臂挥一挥即可。双方距离较远时，可适当加大手势。

(3)在任何情况下，不要用手指指向别人，那是极不礼貌的，也不可以用大拇指指向自己或比比画画。谈到自己的时候，可以用右手轻按自己的左胸部，显得稳重可信。

(4)有些手势在使用时要注意，因各国习惯不同，同一手势表达的意思也不尽相同，与外国人交往时，手势不可乱用。例如：

①竖起大拇指。在我国和其他一些国家，这个手势表示称赞夸奖；在欧洲一些国家，伸出拇指上挑可视作招呼出租车；而澳大利亚人认为竖起大拇指，尤其是横着伸出，是一种侮辱。

②"OK"手势。即用拇指和食指组成一个圆圈，其余三指竖起。这在美国人眼中是好、顺利、平安之意；在日本则代表钱，而在南美洲的一些国家，这是一种侮辱性的手势。

③伸出手，手掌向下挥动。这在中国和日本，是招呼别人过来的意思，完全没有恶意；在美国，这是唤狗的手势，如果对人用了这个手势，就会引起误解，带来麻烦。

在谈话中，人们常常借用手势来加强语气、帮助表达，甚至在打电话时也不时使用手势。除了注意手势要用得正确之外，还要避免幅度太大、过于夸张，以至于搅得听者心烦意乱，反而影响了沟通效果。

此外，有些手势是令人反感、有损形象的。例如，当众搔头皮、掏耳朵、挖鼻孔、剔牙、咬指甲、修指甲、搓泥垢、手指神经质地乱敲乱画等。当众做这些事，会让人觉得太没教养、不讲文明，故没有兴趣再与之交往下去。

微型案例

慧明公司要与某公司谈合作事宜，委派年轻能干的钱逸先行商谈。钱逸去了不久，对方就打电话过来，要求换人，否则将不再合作。慧明公司的负责人很惊讶，恳请对方解释原因。对方说，钱逸来后，和他们谈话时，翘着“二郎腿”，仰靠沙发；当他们谈自己的想法时，钱逸不是玩弄自己的笔就是东张西望。对方说：“虽然事情不大，但是我们不愿意和这种人合作。”

钱逸的举动说明他在与对方谈话时的心理非常放松，根本不重视，或者是看不起对方公司。因此，对方不能容忍与这样轻浮的人合作。

第三节　公共关系人员的社交礼仪

人际关系通过人与人之间的交往和联系表现出来，这些交往和联系得以正常进行，就需要用一定的行为规范来调节和增进彼此间的关系。随着商品经济的大规模发展，社交礼仪更成为人们社会生活中不可缺少的内容。讲究礼仪，注重礼貌，遵守一定的礼仪规定，已成为文明社会生活的一项重要标志。因此，社交礼仪就是人们在社会交往中相互沟通必须遵循、掌握的礼节和礼貌行为。

一、见面握手礼仪

握手，是人们在日常的社会交往中常见的礼节，是沟通思想、交流感情、增进友谊的重要方式，是现代交际和应酬的礼仪之一。握手多数用于见面致意和问候或辞别的场合。深情、文雅而得体的握手，往往蕴含着令人愉悦、信任、接受的契机。

（一）握手的方法

握手时，伸出手，双方的虎口（大拇指与手掌的联结处）应互相接触。不要仅握手指尖，对女性也一样。握手要果断有力，特别是女性，不要犹犹豫豫的。但是不能过于用力，晃动两三下即可松开。握手时要注视对方眼睛，表示你的诚恳和自信。没松手时，目光不宜转向别人。

（二）握手的注意事项

一般情况下，主人、女性、职位高者、年长者应该先伸出手，表示友好意愿，客人、男性、职位低者、年轻人则马上伸出手来呼应。在公共关系活动中，不讲究性别、年龄，更在意职务的高低，职务高者、主人先伸手。在年轻人之间的交际活动中，谁先伸手都没关系。

（三）特别情况的处理方法

1. 被拒绝

有的时候，你很热情地伸出手去，而对方却没有回应，让你很尴尬。此时，你只需把手收回来，接着谈话就是了，不必影响自己的情绪。这是对方的错，不是你的问题。

2. 死鱼式握手

对方的手虽然伸了出来，但握上去是僵硬的、没有回应。这时你就更热情地握上一握，然后松开。

3. 拥抱式握手

指用自己的双手握住对方的手。这在表示感激、老友重逢等场合是很自然的情感流露。当老人或贵宾向你伸手时，可以双手握对方的手，同时致以问候。在公共关系活动中，一般不使用这种握手的方式，因为这样显得过分谦恭，无形中降低了自己的地位。

4. 戴着手套握手

女性装饰性手套不必摘，其他情况下都应该摘下手套再握手。除非传染病流行或天气奇冷。

二、介绍礼仪

介绍，是社会交往中人们互相认识、建立联系必不可少的手段。介绍有自我介绍和为他人介绍两种。

（一）自我介绍

这样的场合很多，例如，独自去拜访或接待客人、某个社交场合、自我推介等。

自我介绍的内容因场合的不同而变化。一般的社交场合，只需说清自己的姓名及与主人或双方都认识的人的关系即可。在公共关系活动中，自我介绍的内容应该不少于这三项：姓名、供职单位及部门的全称、自己的职务或负责的业务。

例如，“你好！我叫何夏，是智同广告公司公关部的经理。”

自我介绍时要充满自信，眼睛注视对方，吐字清晰，面带微笑。

（二）为他人介绍

它是通过第三者为陌生的双方引见的一种方式，第三者即为介绍者。

介绍者应熟悉双方的情况，如可能，应征求双方的意见，“李总经理，是否愿意认识一下赵林先生？他是前锋制药有限公司的副总经理”。一般来说，不必把职位很低的人介绍给身居高位的人。

为他人介绍时，要讲究介绍顺序，应该本着“让尊者优先了解对方情况”的原则来定。一般是：先把男性介绍给女性，把年轻人介绍给老年人，把社会地位低者介绍给地位高者，把客人介绍给主人，把未婚者介绍给已婚者，把和自己关系密切的一方介绍给另一方。在公共关系活动中，是以职位的高低来决定介绍顺序的，而不考虑性别和年龄。一人与多人见面，要先把一人介绍给大家，但是如果来者身份地位很高，即使一人，也应该先把其他人介绍给他。

微型案例

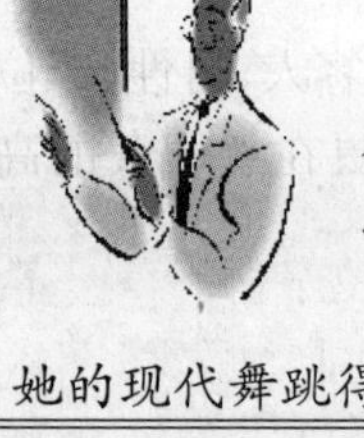

介绍人的介绍用语可以是很正规的，如：“请允许我来介绍，李小姐，这位是凯地公司销售部经理唐特先生；唐先生，这位是玫黎化妆品有限公司总经理李枫小姐。”

在非正式场合，介绍语可以比较随便，如：“陶明明，这是我的同事张扬，她的现代舞跳得非常好；小张，这是我中学的同学陶明明，也是一名舞蹈爱好者。”

在涉外场合，介绍时应把中方人员介绍给外方人员，介绍人由接待人员或中方人员中身份最高者担任。若双方需要介绍的人都比较多，那么在介绍各自人员的时候，应以职位高低为顺序，首先介绍职位高者。介绍时应自然大方、热情、简单明了，不要做作。

三、互赠名片礼仪

名片的使用在国内已不陌生，在国际上，名片的使用也比较普遍。宾主相见时，互相交换名片，已成为现代社会中相互介绍和建立联系的一个重要方式，在公共关系活动中尤其受到重视。随着社会的发展和人际交往的日益增多，交换名片的方式已成为一种普遍的礼仪，更是涉外日常交往中宾主见面双方常用的礼节。

1. 名片的内容：公务活动中使用的名片，其内容主要包括所在单位、部门、姓名、职务或职称、地址、电话等联络方式。名片上的字数不宜太多，头衔也不宜太多，名字在名片中应该是最大的几个字，这样便于对方一眼就看到你的姓名，并能迅速称呼你。头衔太多会给人一种炫耀的感觉。

2. 随身携带的名片，应该放置于名片盒或名片夹中，不要直接放在衣袋里或钱包中，这样既不利于保存，也是对自己的不尊重。女性可以把名片夹放在手提包内，男性可放在西服上衣内侧口袋里或公文包内。

3. 名片应双手呈递，接受名片的态度一定要恭敬，使对方感到你对他的名片很感兴趣。接受对方的名片后，不可以立刻放到自己口袋里，而应首先表示谢意，然后再看清楚对方的姓名。如果对其中的某个字念不准，要请教对方，相信他会很乐于告诉你。保存时，则应放在名片盒或名片夹中，既方便查找，也利于保存，更能表示对对方的尊重。

4. 应该是来访者先递上名片，然后接待者回赠名片。要双手拿着名片齐胸递接。如遇自己名片正好用完，无法回赠对方时，可说明原因，表示歉意，并手写姓名、地址、联络方式送给对方。

四、拜访礼仪

（一）办公室拜访

办公室是各种社会组织处理往来事务的重要部门。公共关系工作的拜访活动常常发生在办公室。做好办公室拜访，应注意以下几方面的问题：

1. 事先约定时间。拜访前要先和对方约定，切忌贸然前往，成为不速之客。一旦约定就要按时前往。如有事不能按时前往，应及时沟通，说明理由并表示歉意，更改拜访时间。

2. 注意仪表仪容。一般的拜访可不必过分修饰，比较重要的拜访，应注意仪容端正、服饰整洁，以表示对对方的尊重。仪容不佳、衣冠不整是极不礼貌的。

3. 礼貌进入室内。到达办公室门口，要稍稍整理一下头发和服装，鞋子在门垫上蹭干净。叩两三下门，经允许后方可进入。如门虚掩或开着，则应先敲一两声，并问："我可以进来吗？"待应答后再进入。

4. 尽快进入正题。双方见面后客套话尽量少说，以免影响对方的工作。

5. 适时予以告辞。在达到拜访目的后，应及时礼貌地告辞，以拜访成功的结果表示满意，对对方的热情接待表示感谢，对进一步接触表示信任和诚意。

（二）家庭拜访

在公共关系活动中，公共关系人员有时受人之邀前往某个家庭拜访，掌握家庭拜访礼仪也是非常重要的。

1. 拜访前的准备。事先预约，最好按对方的意思确定拜访的时间和地点。还要注意个人修饰，既要表现个人修养和风度，又要表达对主人的尊敬。

2. 入室前的礼节。登门拜访时，应按门铃或敲门，不能长时间按着门铃不放，敲门每次敲两三下。

3. 作客时的礼节。待主人允许入室后，应随主人行至指定房间，并与室内所有人一一致意，待主人招呼就座后坐下。举止要大方，讲话应诚恳自然。

4. 告辞时的礼节。告辞时应向主人及其家人表示谢意，尤其是向长辈打招呼，出门后要礼貌谢绝主人远送，切忌出门后扬长而去。

五、方位礼仪

各国的礼节都很讲究方位，一个人在与他人交往时，占用多大空间、占用哪方面的空间，不是小事，而是表现了他的地位、身份、权利等诸多内容，不可忽视。

(一)左右位置

国际通行的礼节是“以右为尊”。让长辈、职位高者、客人、女士等尊者行立坐在晚辈、职位低者、主人、男士等的右侧，以体现出尊重与重视。

(二)前后位置

在前后位置方面，一般以前面为尊。除非在一些拥挤的场合，需要工作人员在前面开路，或接待人员引导首次到访的客人时，或为客人按电梯按钮或开门等一些需要照顾客人的场合，尊者在后面。

(三)中间和两侧

无论行走或就座，应让尊者居中。

(四)乘车

在公共关系活动中，乘车座位的位次高低，是考虑安全、方便、舒适等诸因素后而定的。

1. 小轿车，如果是由专职司机驾车，座位的位次由高到低依次排列为后右、后左、后中、副驾驶；如果小轿车由主人亲自驾驶，座位的位次由高到低依次排列为副驾驶、后右、后左、后中。后排座位比前排好是因为后排比较安全，并且在汽车靠右行驶的国家，从右边上下车是最方便的。所以人们认为后排右座为最尊位置。同理，在汽车靠左行驶的地方，后排左座才是最尊之位。

2. 多排客车：以司机为第一排，从第二排开始，越靠前、靠右越好，依次为第二排右座、中座、左座、第三排右座、中座、左座……

六、馈赠礼仪

在人际交往中，馈赠是一种重要的行为。为表达感谢之意、表示祝福之情、庆贺乔迁之喜，我们经常会选择馈赠礼物。送得恰到好处的礼物，会让受礼者喜出望外，终生不忘；送得不合适的礼物，会让受礼者左右为难，甚至破坏人际关系，完全违背了送礼的初衷。所以我们有必要学习一些馈赠礼仪。

(一)馈赠的原则

1. 纪念性

不管是公共关系活动中的送礼还是私人生活中的送礼，最好要有纪念意义。让受礼者日后每看到这件礼物,都能想起礼物的来历和它的含义以及与之有关的事和人。

2. 独特性

如今人们追求的是个性化,礼品也越来越讲究品位、独特性。国外有一座煤矿,他们送给客人的礼品是一盏矿灯,挂在客厅里既是很好的装饰品,又有纪念意义,因此很受客人的喜爱。由此可见,花费很多钱不一定就能买来品位和独特,关键还得看送礼者是否有创意、花心思。

3. 适应性

第一,要适应对方的爱好和年龄。如果对方是位古典音乐的爱好者,送一张他寻觅已久的唱片,会令他激动不已;一个男孩过18岁生日,他的父亲送他一把刮胡刀,也是很有意义的。

第二,要适应对方的身份。对方是教师或学生,送一支笔或一本书就好;可是如果送书给生意人,特别是广东、福建、香港及海外侨胞中的经商者,就犯了忌讳,因为书就是"输"啊!

第三,要适应双方的关系。异性之间送礼,特别要注意分寸。一般关系的异性,忌讳送贴身使用之物。

第四,要适应对方的习俗。各国家、民族都有自己的信仰、自己的习俗和忌讳,送礼一定不能忽略这一问题。例如,不能送酒给信仰伊斯兰教者,不能给他们的妻子送礼,否则就是冒犯了隐私。不要送日本的新婚夫妇玻璃器皿,因为那意味着婚姻容易像玻璃一样破碎。

4. 原则性

馈赠礼品要掌握分寸,不能违反有关规定,不能把馈赠变成行贿受贿,使受礼者陷于尴尬。很多国家对公务员收受礼物的价值有严格的规定,超过规定价值的礼物必须登记上交,否则就是受贿。馈赠礼品不能违反国家的法律,比如,不能送给外国人超出国家限制年限的不许出境的文物。

(二)馈赠礼品的注意事项

1. 讲究包装

一般的商品多有简易的包装,有的包装还算精美。可是要把商品变为礼品,仅把它买下来还不够,还要为它做一番包装,才能成为合格的礼品。

很多商店都有包装服务。要选择合适的包装纸,首先要依据送礼缘由、受礼者特点选择。有的包装纸上印着字,要看清写的是什么,不要给送人过生日的礼品却包了一张"圣诞快乐"的纸。有的纸上印有卡通动物、人物,适合儿童、年轻人,不适用于送给老人及公共关系活动的礼品。冷色调或柔和色调的单色纸显得比花色纸格调高雅,较适合公共关系活动用。其次,根据礼品特点选择包装纸,假如选择了一款乡土气息很浓的礼品,那么它的包装风格也应该是同样的,过于精致的包装材料会破坏它的整体效果。

如果是送给外国人的礼品,还要了解对方国家的习俗忌讳,特别是颜色、图案、包装方式的忌讳,以免好心办错事。

2. 选择时机

送礼要选择恰当的时机,否则会让受礼者感到尴尬。

亲友之间的社交活动,如参加婚礼、寿礼,一进门就送礼,同时说一些祝福的话是很自然的。

3. 表现得体

赠送礼品的时候,要落落大方。不管在会面之初送,还是在会面结束时送,都要举止从容,恭敬有礼。送礼时要站起来,走近受礼者,双手把礼品递上,而不是随意地往桌上一放,等对方自己去拿。

在公共关系活动中,有人带着秘书或随员参加,送礼时,只要礼品不是太大、一个人拿不了,都应该由送礼者亲自递交给对方,以示诚意。

如果要同时送给多人礼物,应该先从上司、长辈送起,先上司后下级、先长辈后晚辈、先女性后男性。

在递上礼品时,不能一言不发,总要说几句话。有祝愿式的,"祝你生日快乐";有说明式的,"知道你属马,所以特地选了有马的图案的……""这是我从意大利带回来的",还可以解释礼品的寓意。但是,最好不要说这样的话:"一点小意思,实在拿不出手""不值几个钱,凑合用吧",这样的话,中国人还能理解,知道你是谦虚,外国人就会当真,以为你的礼物真的不怎么样。

与此同时,当送礼者恭敬地递上礼物时,受礼者一般都应该欣然接受,表示感谢。如果由于某些原因,受礼者不能接受礼品,拒绝时,要委婉,要给对方留有余地。有时没有当面打开礼品,事后才发现礼品的价值不菲,也可能当时人多,不好退还。事后退回礼品也是可行的。但是时间不能拖得太久,最好在24小时之内亲自奉还,托人代还会把问题搞复杂。

第四节 常用的公共关系活动与仪式礼仪

一、签字仪式礼仪

部门或单位之间就某一重大事件达成协议,签订合同,或者国家之间通过谈判,就政治、经济、军事、科技、文化等某一领域的相互关系达成协议,缔结条约、协定或公约,往往都要举行签字仪式。

微型案例

上海合作组织签字仪式

2001年6月15日,中国、俄罗斯、哈萨克斯坦、吉尔吉斯斯坦、塔吉克斯坦、乌兹别克斯坦六国元首——江泽民、普京、纳扎尔巴耶夫、阿卡耶夫、拉赫莫诺夫、卡里莫夫——在上海浦东香格里拉大酒店举行隆重而又庄严的签字仪式,共同签署《"上海合作组织"成立宣言》和《打击恐怖主义、分裂主义和极端主义上海公约》两份重要的文件。

签字仪式在酒店三楼大宴会厅举行。大厅内主席台前的布景板上,用中、俄两种文字书写的"上海合作组织"会标和会徽赫然醒目。大厅的正前方是六国元首签字的条桌,上面铺着墨绿色的台布,共6米长、1.5米宽。条桌的后面按各国国家名称英文字母的顺序竖立着六国国旗,条桌上的小国旗按照同样的顺序摆放,元首们坐在和自己国家的国旗相应的位置上签字,各国政府要员的座位对应着各自国家的国旗位置。

上午10:30,参加签字仪式的六国主要官员陆续进场就座。10:40,江泽民等六国元首结束了在宴会厅隔壁的会议厅内举行的"上海合作组织"成员国元首会议,面带微笑,互相交谈着步入签字仪式现场。

接着,我国外交部礼宾司司长张云宣布:"中、俄、哈、吉、塔、乌元首签字仪式现在开始,共签署《"上海合作组织"成立宣言》和《打击恐怖主义、分裂主义和极端主义上海公约》两个文本。首先请中华人民共和国主席江泽民阁下签署文本……"签字后，六国元首相互握手，并从工作人员手中接过香槟，端起酒杯走到一起，相互祝酒，共同庆祝这一历史性的成功。

签字仪式于10:48结束。

10:52，六国元首开始共同会见记者，并按签字顺序发表讲话。

资料来源：新浪网，http://news.sina.com.cn/z/shhzmeeting/index.shtml，2006年6月15日。

（一）签字仪式的准备工作

1. 布置好签字厅

布置签字厅的总体要求：庄重、整洁、清静。

小知识

签字厅的布置

（1）室内应铺地毯，正规的签字桌应为长桌，其上最好铺设墨绿色的台布。

（2）签字桌应横放于室内，在其后可摆放适量的座椅。

（3）签署双边性合同时，可放置两张座椅，供签字人就座。

（4）签署多边性合同时，可以仅放一张座椅，供各方签字人签字时轮流就座；也可以为每位签字人提供座椅。签字人就座时，一般应面对正门。

2. 准备好签字用具

在签字桌上，应事先安放好待签的合同文本以及签字笔、吸墨器等签字时所用的文具。

3. 签署涉外商务合同时，需在签字桌上摆放双方国旗

插放国旗时，在其位置与顺序上，必须按照礼宾序列。例如，签署双边性涉外商务合同时，有关各方的国旗需插放在该方签字人座椅的正前方。

小知识

签署合同的座次安排

1. 签署双边性合同的座次安排

（1）应请客方签字人在签字桌右侧就座，主方签字人则应同时就座于签字桌左侧。

（2）双方各自的助签人，应分别站立于己方签字人的外侧，以便随时对签字人提供帮助。

（3）双方其他随员，可以按照一定的顺序在己方签字人的正对面就座；也可依照职位的高低，依次自左至右（客方）或是自右至左（主方）排成一行，站立于己方签字人的身后。

(4)当一行站不完时,可按照以上顺序并遵照"前高后低"的惯例,排成两行、三行或四行。

(5)原则上,双方随员人数大体上相当。

2. 签署多边性合同的座次安排

(1)一般仅设一把签字椅,也可以每位一把椅子。

(2)各方签字人签字时,须依照有关各方事先同意的先后顺序依次上前签字。

(3)助签人应随签字人一同行动。在助签时,应按照"右高左低"的规矩,助签人应站立于签字人的左侧。

(4)有关各方的随员,应按照一定的序列,面对签字桌就座或站立。

4. 对待签合同文本的要求

(1)由主方负责待签文本的准备

依照商界的习惯,在正式签署合同之前,应由举行签字仪式的主方负责准备待签合同的正式文本。

①应会同有关各方一起指定专人,共同负责合同文本的翻译、校对、定稿、印刷、装订、盖火漆印。

②按常规合同文本上正式签字的有关各方,均提供一份待签的合同文本;必要时,还可再向各方提供一份副本。

(2)签署涉外商务合同

①按照国际惯例,待签的合同文本,应同时使用有关各方法定的官方语言。

②此外,也可同时并用有关各方法定的官方语言。

(3)待签合同文本的印制

应以精美的白纸印制而成,按大8开的规格装订成册,并以高档质料(如真皮、金属、软木等)作为封面。

(二)签字仪式的正式程序

1. 签字仪式正式开始

有关各方人员进入签字厅,在既定座位上各就各位。

2. 签字人正式签署合同文本

(1)首先签署己方保存的合同文本,接着再签署他方保存的合同文本。

(2)公共关系活动规定:每个签字人在己方保留的合同文本上签字时,按惯例应当名列首位。因此,每个签字人均应首先签署己方保存的合同文本,然后再交由他方签字人签字。这一做法,在礼仪上称为"轮换制"。它的意义是:在位次排列上,轮流使有关各方均有机会居于首位一次,以显示机会均等、各方平等。

3. 签字人正式交换已经有关各方正式签署的合同文本

(1)此时,各方签字人应热烈握手,互致祝贺,并相互交换各自一方刚才使用过的签字笔,以示纪念。

(2)全场人员应鼓掌表示祝贺。

4. 共饮香槟酒互相道贺

(1)交换已签的合同文本后，有关人员，尤其是签字人，当场干一杯香槟酒是国际上通行的用以增添喜庆色彩的做法。

(2)在一般情况下，商务合同在正式签署后，应提交有关方面进行公证，此后才正式生效。

二、交接仪式礼仪

交接仪式，在商界一般是指施工单位依照合同将已经建设、安装完成的工程项目或大型设备，经验收合格后正式移交给使用单位之时，所专门举行的庆祝典礼。

交接的礼仪，一般是指在举行交接仪式时所须遵守的有关规范，通常具体包括交接仪式的准备、交接仪式的程序、交接仪式的参加三个方面的主要内容。

(一)交接仪式的准备礼仪

准备交接仪式，主要应关注下列三件事，即来宾的邀请、现场的布置、物品的预备。

1. 来宾的邀请

一般应由交接仪式的东道主——施工、安装单位——负责。在具体拟定来宾名单时，施工、安装单位也应主动征求自己的合作伙伴——接收单位——的意见。接收单位对于施工、安装单位所草拟的名单不宜过于挑剔，不过可以对此酌情提出自己的一些合理建议。

从原则上来讲，交接仪式的出席人员应当包括：施工、安装单位的有关人员，接收单位的有关人员，上级主管部门的有关人员，当地政府的有关人员，行业组织、社会团体的有关人员，各界知名人士，新闻界人士，以及协作单位的有关人员，等等。

邀请上级主管部门、当地政府、行业组织的有关人员时，虽不必勉强对方，但必须努力争取，并表现得心诚意切。

若非涉密，或暂且不宜广而告之，在举行交接仪式时，东道主既要争取多邀请新闻界的人士参加，又要为其尽可能地提供一切便利。对于不邀而至的新闻界人士，也应尽量来者不拒。至于邀请海外的媒体人员参加交接仪式的问题，则必须认真遵守有关的外事规则与外事纪律，事先履行必要的报批手续。

2. 现场的布置

举行交接仪式的现场，也称交接仪式的会场。在对其进行选择时，通常应视交接仪式的重要程度、全体出席者的具体人数、交接仪式的具体程序与内容，以及是否要求对其进行保密等几个方面的因素而定。

根据常规，一般可将交接仪式的举行地点安排在已经建设、安装完成并已验收合格的工程项目或大型设备所在地的现场。

3. 物品的预备

在交接仪式上，有不少需要使用的物品，应由东道主一方提前进行准备。首先，必不可少的是作为交接象征之物的有关物品。主要有验收文件、一览表、钥匙等。验收文件，此处是指已经公证的由交接双方正式签署的接收证明性文件。一览表是指交付给接收单位的全部物资、设备或其他物品的名称、数量明细表。钥匙是指用来开启被交接的建筑物或机械设备的钥匙。

除此之外，主办交接仪式的单位，还需为交接仪式的现场准备一些用以烘托喜庆气氛的物品，并应为来宾略备一份薄礼。

在交接仪式的现场，可临时搭建一处主席台。必要时，应在其上铺设一块红地毯。至少也要预备足量的桌椅。在主席台上方，悬挂一条红色巨型横幅，上书交接仪式的具体名称，如“××工程交接仪式”或“热烈庆祝××工程正式交付使用”等。

在举行交接仪式的现场四周，尤其是在正门入口处、干道两侧、交接物四周，可酌情悬挂一定数量的彩带、彩旗、彩球，并放置一些色泽艳丽、花朵硕大的盆花，用以美化环境。

在交接仪式上用以赠送给来宾的礼品，应突出其纪念性、宣传性。被交接的工程项目、大型设备的微缩模型，或以其为主角的画册、明信片、纪念章、领带夹、钥匙扣等，皆为上佳之选。

（二）交接仪式的程序

交接仪式的程序，具体是指交接仪式进行时的各个步骤。不同内容的交接仪式，其具体程序往往各有不同。主办单位在拟定交接仪式的具体程序时，必须注意两个方面的重要问题：其一，必须在大的方面参照惯例执行，尽量不要标新立异，另搞一套；其二，必须实事求是、量力而行，在具体的细节方面不必事事贪大求全。交接仪式通常有五项基本程序：

1. 主持人宣布交接仪式正式开始

此刻，全体与会者应当进行较长时间的鼓掌，以热烈的掌声来表达对于东道主的祝贺之意。在此之前，主持人应邀请有关各方人士在主席台上就座，并以适当的方式暗示全体人员保持安静。

2. 奏国歌，并演奏东道主单位的标志性歌曲

演奏前，全体与会者必须肃立。该项程序，有时也可略去。不过若能安排这一程序，往往会使交接仪式显得更为庄严而隆重。

3. 由施工、安装单位与接收单位正式进行有关工程项目或大型设备的交接

具体的做法，主要是由施工、安装单位的代表，将有关工程项目、大型设备的验收文件、一览表或者钥匙等象征性物品，正式递交给接收单位的代表。此时，双方应面带微笑，双手递交、接收有关物品。在此之后，还应热烈握手。至此，标志着有关的工程项目或大型设备已经被正式地移交给了接收单位。

在有些情况下，为了进一步营造出一种热烈而隆重的气氛，这一程序也可由上级主管部门或地方政府的负责人为有关的工程项目、大型设备的启用而剪彩所取代。

4. 各方代表发言

按惯例，在交接仪式上，须由有关各方的代表进行发言。他们依次应为施工、安装单位的代表，接收单位的代表，来宾的代表等。这些发言一般均为礼节性的，并以喜气洋洋为主要特征。它们通常宜短忌长，只需要点到为止的寥寥数语即可。

5. 宣告交接仪式正式结束

随后安排全体来宾进行参观或观看文娱表演。此时此刻，全体与会者应再次进行较长时间的热烈鼓掌。

按照仪式礼仪的总体要求，交接仪式同其他仪式一样，在所耗费的时间上也是宜短不宜长的。

如果方便，正式仪式一旦结束，东道主与接收单位即应邀请各方来宾一起参观有关的工程项目或大型设备。东道主一方应为此专门安排好富有经验的陪同、解说人员，使各方来宾通过现场参观，可以进一步深化对有关的工程项目或大型设备的认识。

若是出于某种主客观原因，不便邀请来宾进行现场参观，也可以通过组织其参观有关的图片展览或向其发放宣传资料的方式，来适当地满足来宾的好奇之心。

在仪式结束后，若不安排参观活动，还可为来宾安排一场综艺类的文艺表演，以助雅兴。

表演者可以是东道主单位的员工，也可以邀请专业人士。表演的主要内容则应为轻松、欢快、娱乐性强的节目。

（三）参加交接仪式的礼仪要求

在参加交接仪式时，不论是东道主还是来宾，都存在一个表现是否得体的问题。有时，甚至还会因此而影响到有关各方的相互关系。

1. 东道主礼仪要求

提醒您

> 对东道主一方而言，需要注意的主要问题有：
>
> 1. 仪容服饰。东道主，要妆容规范、服饰得体、举止大方、保持风度。
>
> 2. 要注意待人友好。不管自己是否专门负责接待、陪同或解说工作，东道主一方的全体人员都应当自觉地树立起主人翁意识。一旦来宾提出问题或需要帮助时，就要鼎力相助。不允许一问三不知、借故推脱、拒绝帮忙，甚至胡言乱语、说风凉话。

2. 来宾礼仪要求

对于来宾一方而言，在应邀出席交接仪式时，主要应重视如下四个方面的问题：

（1）应当致以祝贺。接到正式邀请后，被邀请者即应尽早以单位或个人的名义发出贺电或贺信，向东道主表示热烈祝贺。有时，被邀请者在出席交接仪式时，将贺电或贺信面交东道主也是可行的。不仅如此，被邀请者在参加仪式时，还须郑重其事地与东道主一方的主要负责人一一握手，再次口头道贺。

（2）应当略备贺礼。为表示祝贺之意，可向东道主一方赠送一些贺礼，如花篮、牌匾等。时下，以赠送花篮最为流行。它一般需要在花店订制，用各色鲜花插装而成，并且应在其两侧悬挂特制的红色缎带，右书“恭贺××交接仪式隆重举行”，左书本单位的正式全称。

（3）应当预备贺词。假若自己与东道主关系密切，则还须提前预备一份书面贺词，供被邀请代表来宾发言时之用。其内容应当简明扼要，主要是为了向东道主一方道喜祝贺。

（4）应当准点到场。若无特殊原因，接到邀请后，务必牢记在心，届时正点抵达，为主人捧场。

三、开幕、闭幕仪式礼仪

各种展览会，如科学技术展览会、文化艺术展览会、商业博览会等，以及各种文艺体育活动，如文化艺术节、体育运动会等，如其规模较大，在正式开始之前，则往往要举行开幕式，结束时通常要举行闭幕式。

（一）开幕式礼仪

1. 开幕式礼仪的准备工作

首先要选择一处宽敞的场所来作为举行开幕式的场地，室内室外均可。选择场地时要结合参加仪式的人数多少与场地大小是否相当来考虑，一般宜大不宜小。场地选定之后，要在正面悬挂红色横幅，写明开幕式的名称，如“××博览会开幕式”。字体应该清晰、醒目、美观。在两旁应布置一些红色的旗帜。较隆重的开幕式还往往在场地四周悬挂五色彩旗，上面印有宣传图画或宣传口号。涉及国际的大型开幕式，如国际博览会，则通常应悬挂所有参加国的国旗。

有些开幕式通常要设主席台，比如运动会的开幕式。这种情况下就把横幅悬挂在主席台的正面帷幕上，并按一定图案在两旁插置彩旗。前台要按上台人数多少安置好桌椅，桌子上要覆盖红色的台布。主席台的前沿还可摆放一些花篮。

一般应该准备3只或更多的话筒，供主持人、致词人、译员使用。主持人的话筒安排在左边，致词人、讲话人及译员等的话筒安排在右边。此外，还应该准备好剪彩用的彩球和剪刀等物。

另外，还要注意邀请有关的单位或领导人前来参加。同时也可酌情邀请国内外的记者前来采访。

2. 开幕式的举行

参加开幕式的人员进入场地，按照主左客右分排在两边。主客双方的人数应该大体相同。主持人、致词人和译员分别站在各自的位置，面向观众。

开幕式的一般程序如下：

(1)由主持人宣布开幕式正式开始。

(2)奏国歌(涉及两国之间的应奏两国国歌)。

(3)由主办一方的主要负责人致开幕词，其内容主要是简要说明活动大致情况和主要目的。

(4)由合作者中另一方的主要负责人致贺词，主要是祝贺活动成功举办和祝愿举办成功。

(5)邀请东道主或参加开幕式的来宾中身份最高的官员或知名人士进行剪彩。剪彩由宾主双方各一位或两位人士共同进行。剪彩完毕，接着便进行参观活动，有时在参观结束时要举行酒会招待。

(二)闭幕式礼仪

闭幕式的准备活动和开幕式大致相同，只是会场上的标语、横幅等应相应改为与闭幕式有关的内容。

闭幕式的一般程序如下：

1. 由主持人宣布闭幕式开始。

2. 由主办方的领导人做简要总结，并对有关方面尤其是协作者一方表示感谢。

3. 由合作者一方的领导人致辞，祝贺活动的圆满成功。其余人在双方领导人致辞时都应鼓掌响应。

4. 双方也可互赠礼品或纪念品，宣布整个活动结束。

体育运动会及文艺活动的闭幕式较为复杂，其程序是：第一，主持人宣布闭幕式开始，奏国歌或运动会会歌。第二，领导人做总结，对整个活动的成绩和不足进行全面评价。第三，宣布本次活动中评选出来的优秀个人、集体或代表队，有的运动会也常常在此刻宣读运动员的优秀成绩。第四，给优秀的团体或个人颁发奖品。第五，隆重的运动会及文艺活动，往往要进行大型歌舞表演，有时晚上还燃放烟花、焰火等，运动会或文艺活动最终闭幕。

四、颁奖仪式礼仪

(一)颁奖仪式礼仪的准备工作

举行颁奖仪式应该选择较大的礼堂或宽敞的室外场所。会场布置要衬托出隆重和热烈的气氛。主席台上，要在正上方悬挂横标，上面写清“××颁奖大会”。主席台两旁应悬挂一些相应的标语。为了更加突出气氛，还可在礼堂的休息大厅、走廊或场地四周布置一些彩旗，也可在休息大厅或场地旁的橱窗里布置图片和文字说明，对受奖的个人或集体的主要事迹做简要介绍。主席台上按上台人数放几排长桌，桌上覆盖白色或红色台布，按一定次序摆放好上台就座者的名签。奖状、奖品等可摆放在桌上，但应注意摆放得美观、协调，不影响主持人及发言者讲话。主席台的前台可以放置一些盆花。

颁奖者一般是单位或部门的领导人，也可以专门邀请有关的社会名流。颁奖者事先应该做好周密的安排，尤其在受奖人多的情况下，一定要做好颁奖者向受奖对象发奖的分工和工作人员负责递送奖状、奖品的分工，并应把受奖时的注意事项事先通知受奖人员。

受奖者应安排在会场的前排位置就座，要注意其座位的安排最好能与受奖时的先后次序相一致。此外，事先也可邀请一些记者前来参加。

(二)颁奖仪式的一般程序

1. 参加颁奖大会的人员应提前进入场地。仪式开始之前，敲锣打鼓或者奏乐，迎接接受颁奖的人员入场。

2. 主持人宣布颁奖仪式开始，首先是由有关领导讲话，简要说明颁奖的原因并简介受奖者的事迹。

3. 开始颁奖，同时敲锣打鼓或者奏乐。在主席台下的工作人员，引导受奖人员按一定的顺序整齐地上台，并把他们分别引到各个负责为之发奖的领导人面前，然后迅速退去，负责递送奖品、奖状等物的工作人员应迅速地把这些物品递交给领导人员。领导人在给受奖人奖品或奖状等物时应主动与受奖人握手，并表示“祝贺”“希望”等。受奖人在台上应该站姿大方、端庄、优雅、稳健，接受奖品时站在与颁奖人相距三步左右的位置，面带微笑，伸出双手郑重去接，同时要腾出右手与颁奖人握手。然后，受奖人面向来宾，把奖状或奖品高举过头，接着深深鞠躬，向与会者表示感谢。与会者应报以热烈的掌声。最后，受奖人按工作人员的指挥下主席台。

如果是有等级的颁奖，应按次序宣布，由获得一等奖的先上台，待其下台后再由获得二等奖者上台，依此类推。有时也可为了烘托气氛、形成高潮，而让受一等奖者最后上台。在整个颁奖过程中，应该注意为摄影、录像等工作提供方便。

4. 致辞。发奖完毕后，通常要请来宾当中职务较高的领导人或影响较大的社会名流致贺词，一般可安排1～3位，从其各自不同的角度简要地表示祝贺与鼓励。

5. 由受奖者或受奖者的代表致答谢词。答谢词应该简明扼要、精炼恰当、开门见山，坦诚、直接地表达感谢之情和继续努力的决心，切忌套话连篇、啰唆冗长。

6. 主持人宣布颁奖仪式结束，再次敲锣打鼓或奏乐，欢送受奖人员和来宾退场，然后其他与会者方可离去。

五、奠基、揭幕仪式礼仪

(一)奠基仪式礼仪

大型场馆如体育馆、图书馆、商业大厦等一类的建筑以及其他纪念性建筑，在正式动工修建之际，一般要举行奠基仪式。

奠基仪式在即将开工的工地上举行。现场布置与前几种仪式基本相同，也要悬挂横幅，上书“××奠基仪式”。为了渲染气氛，也可在四周布置一些彩旗，在正面布置一些花篮等，最主要的是奠基石。一般应选择汉白玉等上等石料，刨光磨平其正面，镌刻上名家书写的“××奠基”字样及“×年×月×日”。石刻字迹往往要用金粉勾勒，以更醒目。奠基石上一般还要扎上布扎的大红花。

举行仪式时参加者一般都是站着，也有的要布置桌、椅，以供领导和来宾就座。这时要注意在桌上覆盖彩色台布，安排好就座者的排列次序等。

要拟制好需要邀请的领导人、社会名流等的名单，并提前发出请柬。对于需要安排来讲话和剪彩的宾客，更要注意跟踪落实。

此外，现场还应注意布置好剪彩用的工具，铲土用的铁铲等。同时，也要准备好话筒、音响等设备。

仪式举行时，参加仪式的人员按照主左客右的次序，面向奠基石站立或就座。主持人宣布奠基仪式开始。这时参加者应鼓掌，如果条件允许，也可燃放鞭炮。

接着，由本单位领导人讲话，主要是简要介绍该建筑物修建的缘起及其意义，并向施工单位及有关部门表示感谢等。然后，由来宾致辞，主要是对该工程的开始表示祝贺，并祝愿其进展顺利、早日完成。

接下来，便是邀请参加者中身份最高的人员进行剪彩，有时也可安排两个人来剪彩。剪彩完毕，参加者再次鼓掌，或燃放鞭炮。这时，工作人员应递给剪彩者铁铲，由他首先铲土，埋向奠基石根部。然后，其他来宾和领导也用铁铲铲土，埋向奠基石。最后，参加者一起鼓掌祝贺，主持人宣布奠基仪式结束。

(二)揭幕仪式礼仪

名人雕像或塑像、大型的艺术品的落成，或者一个大型机构的建筑物正式落成等，往往要有揭幕仪式或揭碑仪式。

在仪式举行之前，首先要在雕像、塑像或艺术品，或者纪念碑、单位名牌上蒙上彩布，一般以红色为主。同时，在举行仪式的现场，还应以面向需要进行揭幕的对象为准，在正面悬挂红色会标，上书“××揭幕仪式”。为了增加气氛，还可在四周布置彩旗和鲜花等。同时，还要邀请有关的领导和社会知名人士，并注意要提前通知。

仪式举行时，参加者面向揭幕对象站立。主持人宣布仪式开始。此时可放庄重或欢快的音乐，如果是涉及两国之间的，如领事馆等的落成，则应先奏国歌。然后，由领导人讲话。主要是介绍该揭幕对象落成的经过及其意义，并感谢有关方面的支持。如果是名人像，则要介绍其人之主要事迹，并对之进行赞扬。如果是雕刻等一类的艺术品，则应向作者表示祝贺和鼓励。总之，讲话应简明扼要。

再次，由来宾讲话。如果是名人像，则应由该名人的家属讲话，简要评价其精神，并向有关方面致谢；如是艺术品，则由作者致辞，简述其意义，并感谢有关方面的支持。揭碑仪式则往往由相关单位的领导人致辞，表示祝贺和希望。

最后，进行揭幕。揭幕人因揭幕对象的不同可由不同身份的人员来充当。揭幕时，揭幕人从角上拉起蒙在像或碑上的红色蒙布，缓缓揭下。这时可燃放鞭炮，其他参加人员应致以热烈的掌声，并再次播放音乐或奏国歌。揭幕仪式结束。

六、宴请活动礼仪

(一)宴请的种类

1. 国宴。国宴是规格最高的宴会，是国家级庆典宴会。举办方是本国政府首脑或国家元首，也可以是来访的外国元首或政府首脑。宴会厅必须悬挂主客两国国旗，宾主入席后乐队要奏两国国歌。举办者作为宴会的主持人。宴会上主人和主宾要发表讲话或致祝酒词,席间要奏音乐。

2. 正式宴会。正式宴会适用于宴请规格较高,活动内容较正式、严肃的场合,重点在于突出给予对方较高的礼遇。它除了不挂国旗、不奏国歌、出席者级别不同外,其余都与国宴相似。

3. 便宴。便宴属于非正式的宴会,形式简便,不排桌次座位,不做正式讲话,菜肴道数不必过多,气氛随便、亲切,有利于各方自由交往。官方和非官方的宴会都可以采用这种形式。它有午宴和晚宴之分,也有早餐会。此种便宴都是坐着进食,由服务员顺次上菜。

4. 家宴。家宴是指在自己家中设便宴招待宾客的方式,可以由主妇亲自掌勺,也可请厨师上门做菜。可以广泛用于亲朋好友聚会,也可以用于官方宴请或业务洽谈宴请。席间全家人共同招待客人,气氛亲切、随和、友好,容易创造融洽的人际关系。家宴上午、下午都可举行,但请柬上一定要注明时间。

5. 自助宴。这是一种相当自由的餐饮形式,除了不必排桌次座次外,来宾人数也不受拘束,也不用服务员上菜,宾客自己动手选择食品;可以先后参差进食,不必等客人到齐才进食。这样的宴会形式便于宾客之间有较多的彼此认识的机会。

6. 工作餐。这是人们在特别繁忙、日程安排不开时采用的一种既节省时间,又达到招待目的的宴请形式。它可分为工作早餐、工作午餐和工作晚餐,适用于以谈论或从事某项具体工作为目的的招待场合,其特点是宾主共同进餐,边谈工作边进餐。工作餐一般只请当事人,不请客人的配偶,也不请其他与工作无关的人员。在国外,有的工作餐采取"AA 制",即参加者各自付费。

(二)宴请的准备工作

由于宴请的种类不同,宴请的组织安排工作也就有所不同。工作餐较简单,而正式宴会的组织工作则相当复杂,有许多具体工作要进行认真的筹划。

1. 列出宾客名单,发出正式请柬

(1)根据宴请的目的,与上司确认被邀请的宾客名单;

(2)根据宴请的目的和宾客的社会地位、职务身份,确定宴会的规格;

(3)发出正式请柬。

正式宴会或正式宴请大多需要向宾客发出正式请柬,事先口头约定的或电话通知的也要补发,这是礼节上的要求。

2. 确定宴请时间,选好宴请场所

(1)确定宴请时间

①根据上司的提议。

②根据其他因素而确定。

③一般不选择在重大节日、假日,涉外宴请还要注意避开对方的禁忌日。

(2)确定地点

①要考虑规格。规格高的安排在高级饭店或酒店;一般规格的,则根据情况安排在适当的饭店进行。另外还要考虑选择交通方便的地方,便于客人到达。

②要考虑宴请对象。对文化素质高、有一定身份的宾客,宴请的卫生和环境尤其要讲究。

3. 确定菜单

(1)菜肴的精致可口、赏心悦目、特色突出;

(2)客人的饮食习惯、禁忌;

(3)冷热、甜咸、色香味搭配。

4. 排定座次

宴会一般都要事先安排好桌次和座位，使参加宴会的人都能各就其位。席位的安排也能体现出对客人的尊重。

(1)排定桌次

桌次地位的高低以距主桌位置的远近而定。以主人的桌为基准，右高左低，近高远低。

宴会桌次排定见图 9－1。

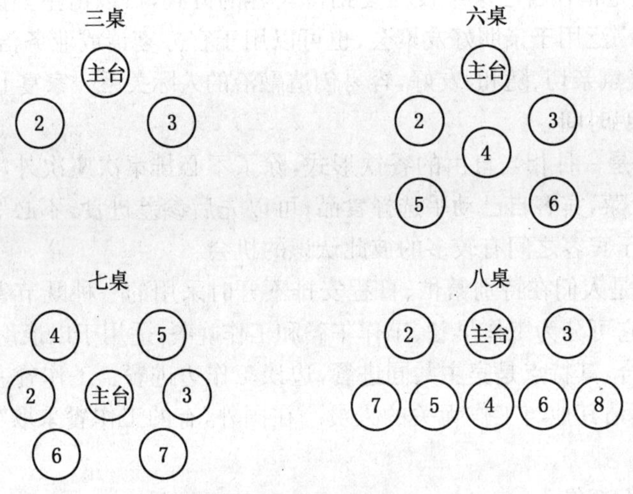

图 9－1 宴会桌次排定

(2)排定座位

①以主人的座位为中心，如果女主人参加，则以主人和女主人为基准，近高远低，右上左下，依次排列。

②把主宾安排在最尊贵的位置，即主人的右手位置；主宾夫人安排在女主人右手位置。

③主人方面的陪同人员，尽可能与客人相互交叉，便于交谈，尽可能避免自己人坐在一起，冷落客人。

④译员安排在主宾右侧。

⑤席次确定后，座位卡和桌次卡放在桌前方、桌中间。

几种席位安排示意见图 9－2。

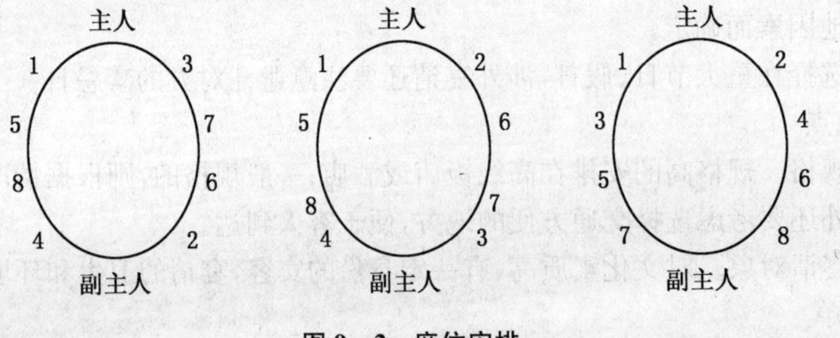

图 9－2 席位安排

（三）宴请程序

1. 迎客

大型宴请，主人一般在大门口迎接主要客人。小型宴请，主人一般在宴会厅或休息室门口迎接客人。另外视宴会重要程度，还可由其他主要人员陪同主人排列成行迎接客人。

2. 入席

大型宴请，普通客人应提前进入宴会厅，而主要客人到齐后，由主人陪同按礼宾次序排列先后进入宴会厅，这时全场起立，鼓掌表示欢迎，等主人与主宾落座后，其他人方能坐下，宴会正式开始。小型宴请等客人到齐后，主人陪客人进入宴会厅，全体人员落座，宴会开始。

3. 宣布宴会开始

大型宴请，一般都先由主持人宣布："××宴会（酒会等）现在正式开始。"

4. 致辞

致辞一般放于用餐前。主人应先介绍致辞人的身份，主宾都应派代表致辞。

5. 祝酒

入席后，主人应招呼客人进餐，并率先给客人敬酒。敬酒时可依序逐一敬遍全席，可以不分地位身份高低，一起敬酒。

6. 交谈

席间主人要引导客人愉快地参与交谈，巧妙地选择话题，使席间充满和谐愉快的气氛。

7. 散席

吃完水果，主人与主宾起立，宴会即告结束。主宾告辞，主人送至门口，主宾离去后，原迎宾人员顺序排列与其他客人握别。

微型案例

"基辛格鸡"

1971年7月9日，基辛格带着尼克松总统的使命秘密访华。周总理批示要好好招待，使宴规格要与国宴一样隆重。这位哈佛大学的犹太博士，在食物风格上很是考究。他又几乎周游过全球，席上佳肴美酒早已尝遍，可谓政坛风云人物中的美食家。当他吃到南京丁山宾馆的国厨徐筱波给他精心制作的"黄油蒸鸡"时，竟然连声叫好，绅士风度荡然无存。见此状，周总理吩咐："以后国宴上的这道菜就叫基辛格鸡吧！"从此，以他名字命名的"基辛格鸡"便登上了中国国宴大菜的系列。

分析提示：周总理的即席之作，令人称绝，他让基辛格兴奋不已，使宾主间气氛融洽到了极致。一方面显出周总理卓越的才智；另一方面也给我们启示：如何才能让客人真正满意并对你产生感激之情。

资料来源：http://www.wl120.com。

小　结

关键术语

礼仪　公共关系礼仪　个人礼仪　社交礼仪　公共关系活动与仪式礼仪

本章小结

1. 礼仪是人类文明的产物，是人们进行社会交往的行为规范与准则，具体表现为礼貌、礼节、仪表与仪式四个方面。

2. 公共关系礼仪是社会组织的公共关系工作人员在公共关系活动中，为了塑造个人和组织的良好形象而应当遵循尊重他人、讲究礼节、注意仪表、仪式等的规范和程序。

3. 公共关系礼仪应遵循四个方面的原则，即自觉美誉原则、真诚尊重原则、灵活运用原则、“适度、从俗”原则。

4. 公共关系礼仪的作用：帮助组织主体树立良好的公众形象；提高公共关系工作者综合素质；推进诚信建设；提高全社会文明水平。

5. 个人礼仪是一个人的生活行为规范与待人处世的准则，是个人仪容、服饰、言谈、举止、待人、接物等方面的具体规定，是个人道德品质、文化素养、教养良知等精神内涵的外在表现。个人礼仪的核心是尊重他人、与人友善、表里如一、内外一致。

6. 社交礼仪包括见面握手礼仪、介绍礼节、互赠名片、拜访礼仪、方位礼仪、馈赠礼仪。

7. 公共关系活动与仪式礼仪包括签字仪式礼仪、交接礼仪、开幕闭幕礼仪、颁奖礼仪、奠基揭幕礼仪、宴请活动礼仪。

知识结构图

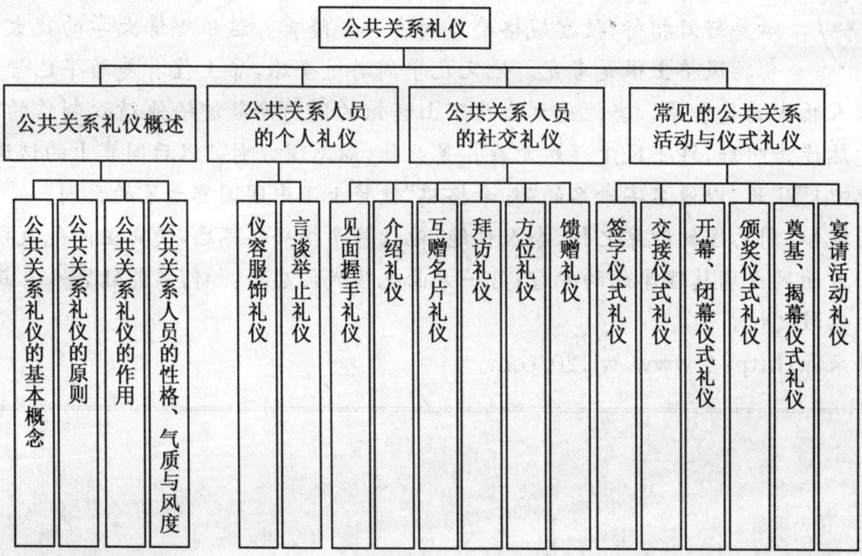

应　用

案例研究

尴尬的外交场合

清末北洋大臣李鸿章出使德国时，应俾斯麦之邀赴宴，由于不懂西餐的礼仪习惯，竟误将吃水果后洗手用的一碗水端起来喝掉了。俾斯麦为了不使李鸿章出丑，便也将自己的洗手水一饮而尽。参加宴会的其他文武官员见此情况，也只得忍笑奉陪。

在第二次世界大战之前，某国元首举行宴会。一位赴宴的旧中国使节在入席后，用餐巾去揩拭刀叉。这是一种不礼貌的行为，因为这仿佛是嫌主人准备的刀叉不干净，主人见此情况，便命侍者将席上的餐具全部重新换过，使那位中国使节感到十分窘迫难堪。

1954年4月7日，朝鲜、中国、苏联、越南等社会主义国家，与以美国为首的侵朝国家的代表在日内瓦开会讨论和平解决朝鲜问题和恢复印度支那各国和平问题，这就是举世闻名的"日内瓦会议"。当时美国国务卿杜勒斯代表美方与会，周恩来以外交部部长的身份代表中国政府出席会议。会议期间，杜勒斯扬言只有当中美双方的汽车相撞时，他才可能与周恩来会晤，以示其对中国的敌视。他不承认中国也不准其他代表团成员与中国人接触。有道是：冤家路窄，不是冤家不聚头。一天上午，中美双方成员在会客厅里不期而遇，周恩来非常大度地主动向杜勒斯伸出手去，杜勒斯竟在众目睽睽之下，双手背在身后转身离开会客大厅。这种粗鲁无礼的举动，严重违背了国际礼节惯例和一般民俗习惯，引起世界舆论的哗然。

但是，周恩来的友好举动还是得到了回报。1972年2月20日，尼克松总统访问中国，当他一下飞机舷梯，在距周恩来2米多远处就向周恩来伸出双手，而周恩来不卑不亢，面带笑容地说："您是从大洋彼岸伸出手来和我握手，我们已有25年没有联系了。"尼克松的这一握，既有对中国人表示的友好，也有对因杜勒斯的失礼行为造成的国际影响和对周总理及中国人民造成的伤害而表示的深深的歉意。

20世纪60年代中期，美国总统约翰逊应邀访问泰国。约翰逊将访泰的消息被泰国的媒体做了大量宣传报道，引起了轰动，泰国国民都盼望着一睹美国总统的风采。泰国国家电视台对泰国国王会见约翰逊总统的场面做了现场直播。然而，约翰逊的举动令泰国国民失望和愤怒。在贵宾室会谈时，约翰逊坐在沙发上，脚却高高地翘在沙发扶手上，极不雅观。观众只能看到他高翘的脚板，并感到他似乎是指着鞋子和国王说什么。谁知一波未平一波又起，这种无礼举动造成的紧张气氛和国民的不满还未消散，这位美国总统又站起来走向邻座的泰国王后，还没等人们明白怎么回事，他就和王后来了个得克萨斯式的热烈拥抱。王后十分窘迫，国王也面露尴尬。这一举动使泰国国民更加愤怒，第二天，泰国各新闻媒介就对约翰逊的失当举动予以猛烈抨击，使得约翰逊提前怏怏而归，访泰以失败而告终。

问题：

1. 从这个案例中，你获得了哪些启示？

2. 李鸿章不懂西餐礼仪，俾斯麦为其巧妙掩饰，你能从中得到什么启示呢？

3. 孔子说"非礼勿视，非礼勿听，非礼勿言，非礼勿动"。你是否同意其说法？结合此案例，谈谈公共关系礼仪的意义。

实验实训

1. 观察某次大会，记录它的礼仪情况，比较本章所教授的知识点，看看有何不同？

2. 大华公司与天地公司举行签字仪式，请同学们按照签字仪式的礼仪要求，设计两家公司的签字情景。

复习思考题

1. 公共关系礼仪的作用有哪些？
2. 签字仪式礼仪的程序有哪些？
3. 开幕仪式需要注意哪些方面的礼仪？
4. 如何做好宴请活动礼仪的准备工作？

参考文献

[1]熊源伟:《公共关系案例》,安徽人民出版社 2001 年版。
[2]吕维霞:《案说公共关系》,对外经济贸易大学出版社 2002 年版。
[3]何春晖:《中外公关案例宝典》,浙江大学出版社 2003 年版。
[4]劳动和社会保障部教材办公室:《公关员》,中国劳动社会保障出版社 2003 年版。
[5]林友华:《社交礼仪》,高等教育出版社 2003 年版。
[6]胡晓涓:《商务礼仪》,中国建材工业出版社 2003 年版。
[7]王培才:《公共关系》,中国科学技术出版社 2003 年版。
[8]肖北婴等:《现代公共关系学新编》,北京工业大学出版社 2003 年版。
[9]熊超群、潘其俊:《公关策划实务》,广东经济出版社 2003 年版。
[10]沈永祥、洪霄:《公共关系学》,化学工业出版社 2003 年版。
[11]宋常桐:《公共关系与社交礼仪》,清华大学出版社 2004 年版。
[12]丁军强:《公共关系原理与实务》,北京交通大学出版社 2004 年版。
[13]边一民:《公共关系案例评析》,浙江大学出版社 2004 年版。
[14]郑成刚:《现代礼仪社交大全》,吉林大学出版社 2004 年版。
[15]常桐:《公共关系与现代礼仪》,清华大学出版社 2004 年版。
[16]陈敏:《现代公共关系实务》,上海中医药大学出版社 2004 年版。
[17]张百章、何伟祥:《公关礼仪》,东北财经大学出版社 2005 年版。
[18]杨加陆:《公共关系学教程》,复旦大学出版社 2005 年版。
[19]王培才:《公共关系理论与实务》,电子工业出版社 2005 年版。
[20]崔景茂:《新编公共关系教程》,北京大学出版社 2005 年版。
[21]陶海洋:《公共关系基础理论与实务》,华东理工大学出版社 2005 年版。
[22]杨晨:《现代公关案例精选》,高等教育出版社 2005 年版。
[23]郭文臣:《公共关系管理》,大连理工大学出版社 2005 年版。
[24]杨继昭、李颖杰:《秘书公关协调基础》,中国人民大学出版社 2005 年版。
[25]向国敏:《现代秘书实务》,首都经济贸易大学出版社 2005 年版。
[26]刘军:《公共关系学》,机械工业出版社 2006 年版。
[27]李兰英、肖云林:《商务礼仪》,上海财经大学出版社 2012 年版。
[28]李健荣、邱伟光:《高校公共关系教程》,上海中医药大学出版社 2007 年版。
[29]居延安:《公共关系学》,复旦大学出版社 2008 年版。
[30]孟建:《中国公共关系发展报告蓝皮书》,复旦大学出版社 2008 年版。
[31][美]迈克尔·莱文著,庄晖、时启亮译:《品牌化世界——公共关系与品牌塑造》,格致出版社、上海人民出版社 2008 年版。
[32]齐小华、殷娟娟:《公共关系案例研究》,武汉大学出版社 2009 年版。

[33]岑丽莹:《中外危机公关案例启示录》,企业管理出版社 2010 年版。
[34]李明合等:《品牌传播创新与经典案例评析》,北京大学出版社 2011 年版。
[35]龙鹤志:《公关案例选粹与评析》,经济管理出版社 2011 年版。
[36]吴建勋、丁华:《公共关系案例与分析教程》,清华大学出版社 2013 年版。
[37]蒋楠:《公共关系原理与实务》,中国人民大学出版社 2013 年版。
[38]陈丽清等:《公共关系学》,电子工业出版社 2014 年版。
[39]李华君、陈先红:《中国危机公关案例研究报告》,华中科技大学出版社 2014 年版。